高职高专"十三五"系列规划教材

物流法律法规实务

主　编　孙秋高　刘亚梅　甄小明

主　审　方照琪

电子工业出版社.

Publishing House of Electronics Industry

北京·BEIJING

内 容 简 介

本书跟踪了最新的物流法律法规，吸收了众多专家学者理论研究的最新成果，收集了国内大量的物流典型案例并进行了剖析，根据现代物流"运输、仓储、搬运装卸、配送、流通加工、包装、销售、采购、保险、争议解决"等实际经营活动，对物流法律基础知识、货物运输、仓储及其保管、搬运装卸及配送、流通加工及包装、国际货物运输代理、货物海关监管、物资采购、物流活动中的保险、物流争议处理等方面的内容做了较为全面的阐述；参照国际条约和惯例，根据国家物流法律法规，系统梳理了与物流相关的法律法规知识。

本书注重高职学生的适应性和物流企业的针对性，力求使学生能够运用所学的法律知识处理物流活动中遇到的各种经济法律问题，增强学生综合运用物流法律法规的能力，使学生在今后的职业生涯中知法、守法，继而用法律的武器维护企业的合法权益。本书既适合作为高职高专物流管理专业的教材，也可供相关物流企业管理人员自学，同时也可作为在职员工培训用书。

图书在版编目（CIP）数据

物流法律法规实务 / 孙秋高，刘亚梅，甄小明主编. —北京：电子工业出版社，2017.1（2025.8 重印）

ISBN 978-7-121-30263-3

Ⅰ. ①物… Ⅱ. ①孙… ②刘… ③甄… Ⅲ. ①物流—物资管理—法规—中国—高等职业教育—教材 Ⅳ.①D922.294

中国版本图书馆 CIP 数据核字（2016）第 264066 号

策划编辑：张云怡
责任编辑：郝黎明
印　　刷：固安县铭成印刷有限公司
装　　订：固安县铭成印刷有限公司
出版发行：电子工业出版社
　　　　　北京市海淀区万寿路 173 信箱　邮编　100036
开　　本：787×1 092　1/16　印张：19　字数：486.4 千字
版　　次：2017 年 1 月第 1 版
印　　次：2025 年 8 月第 12 次印刷
定　　价：39.80 元

前　言

随着全球经济一体化及改革开放进程的加快，我国经济的发展已步入快车道，物流业也从传统物流加速向现代物流转型。物流业的快速发展必然有赖于良好的法律环境作为依托和保障，同时现代物流的发展亟需大量物流人才。而现有高职传统的《物流法规》教材偏重于纯理论研究，与培养高端技术技能型物流人才的教材建设尚有一定的差距，为此，我们组织编写了融入以二维码等信息技术的、融知识与能力为一体的《物流法律法规实务》教材。

本教材力求从高职高专教育自身的特点和规律出发，颠覆了传统的编写模式。教材采用项目编写的形式，每一项目前，编有知识体系、知识目标、能力目标、素质目标、核心概念，便于学生在课前有的放矢地预习所要学习和掌握的内容；同时，项目前编有案例引导、结束前项目小结，便于学生更好地对知识进行回顾和总结；项目最后附有能力测评、拓展训练，以使学生对知识的理解和掌握状况进行检验，推动了学生持续自主学习。

教材跟踪了最新的物流法律法规，吸收了众多专家学者理论研究的最新成果，收集了国内大量的物流典型案例并进行了剖析，根据现代物流"运输、仓储、搬运装卸、配送、流通加工、包装、销售、采购、保险、争议解决"等实际经营活动，对物流法律基础知识、货物运输、仓储及其保管、搬运装卸及配送、流通加工及包装、国际货物运输代理、货物海关监管、物资采购、物流活动中的保险、物流争议处理等方面的内容作了较为全面的阐述；参照国际条约和惯例，根据国家物流法律法规，系统梳理了与物流相关的法律法规知识。

教材编写注重高职学生的适应性和物流企业的针对性，力求使学生能够运用所学的法律知识处理物流活动中遇到的各种经济法律问题，增强学生综合运用物流法律法规的能力。使学生在今后的职业生涯中知法、守法，继而用法律的武器维护企业的合法权益。教材既适合于高职高专物流管理专业学生使用，也可供相关物流企业管理人员自学使用，同时也可作为在职员工培训用书。

本教材由中国物流学会特约研究员、浙江交通职业技术学院现代物流研究所所长、物流管理专业带头人孙秋高教授，天津城市职业学院管理系主任刘亚梅副教授，青海交通职业技术学院甄小明老师担任主编。具体分工如下：项目二、三、四、八由刘亚梅及孙秋高编写；项目一、六、七、九由甄小明及孙秋高编写；项目五、十由孙秋高编写。此外，浙江交通职业技术学院吴汪友、邱硕、程文老师，以及孙伟军、蔡永兴、杨慧等也参与了教材的编写工作。

本教材由浙江交通职业技术学院物流管理教研室主任方照琪副教授担任主审。在本书的编写过程中，还充分征求了相关律师、物流企业高管的意见。在此，向付出辛勤劳动的编写人员和相关人员表示衷心感谢！

  鉴于编者的水平有限及时间上的仓促，教材可能仍存在不足，恳请广大读者批评指正，同时希望能将意见和建议及时反馈给我们，以使下次修订时更加完善。**为便于教师教学和学生自学，案例和能力测评题均编写有参考答案；与此同时，还编有精美 PPT 课件、课程标准、课程整体设计、单元设计等辅助性教学资源**，读者可登录华信教育资源网（www.hxedu.com.cn）免费下载。

编 者

目　　录

项目一

物流法律法规基础

知识体系

项目一	物流法律法规基础	本项目首先介绍了物流法的概念、特点、调整对象、渊源，然后重点介绍了物流企业的设立、变更、终止、解散与清算，物流合同的概念、特点、分类、内容，以及我国法律规范的现状、存在的问题及相关建议等
第一节	物流及物流法律法规概述	本节首先介绍了物流的概念，然后重点介绍了物流法的概念、特点及调整对象
第二节	物流法的渊源及相关法律规范	本节首先介绍了物流法律制度的概念，然后重点介绍了物流法的渊源及分类
第三节	物流企业法律制度	本节首先介绍了物流企业的含义、特征、职能、任务、性质、法律地位和分类，然后重点介绍了物流企业的形式及设立、变更、终止、解散与清算等
第四节	物流法律关系与物流合同	本节首先介绍了物流法律关系的含义、分类、要素，然后重点介绍了合同及物流服务合同的概念、特点、分类等
第五节	物流法律规范的现状与发展	本节首先介绍了我国法律规范的现状，然后重点介绍了我国物流法律规范中存在的问题及相关建议

知识目标

掌握物流法的概念及特征；熟悉物流企业法律制度，理解物流法律关系与物流服务合同；了解物流法的渊源及分类，了解我国物流法的现状与发展。

能力目标

能描述物流法律法规体系和物流法律关系的三要素，能对物流法律规范进行正确分类；能签订物流服务合同；培养学生处理公司日常法律事务的能力。

素质目标

掌握物流法的基础知识、基础原理，并能运用这些基础知识、基础原理分析物流活动的法律现象；培养学生的学习能力、洞察能力、查询能力。

关键概念

物流　物流法　物流法律关系　合同　物流服务合同

导入案例

中国 ERP 第一案讲述的是三露厂和联想集成关于 ERP 的实施案例。三露厂在 1998 年 3 月 20 日与联想集成签订了 ERP 实施合同。合同中联想集成承诺 6 个月内完成实施，如不能按规定时间交工，违约金按 5‰来赔偿。一方是化妆品行业的著名企业，一方是国内 IT 业领头羊的直属子公司，这场本应美满的“婚姻”，却因为 Intentia 软件产品汉化不彻底造成了一些表单无法正确生成等问题出现了“婚变”。后虽经再次的实施、修改和汉化，但是汉化、报表生成等关键问题仍旧无法彻底解决，最终导致项目的失败。合作的结果是不欢而散，双方只得诉诸法律，在经历了 15 个月的 ERP 官司之后，三露厂以退还 MOVEX 计算机管理信息系统软硬件和获得 200 万元人民币的庭内调解方式。

三露厂与联想集成的合同实施是失败的，那么他们失败的原因是什么呢？

首先，三露厂在使用软件过程中认为 Intentia 软件产品汉化不彻底，操作界面和表单中有英文出现，致使员工难以使用；其次，系统提供的后台报表和数据采集的方式不符合国内财务制度和需求习惯；再次，软件实施商对软件不熟悉，没有按照软件厂商标准流程和实施方法来实施，据一些当时参与实施的三露厂技术人员反映，由于联想集成的技术人员不熟悉产品，在参数的设置上出现错误，造成一些表单无法正确生成。因此，三露厂失败的最根本的原因就是项目实施过程的失败。

联想集成在整个合同中失败的原因有哪些呢？第一点就是联想集成作为实施方本身的变化。一个公司的整体变革，必然导致之前的一些项目变得反应迟钝，特别是公司领导层的变化，对此前的一些项目的热心程度肯定也会随之降低，继而实施的力度也会随之减小。失败也是一种必然。第二点是联想集成自身对 ERP 产品的认识不足，首先是联想集成对 MOVEX 产品没有进行非常深入的了解，因此在对后来的汉化等问题上面束手无策。其次是对于整个 ERP 项目而言，产品的安装和实施只是一个开始，更重要的是日后的不断维护和持续的改进。但是联想集成显然是认识不足的，可以说是盲目承诺要 6 个月内完成实施，并且许诺对乙方永久性提供售后服务，而且提供以上服务在 24 小时内响应，不向甲方收取服务费。这是很可笑的。另外，就实施而言，联想集成在签单之前的承诺，"5‰赔偿金的问题"事实上是对实施 ERP 周期和风险及困难估计不足。这些都是联想集成对 ERP 产品的认识不足导致的。第三点就是联想集成自身对 MOVEX 产品不熟悉，自己都不会捕鱼，又怎么去授人以渔呢？联想集成的技术人员在实施的过程中也在摸索，导致参数设置错误，产生表单出错。

在这个案件中，负责案件审理的铁庭长指出了最主要的 3 点纠纷。第一点是关于 ERP 实施标准的，双方究竟根据什么样的标准进行验收，怎样就算 ERP 实施成功了？汉化到什么程度？第二点是涉及软件的实施和操作不是简单拟定一个合同就可以的，还要有计划书作为附件，计划书必须阐明供应方能提供什么服务、客户有什么要求，这个计划书要双方当事人签字确认。最后一点是整个实施要有一个具体的流程，每完成一项功能、进行一次修改、做完一个模块，双方负责人必须签字确认。

第一节　物流及物流法律法规概述

一、物流概述

物流概念的最早提出，可以追溯到 20 世纪 60 年代。1962 年 4 月，美国管理学大师彼得·德鲁克在 Fortune 杂志上发表的《经济领域的黑暗大陆》的文章中首次提出了"物流"的概念。虽然当时彼得·德鲁克提出的物流仅仅是针对产成品来讨论的，但很快就引起了企业界的巨大关注，真正的企业物流（Logistics）概念迅速波及原材料领域，进而形成为综合物流（Integrated Logistics），发展到 20 世纪 90 年代，正式提出了供应链管理（SCM-Supply Chain Management）概念。

物流有狭义和广义之分。狭义的物流，仅指销售领域的物流。广义的物流，不仅包括销售领域的物流，也包括生产领域的物流（如采购物流），还包括废旧物品回收领域及商品退回领域的物流。

美国物流管理协会（Council of Logistics Management，CLM）对物流的定义是为满足顾客需求，对来源点到使用点的货物、服务及相关信息的有效率的流动和存储进行计划、实施和控制的供应链过程的一部分。日本早稻田大学阿保荣司教授对物流的定义，即指有关供给主体和需求主体相结合，克服空间和时间的"隔离"，以及创造部分有形物质的经济活动，具体为运输、保管、包装、装卸、流通加工等物资流通活动以及有关物流的信息活动。我国学者认为物流是指物质实体从供应者向需要者的物理移动，它由一系列创造时间和空间效率的经济活动组成，包括运输、配送、保管、包装、装卸、流通加工及物流信息处理等多项基本活动。我国2001年8月1日开始正式实施的国家标准GB/T 18354—2006《物流术语》中将物流定义为："物品从供应地向接收地的实体流通过程。根据实际需要，将运输、储存、装卸、搬运、包装、流通加工、配送、信息处理等基本功能实施有机结合。"本书采用我国国家标准对物流的定义。

二、物流法的概念及法律特征

（一）物流法的概念

物流法是指调整在物流活动产生的以及与物流活动有关的社会关系的法律规范的总称。目前，我国还没有统一的物流法，调整各类物流活动的规范主要散见于各种法律法规中。至于调整物流活动的法律是否为一个独立的法律部门更未有权威论述。主要包括以下几类。

（1）有关物流的民事法律规范。即属于平等主体的物流企业与物流需求者之间在物流活动中基于自愿而缔结的民事权利义务关系的法律规范。主要体现在《中华人民共和国民法通则》（以下简称《民法通则》）、《中华人民共和国合同法》（以下简称《合同法》），以及与运输、仓储、搬运装卸、加工和电子商务有关的法规中。这部分法律规范多为任意性规范，法律不强行要求适用，只要不违反法律的一般原则，物流双方当事人可以通过约定的方式确定权利和义务，并排除法律的适用。

（2）有关物流的行政法律规范。即相应的国家行业主管机关对物流活动的参与者所从事的物流经营活动进行监管的法律规范。主要为散见于各种行政法规和规章中的有关物流经营主体资质、物流经营行为和反不正当竞争等规定。这部分法律规范多为强行性和禁止性规范，不允许主体之间约定予以排除。

（3）有关物流的技术规范。主要是国家的技术标准和行业标准。从我国现行的物流法律规范上看，大部分法律并非直接针对物流活动而制定的，而仅仅是就物流活动中的一个环节，如运输、仓储、加工、装卸等所进行的规定，缺乏系统性和相互的衔接性，从而造成物流系统的某些环节无法可依的空白地段。

（二）物流法律规范的特点

1. 物流法律规范的广泛性

（1）内容的多样性。由于物流活动涉及运输、仓储、包装、配送、搬运、流通加工和信息管理等各个方面，在每个环节上都存在法律规范对其活动进行规范和约束。同时，物流活动有众多的参与者，大的物流项目，一般需要有外包的服务。物流活动的参与者涉及不同行业、不同部门，如仓储经营者、包装服务商、各种运输方式下的承运人、装卸业者、承揽加工业者、配送商、信息服务供应商、公共网络经营人等。

（2）表现形式的多样性。就物流活动的整体而言，其法律适用具有内容的综合性和层次的多样性的特点。例如，就物流活动中的运输环节来说，就分别有公路运输法律规范、铁路运输法律规范、水路运输法律规范、航空运输法律规范等不同领域的法律规范，而就公路运输法律规范而言，就存在《合同法》、《中华人民共和国公路法》（以下简称《公路法》）等法律以及《汽车货物运输规则》等规章的不同层次、不同效力的法律规范。

（3）物流活动的参与者众多。物流活动的参与者涉及不同行业、不同部门。物流活动参与者的多样性造成物流服务提供者经常处于双重甚至多重法律关系中。

2. 物流法律规范的复杂性

（1）物流法律规范包括横向的民事法律规范和纵向的行政法律规范，以及各种技术法律规范。

（2）即使在同一类法律规范中，由于物流活动所涉及的领域众多，包括运输、仓储、装卸等环节，各环节中又会发生不同的情况，因此，不同的主体，权利、义务和责任都不相同，也将适用不同的法律规范。

（3）物流活动参与者的多样性，也使得物流法律关系变得复杂。

（4）随着国际物流的发展，跨国公司的物流活动会涉及很多国家。

3. 物流法律规范的技术性

与普通法律不同，物流法律是与物流技术、物流业务紧密联系的法律。由于物流活动是由运输、包装、仓储和装卸等技术性较强的多个物流环节组成的，整个物流活动过程都需要运用现代信息技术和电子商务，所以物流活动自始至终都体现较高的技术含量。而物流法律作为调整物流活动、规范物流市场的法律规范，必然涉及从事物流活动的专业术语、技术标准、设备标准及设备操作规程等，从而具有技术性的特点。

4. 物流法律规范的国际性

随着国际物流的发展，物流活动跨越了区域性，跨国公司的物流供应链涉及多个国家，在物流活动中必然产生各国规范物流法律的适用问题，涉及物流的国际立法和各国对已有法律制度的协调、平衡等问题，也涉及在国际物流活动中，大量适用国际公约和国际惯例。

5. 物流法律规范的综合性

物流法律法规的综合性是指各种和物流相关的法律、法规之间存在着相互协调、相互配合的关系。现代物流是综合物流，往往体现为横向的法律关系，它是将多种功能组合起来的一项经济活动，涵盖了从采购原材料到半成品、产品的生产，直至最后产品通过流通环节到达消费者手上的全过程；同时，还包括物品的回收和废弃物的处理过程，涉及采购、运输、仓储、装卸、搬运、包装、流通加工、配送、信息处理等诸多环节。物流法律法规应当对所有这些环节中产生的关系进行调整，因此反映综合物流的物流法律法规自然也具有综合性的特点。同时，又体现出纵向的法律关系，如政府、行业协会、物流企业等。

三、物流法的调整对象

法律规范的调整对象是指某一法律部门所调整的特定的社会关系，它是划分法律部门的基本依据和出发点。从物流法的定义来看，物流法的调整对象是物流相关作业的法律规范所调整的社会关系，也就是物流相关法律规范所作用的特定的物流作业法律和物流管理法律关系，从而依物流相关法律规范对该社会关系和人们的行为在法律上做出肯定与否定的评价。物流法的调整对象应该包括以下几个。

1. 物流活动当事人之间的关系

物流活动当事人之间的关系是指物流活动中发生的物流主体之间的特定社会关系。物流活动当事人可以是自然人、法人和其他经济组织。他们依据平等、自愿的原则就有关物流活动达成协议；一方未履行协议时，对另一方承担相应的责任。他们之间的法律地位是平等的，他们之间的关系表现为民事权利义务关系，属民法范畴。

2. 国家行政机关与物流活动当事人之间的关系

国家行政机关依据法律授权，对物流活动当事人的资格、市场行为等进行监督、管理。国家行政机关与物流活动当事人之间的关系表现为纵向的行政法律关系，属行政法范畴，包括：①政府对物流市场的宏观调控关系；②政府对物流经营主体的监管关系。

行政层面上的物流法律规范还包括物流活动中的一些技术性规范，如对包装材料、包装标准等的规范。

第二节　物流法的渊源及相关法律规范

一、物流法律制度概述

物流法律制度是指调整在物流活动的过程中产生和涉及的社会关系的法律规范的总称。物流活动环节多、涉及面广，从法律层面规范物流活动是维护当事人合法权益，促进物流业发展的必然要求和必然结果。

从我国的情况来看，物流法律制度的研究还处在起步阶段，缺乏系统化的研究。造成这种情况的原因主要在于现代物流在我国兴起不久，还没有一个统一的物流技术标准和服务标准。这种情况带来的直接后果就是物流法律法规建设的滞后。目前，我国还没有"物流法"，甚至还没有形成真正意义上的物流法律部门，与物流活动相关的法律规范分散在其他的部门法规当中。我国的物流法律制度目前只是一个基本的行业法律规范的有机集合。

二、物流法的渊源

法的渊源，也称"法源"，或"法律渊源"，是指那些具有法的效力作用和意义的法的外在表现形式，因此，法的渊源也叫法的形式，它侧重于从法的外在的形式意义上来把握法的各种表现形式。物流法的渊源是指不同的国家机关依法制定的各种具有不同效力的有关物流相关作业的规范性文件。在我国，物流法的表现形式主要有国内立法、国际条约、国际惯例和其他渊源。

（一）国内立法

我国物流法律规范的表现形式有以下几个层次。

（1）宪法。宪法是我国的根本大法，是国家的总章程，在我国的法律体系中具有最高的法律地位和法律效力，是我国最主要的法律渊源。

（2）法律。按照法律制定的机关及调整的对象和范围不同，法律可分为基本法律和一般法律。基本法律是由全国人民代表大会制定和修改的、规定和调整国家和社会生活中某一方面带有基本性和全面性的社会关系的法律，如《中华人民共和国刑法》、《民法通则》、《中华人民共和国刑事诉讼法》、《中华人民共和国民事诉讼法》（以下简称《民事诉讼法》）和《中华人民共和国行政诉讼法》（以下简称《行政诉讼法》）等。一般法律是由全国人民代表大会常务委员会制定或修改的，规定和调整除由基本法律调整以外的，涉及国家和社会生活某一方面的关系的法律，如《中华人民共和国商标法》、《中华人民共和国产品质量法》（以下简称《产品质量法》）、《中华人民共和国国家赔偿法》等。一般法律是依据宪法的原则和规定制定的，其地位低于宪法，但高于其他的法律渊源。

（3）行政法规。行政法规是最高国家行政机关国务院制定的有关国家行政管理方面的规范性文件。其地位和效力低于宪法和法律。

（4）地方性法规。地方性法规是指省、自治区、直辖市，以及省、自治区人民政府所在地的市和经国务院批准的较大的市的人民代表大会及其常委会，在其法定权限内制定的法律规范性文件。地方性法规具有地方性，只在本辖区内有效，其地位和效力低于宪法、法律和行政法规，不得与宪法、法律和行政法规相抵触。

（5）行政规章。行政规章是指国务院各部、委和省、自治区、直辖市，以及省、自治区人民政府所在地的市和国务院批准的较大的市的人民政府为了管理国家行政事务所制定的法律规范性文件。行政规章的效力低于前面4种法的形式，但同样是我国法的渊源之一。

（6）自治条例和单行条例。自治条例和单行条例是民族自治地方的人民代表大会依照法定的自治权，在其职权范围内制定的带有民族区域自治特点的法律规范性文件。

（7）技术标准。

（二）国际条约

一国承认或正式参加的有关物流方面的国际条约是该国物流法的重要表现形式。物流相关作业领域的国际条约很多，特别是在运输法领域。我国采取国际条约优先于国内法适用的办法来解决国际条约和国内法规冲突时如何适用的矛盾。

（三）国际惯例

与物流活动相关的国际惯例是指物流活动中，对同一性质的问题采取的类似行动，经过长期反复实践逐渐形成的，为大多数作业国家所接受的，具有法律约束力的不成文的行为规则。

我国《民法通则》第一百四十二条第三款规定："中华人民共和国法律或中华人民共和国缔结或参加的国际条约没有规定的，可以适用国际惯例。"《中华人民共和国海商法》（以下简称《海商法》）也做了与上述内容相同的规定。所以国际惯例也是我国物流法律的渊源之一。

但适用国际惯例不得违背我国的社会公共利益。

三、物流法律规范的分类

物流法律规范根据划分标准的不同可做如下分类。

（一）按调整方式的不同进行分类

按调整方式的不同，物流法律规范可以分为管制法规和交易法规。其中，管制法规中大部分为经济法规，如《国际船舶代理管理规定》、《定期国际航空运输管理规定》等，少量为行政法规。交易法规主要为民商事法律规范，即平等主体之间自由的财产流转法。调整物流法律关系的民商事法律规范还可分为普通法与特别法。《民法通则》、《合同法》等这类可适用于所有民商事法律关系的普通法，也对物流法律关系进行调整；特别法包括专门调整物流某一相关行业的民商事关系的法律，如《海商法》调整海事法律关系，《汽车货物运输规则》调整公路货物运输过程中的平等主体之间的法律关系。

（二）按物流作业方式的不同进行分类

除了普遍适用的《合同法》等法律外，物流法律规范还可以分为运输法规、港口法规、仓储法规和其他法规。其中，运输法规具体又可包括公路运输法规，如《公路法》、《汽车货物运输规则》等；铁路法规，如《中华人民共和国铁路法》（以下简称《铁路法》）、《合资铁路建设管理细则（试行）》等；航空运输法规，如《中华人民共和国民用航空法》（以下简称《民用航空法》）、《中国民用航空货物国际运输规则》等；水路运输法规，如《海商法》、《中华人民共和国国际海运条例》等。港口法规，如《港口货物作业规则》、《中华人民共和国交通部港口收费规则》等。仓储法规，《合同法》对仓储合同有专门的规定，另外还有《仓储保管合同实施细则》等。其他法规包括有关分销权、商业批发零售方面、信息技术业等规定。

（三）按物流功能的不同进行分类

物流包括运输、储存、装卸、搬运、包装、流通加工、配送、信息处理等基本功能，因此，物流法规也相应地由规范这些功能的法律、法规组成。与物流功能相对应的每一类法规又包括许多法律、法规。鉴于物流法规体系的复杂性，根据物流功能对物流法规进行的分类应该成为最基本的分类。该分类标准的局限性是缺乏更具体的分类，因此，需要辅之以其他标准进行细分。以与运输功能相对应的物流法规为例，它既包括运输主管部门对各类运输市场的管理法规，也包括约束运输合同当事人行为的法律、法规。如果从运输方式上分类，则有公路运输方面的法律、法规，铁路运输方面的法律、法规，水路运输方面的法律、法规，航空运输方面的法律、法规。在每一种运输方式下，有关的法律、法规还可以再分，如水路运输法律、法规可分为内河、沿海运输方面的法律、法规和国际海运方面的法律、法规，因为这两类法律、法规在许多方面存在较大的差异；国际海运可分为班轮运输法律、法规和租船运输的法律、法规等。

（四）按法律维护利益的不同进行分类

根据法律所维护的主要是国家利益、社会公共利益，还是个体利益为标准，法律可分为公法和私法。公法主要是建立、维护经济、社会、政治等公共秩序，涉及许多人的利益；私法则主要保护个人、企业的利益，主要体现为民商法。在物流法规领域，一类是管理物流业的法律、法规，通常具有强制性，是必须遵守的；另一类是规范物流合同的法律、法规，除少数强制性内容外，只要合同当事人之间有约定，则此类约定将优先于法规的约定性规定。

我国物流法规体系建设的落后主要体现在公法方面，而私法方面相对来说比较完善。因此，健全物流法规体系，应该在以下方面做更多的工作：物流企业市场准入条件、促进物流业发展的优惠政策和措施、具有宏观协调性质的物流业管理机关的设立、物流业正当竞争法律制度、物流标准化体系、物流园区规划和建设制度、物流业信息制度建设等。

（五）按法律形式的不同进行分类

我国对不同国家机关制定的法律冠以不同的名称，避免相互之间的混淆，更重要的是可以明确不同国家机关制定的法律具有不同的效力，下位法不能违背上位法。当然，所有的法律都要以宪法为依据。一般来说，一个部门的法通常包含了各种形式的法律，即包括全国人民代表大会及常务委员会制定的法律、国务院制定的行政法规、国务院各部委发布的部门规章、地方人民代表大会及其常务委员会制定的地方性法规、地方政府颁布的规章等。

在物流法规领域，涉及各种形式的法律，包括法律、行政法规、地方性法规和规章等。另外，国际公约、国际惯例和国际标准也是重要的规范物流活动的法律。国际公约由国际组织制定，各国签字加入即成为缔约国。对我国有约束力的是那些我国已正式加入的公约，另一些未加入的公约对我国企业或组织在国际上的活动也具有一定影响。国际惯例是经过长期的国际实践形成的习惯性规范，成文的国际惯例由某些国际组织或商业团体制定，各方可加以自由引用，自愿受其约束，属于非强制性规范。国际标准由国际组织制定，本身没有强制力（国际标准均为推荐性标准）；但国际公约常将一些国际标准作为公约附件，从而对缔约国构成约束，如国际标准化组织、国际电工委员会等制定的针对产品和服务的质量及技术要求的标准。

第三节　物流企业法律制度

一、物流企业法律制度概述

（一）物流企业的含义和法律特征

1. 物流企业的含义

物流企业是指专门从事与商品流通有关的各种经营活动，依法自主经营、自负盈亏，具有法人资格的营利性经营单位。具体来讲，物流企业是在原料、半成品从其生产地到消费地的过程中进行用户服务、需求预测、情报信息联络、物料搬运、订单处理、采购、包装、运输、装卸、仓库管理、废物回收处理等一系列以物品为对象的活动，并以获取利润、增加积累、创造社会财富为目的的营利性社会经济组织。

2. 物流企业的法律特征

（1）物流企业是专门从事与物质资料流通有关的各种经营活动的组织单位。它承担着供给商（包括生产商、供应商）和消费者（包括生产消费者、生活消费者）之间的储存、运输、加工、包装、配送、信息服务等全部活动，并通过促进制造作业和营销作业来满足顾客需求。

（2）物流企业是自主经营、自负盈亏，以获取利润和创造、积累社会财富为目的的营利性组织。这决定了物流企业有着自身的利益驱动，它的一切活动以"利益最大化"为目的。因此，物流企业必须以最优的方式考虑物流供应的问题。

（3）物流企业是具备为物质资料提供流通服务能力的企业法人。它具有权利能力和行为能力，依法独立享有民事权利和承担民事义务，在市场经济的运行和发展过程中平等地参与竞争。

（二）物流企业的职能和任务

1. 物流企业的基本职能

（1）组织社会物资资源的职能。
（2）商品供应职能。
（3）储存商品的"蓄水池"职能。
（4）运送物质实体的职能。
（5）信息流通职能。

2. 物流企业的基本任务

（1）促进并引导生产，积极组织进货。
（2）搞好销售工作，满足市场需要。
（3）加速商品流转，缩短流通时间。
（4）实现商品实物上的节约。

（三）物流企业的性质和法律地位

（1）以本人身份与用户方订立物流服务合同，是物流服务中的契约服务企业。根据该合同，物流企业要对全程服务负责，负责完成或组织完成全程服务。

（2）以本人身份参加物流服务全程中某一个或一个以上环节的实际操作，并对自己承担的环节负责。

（3）以本人身份与自己不承担环节的其他分包商订立分包、分运合同。在这类合同中，物流企业既是发货方，也是收货方。

（4）以本人名义与各衔接点（所在地）的货运代理人订立委托合同，以完成在该点的衔接及其他服务工作。在该类合同中，物流企业是委托人。

（5）以本人名义与全程服务所需要涉及的各方面订立相应的合同或协议，在这些合同、协议中，物流企业均作为货方出现。

从以上分析可看出，在物流服务的不同阶段，物流企业是以不同身份出现的。不论其以何种身份出现，都是以本人的身份而不是以货方或承运方的代理人的身份工作的。

（四）物流企业的分类

1. 根据物流企业从事物流业务范围的大小不同划分

（1）单一物流企业。单一物流企业又叫功能性物流企业，是指仅从事仓储、运输、包装、装卸等一项或几项物流服务的物流企业。这类企业根据其从事的具体物流功能不同，又可以具体分为以下几种类型：①仓储服务型物流企业，即以仓储保管业务为赢利手段的企业；②运输服务型物流企业，即使用运输工具对物品进行运送，以实现物流的空间效用的企业；③装卸服务型物流企业，即从事对物品进行搬运，以改变其存放状态和空间位置的物流服务活动的企业；④包装服务型物流企业，即采用适当的材料，制成与物品相适应的容器，对物品进行包裹、捆扎，以便物品装卸、搬运、运输、保管和销售的企业；⑤信息服务型物流企业，即通过互联网，利用信息网络、电子商务等方式向社会、企业及个人提供新闻、行业动态、企业目录、供求检索等信息服务的电子商务物流企业。

（2）综合物流企业。综合物流企业是指从事原材料、半成品从生产地到消费地之间的运输、储存、装卸、包装、流通加工、配送、信息处理等全部物流服务的物流企业。目前，在我国几乎不存在这种综合物流企业；而中远物流、中海物流、中外运物流等正凭借其自身的运输优势以及在国内、海外的网络优势，力争成为综合物流公司。国外的综合性物流公司则比较多，如日本的日通公司。

此外，有些物流企业从事运输、储存、装卸、包装、流通加工、配送、信息处理等多项或全部服务，此类企业若从事多项物流服务，属功能性物流企业；如果从事全部物流服务活动，则属于综合性物流企业。

2. 根据物流企业提供服务（主要指运输）所及区域是否跨越国境划分

（1）国内物流企业。国内物流企业是指在某一国家境内从事物流活动的企业。国内的物流服务以单一的物流服务方式或几种服务方式相组合的形式为主。国内物流企业又可以分为单一的物流企业和综合物流企业，我国目前还缺乏设施完备、功能齐全的综合物流企业。

（2）国际物流企业。国际物流企业是指从事不同国家之间物流服务的企业。它是国际贸易活动中的一个重要组成部分，负责货物从一国到另一国的空间转移。此类企业多为国际海上船舶运输公司、国际航空运输公司、国际多式联运经营人、国际铁路联运经营人等。

按国际物流企业本身是否具备运输工具，国际物流企业可分为两大类：一类是承运人型；另一类是无船承运人型。

3. 根据从事物品流通的领域划分

（1）生产物流企业。生产物流企业又叫厂家物流企业，指在生产经营过程中，自己负责安排从生产所需要的原材料购进开始，经过生产加工，到产成品和销售，以及伴随生产消费过程中所产生的废旧物回收及再利用的整个过程的物流活动的企业。严格地说，该企业不属于物流企业的范畴。

（2）流通物流企业。流通物流企业是与生产物流企业相对应的，专门从事商品流通或实物流通的企业。本章所称的物流企业，包括从事批发、仓储、配送、运输等业务的企业，均为流通物流企业。

4. 按物流企业从事的业务性质划分

（1）物流作业企业。物流作业企业即对外提供运输、仓储、配送、包装、装卸搬运、流通加工等服务的企业。我国现阶段的物流企业大多为物流作业企业，主要是我国较为传统的储运企业。

（2）物流信息企业。物流信息企业即利用信息网络、电子商务等方式为其他企业提供物流信息服务的企业。此类企业包括物流信息网站，但并不仅指物流信息网站，物流信息网站最终是以物流作业活动为基础的。

5. 我国现有的物流企业类型

（1）传统的仓储企业、物资企业。此类企业实行资产重组和流程再造，利用原有仓储设施建设配送中心，向用户提供配送、流通加工等物流服务。其主要代表有中储物流、中铁物流、港口物流等。

（2）国有交通运输企业和货运代理企业。这类企业立足运输，开展"门到门"（Door to Door）运输服务，提供运输代理，并且利用信息网络技术，与物流链上的其他企业进行合作，为用户提供集货、配送、包装、流通加工、仓储等服务。其典型代表有中远物流、中外运物流、中海物流、中邮物流等。

（3）生产企业自身成立相对独立的物流机构或实体。这类企业成立物流作业子公司，承担母公司物资产品的运输、保管、装卸、包装等活动；或者成立物流管理子公司，将母公司的物流企划工作独立出来，负责母公司的物流管理工作。主要有青岛海尔、上海大众、一汽、二汽、中石化、中石油、中海油等。

（4）第三方物流企业。即为物流服务的供需双方提供全部或部分物流功能的独立的、专业化的外部服务提供商。它不拥有商品，不参与商品买卖，专门为顾客提供以合同为约束、以结盟为基础的系列化、个性化、信息化的物流服务。

二、现代物流企业的主要形式

现代社会经济活动中最基本的主体，亦是当今世界最普遍、最重要的企业形式是公司。随着国际物流、区域物流及国内物流活动的广泛开展，公司制的企业法人在物流法律关系中占有越来越重要的地位。依照《公司法》的规定，我国现代物流企业的主要形式表现为物流有限责任公司和物流股份有限责任公司。

（一）公司的概念和特征

1. 公司的概念

公司是依法设立的，以赢利为目的的企业法人。我国《公司法》第二条规定："本法所称公司是指依照本法在中国境内设立的有限责任公司和股份有限公司。"第三条规定："公司是企业法人，有独立的法人财产，享有法人财产权。公司以其全部财产对公司的债务承担责任。有限责任公司的股东以其认缴的出资额为限对公司承担责任；股份有限公司的股东以其认购的股份为限对公司承担责任。"

2. 公司的特征

（1）以赢利为目的。

赢利是公司经营活动的出发点和归宿。营利性是所有企业的基本特征，正是营利性这一特征，使企业和机关、事业单位区分开来。

（2）具备法人资格。

法人是指具有民事权利能力和民事行为能力，依法独立享有民事权利和承担民事义务的社会组织。我国《民法通则》规定法人应具备下列条件：①依法成立；②有必要的财产或者经费；③有自己的名称、组织机构和场所；④能够独立承担民事责任。我国把法人分为国家机关法人、事业单位法人、社会团体法人、企业法人四大类。公司即是企业法人。

（3）具有社团性。

公司具有社团性，是股东在出资基础上集合而成的社团法人。社团法人是以人为基础集合成立的法人，也称人的集合。社团法人成立的目的是谋求成员的利益。公司即为这样一种经济组织。

（4）依法定条件和程序设立。

设立公司必须符合《公司法》规定的条件，履行法定的程序并登记注册。只有依照法定条件、法定程序设立的公司，才能取得公司的法律地位和主体资格。

（二）有限责任公司和股份有限责任公司的概念及特征

根据《公司法》第二条规定，我国物流公司的主要类型为有限责任公司和股份有限公司。

1. 有限责任公司的概念及特征

（1）有限责任公司的概念。

有限责任公司是指股东以其出资额为限对公司承担责任，公司以其全部资产对公司债务承担责任的公司。

（2）有限责任公司的特征。

与股份有限公司相比，有限责任公司具有以下特征。

① 有限责任公司兼具资合性与人合性。有限责任公司将资金的联合和股东间的信任作为有限责任公司两个不可或缺的信用基础，因此，其兼具资合性与人合性。

② 有限责任公司具有封闭性。有限责任公司的资本只能由全体股东认缴，而不能向社会公开募集，股东的出资证明书也不能在证券市场上自由流通转让。

③ 有限责任公司的设立方式只有发起设立，而且其机构设置也比股份公司简单、灵活。

④ 有限责任公司股东人数一般具有法定限制。对有限责任公司，各国大多规定了最高人数的限制。我国《公司法》对有限责任公司的股东人数也做了最高不超过 50 人的限制。

2. 股份有限责任公司的概念及特征

（1）股份有限责任公司的概念。

股份有限公司是指其全部资本划分为等额股份，股东以其认购的股份为限对公司承担责任，公司以其全部资产对公司债务承担责任的公司。

（2）股份有限责任公司的特征。

与有限责任公司相比，股份有限公司具有以下特征。

① 股份有限公司具有资合性。股份有限公司的信用基础在于其公司资本和资产条件，因此，其具有资合性。

② 股份有限公司具有开放性。股份有限公司的开放性首先表现在其股票可以对外公开发行而且在证券市场上自由转让；其次，其开放性还表现在公司经营活动的公开上，股份有限

公司存续期间，应不断地向公众披露其财务及经营状况，接受股东和公众的监督。

③ 股份有限公司资本股份化。股份有限公司将其全部资本划分为等额股份，股份是公司资本的基本单位。

④ 股份有限公司既可以采取发起设立的方式，也可以采取募集设立的方式且设立条件比较严格。在我国的两种公司形式中，股份有限公司的设立条件比有限责任公司严格，其设立程序也比有限责任公司复杂。

三、物流企业的设立、变更和终止

（一）物流企业的设立

1. 物流企业的设立原则

企业的设立原则又称企业的设立方式，是指企业依据法定原则，通过具体途径达到企业设立的目的。各国对企业的设立主要有以下几种立法原则。

（1）许可主义原则。

许可主义原则又称核准主义、审批主义，是指企业的设立除了需要符合法律规定的条件外，还须报请政府主管部门审核批准，方能申请登记成立。

（2）准则主义原则。

准则主义原则又称登记主义，是指企业设立不需要报有关机关批准，只要企业设立时符合法律规定的成立条件，即可向企业登记机关申请登记，经该机关审查合格授予主体资格后成立。

（3）特许主义原则。

特许主义原则是指企业必须经国家的特别许可才能设立，如依特别法、专门法规、行政命令、国家领导人特许设立企业。

（4）自由主义原则。

自由主义原则是指法律对公司的设立不予强制规范，当事人可自由设立企业，无须任何法律上的手续。

我国物流企业的设立原则主要是许可主义原则和准则主义原则。

2. 物流企业的设立条件

物流企业设立是指物流企业的创立人为使企业具备从事物流活动的能力，取得合法主体资格，依照法律规定的条件和程序所实施的一系列的行为。物流企业设立应具备如下条件。

（1）有企业名称和章程。企业具有合法名称是企业获得法律主体资格的条件，设立法人企业还需要制定章程，从而规范投资者的相互关系和企业内部机构，也便于国家的监督。

（2）必须具有与经营能力相适应的自有资金。物流企业经营过程中要以自己的资产提供担保，并承担相应的民事责任，非法人企业的投资人对企业的债务也要承担民事责任。

（3）有合法的组织机构和从业人员。物流企业内要有与所经营的业务相适应的专业技术人员。

（4）有与企业生产经营规模相适应的经营场所和设备设施。

3. 物流企业的设立登记

物流企业的设立登记是指企业的创立人申请企业登记，经主管机关审核批准登记并领取营业执照，方可从事物流经营活动。

（1）企业设立的登记机关。

国家工商行政管理局是我国企业设立的登记主管机关，对企业的设立登记实行分级登记管理原则，级别管辖分为三级：国家、省级、区县级。

（2）企业设立的程序。

①要有符合法律规定的物流企业的设立人。企业的设立人是指设立企业的全体股东或发起人，如依照《公司法》和《中华人民共和国公司登记管理条例》（以下简称《公司登记管理条例》）的规定，设立有限责任公司应由 50 个以下股东共同出资设立。

②申请名称预先核准。根据《公司登记管理条例》的规定，设立有限责任公司和股份有限公司应当首先向登记机关申请名称预先核准。非法人物流公司无须申请名称预先核准。

③向登记主管机关提出设立登记申请。由企业的设立人自己或委托代表、代理人向工商行政管理部门提出申请，提交企业设立登记申请书和其他文件。

④登记主管机关对企业提交的申请进行核准、登记。公司登记机关在受理申请后，审核该公司文件，做出核准申请并发给营业执照，不符合法定条件的驳回申请。

（二）物流企业的变更

物流企业的变更是指企业注册登记事项的变更以及企业的分立、合并。企业变更应依法律法规的规定进行。

1. 物流企业注册登记事项的变更

企业主要登记事项的变更，包括企业名称、企业住所、经营场所、经营范围、经营方式、经营期限、法定代表人或负责人、股东、注册资本等方面的变更。物流企业的变更要符合有关企业法的规定，经过主管部门或审批机关批准，再向登记主管机关办理变更登记。

2. 物流企业的合并与分立

企业合并是指两个或两个以上的企业依法合并成一个企业。企业合并有两种情形：一种是吸收合并即兼并，是指某企业将其他企业合并到自己企业中，吸收方继续存在，被吸收方不再存在；另一种是新设合并，是指某企业与其他企业合并成立新的企业，原企业不再存在。

企业分立是指一个企业依法分为两个或两个以上的企业。企业分立也有两种情形：一是分立后原企业不存在，新成立若干企业；二是原企业继续存在，同时新设若干新企业。

企业无论是分立还是合并，均应经主管机关或审批机关批准，并向登记主管机关办理登记手续。其中，因分立或合并而续存的企业申请变更登记，因分立或合并而新设的企业申请开业登记，因分立或合并而终止的企业申请注销登记。

（三）物流企业的终止

1. 物流企业终止的原因

企业终止是指因各种法定解散事由的出现，企业从此失去法律主体资格。引起物流企业解散的原因有以下几种。

（1）歇业。歇业是指企业因企业章程规定的事由发生，如经营期限届满，企业出资人做出企业停止继续营业的决定。

（2）依法被撤销。撤销是指企业因从事违法活动，被行业主管机关、工商行政管理机关等职能管理机关依照法律规定，在其职权范围内责令企业解散。

（3）依法被宣告破产。物流企业如经营管理不善，不能有效清偿全部到期债务，由该企业或债权人申请，经法院依法审理，宣告该企业破产。

2. 物流企业终止的程序

（1）经政府部门批准或审核。除私营企业外，凡设立时经有关部门审批的企业，在终止时均应通过原审批机关的审批或批准。

（2）进行清算。企业无论因何种原因终止，都要进行清算。

（3）办理注销登记。办理注销登记应向登记主管机关提交注销登记申请书、原主管部门审查同意的文件、主管部门或清算组出具的清算完结的证明等文件，经登记主管机关核准后，收缴企业营业执照和公章，将注销情况通知开户行并进行公告。

四、物流企业的解散与清算

（一）物流企业解散的原因

依据《公司法》等法律的规定，物流企业的解散主要包括下列原因。

（1）物流企业章程规定的营业期限届满或者章程规定的其他解散事由出现。

（2）股东会或者股东大会决议解散。

（3）因物流企业合并或者分立需要解散。

（4）依法被吊销营业执照、责令关闭或者被撤销。

（5）人民法院依法予以解散。物流公司经营管理发生严重困难，继续存续会使股东利益受到重大损失，通过其他途径不能解决的，持有公司全部股东表决权 10%以上的股东，可以请求人民法院解散公司。

（二）物流企业清算的程序

物流企业的清算是指在企业解散或宣告破产后，对拟解散的企业尚未了结的债权债务进行清理，使企业的法律人格归于消灭的过程。在清算期间，企业应依法组织清算组，由清算组负责对企业的债权债务进行清理，编制会计表册，偿还企业债务，分配企业剩余财产，以企业的名义参与诉讼。在此期间，清算组只能以企业的名义从事和清算有关的活动，不再从事生产经营活动。

1. 对以公司形式设立的物流企业的清算程序

物流公司解散，应当在解散事由出现之日起 15 日内成立清算组，开始清算。有限责任公司的清算组由股东组成，股份有限公司的清算组由董事或者股东大会确定的人员组成。逾期不成立清算组进行清算的，债权人可以申请人民法院指定有关人员组成清算组进行清算。人民法院应当受理该申请，并及时组织清算组进行清算。

清算组应当自成立之日起 10 日内通知债权人，并于 60 日内在报纸上公告。债权人应当自接到通知书之日起 30 日内，未接到通知书的自公告之日起 45 日内，向清算组申报其债权。

清算组在清理公司财产、编制资产负债表和财产清单后，应当制定清算方案，并报股东会、股东大会或者人民法院确认。公司财产在分别支付清算费用、职工的工资、社会保险费用和法定补偿金，缴纳所欠税款，清偿公司债务后的剩余财产，有限责任公司按照股东的出资比例分配，股份有限公司按照股东持有的股份比例分配。

清算组在清理公司财产、编制资产负债表和财产清单后，发现公司财产不足清偿债务的，应当依法向人民法院申请宣告破产。公司经人民法院裁定宣告破产后，清算组应当将清算事务移交给人民法院。

公司清算结束后，清算组应当制作清算报告，报股东会、股东大会或者人民法院确认，并报送公司登记机关，申请注销公司登记，公告公司终止。

2. 对以合伙形式设立的物流企业的清算程序

物流合伙企业解散，清算人由全体合伙人担任；未能由全体合伙人担任清算人的，经全体合伙人过半数同意，可以自合伙企业解散后 15 日内指定一名或者数名合伙人，或者委托第三人，担任清算人。15 日内未确定清算人的，合伙人或者其他利害关系人可以申请人民法院指定清算人。

合伙企业财产在支付清算费用后，按下列顺序清偿：合伙企业所欠招用的职工工资和劳动保险费用；合伙企业所欠税款；合伙企业的债务；返还合伙人的出资。合伙企业财产按上述顺序清偿后仍有剩余的，按合伙协议约定的比例进行分配。

合伙企业解散后，原合伙人对合伙企业存续期间的债务仍应承担连带责任，但债权人在 5 年内未向债务人提出偿债请求的，该责任消灭。

清算结束，应当编制清算报告，经全体合伙人签名、盖章后，在 15 日内向企业登记机关报送清算报告，办理合伙企业注销登记。

第四节　物流法律关系与物流合同

一、物流法律关系概述

（一）物流法律关系的含义

法律关系是法律在规范人们的行为过程中所形成的一种特殊的社会关系，即法律上的权利义务关系。物流法律关系是指物流法律规范调整物流活动的过程中所形成的具体的权利义务关系。包括物流法律关系的主体、客体和内容三大要素。

（二）物流法律关系的分类

1. 民商事物流法律关系

民商事物流法律关系是指平等主体在进行民商事活动中所形成的物流法律关系。主要是指物流关系中的平等主体通过签订民商事合同的方式进行交易活动。

2. 行政物流法律关系

行政物流法律关系是指物流活动中围绕物流企业设立、物流活动监督管理而发生的法律关系。主要是指国家机关在对物流企业的设立进行管理和日常行政管理过程中所形成的法律关系。

（三）物流法律关系的要素

法律关系是由法律关系的主体、法律关系的内容和法律关系的客体这 3 个要素构成的，缺少其中任何一个要素，都不能构成法律关系。物流法律关系同样是由主体、内容和客体这 3 个要素构成的。

1. 物流法律关系的主体

物流法律关系的主体是指参加物流法律关系，依法享有权利和承担义务的当事人。在物流法律关系中，享有权利的一方当事人称为权利人，承担义务的一方当事人称为义务人。

根据我国相关法律规定，物流法律关系主体大致包括如下几种。

（1）民商事物流法律关系主体。

① 法人。

我国《民法通则》第三十六条规定："法人是具有民事权利能力和民事行为能力，依法独立享有民事权利和承担民事义务的组织。"由此可见，法人是指具有民事权利能力和民事行为能力，并可以依法独立享有民事权利和承担民事义务的社会组织。

② 其他组织。

其他组织是指依法成立、有一定的组织机构和财产，但不具备法人资格，不能独立承担民事责任的组织。

③ 自然人。

自然人即按照自然规律出生的人。自然人具有民事主体资格，可以作为物流法律关系的主体。现代物流涉及的领域较为广泛，自然人在一些情况下可能通过接受物流服务，而成为物流法律关系的主体。

（2）行政物流法律关系主体。

① 国家行政机关。

国家机关包括国家权力机关、国家行政机关和国家司法机关。国家行政机关是物流行政法律关系的必要主体。

② 物流企业。

物流企业包括各种物流公司、航运公司、货运代理公司、理货公司等。

③ 其他组织。

在物流行政法律关系中，其他组织从事物流活动时，也要接受行政机关的监督、管理，成为物流行政法律关系的主体，诸如采购与物流协会等。

2. 物流法律关系的内容

物流法律关系的内容是指物流法律关系主体在物流活动中享有的权利和承担的义务。权利是指主体为实现某种利益而依法为某种行为或不为某种行为的可能性；义务是指义务人为满足权利人的利益而为一定行为或不为一定行为的必要性。

（1）民商事物流法律关系的内容。

民商事物流法律关系的内容，是指民商事物流法律关系主体在物流活动中享有的权利和承担的义务。民商事权利的享有，是指权利主体能够凭借法律的强制力或合同的约束力，在法定限度内自主为或不为一定行为以及要求义务主体为或不为一定行为，以实现其实际利益。民商事义务的承担，是指义务主体必须在法定限度内为或不为一定行为，以协助或不妨碍权利主体实现其利益。

（2）行政物流法律关系的内容。

物流法律关系中有一种特别的内容，即行政法律关系的内容，它主要是指物流行政法律关系中的权利义务。其特点表现为行政权利不可自由处分、行政权利义务的相对性、权利义务的不可分性。

3. 物流法律关系的客体

物流法律关系的客体是指物流法律关系的主体享有的权利和承担的义务所共同指向的对象，它包括物、智力成果和行为。

在物流法律规范中，由于不同形式的物流活动产生不同的权利义务关系，在多数情况下，物流法律关系表现为一种债的法律关系，即权利主体请求义务主体为或不为一定行为，其客体主要是指各种给付行为。

（四）物流法律关系的发生、变更和终止

1. 物流法律关系的发生

物流法律关系的发生，又称物流法律关系的设立，是指因某种物流法律事实的存在而在物流法律关系主体之间形成某种权利和义务关系。

物流法律事实是指由法律所规定的能够引起物流法律关系发生、变更和消灭的客观现象，包括物流法律事件和物流法律行为两大类。

2. 物流法律关系的变更

物流法律关系的变更，又称物流法律关系的相对消灭，是指因某种物流法律事实的出现而使物流主体之间已经存在的物流法律关系发生改变。

物流法律关系变更的结果往往是使已经存在的物流法律关系的主体、客体或内容发生某种变化。例如，运输过程中遭遇严重的交通事故，使交货的时间推迟或货物损坏，致使原合同无法全面履行。

3. 物流法律关系的终止

物流法律关系的终止，又称物流法律关系的绝对消灭，是指因某种物流法律事实的出现

而使已经存在物流主体之间的物流法律关系归于消灭。

二、合同概述

《合同法》是民商法的重要组成部分，是市场经济的基本法律制度，也是物流实践中重要的法律依据。

（一）合同的概念和性质

合同是当事人之间设立、变更或者终止权利义务的协议。根据上述概念，合同具有以下法律性质。

（1）合同是一种民事法律行为。合同以意思表示为要素，合同的内容赋予法律效果。

（2）合同是两方以上当事人的意思表示达成一致的民事法律行为。合同必须有两方以上的当事人，互相做出意思表示，并取得一致，否则，合同不能成立。

（3）合同是以设立、变更、终止民事权利义务关系为目的的民事法律行为。

（4）合同是当事人在平等、自愿的基础上产生的民事法律关系。

（5）合同是具有法律约束力的民事法律行为。当事人一方不履行合同或者履行合同不符合约定，要承担继续履行等违约责任。

（二）合同的类型

合同可按不同标准分类。

1. 按双方是否互负义务划分

按双方是否互负义务划分，合同可分为单务合同和双务合同。其区分的意义主要在于：①后履行抗辩权、同时履行抗辩权、不安抗辩权发生于双务合同中单务合同无此效力；②双务合同有风险负担的分配问题，如当事人一方因不可抗力不能履约，可解除合同，对方如已履约时，则应将所得利益返还，而单务合同则没有对待给付及返还问题。

2. 按照当事人是否要支付代价划分

按照当事人是否要支付代价划分，合同可分为有偿合同与无偿合同。区分这两类合同的意义有三：①有偿合同的债务人的注意义务较无偿合同为重，如在保管合同中，对保管物的灭失，有偿保管中的保管人负过失赔偿责任，无偿之保管人则负重大过失赔偿责任，一般过失不负赔偿责任；②限制民事行为能力人订立有偿合同时，须经法定代理人同意或追认，而对于纯利益的赠与等无偿合同，则可独自为之；③在债的保全中，债权人撤销权的行使，须债务人与第三人的合同以无偿为条件，债权人不得撤销非恶意的有偿行为。

3. 按合同的成立是否要具备特定的形式划分

按合同的成立是否要具备特定的形式划分，合同可分为要式合同和不要式合同。区分这两类合同的意义有：订立要式合同不仅要当事人意思表示一致，还要具备履行特定方式。而在非要式合同，当事人就享有更多的合同自由权。例如，保证合同为非要式合同，只要当事人意思表示一致合同就可以成立，而质押合同为要式合同，不仅要有当事人意思表示一致，还要有交付行为合同方能成立。

4. 按法律对合同名称是否有规定划分

按法律对合同名称是否有规定划分，合同可分为有名合同与无名合同。有名合同是法律规定其内容并赋予一定名称的合同，也称典型合同，如合同法分则规定的买卖、租赁等15类合同就是有名合同；无名合同是法律未规定其内容和名称，由当事人自由创设的合同，也称非典型合同，如物业管理、电子认证等合同。

5. 按照合同的约束对象划分

按照合同的约束对象划分，合同可分为束己合同与涉他合同。束己合同是指为自己设定权利义务的合同，该合同严格遵守合同相对性原则。涉他合同是指在合同中为第三人设定了权利或约定了义务的合同，包括利他合同和负担合同。在涉他合同中，第三人不是合同当事人，不受合同约束。

6. 按照是否需要交付标的物才能成立为标准划分

按照是否需要交付标的物才能成立为标准划分，合同可分为诺成性合同与实践性合同。实践性合同有保管合同、自然人之间的借款合同、定金合同、质押合同。诺成性合同有买卖合同等。

三、物流服务合同概述

（一）物流服务合同的含义

物流服务合同的含义有狭义和广义之分。

狭义的物流服务合同，是指第三方物流企业与其他企业约定，由第三方物流企业为其他企业进行物流系统的设计，或负责后者整个物流系统的管理和运营，承担系统运营责任。而由后者向第三方物流企业支付物流服务费的合同。

广义的物流服务合同，是指第三方物流企业与其他企业约定，由第三方物流企业为其他企业提供全部或部分的物流服务，而由后者向第三方物流企业支付报酬的合同。

本书所称的物流服务合同，是指狭义的物流服务合同，或者是综合物流服务合同。其中，我们将提供这种物流服务的第三方物流企业，称为物流企业；将接受物流服务的货主企业或者其他企业，称为物流服务需求者。

（二）现代物流服务合同的特点

1. 物流服务合同是双务合同

现代物流服务合同的双方均负有义务，享有权利。例如，服务商有完成规定服务的义务，并有收取相应费用的权利；而用户方有支付费用的义务，也有接收完善服务和一旦出现服务瑕疵，如在运输过程中出现货物损害，向服务商索赔的权利。因而，物流服务合同具有双务合同的特点。

2. 物流服务合同是有偿合同

物流服务商以完成全部服务为代价取得收取报酬的权利，而用户方享受完善服务的权利则以支付费用为代价。

3. 物流服务合同是要式合同

物流合同中一般涉及运输、仓储、加工等内容，运输中可能包括远洋运输、公路运输、铁路运输、航空运输等，双方的权利、义务关系复杂，只有具备一定形式（如书面形式），才能使物流合同得到更好的履行，才能更好地保护合同当事人的合法权益。物流活动中涉及的物流单据是物流服务合同的证明，其本身不是合同。

4. 物流服务合同是诺成合同

物流服务合同成立于物流服务需求方和物流企业之间就物流服务协商一致，不需要标的物的交付，因而是诺成合同。

5. 物流服务合同是提供劳务的合同

物流服务合同的标的不是物，而是行为，是物流企业向物流服务需求者提供物流服务的行为。

6. 物流服务合同的一方是特定主体

物流服务合同中的物流企业必须是投资建立的第三方物流企业，专为提供物流服务收取报酬而经营的法人或其他组织。

7. 物流服务合同有约束第三者的性质

物流服务合同的双方是服务商与用户方，而收货方有时并没有参加合同签订，但服务商应向作为第三者的收货方交付货物，收货方可直接取得合同规定的利益，并自动受合同的约束。

（三）物流合同的分类

按不同的标准对物流合同进行如下分类。

（1）长期物流合同与单票货物物流合同。

一般来说，物流合同都是长期的，这是出于当事人充分合作与取得物流增值服务等合同目的的需要，但也不排除单票货物的物流合同的存在。事实上，长期物流合同范围内某一票特定货物的作业合同（从合同）也可视为单票货物的物流合同。

（2）约定作业内容的物流合同与不约定作业内容的物流合同。

并不是所有的物流合同都约定由物流经营人来完成物流作业的。许多情况下，合同只约定由物流经营人设计物流过程，为作业委托人选择实际履行人，然后以代理人的身份与实际履行人订立合同，合同并不要求物流经营人自己进行物流作业。

（3）单一货物的物流合同、固定货物的物流合同与不特定货物的物流合同。

根据物流合同中约定的作业对象分，可以得出上述 3 类合同，最常见的物流合同为约定固定几项货物物流的合同。

（4）工业企业物流合同与批发零售企业物流合同。

这是从作业委托人不同身份的角度来区分物流合同。对于工业企业物流合同来说，作业对象往往是固定的几类原材料和产品。但对于批发零售企业物流合同来说，作业对象既可以是限定一定范围的产品，也可以是所有的交易产品。

（5）正向物流合同与逆向（回收）物流合同。

虽然大部分物流合同是正向物流合同，但随着社会环保意识的增强、企业售后服务的完善以及回收物品再利用越来越成为一种趋势，回收物流合同也越来越普遍。

（四）物流服务合同的主体

依据现代物流服务合同的定义，可以将物流服务合同分为整物流合同和分物流合同。其中整物流合同的双方当事人为总物流服务商和用户方；分物流合同的双方当事人则为总物流服务商和各分包商。我们在这里所说的主要是整物流合同。

所谓用户方，是指与物流企业签订物流服务合同，或依用户方授权而将货物实际交给物流企业的人。收货方是指有权提取货物的人。契约服务商是指与用户方签订物流服务合同的服务商。分包商是指实际完成全程物流服务一个或几个环节的服务商，包括承揽仓储、包装、搬运的分包人，以及在多式联运中，实际完成运输全程中某一区段或几个区段货物运输的分运人。

从物流合同主体来看，一方面是物流服务提供者（物流经营者）与物流服务需求者（物流客户）的关系，双方基于物流合同的约定或法律的规定享有权利并承担义务，同时也必须独立地承担民事责任。另一方面是物流经营者与物流活动实际履行者的关系，当物流经营者利用自身的物流经营资源独立完成物流服务的全部过程时，物流经营者与物流活动的实际履行者是相同的，法律关系相对较为简单，但物流合同往往是综合的物流服务合同，而每个物流经营者拥有的资源不同，因此，实践中物流经营者在接受物流客户的委托后，往往与一个或多个实际履约方分别签订合同，委托他们从事具体的运输、仓储、加工、包装、装卸等服务。

因此，物流合同的主体可以分为物流服务需求方、第三方物流经营人和物流合同的实际履行人。物流服务需求方和第三方物流经营人是第三方物流法律关系中的重要主体，但一般还包括物流合同的其他实际履行人，包括运输企业、港口作业企业、仓储企业、加工企业等。第三方物流经营人通过实施代理权或分包权使这些企业参与物流合同的履行，成为第三方物流法律关系不可或缺的主体。

物流服务需求方，一般作为物流合同的当事人之一，享有法律及物流合同规定的权利，履行相应义务，是物流法律关系中主要的一方，主要包括各种工业企业、批发零售企业及贸易商等。

第三方物流经营人，是物流合同的另一方，与物流服务需求方签订物流服务合同的企业。

物流合同的实际履行人，是指与第三方物流经营人之间订立物流分合同，提供一项或多项物流相关活动的承运人、仓储保管人、港口经营人、其他增值服务的提供者。

（五）物流服务合同的形式

合同的形式是指订立合同的当事人双方达成的协议的表现形式，它是合同内容的外在表现和载体。

1. 法定形式

法定形式是指法律直接规定某种合同应采取的特定形式，不允许当事人选择、变更或废止。法定形式的效力取决于法律的规定。由于物流服务合同目前还没有明确的法律规定。更没有对其订立形式的规定，因此不存在法定的形式。

2. 约定形式

约定形式是指当事人对于没有法定形式要求的合同所约定采取的形式，它又包括口头形式、书面形式和其他形式。

（1）口头形式。即当事人通过使用语言进行意思表示订立合同的形式。

（2）书面形式。即合同书、信件、数据电文（包括电报、电传、传真、电子数据交换和电子邮件）等可以有形地表现所载内容的形式。物流双方当事人对于关系复杂、重要的合同，一般应采用书面形式。

（3）其他形式。指除口头形式和书面形式以外的合同形式。

至于在订立合同时采用何种形式，可以由物流双方当事人通过约定对物流服务合同的形式加以确定。

（六）物流服务合同的条款

1. 物流服务合同的一般条款

合同条款是当事人达成合意的具体内容。为了保证物流服务合同的履行和双方合同目的的实现，并在发生争议后解决争议时有所依据，当事人设计合同条款时应当具体、完备和全面。同时，为了追求效率，迅速地确立合同关系，当事人订立合同时一定要使合同条款一应俱全。我国《合同法》第十二条对合同的一般条款做了明确规定，双方当事人在订立物流服务合同时可以遵循。实践中的物流服务合同一般包含的条款有以下几项。

（1）当事人的名称或者姓名以及住所。

（2）物流服务的范围和内容。物流企业在提供物流服务时可能涉及如下内容：物流单证设计和物流业务管理；货物运输服务；承接中介；对外谈判和合同签订业务；咨询业务；综合物流业务等。

（3）合作方式和期限。即物流企业以哪种运营模式向物流需求者提供服务，是仅提供运输、仓储等单一或者少数物流功能的组合服务项目，还是提供仓储、配送、分销、流通加工、采购、咨询和信息以及其他增值作业服务，或者是物流需求者与物流企业建立长期物流服务合同形成一体化供应链物流方案，根据集成方案将所有物流运作以及管理业务全部交给物流企业。

（4）双方的具体权利和义务。其中最重要的是物流企业提供物流服务并收取费用，而物流需求者交付费用并享受对方提供的物流服务。

（5）服务所应达到的指标。物流服务具有很强的技术性，当事人在物流合同中应详细规定技术指标。

（6）实物交接和费用的结算、支付。物流活动分为很多环节，物流合同应尽量具体地规定每个环节的实物交付和费用支付。

（7）违约和解除合同的处理。当事人可以在合同中约定何种情况下解除合同以及双方违约责任的承担。

（8）争议的解决方法。当事人可以约定以仲裁或者诉讼的方式解决纠纷。

其中服务范围和内容、当事人的合作方式、服务所应达到的指标条款是实务中双方容易发生纠纷的条款，当事人签订合同时应当注意尽量完善这些条款。

2. 物流服务合同的格式条款

合同格式条款，是指当事人为了重复使用而预先拟订，并在订立合同时未与对方协商的条款。根据格式条款订立的合同一般称为格式合同。格式合同条款的特点是：①合同条款具有预先确定性，即合同条款由一方当事人预先拟订，或者由某些超然于双方当事人利益之上的社会团体、国家授权机关制定，或由法律直接事先规定；②合同条款形式的标准化，格式合同的条款通常由一方将预先确定的合同条款印制成一定的合同；③格式条款的提供者一般是拥有雄厚的经济实力或行业垄断地位的主体，并且往往凭借此优势规定免责条款以减轻或者免除其责任，而相对人却只能被动地接受合同条款。由于合同格式条款具有上述特点，《合同法》对提供格式条款的一方当事人做了诸多限制，以保护对方当事人的合法权益。

第五节　物流法律规范的现状与发展

一、物流法律规范概述

中国现行的有关物流的法律法规，从法律效力角度来看，可以分为以下几类：一是法律，如铁路法、海商法、公路法、民用航空法、港口法等；二是行政法规，如公路、水路、铁路、航空货物运输合同实施细则、道路运输条例、公路管理条例、航道管理条例、关于发展联合运输若干问题的暂行规定、关于进一步发展国内集装箱运输的通知等；三是部门规章，如关于商品包装的暂行规定、商业运输管理办法、铁路货物运输规程、国际铁路货物联运协定、关于加强我国现代物流发展的若干意见、关于促进运输企业发展综合物流服务的若干意见等。

二、我国物流法律规范的现状

我国现行调整物流的法律规范都散见于法律、法规、规章和国际条约、国际惯例及各种技术规范、技术法规中，涉及贸易、运输、仓储、包装、配送、搬运、流通加工和信息管理等方面。而随着我国物流业的快速发展，物流法律法规的滞后与不完善凸现出来，成为我国物流业发展比较混乱的原因之一。例如，由于对物流企业的界定不明确，目前在工商部门注册的物流企业千差万别，物流企业的个数难以确定。物流市场的无序，严重影响着我国物流业的健康发展。市场经济是法制经济，在市场经济条件下，完善的法律体系既为国家的宏观管理提供了依据，也为企业的微观活动提供了准则。因此，构建一个完善的物流法律法规体系，规范物流发展中的无序现象，成为我国物流发展中面临的一个迫切问题。

三、我国物流法律规范中存在的问题及相关建议

（一）我国物流法律制度中存在的问题

我国现有的物流法律、法规的制定，虽然基本上能维护目前物流业的经济秩序，但仍不能满足物流业飞速发展的需要，阻碍我国物流业进一步发展的重要原因就是我国还缺乏合理、统一的物流产业发展规划，缺乏完善的物流法律制度，物流法制建设方面还存在着许多问题，主要是以下几个。

第一，物流法律规范缺乏系统性，法律法规之间存在不协调和冲突现象。由于物流涉及领域和环节众多，我国实行的物流方面的法规或与物流有关的法规分散于有关贸易、运输、仓储、流通加工等法律规范中。而这些法律法规又由不同的政府行政部门根据各自的行业特殊情况和部门利益制定和颁布，形成多头而分散的局面，缺乏物流行业系统而专门的法律规定，甚至出现相互冲突的现象。

第二，不少具体领域的物流法律规范层次较低，效力不强。我国直接具有操作性的法规多由各部委、地方制定颁布，规范性不强，在形式上多表现为"办法"、"条例"和"通知"，甚至是内部规定等，这些法规和规章层次低，在具体运用中缺乏普遍适用性，多数只适合作为物流主体进行物流活动的参照性依据，带有地方、部门分割色彩，不利于从宏观上引导物流业的发展。加之立法技术和水平的欠缺，使得其可操作性不强，水平较差，甚至与一些基本法相冲突。这种状况不能适应现代物流业发展的趋势和特点，应该逐步提升物流立法的水平和质量，从而建立完善的物流法律制度，实现我国物流业的提升。

第三，物流立法相对落后，仍存在不少法律空白。我国大部分物流法律制度是在过去计划经济体制或从计划经济向市场经济体制过度的社会经济环境下制定并被沿用下来的，它们是根据当时的情况制定的，虽在当时对于推动物流业的发展起过积极作用，但由于时空差异已出现适用范围有误、规制内容过时以及法律交叉、法律空白等问题，难以适应目前市场经济环境下物流的发展而物流直接随着经济发展而发展、变化。所以现行的法律规范与物流业发展在诸多方面不相适合，更难以适应市场经济环境下物流业的发展。

第四，物流法律法规之间不协调。物流立法上涉及交通、铁路、航空、商业、供销等多个部门，由于各部门协调沟通不够，存在法律法规"打架"现象，难以整合物流各环节和各功能之间的关系，不利于形成行业优势以推动我国物流业的发展。

（二）完善我国物流法律规范的建议

第一，制定统一的物流产业发展规划，建立物流业统一开放的市场。物流法律法规体系应界定为由不同层次、不同类别的与物流直接或间接相关的法律法规文件组成的有机联系的统一整体。要制定统一的物流法规，理顺不同单行法规的层次结构与逻辑脉络，确立在现代市场经济下物流运行应共同遵循的基本原则，从而避免跨部门的物流法律法规体系内部出现重复和矛盾，避免物流产业内部自律以及地方、中央物流管理过程中产生分歧和冲突。

第二，建立适应市场经济体制的物流法律规范体系。在对现有物流法律法规的调整中，要在认真清理、修订内容过时而影响物流产业发展的相关法律法规的基础上，建立健全适应社会主义市场经济体制和现代物流产业发展的物流法律法规体系，以保证我国物流业在不断完善的法律环境中健康发展。因为，现代物流业的健康、持续发展离不开良好的市场法制环

境，需要政府通过制定和实施完善的物流法律制度加以有效的干预。

第三，完善适应物流国际化发展需要的技术标准法律规范体系。目前我国物流业的标准化程度还很低，在很多流通环节，特别是包装、运输和装卸等环节中，都没有制定必要的行业规范和技术标准，这导致物流成本上升，严重影响了物流产业的迅速发展。因此，我们应制定和完善与国际标准接轨的国家标准，以实现物流活动的标准化和规范化，从而适应国际物流发展的基本要求。

第四，完善物流行业协会组织。在建立健全我国物流法律、法规的同时，也要特别重视物流行业协会对其会员的协调、自律作用。特别是一些国家法律法规没有调整或者不便于调整的领域，如诚实信用经营、行业利益协调等方面，物流行业协会将发挥政府所不能取代的功能。因此，要逐步建立全国及地方的物流行业协会组织，将以往政府过多的管理职能逐步过渡，交给行业协会行使。

总之，现代物流业的发展与兴盛依赖于统一、透明、公平和高效率的法律制度环境。市场经济是法制经济，在市场经济条件下，完善的法律体系既为国家的宏观管理提供了依据，也为企业的微观活动提供了准则。加强和完善我国的物流法制，改善我国物流法制环境，对于促进我国物流业的健康发展具有重要的现实意义。

项目小结 XIANGMU XIAOJIE

本项目从物流入手，着重阐述了物流法的概念和法律特征，对物流法律制度的渊源进行了分析，对物流法律规范进行了分类。对现代物流业的主体的——物流企业的设立、变更及终止、解散和清算制度做了介绍，重点讨论了现代物流企业的最主要的类型——物流有限责任公司和物流股份有限责任公司的相关法律制度，并对物流企业做了分类，就其职能、任务、性质和法律地位做了介绍。本章重点从 4 个方面解读了物流法律关系；从合同的一般概念引出了物流服务合同的相关基本概念及相关法律制度。对我国目前物流法律制度做了总结，对我国物流法律规范中存在的问题进行了分析，同时对完善我国物流法律规范提出了建议。

能力测评 NANGLI CEPING

一、判断题

1. 国际惯例是物流法律制度的国内法渊源。　　　　　　　　　　　（　　）
2. 广泛适用于物流活动各环节的法律最主要的是《合同法》。　　　（　　）
3. 物流法律关系是由主体、内容和客体这 3 个要素构成的。　　　（　　）
4. 自然人具有民事主体资格，可以作为物流法律关系的客体。　　（　　）
5. 物流企业包括各种物流公司、航运公司、货运代理公司、理货公司等。（　　）
6. 物流法的调整对象是物流相关作业的法律规范所调整的社会关系。（　　）
7. 根据从事物品流通的领域划分，物流企业可分为物流作业企业和物流信息企业。
　　　　　　　　　　　　　　　　　　　　　　　　　　　　　（　　）
8. 我国现代物流企业的主要形式表现为物流有限责任公司和物流股份有限责任公司。
　　　　　　　　　　　　　　　　　　　　　　　　　　　　　（　　）

9. 物流就是物品从供应地向接收地的实体流通过程。根据实际需要，将运输、储存、装卸、搬运、包装、流通加工、配送、信息处理等基本功能实施有机结合。　　　　（　　）

10. 能够实现门到门运输服务的运输形式是航空运输。　　　　（　　）

二、单选题

1. 物流概念最早是由（　　）提出的。
   A. 彼得·德鲁克　　B. 钱德勒　　　C. 詹姆斯·钱皮　　D. 弗鲁姆

2. 下列合同适用《合同法》的是（　　）。
   A. 政府采购合同　　　　　　　　　B. 以悬赏广告为要约订立的合同
   C. 以招标、投标方式订立的合同　　D. 以拍卖方式订立的合同

3. 根据根据物流企业从事物流业务范围的大小不同，物流企业可分为（　　）
   A. 区域物流和国际物流　　　　　　B. 自主物流、第三方物流和第四方物流
   C. 社会物流和企业物流　　　　　　D. 单一物流企业和综合物流企业

4. 物流服务合同的标的是（　　）。
   A. 劳务　　　　B. 运输的货物　　C. 物流企业　　D. 物流设施

5. 投资太高，建设周期长，但运行速度快，运输能力大是（　　）运输的特点。
   A. 铁路　　　　B. 公路　　　　C. 航空
   D. 水路　　　　E. 管道

6. 运输能力大，运输成本低，但受自然条件影响较大，运送速度慢是（　　）运输的特点。
   A. 铁路　　　　B. 公路　　　　C. 航空
   D. 水路　　　　E. 管道

7. 机动灵活，货物损耗少，运送速度快，可以实现门到门运输是（　　）运输的特点。
   A. 铁路　　　　B. 公路　　　　C. 航空
   D. 水路　　　　E. 管道

8. 运行速度快，机动性能好，但运输能力小，成本很高，只适宜长途旅客运输和体积小、价值高的物资等是（　　）运输的特点。
   A. 铁路　　　　B. 公路　　　　C. 航空
   D. 水路　　　　E. 管道

9. 专用性强，只能运输石油、天然气及固体料浆如煤炭等是（　　）运输的特点。
   A. 铁路　　　　B. 公路　　　　C. 航空
   D. 水路　　　　E. 管道

10. 企业的设立除了需要符合法律规定的条件外，还须报请政府主管部门审核批准，方能申请登记成立。此种企业的设立原则是（　　）。
   A. 准则主义原则　　　　　　　　　B. 许可主义原则
   C. 特许主义原则　　　　　　　　　D. 自由主义原则

三、多选题

1. 下列特点属于物流法律规范特点的是（　　）。
   A. 复杂性　　　　B. 国际性　　　　C. 内容及表现形式的多样性

D. 技术性　　　　E. 规律性

2. 下列特点属于管道运输特点的是（　　　）。

A. 运输量小

B. 成本低，无污染

C. 可以实现封闭运输

D. 适合运送鲜活产品及邮件

E. 可以全天候运输

3. 在下列合同中，既可以是有偿合同，也可以是无偿合同的是（　　　）。

A. 保管合同　　　B. 委托合同　　　C. 借款合同

D. 互易合同　　　E. 租赁合同

4. 现代物流服务合同的特点主要有（　　　）。

A. 长期物流合同

B. 提供劳务的合同

C. 提供劳务的合同

D. 批发零售企业物流合同

5. 与股份有限公司相比，有限责任公司具有的特征是（　　　）。

A. 具有开放性

B. 资合性与人合性

C. 股东人数一般具有法定限制

D. 只能发起设立

四、表述题

1. 试述我国物流法律规范的渊源。

2. 试分析我国物流法规现状。

3. 请谈谈如何才能更好地完善我国物流法规。

五、案例分析题

1. 唐某与李某、温某合伙成立 A 物流有限公司，法人代表是李某。经营一段时间后，2007 年 1 月，李某、温某决定不再经营该物流有限公司，唐某与李某、温某经协商达成口头协议：物流有限公司由唐某独自经营管理，李某、温某退股不做，但广东中山 B 有限公司所欠的运费 48 万余元要先归还给李某和温某。但 A 物流有限公司没有依法对公司的债权债务进行清算，且未办理相关工商变更手续，公司公章和财务章都留在李某、温某处。之后，唐某以 A 物流有限公司名义进行物流运输业务。

2007 年 8 月，彭某、符某、何某、曾某经人介绍认识被告唐某，唐某称其在广州注册成立了 A 物流有限公司，其是法人代表。其公司在中山 B 股份有限公司有交付的物流运输风险保证金 15 万元，并有未结运费 49 万余元，现有意将公司全部股权及运输业务转让，事后，唐某还伪造了中山 B 股份有限公司财务部 2006 年 5 月 20 日出具的"收到 A 物流有限公司长途货物运输风险保证金壹拾伍万元"财务部收讫。彭某等在未认真审查 A 物流有限公司的工商登记及相关资料后，即于 2007 年 9 月 1 日与被告唐某签订了《转让协议》。协议约定："唐某将 A 物流有限公司在中山 B 有限公司的未结算运输费 49 万元以 41 万元的价格全部转让给原告，并且其公司在中山 B 有限公司的业务全部由原告经营，唐某必须在一个月内办理营业执照变更登记手续，因公司留有中山 B 有限公司风险押金 15 万元，为此，唐某占新组成公司 15% 的股权，而彭某等占新组成公司 85% 的股权"。协议签订后，唐某于 2007 年 10 月 12 日出具了"今收到人民币肆拾壹万元整"的收条。彭某等即开始经营 A 物流有限公司在中山 B 有限公司的物流运输业务，期间唐某领取了中山 B 有限公司预付的运费 26000 元，因唐某不按协议给彭某等办理公司营业执照变更手续，彭某等便于 2007 年 10 月 31 日暂停了对中山 B 有限公司的物流运输业务。后李某、温某得知唐某将 A 物流有限公司在中山 B 有限公司的运输业务转让给彭某等的情况后，便于 2007 年 12 月 22 日、2008 年 1 月 26 日、2008 年 2 月 2 日分别以 A 物流有限公司的法人代表和股东的名义向中山 B 有限公司出具声明和申请报告，告知中山 B 有限公司，A 物流有限公司已决定开除唐某，唐某的行为不代表 A 物流有限公司行为，致使原告无法从中山 B 有限公司结取运费，故诉至法院，要求唐某归还股权转让费 41 万元，A 物流有限公司承担连带清偿责任。

问题：

本案中 A 物流有限公司是否应当承担连带责任？

2．2010 年 11 月 16 日，张某与河南某物流有限公司双方签订《服务合同》一份，合同约定张某将其车牌号为豫 A××××挂号车登记在河南某物流有限公司名下，张某拥有车辆的所有权、占有权、经营使用权及收益权，河南某物流有限公司仅为车辆的名义登记人。合同约定，物流公司为张某代办车辆手续、保险等；张某应每月向物流公司支付服务费 280 元；服务合同期限届满之日起 15 日内，如双方未续签合同，则张某应立即将车辆从物流公司过户走，因过户所发生的费用由张某承担；服务期限为两年，自 2010 年 11 月 16 日起至 2012 年 11 月 16 日止。合同还约定了张某的责任、义务及违约责任等内容。合同到期后双方未续签《服务合同》，张某也未继续缴纳服务费用，也未将车辆从物流公司名下过户走。

问题：

张某是否承担责任？

项目二

>>> **货物运输法律规范**

❈ 知识体系

项目二	货物运输法律规范	本项目首先介绍了货运运输及货物运输法律规范，然后重点介绍了道路运输、铁路运输、水路运输、航空运输、国际多式联运等运输方式的法律规范的内容，以及相应的运输合同及合同当事人的权利义务内容，最后介绍了邮政、快递的相关内容及法律规范
第一节	货物运输及货物运输法概述	本节首先介绍货物运输的概念、方式及各种运输方式的法律规范，然后重点介绍货物运输合同的概念、特征、内容、订立及合同当事人的权利义务内容
第二节	道路货物运输法	本节首先介绍道路货物运输的特点及相关法律规范，然后重点介绍道路货物运输合同的概念、特点、内容、双方当事人的权利义务内容
第三节	铁路货物运输法	本节首先介绍铁路货物运输的优点、分类及相关法律规范，然后重点介绍铁路货物运输合同的概念、分类和合同当事人的权利义务内容
第四节	水路货物运输法	本节首先介绍水路货物运输的特点、分类及法律规范体系，然后重点介绍水路货物运输合同的概念、种类（国内水路货物运输合同和国际海上货物运输合同），海上货物运输合同当事人的权利义务内容及相关运输单证
第五节	航空货物运输法	本节首先介绍航空货物运输的特点、方式及相关法律规范，然后重点介绍航空货物运输合同的特点、内容、当事人的权利义务内容，以及合同的订立、变更和接触
第六节	国际多式联运法律制度	本节首先介绍了国际多式联运的概念、特征及相关的国内外法律规范，然后重点介绍国际多式联运合同的概念、效力、当事人的义务内容、订立方式等
第七节	邮政快递相关法律规定	本节主要介绍邮政运输、国际邮政运输、快递的特点和作用、快递业务的申请和审批及相关法律规范

❈ 知识目标

能够解释货物运输合同、国际多式联运、邮政快递等相关概念；描述合同起草、订立应遵循的原则、包含的内容，与运输相关的单证的内容；识别各种方式货物运输合同的内容及各方当事人的权利义务。

❈ 能力目标

能够进行货物运输合同的起草操作；具有准确理解合同内容、对货物运输相关法规正确理解和把握的能力；能查阅和运用货物运输法规中的各项条款解决在实际工作中遇到的问题。

❈ 素质目标

能够自觉遵守货物运输相关法律规定，实现运输作业规范化管理；能够根据相关法律规定妥善解决运输作业中遇到的问题。

❈ 关键概念

货物运输　货物运输合同　提单　国际多式联运　邮政快递

❈ 导入案例

2008 年 2 月 5 日，北京某科技发展有限公司（以下简称科技公司）委托某货运代理公司

（以下简称货代公司）将一批货物从上海运至美国芝加哥，货代公司接受货物后，向科技公司签发了提单，提单记载承运人是某集运有限公司（以下简称集运公司）。货物运出后，科技公司得知货代公司和集运公司未收回正本提单将货物交付他人，两公司的无单放货行为损害了科技公司的合法权益，请求两公司连带赔偿货物损失24410美元和利息损失、汇率损失人民币6270.90元和退税损失人民币8615元，并承担本案诉讼费用。

货代公司辩称，其为集运公司的签单代理人，不是涉案运输的承运人；科技公司请求汇率损失和退税损失没有法律依据。

集运公司辩称，涉案提单为记名提单，目的港为美国芝加哥，根据提单背面条款应适用美国法，承运人不凭正本提单向记名提单收货人交付货物并无不当，收货人拒付货款系属贸易合同纠纷，与承运人无关。

本案在审理过程中，经本院主持调解，双方当事人自愿达成如下协议。

（1）集运公司向科技公司赔偿货款及利息损失人民币165000元，于2008年10月9日前支付至科技公司指定的账户。

（2）本案案件受理费人民币3898.70元，因调解减半收取人民币1949.35元，由科技公司负担。

（3）货代公司和集运公司若逾期不履行或不完全履行付款义务，应按科技公司诉讼请求的货物损失24410美元及利息损失、汇率损失人民币6270.90元、退税损失人民币8615元和案件受理费人民币1949.35元赔偿给科技公司（货代公司和集运公司已经履行部分作相应扣除）。

（4）科技公司和货代公司、集运公司就涉案纠纷再无其他争议。

第一节　货物运输及货物运输法概述

一、货物运输概述

（一）货物运输的概念

货物运输是指利用各种运输工具（车、船、飞机等）实现物品空间的位置移动。运输的货物包括各种动产，不限于商品。不动产和无形财产不为货物运输的货物。货物运输是实现国际经济交往目的的必要环节，是物流不可缺少的组成部分，是物流系统的核心环节。

（二）货物运输的方式

常见的货物运输方式有以下几种。

1. 道路货物运输

道路货物运输是指为社会提供劳务、发生费用结算的，以运输货物为对象，在公共道路上以机动车运输为主要运输工具的营业性道路货物运输。道路货物运输能够深入目前尚无铁路的县、小城镇和工矿企业、农村及边远地区，是我国最重要和最普遍的短途运输方式。

2. 铁路货物运输

铁路货物运输是指将火车车辆编组成列车在铁路上载运货物的一种方式，它是陆路运输的方式之一。大宗货物的长途运输主要依靠铁路。

3. 水路货物运输

水路货物运输是使用船舶及其他水上工具通过河道、海上航道运送货物的一种运输方式。水路货物运输又可分为海运和内河运输，海运又有沿海运输和远洋运输两种。水路货物运输适用于承担运量大、运距长的大宗货物。

4. 航空货物运输

航空货物运输是指在具有航空经验和航空港（飞机场）的条件下，利用飞机运载工具进行货物运输的一种运输方式。我国目前的航空运输线主要负担各大城市和国际交流的旅客运输，报刊邮件和急迫、鲜活贵重物资的运输。

5. 国际多式联运

国际多式联运是指联运经营人根据单一的联运合同，使用两种或两种以上运输方式，负责将货物从指定地点运至交付地的运输。国际多式联运是综合性运输组织工作，通过协调、组织不同地区的不同企业、利用不同运输方式的经济技术优势，高效、方便、优质地完成全程运输。

6. 邮政快递

邮政运输又称邮包运输，是指通过邮局寄交进出口货物的一种运输方式。邮政运输的优点是最简便，具有国际多式联运和门到门运输的优势；局限性是量小，费用高。

快递是指快速收寄、分发、运输、投递单独封装、具有名址的信件和包裹等物品，以及其他不需储存的物品，按照承诺时限递送到收件人或指定地点，并获得签收的寄递服务。

7. 管道运输

管道运输是用管道作为运输工具的一种长距离输送液体和气体物资的运输方式，是一种专门由生产地向市场输送石油、煤和化学产品的运输方式，是统一运输网中干线运输的特殊组成部分。

二、货物运输法概述

1949 年新中国成立以来，经过 50 余年的探索和发展，我国已建立了包括道路运输、铁路运输、水路运输、航空运输、邮政快递、货运代理等方面的运输业的法律规范体系。

（一）道路运输法

我国在道路运输方面的法律规范主要有《中华人民共和国道路运输条例》、《道路货物运输及场站管理规定》、《道路运输从业人员管理规定》、《国际道路运输管理规定》、《外商投资道路运输业管理规定》等。

（二）铁路运输法

我国在铁路运输方面的法规主要有《铁路货运事故处理规则》、《铁路货物运输杂费管理办法》、《铁路货物运输规程》、《铁路货物运输管理规则》等。

（三）水路运输法

我国在水路运输方面的法律规范主要有《海商法》、《中华人民共和国水路运输管理条例》、《中华人民共和国海上交通安全法》以及《中华人民共和国国际海运条例》等。

（四）航空运输法

关于航空运输的国内立法，除《民用航空法》外，还有《航空货物运输合同实施细则》、《国务院关于开办民用航空运输企业审批权限的暂行规定》、《民航局关于航空运输服务方面罚款的暂行规定》等规范。在国际方面，我国先后签署、批准了20多个国际公约和议定书，并与80余个国家签订了双边航空运输协定，形成了我国的民用航空运输法律体系。但是这些法律法规中有许多内容因航空业的迅速发展而显得相对滞后，并缺乏可操作性，在一定程度上限制了我国航空运输业的发展。

（五）邮政快递法

我国关于邮政快递的法律规范主要有《中华人民共和国邮政法》及其实施细则、《快递市场管理办法》、《〈快递服务〉邮政行业标准》等。

（六）货运代理法

关于货运代理的法律规范主要有原对外贸易经济合作部（现改为商务部）颁布的《中华人民共和国国际货物运输代理业管理规定》及其实施细则，该规定借鉴了联合国亚太经济社会委员会和国际货运代理协会联合会的有关条款，明确了国际货运代理人的法律地位；在原对外贸易经济合作部颁布的《外商投资国际货物运输代理企业审批规定》中，对中外合资企业从事国际货物运输代理业务的条件和报批程序做出了规定。

三、货物运输合同

（一）货物运输合同的概念和特征

货物运输合同是指承运人将货物从起运地点运输到约定地点，托运人或者收货人支付运输费用的合同。

货物运输合同具有以下特征。

（1）货物运输合同大多是格式合同。

货物运输合同的主要内容，特别是运费，都是由国家成立的交通运输部门直接规定的，双方当事人无权通过约定予以变更。所以签订这类合同应采用国家及有关部门发布的标准合同格式。

（2）货物运输合同的主体具有特殊性。

货物运输合同的主体与一般合同关系的主体不同，除直接参与签订合同的托运人和承运人外，通常还有第三人，即收货人。托运人既可自己为收货人，也可以是第三人为收货人。在第三人为收货人的情况下，收货人虽不是订立合同的当事人，但却是合同的利害关系人。在此情况下的货运合同即属于为第三人利益订立的合同。

（3）货物运输合同的标的是运输行为本身。

货物运输合同的标的不是被运送的旅客、货物，而是运输行为本身，也就是将一定数量的货物按期运送到指定地点的劳务活动。因此，货物运输合同属于劳务合同。

（4）货物运输合同为诺成性合同。

货运合同一般以托运人提出运输货物的请求为要约，承运人同意运输为承诺，合同即告成立。因此，货运合同为诺成性合同。

（5）货物运输合同属于双务有偿合同。

承运人和托运人双方均负有义务，其中，托运人须向承运人支付运费。

（6）货物运输合同可以采用留置的方式担保。

（二）货物运输合同的当事人

货物运输合同的当事人包括承运人、实际承运人、托运人和收货人。

1. 承运人

承运人是指从事货物运输并与托运人订立货物运输合同的经营者，多为法人，也可以是自然人、其他组织。

2. 实际承运人

实际承运人是指接受承运人的委托，从事相应货物的全部运输或者部分运输的人，包括接受转委托从事此项运输的其他人。

实际承运人不同于承运人。他未与托运人签订货物运输合同，而是接受承运人的委托，实际履行货物运输合同中的全部或者部分运输活动，从而对其所经办的运输活动承担责任，亦享有相应的权利。

3. 托运人

托运人是指与承运人订立货物运输合同的经营者，包括自然人、法人和其他组织。托运人可以是货物的所有人，也可以不是。

4. 收货人

收货人是指货物运输合同中托运人指定的有权提取货物的单位或个人。一般表现为在提货凭证的收货人一栏中所记载的人。

此外，还有货物运输代办人（以下简称货运代办人），是指以自己的名义承揽货物并分别与托运人、承运人订立货物运输合同的经营者。

（三）货物运输合同的订立

1. 货物运输合同订立的方式

货物运输合同必须符合国家政策、法律、行政法规和计划的要求。根据运输能力与国家物资调拨计划和公路运输管理的规定签订。

货物运输方式主要有 3 种：大宗货物运输、零担货物运输和集装箱货物运输。货物运输合同依货物运输方式不同而有不同的订立方式。大宗货物运输，有条件的可按年度、半年度或季度签订货物运输合同，也可以签订更长期限的货运合同。其他整车、整批货物运输，应按月签订货物运输合同。上述各种货物运输合同称为长期货物运输合同。零担货物和集装箱运输以货物运单（包括包裹详情单）作为运输合同。

2. 货物运输合同的内容

货物运输合同的主要条款包括：①托运人、收货人的名称、地址、邮政编码、联系电话；②承运人的名称、地址、邮政编码、电话、发站（港）、到站（港）名称；③托运货物的品名、数量、重量、件数等；④托运货物的包装要求；⑤货物的接收与交付；⑥运输方式；⑦运到期限；⑧承运人、托运人、收货人的义务；⑨违约责任；⑩双方当事人约定的其他内容。

四、货物运输合同双方当事人的权利和义务

（一）托运人的主要权利和义务

1. 托运人的权利

（1）要求承运人按照合同该规定的时间、地点，把货物运输到目的地。

（2）货物托运后，托运人需要变更到货地点或收货人，或者取消托运时，有权向承运人提出变更合同的内容或解除合同的要求。但必须在货物未运到目的地之前通知承运人，并应按有关规定付给承运人所需费用。

2. 托运人的义务

（1）填写托运单。托运人办理货物运输的，应当向承运人准确表明收货人的名称或者姓名或者凭指示的收货人，货物的名称、性质、重量、数量，收货人地点等有关货物运输的必要情况。

（2）提供货物、支付费用的义务。在诺成性的货物运输合同中，托运人应按照合同约定的时间和要求提供托运的货物，并向承运人交付运费等费用。否则，托运人应支付违约金，并赔偿承运人由此而受到的损失。

（3）托运人应当按照约定的方式包装货物。

（4）提交相关文件的义务。货物运输需要办理审批、检验手续的，托运人应将有关审批、检验的文件提交承运人。

（5）托运人托运易燃、易爆、有毒、有腐蚀性、有放射性等危险物品的，应当按照国家有关危险物品运输的规定对危险物品妥善包装，做出危险物品标志和标签，并将有关危险物品的名称、性质和防范措施的书面材料提交承运人。

（二）承运人的主要权利和义务

1. 承运人的权利

（1）向托运人、收货人收取运杂费用。如果收货人不交或不按时交纳规定的各种运杂费用，承运人对其货物有扣押权。

（2）查不到收货人或收货人拒绝提取货物，承运人应及时与托运人联系，在规定期限内负责保管并有权收取保管费用，对于超过规定期限仍无法交付的货物，承运人有权按有关规定予以处理。

2. 承运人的义务

（1）承运人应按照合同约定配备运输工具，按期将货物送达目的地。否则，应向托运人支付违约金。

（2）货物运输到达后，承运人知道收货人的，应当及时通知收货人，收货人应当及时提货。收货人提货时应当按照约定的期限检验货物。

（3）承运人对运输过程中货物的毁损、灭失承担损害赔偿责任，但承运人能够证明货物的毁损、灭失是因不可抗力、货物本身的自然性质或者合理损耗以及托运人、收货人的过错造成的，不承担损害赔偿责任。

（4）两个或两个以上承运人以同一运输方式联运的，与托运人订立合同的承运人应当对全程运输承担责任。

（三）收货人的主要权利和义务

1. 收货人的权利

在货物运到指定地点后有以凭证领取货物的权利。必要时，收货人有权向到站或中途货物所在站提出变更到站或变更收货人的要求，签订变更协议。

2. 收货人的义务

在接到提货通知后，按时提取货物，缴清应付费用。超过规定提货时，应向承运人交付保管费。

第二节　道路货物运输法

一、道路货物运输概述

与其他运输方式相比，道路货物运输具有显著的比较优势，已成为综合运输体系中承担运量最大、服务范围最广泛的运输服务业。道路货物运输具有机动灵活，网络覆盖面广，提供门到门服务，运输组织形式多样，运输服务品种齐全等特点。道路运输不仅作为其他运输方式不可或缺的集疏运方式，而且在道路条件具备时也可以成为长途干线运输的主要力量，特别是在应急运输和特种运输中具有不可替代的作用。

二、道路货物运输法概述

我国的道路货物运输法律规范主要有专门的道路运输法律文件、附属性道路运输法律规范和缔结或参加的国际条约中的道路运输法律规范。

专门的道路运输法律文件由两个部分组成：一是综合性的法律文件；二是就道路运输中的某一方面予以调整的单行法。综合性的道路运输法律文件中的道路运输法律规范主要指2004 年 7 月 1 日施行的《中华人民共和国道路运输条例》，其主要内容有总则、道路运输经营、道路运输相关业务、国际道路运输、执法监督和法律责任。道路运输单行法主要有《道路货物运输及站场管理》、《道路危险货物运输管理》、《国际道路运输管理》、《运价及运输服务质量管理》等。

附属性道路运输法律规范是指分散在其他法律文件中的道路运输法律规范，如《合同法》中关于运输合同的规定，《刑法》中关于道路运输安全方面刑事责任的规定等。

从 20 世纪 90 年代开始我国同周边国家签署了 10 个政府间双边汽车运输协定和 3 个区域性的多边汽车运输协定，如我国与东南亚大湄公河次区域六国签订的《大湄公河次区域便利跨境运输协定》。所有这些国际条约中的道路运输法律规范应属于我国道路运输法律规范体系的组成部分。

三、道路货物运输合同

（一）道路货物运输合同的概念和特点

道路货物运输经营者和货物托运人应当按照《合同法》的要求，订立道路货物运输合同。道路货物运输可以采用交通部颁布的《汽车货物运输规则》所推荐的道路货物运单签订运输合同。

1. 道路货物运输合同的概念

道路货物运输合同是道路货物运输承运人与托运人之间签订的明确相互权利义务关系的协议。

在道路货物运输合同中，承运货物的一方为承运人，是指从事道路货物运输并与托运人订立道路货物运输合同的经营者，可以是道路运输企业，也可以是从事道路货物运输的其他单位或运输个体户。托运人是指托运货物的一方或与承运人签订公路货物运输合同的一方当事人，它可以是承运人以外的其他任何单位或个人。收货人是指公路货物运输合同中托运人指定提取货物的单位或个人，即在目的地接收货物的人。

2. 道路货物运输合同的特点

道路货物运输合同除具有一般货运合同的特点外，还有下列几个特点。

（1）承运人必须是经过国务院交通行政主管部门批准并持有运输经营许可证的单位或个

人，国务院交通行政主管部门必须对运输工具、司机进行管理，明确职责，以确保货物运输的安全。

（2）具有门到门的优势和特点。道路货物运输合同可以是全程运输合同，即交由公路承运人通过不同的运输工具一次完成运输的全过程。

（3）承运人的许多义务是强制性的，如定期检修车辆，确保车辆处于适运状态；运费的计算和收取必须按照有关部门的规定，不得乱收费等。

（二）道路货物运输合同双方当事人的权利义务

1. 托运人的权利和义务

（1）托运人的权利。

① 要求承运人按照合同规定的时间、地点、方式把货物运输到目的地。

② 在承运人将货物交付收货人之前，托运人可以要求承运人中止运输、返还货物、变更到达地或者将货物交给其他收货人，但应当赔偿承运人因此受到的损失。

③ 决定货物是否保险和投保，货物保险由托运人向保险公司投保，也可以委托承运人代办。选择货物保价运输时，申报的货物价值不得超过货物本身的实际价值；保价为全程保价。保价费按不超过货物保价金额的 0.7%收取。

④ 货物交接时，托运人对货物的重量和内容有质疑，可提出查验与复磅，查验和复磅的费用由责任方负担。

（2）托运人的义务。

① 交货义务。托运人应该按照合同的规定，在双方约定的交货期限，按照合同规定的数量，向承运人提供运输的货物。托运人对托运的货物，应按照合同规定的标准进行包装。

② 按合同约定向承运人交付运杂费。

③ 货物运输需要办理审批、检验手续的，托运人应当将办理完有关手续的文件提交承运人，并随货同行。托运人委托承运人向收货人代递有关文件时，应在运单中注明文件名称和份数。

2. 承运人的权利和义务

（1）承运人的权利。

① 向托运人、收货人收取合同规定的运杂费用。如果托运人或者收货人不支付合同规定的各种运杂费、保管费以及其他运输费用的，承运人对相应的货物有留置权。

② 收货人不明或收货人无正当理由拒绝受领货物的，承运人应及时与托运人联系，在规定期限内负责保管并有权收取保管费用，对于超过规定期限仍无法交付的货物，承运人有权按《合同法》的规定提存货物。

③ 托运人未按合同约定的包装方式包装货物，不能保证货物运输安全，承运方有权拒绝承运。约定由承运人对货物再加外包装时，包装费用由托运人支付。

④ 货物交接时，承运人对货物的重量和内容有质疑，可提出查验与复磅，查验和复磅的费用由责任方负担。

（2）承运人的义务。

① 承运人应根据承运货物的需要，按货物的不同特性，提供技术状况良好、经济适用的

车辆，并能满足所运货物重量的要求。

② 在合同规定的期限内，将货物运到指定的地点，并在 24 小时内以合理方式向收货人发出到货通知或按托运人的指示及时将货物交给收货人。

③ 对托运的货物要负责安全，保证货物无短缺，无人为损坏，无人为的变质，如发生货运事故，应按合同约定承担赔偿义务。

第三节　铁路货物运输法

一、铁路货物运输概述

（一）铁路货物运输的主要优点

铁路货物运输具有安全程度高、运输速度快、运输距离长、运输能力大、运输成本低等优点，且具有污染小、潜能大、不受天气条件影响的优势，是公路、水运、航空、管道运输所无法比拟的。

（二）铁路货物运输的种类

（1）根据托运人托运货物的数量、体积、形状等条件，结合铁路的车辆和设备等情况，铁路货物运输可分为 3 种：整车运输、零担运输和集装箱运输。

整车运输是指货物的重量、体积或形状需要以一辆或一辆以上的货车装运时的运输。零担运输是指一批货物的重量、体积或形状不够整车运输条件时的运输。集装箱运输是指不会损坏集装箱箱体，能装入箱内的货物的运输。

（2）根据运送条件的不同，铁路货物运输可分为普通货物运送和特殊条件货物运送两种。

普通货物是指在铁路运送过程中，按一般条件办理的货物，如煤、粮食、木材、钢材、矿建材料等。按特殊条件办理的货物运送是指由于货物的性质、体积、状态等在运输过程中需要使用特别的车辆装运或需要采取特殊运输条件和措施，才能保证货物完整和行车安全的货物。

（3）根据铁路运输跨越区域的不同，铁路货物运输可分为国际铁路货物联运和国内铁路货物运输两种。

国际铁路货物联运是指在两个或者两个以上国家铁路全程运送中，使用一份运送票据，并以连带责任办理的运送，称为国际铁路联运。国内铁路货物运输是指仅在本国范围内按《国内铁路货物运输规程》的规定办理的货物运输。

二、铁路货物运输法概述

铁路货物运输涉及的法律法规主要有 1991 年实施的《中华人民共和国铁路法》，该法共

6 章 74 条，涉及铁路运输、建设、安全与维护、法律责任等内容，并规定铁路运输合同是明确铁路运输企业与旅客、托运人之间权利义务关系的协议，该法在第二章"铁路运输营业"中详细对铁路货物运输进行了规定；1986 年由铁道部发布并实施了《铁路货物运输合同实施细则》，其内容包括总则，货物运输合同的签订、履行、变更或解除，违反货物运输合同的责任和处理，附则等。此外，还有《铁路货物运价规则》《铁路货物运输规程》《铁路危险货物运输管理规则》《铁路鲜活货物运输规则》等。有关铁路货物运输的国际公约有《国际铁路货物联运协议》《铁路货物运输国际公约》等。

三、铁路货物运输合同

（一）铁路货物运输合同的概念和分类

1. 铁路货物运输合同的概念

铁路货物运输合同是铁路承运人根据托运人的要求，按期将托运人的货物运至目的站，交与收货人的合同。

铁路货物运输合同中的承运人是铁路运输企业。铁路货物运输合同中的托运人就是把货物交付铁路运输的人。它可以是自然人、法人或者其他社会组织。铁路货物运输合同中的收货人是指在到站领取托运货物的人。

2. 铁路货物运输合同的分类

根据货物运输组织方式的不同，铁路货物运输合同可分为整车货物运输合同、零担货物运输合同和集装箱货物运输合同 3 种。

（二）铁路货物运输合同的主要条款

按年度、半年度、季度或月度签订的大宗物资或整车货物运输合同，应载明下列基本内容：托运人和收货人名称，名称要写全称，要写详细的地点和联系电话；发站和到站；货物名称；货物重量；车种和车数；违约责任；双方约定的其他事项。

零担货物用货物运单代替合同，货物运单应载明以下内容：托运人、收货人名称及其详细地址；发站、到站及到站的主管铁路局；货物名称；货物包装、标志；货物件数和重量（包括货物包装重量）；承担日期；运到期限；运输费用；货车类型和车号；施封货车和集装箱的施封号码；双方商定的其他事项。

（三）铁路货物运输合同当事人的基本义务

1. 托运人的基本义务

（1）按照合同约定的时间和要求向承运人提供运输的货物。

（2）对运输货物进行包装，以适应运输安全的需要。承运人有权要求托运人改善货物的不良包装，如果托运人拒绝改善，或者改善后仍然不符合国家有关运输包装规定要求的，承运人有权拒绝承运。

（3）如实申报货物的品名、重量和性质。这是托运人的基本义务之一。危险品货物必须按照危险品的规定运输；鲜活货物要按照鲜活货物的规定运输，以免造成铁路运输事故。

（4）按规定凭证运输的货物必须出示有关证件。

（5）向承运人交付规定的运输费用。如果是保价运输的，必须申报价格，并按保价运输支付保价费。

2. 承运人的基本义务

（1）认真清点托运人提供的货物，在与货物运单核对无误后，即可签认。承运人一旦签认，承运手续即告完成。

（2）提供符合运输要求的车辆以保证及时运输。由托运人装车的货物，要负责将车辆送到装车地点。承运人应当指导特殊货物的装车，并办理车辆交接手续。

（3）及时通知收货人到站领取货物，并将货物交付收货人。

（4）发现多收托运费要退还托运人或收货人。

3. 收货人的基本义务

（1）及时到车站领取货物，逾期领取要承担保管费。

（2）补交托运人未交的运费以及运输途中发生的垫付费用。

（3）规定由收货人组织卸车的要及时组织卸车。卸货完毕后，将货车清扫干净并关好门窗、端侧板（特种车为盖、阀），规定需要洗刷消毒的应洗刷消毒。

第四节　水路货物运输法

一、水路货物运输概述

（一）水路货物运输的特点

水路货物运输至今仍是世界许多国家最重要的运输方式之一。与其他运输方式相比，水路货物运输还具有受自然条件的限制与影响大，开发利用涉及面较广，对综合运输的依赖性较大等特点。

（二）水路货物运输的分类

我国水路运输按管理体系不同分为国际海上运输、沿海运输和内河运输。沿海货物运输和内河货物运输统称国内水路货物运输。

根据航行水域的性质，水路货物运输分为海运和河运两类。海运按其航行范围和运距，又分为沿海海运、近洋海运和远洋海运；河运按其航道性质与特点，又分为利用天然河流的一般内河水运、使用人工开挖的运河水运，以及利用水面宽阔的湖泊与水库区水运。

（三）水路货物运输合同的概念和特征

水路货物运输合同是指承运人收取运费，负责将托运人托运的货物经水路由一港（站、点）运至另一港（站、点）的合同。

水路货物运输合同的基本特征如下。

1. 货物重量和体积的计算有其自己的特殊方式

整批货物的重量由托运人确定，承运人也可以进行抽查。散装货物重量，承运人可以通过船舶水尺计算。货物按体积计量收取运费的，托运人应提供重量和体积。

2. 合同履行期限受自然条件（气候、水情等）的影响

合同履行期限通常包括起运港发运时间、每一换装港时间和运输时间。由于自然条件因素所造成的误时，不计算在运期之内。

二、水路货物运输法概述

我国在水路货物运输方面的法律规范主要有《海商法》、《中华人民共和国水路运输管理条例》、《中华人民共和国海上交通安全法》、《中华人民共和国国际海运条例》及其实施细则、中华人民共和国交通部《国内水路货物运输规则》、《水路货物运输质量管理办法》、《国际班轮运输管理规则》、各种方式的集装箱运输规则，以及中华人民共和国铁道部《危险货物运输规则》等。

有关水路货物运输的国际公约有《统一提单的若干法律规定的国际公约》——《海牙规则》、《修改统一提单的若干法律规定的国际公约议定书》——《维斯比规则》、《1978 年联合国海上货物运输公约》——《汉堡规则》及《联合国国际货物多式联运公约》等。

三、国内水路货物运输合同

根据《水路货物运输合同实施细则》的规定，水路货物运输合同的形式有以下几种。

1. 月度货物运输合同

月度货物运输合同适用于计划内大宗物资运输，在按月签订货物运输合同的情况下，也必须签发运单，作为运输合同的组成部分。月度货物运输合同应具有的内容包括：①货物名称；②托运人和收货人名称；③起运港和到达港，海江河联运的还应当载明换装港；④货物的重量，按体积计费的货物应载明体积；⑤违约责任；⑥特约条款。

2. 运单

运单是国内水路货物运输最基本的合同形式，适用于零星货物运输和计划外货物运输。水路货物运单应具备的内容包括：①货物名称；②重量、件数，按体积计费的货物应载明体积；③包装；④运输标志；⑤起运港和到达港，海江河联运货物应载明换装港；⑥托运人和收货人名称及其详细地址；⑦运费、港口费和其他费用及其结算方式；⑧承运日期；⑨运到期限（规定期限或商定期限）；⑩货物价值；⑪双方商定的其他事项。

实践中，还有按季度、半年、一年签订的运输合同，也存在航次租船合同形式。

四、国际海上货物运输合同

（一）国际海上货物运输合同的概念

国际贸易总量中约有 2/3 的货物是通过海上运输的。《海商法》第四十一条规定："海上货物运输合同，是指承运人收取运费，负责将托运人托运的货物经海路由一港运至另一港的合同。"

根据我国《海商法》第四十三条的规定，海上货物运输合同可以是口头形式，也可以采用书面形式，但航次租船合同应当是书面形式。在海上货物运输的实践中，当事人一般都采用书面形式订立海上货物运输合同。

（二）国际海上货物运输合同的形式

海上货物运输有两种方式，即班轮运输和租船运输，以适应不同的运输要求。班轮运输是指班轮定期行驶在规定航线和在固定港口停泊，可以承运杂货和不同货主交运的货物。租船运输又称不定期船运输，是指包租整船或部分舱位进行运输。一般以租赁整船为多。它和班轮运输不同，没有预制定的船期表，没有固定的航线，停靠港口也不固定，无固定的费率本。船舶的营运是根据船舶所有人与需要船舶运输的货主双方事先签订的租船合同来安排的。租船方式主要有定期租船和定程租船两种。

与此相适应，海上货物运输合同有两种形式，一种是提单，另一种是租船合同。凡租用船舶全部、部分或指定舱位进行运输时，通常采用租船合同形式；凡不用租船合同而按货物的数量单位托运时，通常采用提单形式。

租船合同与提单不同，是由出租人与承租人之间关于租赁船舶所签订的海上运输合同，其作用不同于提单。提单只是运输合同的证明，而且就大多数常用的租船合同来说，它本身就是运输合同。除租船合同外，任何其他口头协议都不能改变合同的内容。租船合同只起运输合同的作用，它既不能作为承运人收到托运货物的收据，也不能起到货物所有权凭证的作用。

（三）海上货物运输合同的订立和解除

1. 海上货物运输合同的订立

海上货物运输合同可以是书面的，也可以是口头的。但航次租船合同应当采用书面的形式。提单运输以口头订立的，承运人或托运人可以要求书面确认合同的成立。

2. 海上货物运输合同的解除

依《海商法》第四章第六节的规定，海上货物运输合同得在下列情况下解除。①在开航前由于托运人的原因而解除。托运人在开航前可以要求解除合同，但除合同另有规定外，托运人应向承运人支付约定运费的一半及装货、卸货和与此有关的费用。②在开航前由于不可抗力而解除。由于不可抗力，双方均可解除合同，并互相不负赔偿责任。运费已支付的，承运人应将运费退还给托运人；货物已装船的，托运人应负担装卸费用；已签发提单的，托运人应将提单退回给承运人。③在开航后的解除。在开航后，由于不可抗力或其他不能归责于承运人和托运人的原因使船舶不能在约定卸货港卸货的，除合同另有约定外，船长可在邻近的安全港口卸货，视为合同已履行。

五、海上货物运输单证

（一）提单的概念和法律特征

依我国《海商法》第七十一条的规定，提单是指用以证明海上运输合同的订立和货物已经由承运人接收或者装船，以及承运人保证据以交付货物的单据。提单具有下列法律特征：①提单是海上运输合同的证明；②提单是承运人出具的接收货物的收据；③提单是承运人凭以交付货物的具有物权特性的凭证。

（二）提单的内容

提单分正反两面，提单正面是提单记载的事项，提单的背面为关于双方当事人权利和义务的实质性条款。

1. 提单正面的记载事项

提单正面的记载事项有：①承运人的名称和主营业场所；②托运人的名称；③收货人的名称；④通知方；⑤船舶名称；⑥装货港和卸货港；⑦货物的品名、标志、包数或者件数、重量或者体积；⑧提单的签发日期、地点和份数；⑨运费的支付；⑩承运人或者其代表的签字。

2. 提单背面的条款

提单背面的条款有：①管辖权和法律适用条款；②承运人责任条款条款；③承运人的免责条款；④承运人责任期间条款；⑤赔偿责任限额条款；⑥特殊货物条款；⑦留置权条款；⑧共同海损和新杰森条款；⑨双方有责碰撞条款。

此外，提单中还有关于战争、检疫、冰冻、罢工、拥挤、转运等内容的条款。

（三）提单的签发

有权签发提单的人有承运人及其代理、船长及其代理、船主及其代理。代理人签署时必须注明其代理身份和被代理方的名称及身份。签署提单的凭证是大副收据，签发提单的日期应该是货物被装船后大副签发收据的日期。提单有正本和副本之分。正本提单一般签发一式两份或 3 份，这是为了防止提单流通过程中不慎遗失时，可以应用另一份正本。各份正本具有同等效力，但其中一份提货后，其余各份均告失效。副本提单承运人不签署，份数根据托运人和船方的实际需要而定。副本提单只用于日常业务，不具备法律效力。

六、海上货物运输合同双方当事人的权利和义务

我国《海商法》面对有关海上货物运输的 3 个国际公约，以《海牙-维斯比规则》为基础，

并参考了《汉堡规则》的精神，全面规定了承运人的权利和义务，用以适应我国海上货物运输的实际需要和国际立法的发展趋势。

（一）承运人的基本权利和义务

1. 承运人的基本权利

（1）运费请求权。承运人根据运输合同的规定，对作为接受货物运输的报酬，有请求运费的权利。

（2）留置权。留置权是指承运人为担保其债权而占有债务人货物的权利。我国《海商法》第八十七条规定："应当向承运人支付的运费、共同海损分摊费用、滞期费和承运人为货物垫付的必要费用以及应当向承运人支付的其他费用没有付清，又没有提供适当担保的，承运人可以在合理的限度内留置其货物。"

2. 承运人的基本义务

（1）使船舶适航义务。我国《海商法》第四十七条规定："承运人在船舶开航前和开航当时，应当谨慎处理，使船舶处于适航状态，妥善配备船员、装备船舶配备供应品，并使货舱、冷藏舱、冷气舱和其他载货处所适于并能安全收受、载运和保管货物。"

（2）管货义务。我国《海商法》第四十八条规定："承运人应当妥善地、谨慎地装载、搬移、积载、运输、保管、照料和卸载所运货物。"

（3）及时开航，按预定航线航行的义务。我国《海商法》第四十九条规定："承运人应当按照约定的或者习惯的或者地理上的航线将货物运往卸货港。""船舶在海上为救助或者企图救助人命或财产而发生的绕航或者其他合理绕航，不属于违反前款规定的行为。"这一义务包括按预定航线航行和不得进行不合理绕航两方面内容，所以也称不得绕航义务。

（二）托运人的基本权利和义务

1. 托运人的基本权利

（1）托运人有权利要求承运人依法提供适航船舶。

（2）托运人有权利要求承运人履行管理货物的义务，妥善、谨慎地装载、搬移、积载、运输、保管、照料和卸载所运货物。

（3）托运人有权利要求承运人按规定航线航行。除法律允许的正当的、合理的绕航以外，不得绕航。

（4）托运人有权利要求承运人签发提单，并依据提单在目的港交付货物。

（5）托运人有权利依法追究承运人所应当承担的货物损害赔偿责任，要求承运人依法进行赔偿。

2. 托运人的基本义务

（1）提供约定货物的义务。托运人应当把约定的托运货物，按时运送到承运人指定的地点，并交付给承运人，以便装船，为此，托运人应当按照货物的品种、规格进行妥善包装，使其适宜于运输。同时，应当把货物的品名、标志、号码、件数、重量、装货港和目的港名称以及收货人名称填写清楚。

（2）支付运费的义务。在海上运输实践中，运费的支付办法可以是预付运费、到付运费或比例运费，双方当事人可以在海上货物运输合同中具体约定，托运人应当按照约定向承运人支付运费。

（3）对承运人财产损失的赔偿责任。因托运人或其受雇人、代理人的过失造成承运人、实际承运人的损失或船舶损坏的，托运人应当承担赔偿责任。

第五节　航空货物运输法

一、航空货物运输概述

（一）航空货物运输的特点

航空货物运输是一种现代化的运输方式，虽然起步较晚，但发展极为迅速，这与它所具备的许多特点是分不开的，这种运输方式与其他运输方式相比，具有运送速度快，安全准确，手续简便，节省包装、保险、利息和储存等费用，航空运输的运量小、运价较高等优点。

（二）航空货物运输的主要方式

1．班机运输

班机是指定期开航的定航线、定始发站、定途经站和定目的站的飞行。这种方式适用于急需的商品、鲜活易腐货物以及贵重货物的运送。

2．包机运输

（1）整架包机。

整架包机即包租整架飞机，指航空公司或包机代理公司，按照与租机人事先约定的条件和费率，将整架飞机租给租机人，从一个或几个航空站装运货物至指定的目的地的运输方式。这种方式适用于运输大批量货物。

（2）部分包机。

部分包机是指由几家航空货运代理公司（或发货人）联合包租一架飞机，或者是由航空公司把一架飞机的舱位分别卖给几家航空货运代理公司装载货物。

3．集中托运

集中托运方式是指航空货运代理公司把若干批单独发运的货物组成一整批货物，集中向航空公司托运，填写一份总运单发运到同一到达站，由航空货运代理公司委托到达站的当地代理人负责收货、报关并分拨给各实际收货人的运输方式。

4. 联合运输方式

联合运输方式主要是指陆空联运，即指包括空运在内的两种以上的运输方式的紧密结合的方式。

5. 航空快递业务

航空快递业务又称快件、快运或速递业务，是由专门经营该项业务的航空货运公司与航空公司合作，派专人用最快的速度，在货主、机场、用户之间传送急件的运输服务业务。

二、航空货物运输法概述

在我国，航空货物运输法规主要有《民用航空法》和《中国民用航空货物国内运输规则》，前者在第八章中专门规定了公共航空运输，后者的内容涉及货物托运、货物承运、特种货物运输、航空邮件及航空快递运输、货物包机、包舱运输、货物不正常运输的赔偿处理等内容。航空运输方式下适用的国际公约有《国际航空运输协定》、《统一国际航空运输某些规则的公约》1929（《华沙条约》）、《海牙议定书》、《瓜达拉哈拉公约》、《哈瓦纳商务航空公约》等。我国 1944 年第十届全国人民代表大会常务委员会第十四次会议决定：批准国务院提请审议批准的 1999 年 5 月 28 日经国际民航组织在蒙特利尔召开的航空法国际会议通过的《统一国际航空运输某些规则的公约》。

三、航空货物运输合同

（一）航空货物运输合同的概念和特点

1. 航空货物运输合同的概念

航空货物运输合同是航空承运人与货物托运人之间，依法就提供并完成以民用航空器运送货物达成的协议。

航空承运人是利用民用航空器实施货物运输的公共航空运输企业。货物托运人是指与航空承运人订立合同，要求使用航空器运输特定货物的当事人，它可以是法人、其他经济组织、个体工商户、农村承包经营户和公民个人等。收货人是航空货物运输合同指定的货物被运送至约定地点后提取货物的当事人，收货人可以是托运人，也可以是托运人之外的第三人。

2. 航空货物运输合同的特点

（1）航空货物运输合同是标准合同。

航空货物运输合同中包含大量格式条款，合同的形式和条款基本上都是由承运人依法律、行业惯例、经营需要单方预先制定的，因此说航空货物运输合同具有标准合同的性质。

（2）航空货物运输合同是双务、有偿合同。

航空货物运输合同双方互负义务，并且其义务具有对应性，这体现了它的双务性，托运人须为其得到的运输服务支付报酬，这体现了它的有偿性。

（二）航空货物运输合同的内容

航空货物运输合同采用航空货运单和航空货物运输合同两种书面形式。无论采用哪种形式，其基本内容是一致的。一般而言，合同内容包括以下条款：托运人和收货人的名称及其详细地址；货物的出发地点和目的地点；货物的名称和性质；货物的重量、数量、体积、价值；货物包装、包装标准和运输标志；运输质量及安全要求；货物的装卸责任和方法；储运注意事项；货物的承运日期和运到日期；货物的交接手续；运输费用、结算方式和方法；违约责任；双方约定的其他事项。

（三）航空货物运输合同各方当事人的义务

1．托运人的义务

（1）托运人应认真填写航空货运单，对货运单内容的真实性、准确性负责，并在货运单上签字或者盖章。

（2）托运人要求包用飞机运输货物，应先填交包机申请书，并遵守民航主管机关有关包机运输的规定。

（3）托运人对托运的货物，应按照国家主管部门规定的标准包装，没有统一标准的，应当根据保证运输安全的原则，按货物的性质和承载飞机等条件包装。凡不符合上述包装要求的，承运人有权拒绝承运。

（4）托运人必须在托运的货件上标明发站、到站，以及托运人的单位、姓名和详细地址，按照国家规定标明包装储运指示标志。

（5）托运国家规定必须保险的货物，托运人应在托运时投保货物运输险。

（6）托运人在托运货物时，应接受航空承运人对航空货运单进行查核，在必要时，托运人还应接受承运人开箱进行安全检查。

（7）托运货物内不得夹带国家禁止运输、限制运输物品和危险物品。

（8）托运在运输过程中必须有专人照料、监护的货物，应由托运人指派押运员押运。

（9）托运人托运货物，应按照民航主管机关规定的费率缴付运费和其他费用。

2．承运人的义务

（1）承运人应按照货运单上填明的地点，按约定的期限将货物运达到货地点。

（2）承运人应于货物运达到货地点后 24 小时内向收货人发出提货通知。收货人应及时凭提货证明到指定地点提取货物。货物从发出到货通知的次日起，免费保管 3 日。

（3）货物从发出提货通知的次日起，经过 30 日无人提取时，承运人应及时与托运人联系征求处理意见；再经过 30 日，仍无人提取或者托运人未提出处理意见，承运人有权将该货物作为无法交付货物，按运输规则处理。

（4）承运人应按货运单交付货物。交付时，如发现货物灭失、短少、变质、污染、损坏时，应会同收货人查明情况，并填写货运事故记录。

3．收货人的义务

（1）收货人在接到提货通知后，应持提货证明或者其他有效证件在规定的时间内提取货物，逾期提取货物的，应当向承运人支付保管费。

（2）托运货物发生损失，收货人最迟应在收到货物之日起 10 日内提出异议。货物发生延误的，收货人最迟应自货物交付或者处理之日起 21 日内提出异议。收货人未在上述规定期限内提出异议的，不能向承运人提起索赔诉讼，但承运人有欺诈行为的情形除外。

（四）航空货物运输合同的订立、变更和解除

1. 航空货物运输合同的订立

托运人利用航空运输方式运送货物时，承运人有权要求托运人填写航空货运单，托运人应当向承运人填交航空货运单，并根据国家主管部门规定随附必要的有效证明文件。托运人应对航空货运单上所填写内容的真实性和正确性负责。托运人填交的航空货运单经承运人接受，并由承运人填发货运单后，航空货物运输合同即告成立。

此外，托运人可以与承运人订立包机运输合同。托运人要求包用飞机运输货物，应填写包机申请书，经承运人同意接受并签订包机运输协议书后，航空运输合同即告成立。

2. 航空货物运输合同的变更和解除

货物承运后，托运人可以按照有关规定要求变更到站、变更收货人或运回原发站。托运人对已承运的货物要求变更时，应当提供原托运人出具的书面要求、个人有效证件和货运单托运人联。要求变更运输的货物，应是一张货运单填写的全部货物。

对托运人的变更要求，只要符合条件的，航空承运人都应及时处理；但如托运人的变更要求违反国家法律、法规和运输规定，承运人应予以拒绝。

第六节　国际多式联运法律制度

一、国际多式联运概述

（一）国际多式联运的概念

国际多式联运是指按照多式联运合同，以至少两种不同的运输方式，由多式联运经营人将货物从一国境内接管货物的地点运至另一国境内指定地点交付的货物运输。它通常以集装箱为运输单元，将不同的运输方式有机地组合在一起，构成连续的、综合性的一体化货物运输。

（二）国际多式联运的特征

（1）必须具有一份多式联运合同。

用该合同来明确多式联运经营人和托运人的权利、义务关系和多式联运的性质。由于货物的全程运输要由多式联运经营人负责完成，并由他一次性收取全程运费，因此多式联运合

同是决定多式联运性质的根本依据。

（2）必须使用一份全程多式联运单证。

证明多式联运合同及证明多式联运经营人已接受货物并负责按合同条款交付货物所签发的单据，该单证应满足不同运输方式的需要。

（3）必须是至少两种不同运输方式的连续运输。

（4）必须是国际间的货物运输。

这不仅是区别于国内货物运输，也是涉及国际运输法规的适用问题。

（5）必须由一个多式联运经营人对货物运输的全程负责。

该多式联运经营人不仅是订立多式联运合同的当事人，也是多式联运单证的签发人。

（6）联运经营人以单一费率向货主收取全程运费。

二、国际多式联运法律制度概述

在我国，外贸进出口货物的 90%以上是通过海上运输的，国际多式联运的主要运输方式是国际海运。我国目前还没有正式的多式联运法规，为了适应国际货物多式联运的需要，我国在制定《海商法》时专设一节"多式联运合同"，以此来规范我国国际货物多式联运的问题。该章主要规定了多式联运合同中多式联运经营人的定义和多式联运经营人对多式联运全程的责任制度。此外，我国政府交通主管部门制定的《国际集装箱多式联运管理规则》也对多式联运做出了规定，1997 年我国交通部和铁道部联合颁布了《国际集装箱多式联运管理规则》，从多式联运发展的实际出发，专门对集装箱多式联运的有关问题做出了规定。

多式联运方式下适用的国际公约有《联合国国际货物多式联运公约》、国际商会制定的《联运单证统一规则》、《国际铁路货物联运口岸工作管理办法》、《铁路国际联运货物保价运输办法》、《关于亚欧大陆桥国际集装箱过境运输管理试行办法》、《国际铁路联运清算办法》等。

三、国际多式联运合同

（一）国际多式联运合同的概念

国际多式联运合同是由多式联运经营人按照多式联运合同，以至少两种不同的运输方式，将货物从一国境内接管货物的地点运至另一国境内指定的交付货物的地点，并收取全程运费的合同。

（二）国际多式联运合同当事人的义务

1. 托运人的义务

（1）按照合同约定的货物种类、数量、时间、地点提供货物，并交付给多式联运经营人。

（2）认真填写多式联运单据的基本内容，并对其正确性负责。

（3）按照货物运输的要求妥善包装货物。

（4）按照约定支付各种运输费用。

2. 多式联运经营人的义务

（1）及时提供适合装载货物的运输工具。

（2）按照规定的运达期间，及时将货物运至目的地。

（3）在货物运输的责任期间内安全运输。

（4）在托运人或收货人按约定缴付了各项费用后，向收货人交付货物。

四、国际多式联运合同的订立方式

（一）托运人与经营多式联运业务的经营人订立合同

在此情况下，先是由托运人与经营多式联运业务的经营人订立承揽运输合同，多式联运经营人为合同的承揽运输人（也即多式联运承运人）一方，托运人为合同的另一方。然后，多式联运经营人与各承运人签订运输协议。在这种情形下，多式联运经营人以自己的名义与托运人签订运输合同，承担全程运输，而实际上多式联运经营人于承揽运输任务后再将运输任务交由其他承运人完成。但托运人仅与多式联运经营人直接发生运输合同关系，而与实际承运人并不直接发生合同关系。因此，多式联运经营人处于一般运输合同的承运人的地位，享受相应的权利，并承担相应的责任。至于多式联运经营人与实际承运人之间的关系，则依其相互间的协议而定。

（二）托运人与第一承运人订立运输合同

在此种情况下，各个承运人为合同的一方当事人，而托运人为另一方当事人。各个承运人虽均为联运合同的当事人，但只有第一承运人代表其他承运人与托运人签订运输合同，其他承运人并不参与订立合同。第一承运人则为联运承运人。

第七节　邮政快递相关法律规定

一、邮政概述

（一）邮政运输

邮政运输分为普通邮包和航空邮包两种，对每件邮包的重量和体积都有一定的限制。例如，一般规定每件长度不得超过1米，重量不得超过20千克，但各国规定也不完全相同，可随时向邮局查问。邮政运输一般适用于量轻体小的货物，如精密仪器、机械零配件、药品、样品和各种生产上急需的物品。

邮政运输是一个涉及多种因素的综合性复杂系统，影响邮政运输的主要因素包括邮路结构、运输工具、邮件种类和流量流向、时限等。

（二）国际邮政运输

国际邮政运输是一种具有国际多式联运性质的运输方式。一件国际邮件一般要经过两个或两个以上国家的邮政局和两种或两种以上不同运输方式的联合作业方可完成。国际邮政运输是国际贸易运输不可缺少的渠道。根据它的性质和任务，国际邮政运输具有广泛的国际性、具有国际多式联运性质、具有门到门运输的性质。

二、邮政相关法律规定

我国专门规定邮政方面内容的法律规范有《中华人民共和国邮政法》(以下简称《邮政法》)和《中华人民共和国邮政法实施细则》。前者于 1986 年 12 月 2 日由第六届全国人民代表大会常务委员会第十八次会议通过，并经 2009 年 4 月 24 日第十一届全国人民代表大会常务委员会第八次会议修订，其内容包括总则、邮政设施、邮政服务、邮政资费、损失赔偿、快递业务、监督检查、法律责任和附则九部分内容。后者由国务院于 1990 年 11 月 12 日发布并施行，其是对《邮政法》内容的细化，并用专门一章的内容规定了邮件的运输、验关和检疫。

三、快递概述

（一）快递的特点和作用

快递业是以最快的速度在寄件人和收件人之间运送急件的行业。快递业的性质和运输方式与一般航空货运业务基本上是一致的，区别之处在于它延伸和拓展了航空服务，是运输业中最快捷、最周到的服务形式。快递具有适应经济发展、快捷安全、高科技、服务优良等特点。

快递可以满足信息与资料的快速传递；可以使银行的汇票、支票、信用证及有关单据可靠而迅速地交给异地银行兑换；为跨国界及远距离购买个人商品业务中的包裹类运送提供安全、快捷、可靠的服务。由此可见，快递在国际经济交流中的作用越来越显著，其适用范围也在不断扩大。

（二）国内快递业务的申请和审批

国内快递业务是指从收寄到投递的全过程均发生在中华人民共和国境内的快递业务。

经营快递业务，应当依照《邮政法》规定取得快递业务经营许可；未经许可，任何单位和个人不得经营快递业务。外商不得投资经营信件的国内快递业务。

申请快递业务经营许可，在省、自治区、直辖市范围内经营的，应当向所在地的省、自治区、直辖市邮政管理机构提出申请，跨省、自治区、直辖市经营或者经营国际快递业务的，应当向国务院邮政管理部门提出申请；申请时应当提交申请书和有关申请材料。

受理申请的邮政管理部门应当自受理申请之日起 45 日内进行审查，做出批准或者不予批准的决定。予以批准的，颁发快递业务经营许可证；不予批准的，书面通知申请人并说明理由。邮政管理部门审查快递业务经营许可的申请，应当考虑国家安全等因素，并征求有关部门的意见。

申请人凭快递业务经营许可证向工商行政管理部门依法办理登记后，方可经营快递业务。

四、快递相关法律规定

我国《邮政法》专门用一章的内容规定快递业务，包括国内快递业务的概念、申请快递业务的主体资格与程序、审批程序及快递企业从事快递业务的行为准则。国家邮政局专门为快递服务规定了行业标准 YZ/T 0128—2007，并于 2007 年 9 月 12 日发布并实施。该标准规定了快递服务的相关术语和定义、总则、组织、服务环节、服务改进、赔偿等内容。此外，还有《快递市场管理办法》，该办法规定了快递服务、快递安全、监督管理、法律责任等内容。这些法律规范为快递市场的良好运作提供了法律保障。

项目小结 XIANGMU　XIAOJIE

本章首先介绍了货运运输及货物运输法律规范，然后重点介绍了水路运输、道路运输、铁路运输、航空运输、国际多式联运等运输方式的法律规范的内容、相应的运输合同及合同当事人的权利义务内容，最后介绍了邮政、快递的相关内容及法律规范。

货物运输是指利用各种运输工具（车、船、飞机等）实现物品空间的位置移动。常见的货物运输方式有以下几种：水路货物运输、道路货物运输、铁路货物运输、航空货物运输、国际多式联运、邮政快递和管道运输。我国已建立了包括水路运输、道路运输、铁路运输、航空运输、邮政快递、货运代理等方面的运输业的法律规范体系。货物运输合同是指承运人将货物从起运地点运输到约定地点，托运人或者收货人支付运输费用的合同。货物运输合同大多是格式合同，合同的主体具有特殊性，标的是运输行为本身，合同为诺成、双务、有偿合同，合同可以采用留置的方式担保。不同运输方式的货物运输合同的相关法律规定属于特别法，特别法中没有涉及的内容应当援引货物运输合同及《合同法》的规定。

能力测评 NANGLI　CEPING

一、判断题

1. 多式联运是指联运经营人根据单一的联运合同，使用两种或两种以上运输方式，负责将货物从指定地点运至交付地的运输。　　　　　　　　　　　　　　　　　　（　　）

2. 邮政运输又称邮包运输，是指通过邮局寄交进出口货物的一种运输方式。　（　　）

3. 实际承运人是指接受承运人的委托，从事相应货物的全部运输或者部分运输的人，包括接受转委托从事此项运输的其他人。实际承运人就是承运人。　　　　　　　　（　　）

4. 中华人民共和国港口之间的海上运输和拖航，必须由悬挂中华人民共和国国旗的船舶经营。　　　　　　　　　　　　　　　　　　　　　　　　　　　　　　　　（　　）

5. 正本提单一般签发一式两份或 3 份，各份正本具有同等效力，但其中一份提货后，其余各份均告失效。　　　　　　　　　　　　　　　　　　　　　　　　　　　　（　　）

6. 留置权是指承运人为担保其债权而占有债务人货物的权利。　　　　　　　（　　）

7. 因此在一个完整的道路货物运输合同中，往往要涉及承运人、托运人和收货人三方当事人，但在实践中，托运人和收货人实际上是同一个人。　　　（　　　）

8. 国际铁路货物联运是指在两个或者两个以上国家铁路全程运送中，使用各自的运送票据，并以连带责任办理的运送。　　　（　　　）

9. 航空货物运输合同采用航空货运单和航空货物运输合同两种书面形式。　　（　　　）

10. 国际多式联运是指按照多式联运合同，以至少两种不同的运输方式，由多式联运经营人将货物从一国境内接管货物的地点运至另一国境内指定地点交付的货物运输。（　　　）

二、单选题

1. 两个或两个以上承运人以同一运输方式联运的，（　　　）应当对全程运输承担责任。
    A. 承运人　　　　　　　　　　　　B. 实际承运人
    C. 所有承运人　　　　　　　　　　D. 与托运人订立合同的承运人

2. （　　　）是国内水路货物运输最基本的合同形式，适用于零星货物运输和计划外货物运输。
    A. 提单　　　　B. 运输合同　　　　C. 仓单　　　　D. 运单

3. （　　　）属于财产租赁合同。
    A. 光船租船合同　　　　　　　　　B. 航次租船合同
    C. 定期租船合同　　　　　　　　　D. 定程租船合同

4. （　　　）是指一批货物的重量、体积或形状不够整车运输条件时的运输。集装箱运输是指不会损坏集装箱箱体，能装入箱内的货物的运输。
    A. 货物运输　　B. 整车运输　　C. 集装箱运输　　D. 零担运输

5. 铁路货物运输合同中的承运人是（　　　）。
    A. 铁路站段　　B. 铁路运输企业　　C. 铁路局　　　　D. 铁路分局

6. 航空货物运输中，承运人应于货物运达到货地点后（　　　）向收货人发出提货通知。
    A. 12 小时　　　B. 24 小时　　　C. 36 小时　　　　D. 48 小时

7. 在国际多式联运的方式下，所有一切运输事项均由（　　　）负责办理，货主只需一次托运、订立一份运输合同、一次支付费用、一次保险。
    A. 承运人　　　　　　　　　　　　B. 实际承运人
    C. 多式联运经营人　　　　　　　　D. 发货人

8. 承运人权利和义务由多式联运经营人享有，多式联运的承运人之间的内部责任划分约定，不得对抗（　　　）。
    A. 实际承运人　　　　　　　　　　B. 多式联运经营人
    C. 发货人　　　　　　　　　　　　D. 托运人

9. 多式联运经营人的义务有（　　　）。
    A. 认真填写多式联运单据的基本内容
    B. 按照合同约定的货物种类、数量、时间、地点提供货物
    C. 及时提供适合装载货物的运输工具
    D. 向发货人交付货物

10. 国际邮政运输的特点有（　　　）。
    A. 具有国际多式联运性质　　　　　B. 快捷、安全性
    C. 高科技性　　　　　　　　　　　D. 优良的服务功能

三、多选题

1. 货物运输的方式有（　　　）。
   - A. 水路运输　　　B. 道路运输　　　C. 铁路运输
   - D. 航空运输　　　E. 管道运输
2. 货物运输合同的特征有（　　　）。
   - A. 货物运输合同大多是格式合同
   - B. 货物运输合同的主体具有特殊性
   - C. 货物运输合同为诺成性合同
   - D. 货物运输合同的标的是运输行为本身
   - E. 货物运输合同属于双务有偿合同
3. 水路货物运输的特点有（　　　）。
   - A. 受自然条件的限制与影响大　　　B. 开发利用涉及面较广
   - C. 对综合运输的依赖性较大　　　　D. 网络覆盖面广
   - E. 提供门到门服务
4. 海上货物运输合同承运人的义务有（　　　）。
   - A. 使船舶适航义务　　　　　B. 管货义务
   - C. 提供约定货物的义务　　　D. 留置
   - E. 及时开航，按预定航线航行的义务
5. 国际多式联运的特征有（　　　）。
   - A. 必须具有一份多式联运合同
   - B. 必须使用一份全程多式联运单证
   - C. 必须是至少两种不同运输方式的连续运输
   - D. 必须是国际间的货物运输
   - E. 必须由一个多式联运经营人对货物运输的全程负责

四、表述题

1. 简述货物运输合同订立各方当事人的权利义务。
2. 简述海上货物运输合同当事人的权利义务。
3. 简述海运提单的法律性质。

五、案例分析题

1. 某百货公司与某铁路分局签订了一份家电运输合同，合同规定由该路分局（承运人）在合同生效后的一周内提供 5 节 55 吨闷罐车皮抵达某仓库的专用铁路第二月台，由托运人负责装车。装车时间不超过 12 小时。承运人在 4 天之内将此 5 节车皮运抵指定车站。由于该批百货价值比较高，承运人要求托运人派员押车。

签订合同后一周，托运人即向承运人提交家电（货物）运单，承运人在运单上加盖了车站日期章后，该合同即告成立。托运人在某仓库月台等候车皮，经屡屡电话催促后，承运人在合同生效后第 9 天才将车皮驶到某仓库月台，铁路方面派员监督装车，按时装完车后其中 4 节车皮加了铅封，一节车皮未封，留给托运人的押运人乘坐。因运输困难，铁路编组花了 4 天时间才将该 5 节车皮编组发出，运抵指定地点时已是第 7 天，比合同规定的时间晚了 3 天。

在卸货时，收货人发现有 3 节车皮的家电外包装被老鼠啃咬，损坏严重，部分录音机的塑料机壳也被咬坏，里面的线路被咬断，基本上报废了。收货人立即电话询问托运人。得知货物装车时完好，是在运输途中被老鼠咬坏的，要求主承运人赔偿相关损失 15 万元，另外，支付逾期到达的违约金，数额为运费总额的 20%。

问题：

承运人是否应该对托运人的经济损失负责赔偿？为什么？

2. 原告：美齐科技股份有限公司。

被告：高章货运（上海）有限公司。

被告：高章快运有限公司（GO-TRANS EXPRESS LIMITED）。

2006 年 12 月 22 日，斯洛伐克环球电子有限公司向原告订购了 4000 套液晶显示器组件，该订单下货物分 8 票运往斯洛伐克。2007 年 1 月，原告向高章货运（上海）有限公司（以下简称高章上海）订舱，委托其运输其中一票货物，高章上海收取运费并签发了抬头为高章快运有限公司（以下简称高章快运）的提单，提单显示货物交接方式是堆场到门。货物从上海港通过海运方式运至德国汉堡港，再经德国汉堡港由铁路和陆路运至最终交货地。但在原告仍持有正本提单的情况下货物被无单放行，造成原告经济损失 50817.60 美元。

原告认为，本案是海上货物运输合同纠纷，适用我国《海商法》。高章上海作为承运人违反凭单放货义务，应承担赔偿责任。高章快运和高章上海在无船承运业务上是总、分公司关系，且两被告存在混同，高章快运应和高章上海对原告的损失承担连带赔偿责任。故请求判令两被告连带赔偿货款损失 50817.60 美元及利息损失。

两被告认为，本案是多式联运合同纠纷，根据提单背面条款的约定，应适用美国 1936 年《海上货物运输法》，即使适用中国法律，也应适用我国《合同法》。依据美国 1936 年《海上货物运输法》相关规定和我国《合同法》的规定，高章快运向收货人直接交付货物并无不妥，不应承担赔偿责任。高章上海是高章快运的代理人，因此不承担赔偿责任。即使支持原告诉请，也应以报关单记载的货物金额为准，且高章快运可以根据美国 1936 年《海上货物运输法》的规定享受赔偿责任限制。

法院查明的事实证实，高章上海从接受原告委托承办涉案货物出运至交付提单前，未披露是高章快运的代理人；高章上海在中华人民共和国交通部登记使用的提单就是高章快运的提单。高章上海认为其是高章快运代理人的依据是由莎斯·托马斯·菲利普，在 2005 年 10 月 1 日签署的委托函，但无证据证明莎斯·托马斯·菲利普在签署委托函时有权代表高章快运签署这份法律文件。如果作为高章上海董事长的莎斯·托马斯·菲利普也有权代表高章快运向高章上海签署这份委托函，则证明莎斯·托马斯·菲利普对高章快运经营同类业务也具有实质的控制权，两公司显然存在高度的关联关系。因此，该委托函不足以认定高章上海在涉案货物运输中是高章快运的代理人。结合高章快运法定股本总面值港币 1000 元，已发行股份总面值港币 100 元，其注册资本规模及公司财产明显不足以清偿其因不履行合同义务或履行合同义务不当所产生的债务，同时其不具有与其所承接的货运业务相当的运输能力和资信实力。而高章上海注册资本达 610000 美元，且其在办理涉案货物出运过程中既未披露承运人是高章快运，又实际履行了订舱出运、运费报价与收取等事实，可见高章上海是在不具有真实委托代理关系情况下，以高章快运代理人身份签发的提单。

法院经审理认为，由于涉案运输包含海路运输、铁路运输、陆路运输等运输方式，故本案是以提单为证明的多式联运合同无单放货赔偿纠纷。本案不适用美国 1936 年《海上货物运输法》，应属我国《海商法》调整范围。高章快运和高章上海对原告因无单放货产生的货款损失应承担连带赔偿责任，且高章快运依法不得享受赔偿责任限制。鉴于原告已提供了有效证据证明其实际损失，遂判决两被告连带赔偿原告50817.60美元及利息损失。

一审判决后，两被告不服提起上诉。上海市高级人民法院驳回上诉，维持原判。

问题：

（1）如何认定本案的多式联运经营人？

（2）为什么高章快运不能享受承运人赔偿责任限制？

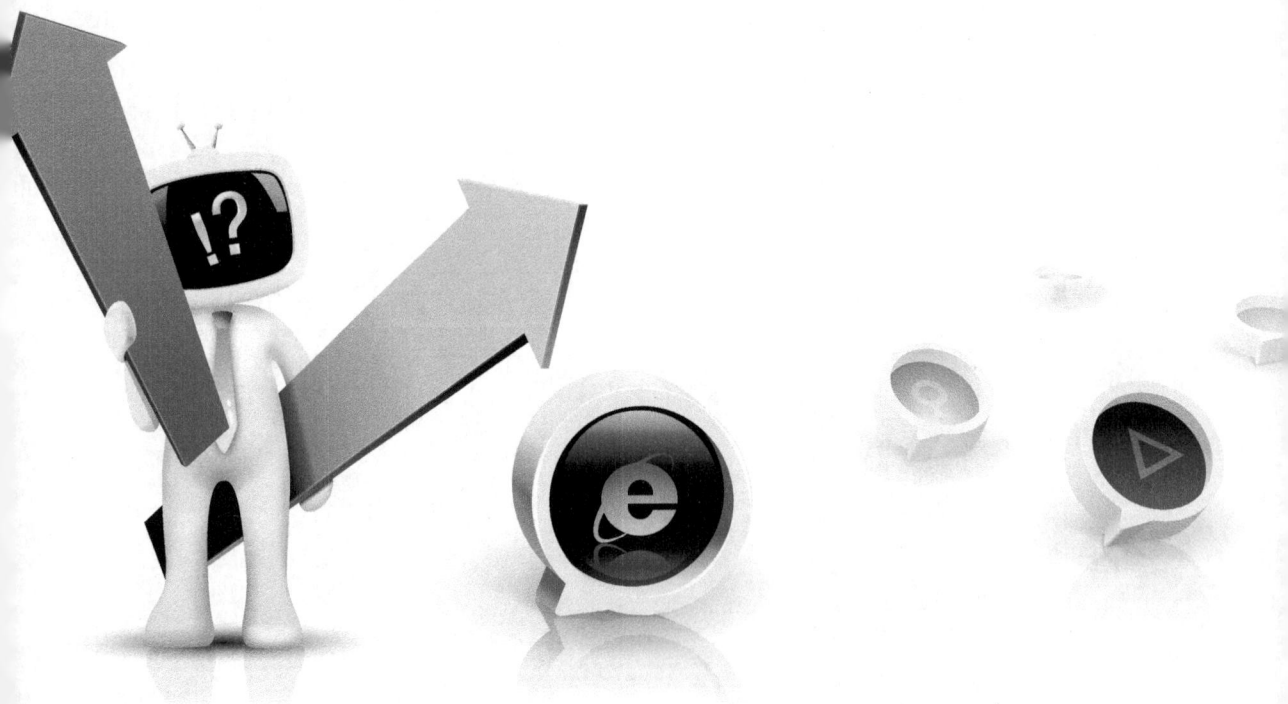

项目三

►►► 仓储及其保管法律规范

知识体系

项目三	仓储及其保管法律规范	本项目首先介绍仓储的相关知识及仓储法的法律体系，然后重点介绍仓储合同、保管合同的内容及其合同当事人的权利义务，仓单的内容和效力，外贸系统仓储管理和保税货物仓储管理的相关规定
第一节	仓储及仓储法概述	本节主要介绍仓储的概念、类型、功能、作用及其仓储法的概念、法律体系
第二节	仓储合同	本节重点介绍仓储合同的概念、法律特征、内容、合同当事人的权利义务等内容
第三节	保管合同	本节重点介绍保管合同的概念、法律特征、内容、合同当事人的权利义务及其与仓储合同的联系与区别
第四节	仓单的相关规定	本节重点介绍仓单的概念、作用、法律性质、内容、法律效力及其转让
第五节	特殊仓储的相关规定	本节主要介绍外贸系统仓储管理的有关规定及保税货物仓储的有关规定

知识目标

　　掌握仓储合同、保管合同的概念和特征；描述仓储合同、保管合同的主要内容仓储合同、保管合同当事人的权利和义务；了解外贸系统仓储管理有关规定；了解仓单的作用、性质、记载事项和效力，识别保管合同与保管合同的区别与联系；识别一般货物与保税货物。

能力目标

　　具有订立保管合同、仓储合同及进行保税货物的进出口申报的能力；能查阅和运用相关保管、仓储法律合同知识，分析相关保管、仓储案例，解决在实际工作中遇到的问题；培养学生处理常见保管、仓储法律合同纠纷的能力。

素质目标

　　准确、系统地理解和掌握相关保管、仓储法律合同的基础知识，并能运用这些基础知识签订简单的保管、仓储合同文书；分析和审查保管、仓储合同效力；培养学生的学习能力、分析问题能力、查阅能力。

关键概念

　　仓储　公共仓储　合同仓储　仓储合同　保管合同　仓单　保税货物

导入案例

　　被告（商行）与原告（储运公司）曾于 2000 年 4 月 3 日订立了一份仓储保管合同，由原告为被告保管布料、自行车等物，该合同应于 2001 年 5 月 30 日终止。2001 年 4 月 30 日，被告提出其 50 辆自行车因无处堆放，在合同到期后继续在原告处存放半年，为此被告向原告多支付保管费 1000 元。原告表示同意。2001 年 7 月 15 日，双方又订立了一份仓储保管合同，约定由原告为被告保管衣服、布料等物品，时间为 1 年（自 2001 年 9 月 1 日 ~ 2002 年 9 月 1 日），保管费为 3.5 万元。合同并约定："任何一方违约，应按保管费的 30% 向对方一次性支付违约金，并应赔偿对方的损失。"合同订立后，原告即开始清理其两个仓库，并拒绝了有关单位要求为其保管货物的请求。同年 9 月 4 日，原告突然接到被告的通知，称其原定需保管的部分衣服、布料，因为他人没有供货，因此不能交给原告保管。另有部分货物因其租到了仓位，不再需要原告保管。原告提出如解除合同，则应支付全部保管费并应支付违约金；否则原告将扣留被告先前寄存的 50 辆自行车。被告认为原告的要求极不合理。双方因不能达成协议，原告遂向法院提起诉讼，请求判令被告支付全部保管费及违约金。

法院内部出现了 3 种不同的观点。第一种观点认为：原告的要求是正当的。因为双方在订立第二份保管合同以后，原告严格履行了保管合同的义务，而被告单方面违约，当然应向原告支付保管费和违约金。如果被告不承担这些责任，原告有权留置被告先前存放的自行车。第二种观点认为：尽管原告要求被告承担违约责任是有合法依据的，但不能留置被告先前寄存的自行车。第三种观点认为：原告的要求是不能成立的，因为仓储保管合同是实践合同，而非合同。被告没有交付需保管的物品，则合同并没有成立，因此被告的行为也没有构成违约，自然不应承担违约责任，也不能交付保管费。最后，法院按第二种观点做出了判决。

第一节　仓储及仓储法概述

一、仓储概述

（一）仓储的概念

仓储是指在仓库中储存物品，是仓库储存和保管物品的简称，是货物从生产地向消费地的转移过程中，在一定时间内储存于仓库的活动。储存就是保护、管理和贮藏物品；保管就是对物品进行保存和对数量、质量进行管理控制的活动。

对于仓储的含义，可以从以下两个方面来理解。

1. 仓储是一项商业活动

作为一种商业活动，应从广义上理解仓储这一概念，它不仅包括物品在一般的围蔽空间中的储藏与保管，也包括物品在其他一系列设施和场地中的储存。

仓储活动是指从接收储存物品开始，经过储存保管作业，直到把货物完好地发放出去的全部活动过程，其中包括存货管理和各项作业活动，如仓库中货物的装卸搬运、保养等。

2. 仓储是一项物流活动

这是现代仓储与传统仓储的区别所在。过去，仓储一般起着长期储存原材料及产成品的战略角色。生产商生产出来的产品都成为存货，然后将储存在仓库中的存货销售出去。为此，多数企业都有很高的存货水平。20 世纪 80 年代以来，随着零库存、联盟及物流供应链理论的出现，仓储宗旨转变为以较短周转时间、较好存货率、较低的成本和较好的客户服务为内容的物流目标。在物流环境下，产品在仓库中只储存几天甚至几个小时。

（二）仓储的类型

1. 自营仓储

自营仓储是指物品的仓储业务由本企业自己来经营或管理的一种仓储形式。我国大多数外贸公司都是自营仓储。自营仓储具体又可分为自有仓储和租赁仓储两种形式。

（1）自有仓储。就是企业使用自建或购买的仓库仓储自己的产品。利用自有仓库进行仓储活动，企业对仓库拥有所有权，企业与仓库所有人为同一人，不存在第二在法律关系上，企业与仓库部门是上下级的行政关系，而不是平等的民事关系。

（2）租赁仓储。就是企业使用租用的仓库仓储自己的产品。在租赁仓储中，企业对仓库不具有所有权，但有使用权和经营权，可以自行经营和管理物品的仓储业务。因此，企业和仓库所有人之间是一种财产租赁关系，其中，企业是承租人，仓库所有人是出租人，双方之间的权利义务应按有关财产租赁方面的法规确定。

2. 公共仓储

公共仓储是指企业委托提供营业性服务的公共仓库储存物品的一种仓储方式。公共仓库是一种专门从事经营管理的、面向社会的、独立于其他企业的仓库。国外的大型仓储中心、货物配送中心在性质上就属于公共仓库。在公共仓储中，企业不仅是单纯租用仓库这个场所，同时还利用了其所提供的仓储服务。因而，企业与仓库不是单纯的财产租赁关系，而是一种仓储合同关系。在这种关系中，企业不是仓库的所有人或经营人，而是存货人，公共仓库为保管人，双方的权利义务按有关仓储合同方面的法规确定。

3. 合同仓储

合同仓储又称第三方仓储，是指仓库营业人以其拥有的仓储设施，向社会提供商业性仓储服务的仓储行为。仓库营业人与存货人通过订立仓储合同的方式建立仓储关系，并且依据合同约定提供服务和收取仓储费。

（三）仓储的功能

（1）储存功能。物品均具有价值和使用价值，仓储的传统功能就是储存功能，即为了保障物品在储存中的使用价值不受到损害。同时，物品的价值也因此得以在一定程度上维持。

（2）中转功能。即物品在整个物流活动中可以通过仓库作为中转点，达到协调整个物流过程，降低整个物流成本的作用。

（3）生产功能。即仓储企业通过一系列仓库内活动，如分拣、包装、流通加工等，使物品价值增加的功能。

（四）仓储在现代物流中的作用

仓储在现代物流中具有堆存、拼装、流通加工、配送等一系列功能。

1. 堆存

仓储设施最首要的功能是提供货物堆放的场所，同时提供货物保管服务。货物被保管在仓库或其他设施里，不及时投入流通、运输的理由主要是解决货物在产销、运输等方面的时间差。仓储可实现产销的平衡、运力和运量的平衡。

2. 拼装

在货物不足以装满一整箱或者其他运输单位时，从节省运输费用方面看，应该将零担货物和可拼箱货物整合为整车或整箱。在海上货物运输中，无船承运人的基本业务之一即是提供拼箱服务，将属于不同货主而目的港相同的货物拼装成一个集装箱运出。

3. 流通加工

货物在仓库中的保管期间，可对其进行包装、分类、加标签等加工服务。提供流通加工服务是现代仓储企业一项重要的增值服务。

4. 配送

根据客户要求的时间、数量、地点及其他内容，仓储经营者将货物从仓库中提出，并运送给客户或其他与客户达成买卖交易的购买方、消费者。当仓储经营者同时提供配送服务时，业务的复杂性将大大提高，与传统的提供单一的货物保管服务有着本质的区别。

（五）物流企业在仓储活动中的法律地位

1. 为客户提供仓储服务

此时物流企业就是专门从事营业性服务的公共仓库，与客户签订的是仓储合同，双方是仓储合同法律关系，物流企业是保管人，客户是存货人，双方的权利和义务按照仓储合同的有关法律法规确定。

2. 为客户提供包括仓储在内的综合物流服务

物流企业作为综合性物流服务商存在，具有至少两项（当然包括仓储）物流服务功能，与客户签订的是物流服务合同，而不是单纯的仓储合同。物流企业是物流服务提供者，客户是物流服务需求者，双方的权利和义务按照物流服务合同双方当事人的关系来确定。

3. 作为仓储保管法律关系的存货人

当物流企业没有仓储设备或者虽然有仓储设备但库存空间不足时，在与客户签订含有仓储服务物流服务合同后，通常又会与其他仓库经营者签订仓储合同，以解决库存空间不足的问题，此时，物流企业作为存货人，而仓库经营者成为保管人，双方当事人的权利和义务按照仓储合同法律法规确定。

二、仓储法概述

仓储法是调整物品在仓库储存和保管中的各种活动的法律规范的总称。

随着改革开放的实行，我国仓储制度的立法也逐渐摆上了日程。1981 年 12 月 13 日，第五届全国人民代表大会上通过的《中华人民共和国经济合同法》以专条形式确立了仓储保管合同的法律地位，也标志着我国仓储业开始向合同制管理转轨。1985 年 10 月 15 日国务院批准发布了《仓储保管合同实施细则》，该细则的实施极大地推动了仓储保管业的发展，促进了货物的流通。此后，又于 1987 年 2 月发布了《化学危险物品安全管理条例》。同年 6 月，当时的商业部发布了《国家粮油仓库管理办法（修订）》。1988 年 10 月又发布了《商业仓库管理办法》等。这些立法构成了《合同法》颁布实施前我国仓储立法的主要框架。1999 年 3 月15 日，第九届全国人民代表大会第二次会议通过了《中华人民共和国合同法》，其中以第二十章专章规定了仓储合同，这标志着我国仓储合同立法正逐步走向成熟和完善，为仓储业的市场化发展提供了广阔的途径，开辟了法制化基础之上的仓储营业市场运作和规范管理的美好前景。

第二节　仓储合同

一、仓储合同的概念与法律特征

（一）仓储合同的概念

仓储合同又称仓储保管合同，是指保管人储存存货人交付的仓储物，存货人支付仓储费的合同。仓储合同一方称为存货方，是仓储服务的需求者；另一方称为保管方（也称仓库营业人），是仓储服务的提供者；仓储物是存货方交由保管方进行储存的物品；仓储费是保管方向存货方提供仓储服务而取得的报酬。

我国《合同法》对保管合同和仓储合同各自设有专门的分则，但保管与仓储这两种活动具有许多相似性，都具有保管寄托人交付的保管物，并返还该物的行为特征。因此，仓储合同是一种特殊的保管合同。当法律对仓储合同没有规定的，可以适用保管合同的有关规定。

（二）仓储合同的法律特征

1. 仓储合同以动产为保管对象

显然，不动产如建筑物等是不能作为仓储保管对象的，只有可以移动、储存的物品才能作为仓储合同的保管对象。

2. 仓储合同是诺成性合同

《仓储保管合同实施细则》第五条规定，根据存货方的委托储存计划和保管方的仓储能量，双方依法就合同的主要条款协商一致，由双方的法定代表或授权的经办人签字、单位盖公章或合同专用章，合同即成立。也即只要双方就合同主要内容达成一致，仓储合同即告成立，其并不以存货方实际交付所要存储的货物为成立要件。故仓储合同为诺成性合同。

3. 仓储合同是双务有偿合同

在仓储合同中，存货人需要履行把所要存储的货物交付给保管人的义务，同时也要支付保管费，在合同约定的提货日期，又有提取或通知提货人提取货物的义务。保管人则有接收货物、保管货物的义务。仓储合同又不同于保管合同，存货人必须为保管人的保管行为支付对价，所以仓储合同是双务有偿合同。

4. 仓储合同为不要式合同

法律并没有规定仓储合同必须有一定的形式，其既可以是书面形式（包括电子文件方式），也可以是口头或其他形式。虽然仓储合同的履行过程中涉及仓单的使用，但具有一定格式的仓单并不是仓储合同本身，而是仓储合同的证明。

5. 仓储合同以仓单为证明，仓单代表仓储货物的物权

在这一点上仓储合同类似于海上货物运输合同，而与一般的合同有很大的差异。仓单虽然不是仓储合同本身，却是仓储合同的证明。仓单同时也像提单一样具有物权凭证的性质，仓单还是提货凭证。保管人交付货物以后，仓单还是货物已交付的证明。

6. 仓储合同一般是格式合同

公共仓库的保管人为了与众多相对人订立仓储合同，通常以存货单、入库单等形式，事先拟定好仓储合同的大部分条款。在实际订立仓储合同时，双方可以通过协商，将议定的内容填进去从而形成仓储合同，而不另行签订独立的仓储合同。

二、仓储合同的内容

仓储合同的内容是明确保管人和存货人双方权利和义务关系的根据，主要体现在合同的条款上。关于仓储合同的主要条款，除可参照《合同法》总则第十二条规定的合同一般包括的条款外，双方当事人还应当对仓储合同特殊要求的一些条款进行约定。

《仓储保管合同实施细则》第七条规定了仓储保管合同的主要条款，双方当事人在对仓储合同的内容进行约定时，可以予以参考。

1. 当事人的姓名或名称及住所

当事人是合同权利义务的承受者，如果没有当事人，就无法实现合同的权利，承担合同的义务。因此，仓储合同的首要内容就是表明有关双方当事人的信息。仓储合同的当事人一般是指存货人和保管人（仓库营业人）。

2. 仓储物的品名、品种、规格

仓储合同的标的物是仓储物，对仓储物具体详细的描述有助于明确双方当事人权利的维护，因此，合同当事人要明确规定仓储物的品名、品种和规格。

3. 仓储物的数量、质量、包装、件数和标记

在仓储合同中，应明确规定仓储物的计量单位、数量和仓储物质量，以保证双方顺利履行合同。同时，双方还要对货物的包装、件数以及包装上的货物标记做出约定。双方要根据货物的性质、仓库中原有货物的性质、仓库的保管条件等约定货物进行何种包装。

4. 仓储物验收的项目、标准、方法、期限和相关资料

对仓储物的验收，主要是指保管人按照约定对入库仓储物进行验收，以确定仓储物入库时的状态。仓储物验收的具体项目、标准、方法、期限等应当由当事人根据具体情况在仓储

合同中事先做出约定。如果储存易燃、易爆、有毒、有腐蚀性、有放射性等危险物品或者易变质物品，存货人应当说明该物品的性质，并提供有关资料。

另外，保管人为顺利验收，需要存货人提供货物的相关资料的，双方可以在仓储合同中就资料的种类、份数等做出约定。

5. 仓储物的储存期间、保管要求和保管条件

储存期间是指仓储物在仓库的存放期间，期间届满，存货人或者仓单持有人应当及时提取货物。保管要求是存货人针对仓储物的特征，为保持其状态、性质、功能完好，而要求保管人应当提供的具体条件和标准。

对一些特殊性质的仓储物，如易燃、易爆、有毒、有腐蚀性、有放射性等危险物品要求保管人储存的，保管人还应当提供相应的保管条件。因此，为便于双方权利义务和责任的划分，双方当事人一定要对储存期间、保管要求和保管条件做出明确具体的约定。

6. 仓储物进出库手续、时间、地点和方式

仓储物的入库，即意味着保管人保管义务的开始；而仓储物的出库，则意味着保管人保管义务的终止。因此，仓储物进出库的时间、地点对双方是否实际履行义务显得非常关键。而且，仓储物进出库方式主要有送货、自提等。仓储物进出库方式的不同，也会影响到双方权利的实现，乃至影响到双方的责任划分。因此，双方当事人一定要对仓储物进出库的方式、手续等做出明确约定，以便于分清责任。

7. 仓储物的损耗标准和损耗处理

仓储物在储存、运输、搬运过程中，由于自然现象（如干燥、风化、挥发、黏结等）、货物本身的性质、度量衡的误差等原因，不可避免地要发生一定数量的减少、破损或者计量误差。对此，当事人应当约定一个损耗的标准，并约定损耗发生时的处理方法。当事人对损耗标准没有约定的，应当参照国家有关主管部门规定的相应标准。

8. 计费项目、标准及结算方式

前面提到，仓储合同的一方当事人是专业性和营利性的民事主体，它通过提供仓储服务获得收益，因此会根据仓储物的性质、保管的条件、提供的服务等因素收取费用。因此，双方当事人要本着平等、自愿公平原则，协商计费标准及结算方式。

9. 违约责任条款

违约责任条款是任何合同的主要条款，它是对一方当事人违反合同约定义务时应如何承担违约责任、承担违约责任的方式等进行的约定。仓储合同也不例外，为保护双方当事人的权利，在仓储合同中应当约定违约责任。违约责任的承担方式包括继续履行、支付违约金、赔偿损失等。

除此之外，双方当事人还可以根据具体情况，就变更和解除合同的条件、期限，以及争议的解决方式等做出约定。

三、仓储合同当事人的权利和义务

（一）保管人的权利与义务

仓储合同是提供劳务的合同，这种劳务表现为首先是对货物的储存，其次是保管，以储存为主。保管人的权利是存货人或仓单持有人的义务，而存货人或仓单持有人的权利又正是保管人的义务。在仓储合同关系中，权利与义务是完全对等的。因此，这里着重介绍保管人的义务。

在仓储合同中，基于合同而产生的保管人的义务有以下几项。

1. 接受和验收仓储物的义务

（1）接受仓储物。

保管人对仓储物的接受是他对储存物占有的开始，一旦经过检验，对储存物符合合同约定的状态确定以后，就正式开始实行合同约定的储存和保管义务。接受仓储物这一行为是合同约定的许多权利义务的开端。

（2）验收仓储物。

验收是保管人对存货人送交储存的货物进行检验与核查以确定其是否处于适于保管的良好状态的过程。对于验收所得出的结果将记载于仓单之上，作为确定保管人返还仓储物时的依据。如果验收的结果是储存物符合合同约定，状况良好的，在提货时出现货损情况由保管人承担责任。但如果验收表明货物存在瑕疵，则保管人对此不承担责任。

保管人没有按合同或《仓储保管合同实施细则》规定的项目验收，验收方法不当或超过验收期限或验收不准确而造成的实际经济损失，由保管人负责。合同议定按比例抽验的货物，保管人仅对抽验的那一部分货物的验收准确性以及由此造成所代表的那一批货物的实际经济损失负责，合同另有规定者除外。

2. 填发和交付仓单的义务

根据《合同法》第三百八十五条的规定，保管人在存货人交付仓储物后，必须给付仓单。保管人履行给付仓单的义务，同时也等于履行了向存货人交付货物收据的义务，并以仓单为意思表示形式，做出了向仓单持有人交付仓储物的承诺。日本等国的法律规定保管人有义务按存货人的要求对一票仓储物可以分成几个部分分别出具仓单或把原来完整的仓单加以分割，由此产生的费用由存货人承担。对此我国《合同法》没有明确规定，但应该认为这在实务当中是允许的。

3. 对仓储物加以妥善保管的义务

保管人对存货人交付的仓储物应尽善良管理人的注意履行保管义务。按照合同约定的储存条件和保管要求保管货物，合同没有规定而有国家规定的，则按国家规定的保管要求来办。保管人储存易燃、易爆、有毒、有腐蚀性、有放射性等危险物品的，应当具备相应的保管条件，即要有相应的技术力量与保管特殊仓储物的设备。储存期间，因保管人保管不善造成仓储物毁损、灭失的，保管人应当承担损害赔偿责任。

4. 许可仓单持有人检查仓储物或提取样品的义务

《合同法》第三百八十八条规定，存货人和仓单持有人是享有这种检查权利的一方，这种权利基于存货人或仓单持有人对仓储物的物权。仓储物虽然由保管人占有，但他并没有取得所有权，他的占有只是出于储存与保管仓储物的需要，是一种服务，并不能阻止存货人或仓单持有人行使权利。而存货人与仓单持有人基于物权，与仓储物存在切身的利害关系，故应有权随时检查仓储物或提取样品。至于检查的内容，可以是质量、数量、重量上的检查，或者进行随机抽样检查。保管人承受的义务是消极的不作为义务，但在一定情况下也包括积极的作为义务。

5. 危险通知义务

在以下几种情况下，保管人存在着危险通知义务。

（1）根据《合同法》第三百七十三条第二款规定，第三人对保管人提起诉讼或者对保管物申请扣押的，保管人应当及时通知存货人。

（2）保管人对入库仓储物发现有变质或者其他损坏的，应当及时通知存货人或者仓单持有人。如果这种变质或损坏，危及其他仓储物的安全和正常保管的，应当催告存货人或仓单持有人做出必要的处置。在紧急情况下，保管人可以事先做出必要的处置，但事后应当将该情况及时通知存货人或仓单持有人。

（3）《仓储保管合同实施细则》第十四条第二款规定，如果货物外包装或货物上标明了有效期或者合同上做出申明的，保管人应在临近失效期60天前通知存货人或仓单持有人，但合同另有规定的除外。

6. 返还仓储物的义务

保管人按合同约定返还仓储物，表现为储存与保管的劳务结束，合同的主要义务履行完毕。但返还仓储物本身具有一定的要式性，即仓单持有人向保管人出示仓单，方可请求提取仓储物，同时仓单也要缴还给保管人。

（二）存货人或仓单持有人的权利和义务

1. 按照合同的约定及时交付仓储物的义务

存货人应严格按合同约定的品种、质量、数量，在合同约定的期间（日）向保管人交付仓储物。交付的方式按合同规定可以是存货人将仓储物交付至保管人处，也可以由保管人提取仓储物。存货人在交付仓储物之时或之间向保管人提供相应的验收资料。存货人若不按合同约定提供相应的仓储物，应承担由此产生的责任。

2. 支付仓储费及其他必要费用的义务

仓储费是存货人对保管人提供的对储存物的仓储保管服务支付的报酬。当事人在合同中约定或仓单上注明了它的数额、支付时间与地点、支付方式的，存货人或仓单持有人应该严格按约定向保管人支付仓储费。

3. 承担风险的义务

仓储物因可归因于双方当事人的原因造成货损时，其实际损失由责任方来承担。但发生不可归责于双方当事人的原因如地震等大自然的风险造成仓储物的损失的，风险应该由存货人或仓单持有人来承担。

4. 及时提取仓储物的义务

如果合同约定或仓单载明了储存期限的，储存期限届满，存货人或仓单持有人应当凭仓单提取仓储物。提前提取的，不减收仓储费。逾期提取的，则存在两种解决方法：一是保管人继续储存仓储物，向存货人或仓单持有人增收仓储费；二是保管人可以催告其在合理的期限内提取，逾期不提取的，保管人可以提存仓储物。提存的效力等同于保管人已经交付仓储物，产生的费用由仓单持有人承担，孳息由其收取，风险损失也由其承担。

仓储合同当事人对储存期间没有约定或者约定不明确的，存货人或仓单持有人可以随时提取仓储物，保管人也可以随时要求存货人或仓单持有人提取仓储物，但应当给予必要的准备时间。

第三节　保管合同

一、保管合同概述

（一）保管合同的概念

保管合同又称寄托合同，是指保管人保管寄存人交付的物品，并按约定期限或者应寄存人的请求返还保管物的合同。

保管物品的一方为保管人，或称受寄托人，其所保管的物品为保管物；交付物品保管的一方为寄存人，或称寄托人。

（二）保管合同的法律特征

（1）保管合同原则上为实践合同、无偿合同。保管合同自寄存人将物品交付给保管人时成立。只有在当事人约定的情况下，保管合同才可以不自保管物交付时成立，否则即为实践合同。寄存人应当按照约定向保管人支付保管费。在当事人约定为有偿的情况下，保管合同为有偿合同，否则可以按照合同有关条款或者交易习惯来确定。

（2）保管合同以物品的保管为目的。保管合同的标的为保管行为，尽管保管物应处于保管人的占有或控制之下，但保管只是对保管物的保存行为，而不是管理行为，因而保管人只是应保持物的原状，不得对物为利用或改良行为。

（3）保管合同可以是无偿的，也可以是有偿的，由双方当事人约定。

（4）保管合同的标的是保管行为。

（5）保管合同为双务合同、不要式合同。

二、保管合同的内容

（1）当事人的姓名或名称及住所。

（2）保管物（保管物名称、性质、数量、价值）。

（3）保管场所。

（4）保管方法。

（5）保管物（是/否）有瑕疵。瑕疵是：_____。

（6）保管物（是/否）需要采取特殊保管措施。特殊保管措施是：_____。

（7）保管物（是/否）有货币、有价证券或者其他贵重物。

（8）保管期限。

（9）寄存人交付保管物时，保管人应当验收，并给付保管凭证。

（10）保管人（是／否）允许保管人将保管物转交他人保管。

（11）保管费。

（12）保管费的支付方式与时间。

（13）寄存人未向保管人支付保管费的，保管人（是/否）可以留置保管物。

（14）违约责任。

（15）合同争议的解决方式。

（16）其他约定事项。

三、保管合同双方当事人的权利与义务

在保管合同关系中，权利与义务是完全对等的。因此，这里着重介绍保管人的义务。

（一）保管人的义务

1. 保管义务

（1）保管人对保管标的物应尽相当的注意义务。对于无偿保管合同，保管人应尽与保管自己所有物同样的注意；对于有偿保管合同，保管人则应尽善良管理人的注意。

（2）除另有约定或者保管人因患病等特殊事由不能亲自履行保管行为外，保管人必须亲自为保管行为，不得将该义务转委托他人。

（3）除当事人另有约定外，保管人不得使用或者许可第三人使用保管物。

（4）保管人对保管物应当按照约定的场所和方法予以保管，除紧急情况或者为了维护寄存人的利益外，不得擅自改变保管场所或者方法；如无约定，则应依标的物的性质、合同的目的及诚实信用原则确定保管的场所和方法。

2. 返还保管物的义务

保管期间届满或者寄存人提前领取保管物的，保管人应当将原物及其孳息归还寄存人。但在保管期间尚未届满前，保管人无特别事由，不得要求寄存人提前领取保管物。返还的地点一般为保管地，保管人无送达义务，但合同另有约定者不在此限。

3. 通知（告知）义务

如果第三人对保管物主张权利，提起诉讼或进行扣押时，保管人应从速将其事实通知寄存人；此外，如果保管物受到意外毁损灭失或保管物的危险程度增大时，保管人也应该将有关情况迅速通知寄存人。

4. 交付保管凭证的义务

保管合同成立时，保管人负有交付保管凭证的义务。

5. 损害赔偿

保管人对于保管物的毁损灭失，依据过错责任原则承担责任。对于有偿保管合同，保管人应负担轻过失责任，他应以善良管理人的注意为标准，违反此种注意，就应承担赔偿责任；对于无偿保管合同，保管人只对故意或重大过失负责，承担赔偿责任。

如果损害不是因保管人的过错而是由第三人的过错引起的，则应由有过错的第三人承担责任。如果损害是因不可抗力引起的，则应由寄存人自己承担。

（二）寄存人的义务

1. 支付报酬义务

如果保管合同为有偿的，寄存人则负有向保管人支付报酬的义务。如果有关部门对酬金的标准有规定，当事人则应遵循；如果无此类标准，当事人可对酬金的数额、支付时间、支付方式通过协商达成协议。寄存人不履行支付酬金义务，保管人可对保管物行使留置权。如保管合同是无偿的，寄存人则无此义务。

2. 负担必要费用的义务

无论保管合同为无偿的还是有偿的，除合同另有约定外，寄存人都有负担必要费用的义务。必要费用以维持保管物原状为准，如重新包装、防腐防虫等项费用。寄存人拒绝偿付必要费用，保管人也可就保管物行使留置权。

3. 风险负担

如果保管物的毁损灭失是由于不可抗力的原因，此项风险则应由寄存人负担。

4. 损害赔偿

寄存人交付的保管物有瑕疵或者按照保管物的性质需要采取特殊保管措施的，寄存人应当将有关情况告知保管人。寄存人因过错未告知保管物瑕疵或者特殊保管要求，致使保管物受损害的，保管人不承担责任；保管人因此受到损害的，寄存人应当承担责任。

四、保管合同的索赔时效

寄存财物被丢失或毁损的诉讼时效为 1 年。由此可推知，保管人的报酬请求权、费用偿还请求权及损害赔偿请求权的诉讼时效也为 1 年，均自合同终止时算起。

五、仓储合同与保管合同的联系与区别

（一）仓储合同与保管合同的联系

仓储合同与保管合同都是指保管寄托人交付的保管物，并返还该物的合同。

仓储合同是一种特殊的保管合同。虽然我国《合同法》对保管合同和仓储合同各自设有专门的分则，但保管与仓储这两种活动具有许多相似性。《合同法》第三百九十五条规定，凡仓储合同这一章未做规定的，应适用保管合同的有关规定。

（二）仓储合同与保管合同的区别

（1）仓储合同是双务有偿合同；保管合同可以是有偿的也可以是无偿的，有偿无偿取决于当事人的意愿，在未做约定或约定不明时，应视为无偿。

（2）仓储合同是诺成合同，以当事人双方意思表示一致而告成立；保管合同原则上是实践合同，从保管物交付时成立。

（3）仓储合同的主体有一定的特殊性，即保管人一般为从事仓储保管业务的法人或经依法批准从事仓储保管业务的个体或集体经营者；而保管合同的当事人，现有法律未做限制。

（4）仓储经营者从事仓储经营活动应具备以下条件：仓库位置、设施、装卸、搬运、计量等机具应符合行业技术规定；仓库安全设施须符合公安、消防、环保等部门的批准许可；有完整的货物进库、入库、存放等管理制度；有专职保管员。

（5）仓储合同的标的物为动产；而保管合同的标的物未做规定。

第四节 仓单的相关规定

一、仓单概述

仓单是保管人在收到仓储物时向存货人签发的能够证明仓储合同的，表示收到一定仓储物的有价证券。我国《合同法》第三百八十五条规定："存货人交付仓储物的，保管人应当给付仓单。"

二、仓单的作用和法律性质

（一）仓单的作用

1. 仓单是仓储合同的证明

仓单可以证明保管人已收到仓储物，以及保管人和存货人之间仓储关系的存在。

2. 仓单是保管人接收货物并将货物保存的证明

根据我国《合同法》第三百八十五条的规定，仓单是由保管人在接到存货人交付的仓储物后签发的。因此仓单的签发是确认收到仓单所列货物，从而使仓单有了货物收据特性的行为。仓单有了这种特性，也就有了一种证据效力，只要是合法的仓单，都有证明保管人接受了仓储物的证据效力。

3. 仓单是提取仓储物的凭证

我国《合同法》第三百八十七条规定："仓单是提取仓储物的凭证。存货人或者仓单持有人在仓单上背书并经保管人签字或者盖章的，可以转让提取仓储物的权利。"《合同法》第三百九十二条规定，仓储期限届满，仓单持有人应当凭仓单提取仓储物。由此可见，提取仓储物的唯一凭证只有仓单，因此仓单在仓储合同中具有重要的意义。

（二）仓单的法律性质

1. 仓单具有要式性

我国《合同法》第三百八十六条规定了保管人必须在仓单上签字或盖章。之所以有这样的规定是因为仓单作为收据、合同证明及物权凭证都必须要有保管人对仓单的承认与表示受其约束，而签字盖章就是这样的意思表示。

2. 仓单具有可转让性

仓储合同一旦订立，仓储物交付保管人保管后，保管人即对仓储物实行占有，但仓储物的所有权仍归存货人所有。存货人在仓储物储存期间，可以通过转让仓单来转让货物的所有权。仓单的背书转让，与交付仓储物有同样的效力，都是仓单受让人对货物具有所有权，并有权从保管人处提取仓储物。仓单的可转让性还表现在存货人或者仓单持有人可将仓单出质。

3. 仓单具有文义性

仓单的文义性即保管人与仓单持有人之间的权利义务应该严格按照仓单的规定来确定，即仓单记载的约束效力。

4. 仓单具有无因性

无因证券是证券权利的存在和行使不以作成证券的原因为要件，证券的效力与作成证券的原因完全分离的证券。仓单虽然因仓储合同而发生，但在仓单的流通过程中，其并不受仓储合同的影响。

5. 仓单是记名证券

记名证券是指证券上记载权利人姓名或名称的证券。我国《合同法》要求仓单记载存货人的姓名或名称和住所，因此仓单是记名证券。

6. 仓单为换取证券

换取证券是指义务人履行了证券上的义务后，权利人应将证券返还给义务人的证券。仓单持有人请求交付仓单上记载的仓储物时，应将仓单交还保管人，因此，仓单是换取证券。

三、仓单的内容

根据《合同法》第三百八十六条的规定，仓单的内容包括下列事项。

1. 存货人的姓名或者名称和住所

存货人为法人或者其他社会组织、团体的，应当写明其名称，名称应写全称。存货人为自然人的，则应写明姓名。

2. 仓储物的品种、数量、质量、包装、件数和标记

这些内容是经过保管人验收确定后再填写在仓单上的。需要注意的是，保管人和存货人订立仓储合同时，对仓储物的上述情况的约定，不能作为填写仓单的依据。

3. 仓储物的损耗标准

一般的仓储合同中约定有仓储物的损耗标准，仓单上所记载的损耗标准通常与该约定同。当事人也可以在仓单上对仓储合同中约定的标准进行变更。当仓储合同约定的标准与仓单上所记载的标准不一致时，一般以仓单的记载为准。

4. 住址场所

住址场所是指仓储物所在的具体地点。

5. 储存期间

在一般情况下，存货人与保管人在仓储合同中商定储存期间，仓单上的储存期间与仓储合同中的储存期间一般是相同的。

6. 仓储费

仓储费即存货人向保管人支付的报酬。

7. 保险事项

仓储物已经办理保险的，应在仓单上记载保险金额、期间及保险人的名称。如果存货人转让仓储物，则保险费可以计入成本。转让以后，受让人享受保险利益，一旦发生保险合同中约定的保险事故，受让人可以找保险公司索赔。

8. 填发人、填发地和填发日期

这是任何物权证券的基本要求，仓单也不例外。填发人也就是仓储合同的保管人，填发地一般是仓储物入库地。

四、仓单的转让

《中华人民共和国担保法》第七十五条明确规定，仓单可以出质；第七十六条规定，以仓单出质的，质押合同自仓单交付之日起生效。

仓单是收取仓储物的凭证和提取仓储物的凭证，仓单可以通过背书转让或者出质。无论仓单是转让，还是出质，必须符合一定的法律形式。

1. 必须有保管人的签字或者盖章

无论转让还是出质，仓单上必须有保管人的签字或者盖章，否则不发生仓单转让或出质的效力。

2. 必须有背书

背书是指存货人在仓单的背面或者粘单上记载被背书人（受让人）的名称或姓名、住所等有关事项的行为。如果仓单转让给第三人，或作为权利质押，应当由存货人在仓单背面写明上述事项，否则不发生法律效力。

五、仓单的法律效力

（一）仓单对各方当事人的效力

仓单为存货人持有和为存货人以外的人持有对仓单当事各方所产生的法律效力是不同的。仓单为存货人持有时，明确保管人与存货人的权利义务的是仓储合同中的约定而非仓单的记载事项，发生争议时双方的权利义务以仓储合同的约定为准。在仓单为非存货人持有时，保管人与仓单持有人之间的权利义务完全按仓单的记载事项来确定。

（二）仓单分割后的效力

仓单的分割，表现在收回原有仓单，换发经分割的多份仓单，原有的仓单因为已经缴还，不再具有效力。而后出具的多份仓单，应按每份仓单的记载各自具备独立的效力，彼此不发生关系。

（三）仓单的失效

仓单的失效主要存在以下原因。

1. 仓单因缴还而失效

仓单是由保管人出具的，以保管人的填写仓单和签字盖章的形式作为意思表示，表明保管人对仓单作为物权与提货凭证的承认。仓单只有在保管人以外的人手里才是有价证券，一旦仓单因持有人提取仓储物而交还给保管人，其再不是物权与提货凭证，至多是已履行的仓储合同的证明，是过去交易的记录。在此后因已交付的仓储物产生争议时则成为与此相关的证据。

2. 仓单因被盗、灭失、遗失且经过除权判决而失效

在我国，仓单丧失后在程序法与实体法上应该如何处理，是否可以适用公示催告程序，法律的规定并不明确。我国新颁布的《合同法》没有对丧失仓单是否适用公示程序做出规定。仓单作为有价证券，可以是广义的票据的一种，可以将之归为《民事诉讼法》第一百九十三

条所说的"依照法律规定可以申请公示催告的其他事项"。仓单具有可流通性，是权利证券、无因证券、文义证券，应该属于民事诉讼法所谓的"可以申请公示催告其他事项"之内。当被盗、遗失或灭失的票据经过不少于 60 日的公示催告期，由法院进行了除权判决以后，原有的票据，即便是在物质上还没有灭失，也都是无效的。此时原合法仓单持有人可要求法院判决要求保管人交付仓储物或者要求其重新填发仓单。但由此引发的一切费用由原仓单持有人承担。

3. 仓单背书的表面不合法使仓单无效

仓单背书转让必须具备几个形式要件：首先，仓单背书转让必须要有保管人的签字盖章，这一点不同于一般的票据转让；其次，仓单背书转让必须有一定的记载事项，其中有两项是绝对必要的记载事项——背书人和被背书人；再次，仓单的背书必须具有连续性。仓单背书的表面记载不符合上面所说的 3 种情形之一，那么这种背书就是不合法的，最终导致该仓单的无效，真正的仓储物权利人就只能通过司法等途径来实现对仓储物的权利。

第五节　特殊仓储的相关规定

一、外贸系统仓储管理有关规定

为提高服务质量，增强服务功能，实现整体优化，追求整体效益，原对外经济贸易合作部对外经贸仓储企业生产现场管理做出了相应的规定，颁布了《对外贸易经济合作部关于对外经贸仓储企业生产现场管理试行办法》，其他仓储企业的生产现场管理可参照执行。

仓储的生产现场指商品的收发、保管和进出库及配套服务作业的现场。生产现场管理的内容，主要包括两部分：一是现场必须具备的工作和生产秩序，工作和生产环境；二是企业管理部门对现场的管理。它是从投入到产出的全过程、全方位的管理。运用现代化的管理思想、方法和手段对人、机、料、法、环境等各种生产要素，进行合理的科学调配。该规定是一个指导性的管理办法，对于外经贸系统企业和其他仓储企业的生产现场管理可以根据实际情况做出相应调整。

（一）环境整洁

1. 布局合理

库区、作业区、生活区按网络化要求合理布局，确保物流沿着最佳路线运动，以达到安全、方便、高效的目的。库内排除"三废"等设施符合环保规定。

2. 通道畅通

库内各种道路及仓间内通道安全畅通，符合规定。库区、作业区通道严禁堆货、堆物、停车、搭建，并按实际情况对运输车辆加强交通管理，确保通道畅通无阻。

3. 标志明显

仓库应根据经营管理的需要设置：库区、库房、场地标志；仓间货位标志；服务指示标志；交通管理标志；安全警告标志。各类标志的设置，位置要合理，标牌要规范醒目。

4. 库容整洁

整个库区、仓间、货场及办公室、休息室环境整洁卫生，窗明地净，排水沟渠畅通，厕所卫生，符合文明要求；卫生、绿化责任区分工明确，责任到位，定期清扫；环境舒适文明。

5. 环境优美

因地制宜，统筹规划，环境达到绿化、美化。宣传、广告设置合理，固定就位，能保持长期性、完好性、适时性，做到既有宣传气氛，又与整体协调统一。

（二）生产井然有序

1. 生产指挥统一

有健全的生产业务指挥系统，有方便存货人，利于协调的计划调度组织机构，生产调度指挥中运用现代化的管理手段和方法，做到生产秩序井然，有条不紊。

2. 劳动组织优化

劳动组织的形式能适应业务发展的需要，劳动成员的配备符合"优化组织"的原则，对劳动者的管理有一套激励和制约的机制。

3. 岗位职责明确

每个工作岗位都有健全的岗位责任制、岗位工作标准和工作质量标准，做到分工清楚，标准明确，事有专职，落实到人，按规定实行考核。

4. 现场定额合理

仓储企业各项业务，全面实行定额管理，各项定额齐全、科学、合理、目标明确，会同指标层层分解到部门、仓间、班组、个人，组织生产、定期考核，能按时完成。

5. 业务流程科学

从计划编制到商品进出库等作业环节，有科学的业务流程，一切业务活动按规定实行程序管理。

（三）物流有序

1. 定置管理

（1）仓储企业应根据实际情况对定置管理的原则、对象、范围、内容及各类定置物的分类分色，标志实施的方法和步骤做出明确的规定或制定出标准。达到人、物、环境三者优化组合。

（2）根据定置管理标准，对各类定置物统筹规划，分别制作仓库、部门、仓间等各类定置图，并安置在有关部位。定置管理平面图应清晰、明了、准确、整洁。对各类定置区域必须按规定划出定置线，设置定置牌。

（3）实行按图定置，严格考核制度。仓库必须有专门的组织机构负责组织实施，监督考核，并有一套完整的考核办法。现场定置率达到标准要求。

2. 装卸文明

有健全的装卸作业规程或标准，加强督促检查，作业准备充分，装卸方式恰当，机具使用合理，操作符合规范，做到爱护商品，文明装卸，轻搬轻放，提高效率，确保质量。

3. 堆垛规范

商品堆码安全、整齐、稳固，无倾斜和危险桩，符合仓储管理制度规定，达到最佳"五优"标准。

4. 进出把关

有严格的入库验收、在库保管、出库复核制度，加强管理，明确责任，环环扣紧，层层把关，交接严密、互不脱节，做到商品进出库准确、及时、完好。

5. 账货卡相符

（1）桩脚卡和桩脚袋的格式、内容、挂法、填制符合统一规范要求，做到总、分桩卡互相呼应，货垛标量和货位与实际相符，按 ABC 分类法，对超期储存商品做好信号标记，并定期反馈。

（2）账卡齐全，簿记清洁，批注及时，数字正确。

（3）坚持"日抽查、月核对、季盘点、年清仓"的制度，保持"三相符"。

6. 科学养护

有健全的商养工作管理网络，严格执行商品养护和食品卫生制度，仓间养护器材、设施完善，有效地调节和控制温湿度，加强对商品的检查和对异状的防治。并对贵重、精养、一般商品推行 ABC 分类管理和重点养护商品质量跟踪管理，确保商品质量和食品卫生。

7. 物耗降低

加强苫垫物料等管理，有严格的检查考核，专人管理、手续齐全、加强核算、节约使用、修旧利废、降低物耗。

（四）设备完好

1. 文明生产

各类设备实行定人定机，凡规定应有证操作的机械设备，必须持证操作。严格遵守设备安全操作规程。装卸机械严格执行出车前"三检"和作业结束交接班制度。操作时集中精力，听从指挥，不违章作业，不发生事故。

2. 维修保养

各类设备的维修、保养规程齐全，有具体的考核细则，执行有效，并与奖惩挂钩。设备保养的各项指标，达到规定要求，并根据需要，做好适时维修，使各类设备均处于完好状态。

3. 运营管理

根据生产实际，合理配置、使用各种设备。实行分级运营管理，开展设备的单独核算或单机（车）核算，充分发挥设备的经济效能，利用率达到规定标准。

4. 工具管理

认真执行管理制度，手续齐全、账目清楚、分类摆放、清洁保养，保证生产、库存合理，加强保管。

5. 计量管理

各种计量器具应定期检验，保证合格。正确使用，放置合理，保持清洁，良好无损。

（五）纪律严明

1. 劳动纪律严明

仓库有严格的库规、库纪和考核规定，职工劳动态度端正，遵章守纪，认真履行职责，积极工作，生产、工作秩序良好。

2. 操作纪律严明

各项操作制度齐全、完善，并在职工的实际操作中得到有效的执行。

3. 安全纪律严明

遵守安全防范制度和操作规程，各级安全生产责任制层层落实，特殊工种持证上岗。各个岗位坚持安全生产。消除各种事故隐患。

4. 服务纪律严明

全面落实《仓储服务规范》，建立有效的优质服务监督保障机制，并在现场设意见箱、意见簿、公开监督电话号码。根据本行业的特点建立切实可行的纠正"行业不正之风"的措施。对各种"行业不正之风"进行有效的纠正和处理，服务质量能使货主满意。

（六）信息正确

1. 信息组织健全

建立以信息中心为枢纽的信息管理网络，落实信息管理制度，有明确的信息流程图，对仓储的信息资料汇总、分析、处理归档及各项信息分流上报，初步实行计算机管理。

2. 现场反馈及时

建立现场管理综合考核指标体系，对现场各种信息资料能及时反馈、处理和控制。

3. 基础工作扎实

各类业务统计报表编制科学、合理，统计齐全，制度严密。各种业务工作的原始记录、单证、报表、台账、卡片等资料齐全、内容完整、数据准确、填制规范、字迹工整、表面整洁、传递及时、装订成册、妥善保管。

二、保税货物仓储规定

保税货物是指经过海关批准未办理纳税手续入境，在境内储存、加工、装配后复运出境的货物。最通俗的理解是国外商品在进入国家海关的时候，暂时不缴纳关税，在实现销售的时候，再补缴关税。

保税仓库是指经海关批准设立的专门存放保税货物及其他未办结海关手续货物的仓库。一般需要储存的保税货物包括来料或进料加工的料件、补偿贸易进口的设备、寄售维修零配件、供应国际航行船舶的燃料和零配件、外商寄存或转口贸易货物、免税品商店进口的货物等。

目前我国专门对保税货物或保税仓库进行规范的法规主要有于1987年1月由第六届全国人大常委会十九次会议通过，同年7月1日起实施，并经2000年7月8日第九届全国人大常委会第十六次会议修订的《海关法》，以及2003年12月5日海关总署根据《海关法》制定，并自2004年2月1日起施行的《中华人民共和国海关对保税仓库及所存货物的管理规定》（以下简称《海关对保税仓库及所存货物的管理规定》），根据国际惯例和包括以上两项法规在内的我国的有关规定，保税仓库及其所存货物与一般仓库及其货物有较大区别。在对普通货物仓库及其货物原有规定上，有了更多的具体要求。

（一）保税仓库的类型和存入保税仓库的货物

1. 保税仓库的类型

（1）保税仓库按照使用对象不同可分为公用型保税仓库、自用型保税仓库。

① 公用型保税仓库由主营仓储业务的中国境内独立企业法人经营，专门向社会提供保税仓储服务。公用型保税仓库是一种最普遍的保税仓库方式。

② 自用型保税仓库由特定的中国境内独立企业法人经营，仅存储供本企业自用的保税货物。

（2）保税仓库中专门用来存储具有特定用途或特殊种类商品的称为专用型保税仓库。

专用型保税仓库包括液体危险品保税仓库、备料保税仓库、寄售维修保税仓库和其他专用型保税仓库。

2. 存入保税仓库的货物

下列货物，经海关批准可以存入保税仓库。

（1）加工贸易进口货物。
（2）转口货物。
（3）供应国际航行船舶和航空器的油料、物料和维修用零部件。
（4）供维修外国产品所进口寄售的零配件。
（5）外商暂存货物。
（6）未办结海关手续的一般贸易货物。
（7）经海关批准的其他未办结海关手续的货物。

（二）设立保税仓库的条件及程序

1. 设立保税仓库的条件

（1）经营保税仓库的企业，应当具备以下条件。

① 经工商行政管理部门注册登记，具有企业法人资格。

② 注册资本最低限额为 300 万元人民币。

③ 具备向海关缴纳税款的能力。

④ 具有专门存储保税货物的营业场所。

⑤ 经营特殊许可商品存储的，应当持有规定的特殊许可证件。

⑥ 经营备料保税仓库的加工贸易企业，年出口额最低为 1000 万美元。

⑦ 法律、行政法规、海关规章规定的其他条件。

（2）保税仓库应当具备以下条件。

① 符合海关对保税仓库布局的要求。

② 具备符合海关监管要求的安全隔离设施、监管设施和办理业务必需的其他设施。

③ 具备符合海关监管要求的保税仓库计算机管理系统并与海关联网。

④ 具备符合海关监管要求的保税仓库管理制度、符合会计法要求的会计制度。

⑤ 符合国家土地管理、规划、交通、消防、安全、质检、环保等方面法律、行政法规及有关规定。

⑥ 公用保税仓库面积最低为 2000 平方米；液体危险品保税仓库容积最低为 5000 立方米；寄售维修保税仓库面积最低为 2000 平方米。

⑦ 法律、行政法规、海关规章规定的其他条件。

2. 申请设立保税仓库的程序

保税仓库由直属海关审批，报海关部署备案。

（1）申请。

企业申请设立保税仓库的，应当向仓库所在地主管海关提交书面申请，并备齐上述设立保税仓库条件的相关证明材料。

（2）受理。

申请材料齐全有效的，主管海关予以受理。申请材料不齐全或者不符合法定形式的，主管海关应当在 5 个工作日内一次告知申请人需要补正的全部内容。主管海关应当自受理申请之日起 20 个工作日内提出初审意见并将有关材料报送直属海关审批。

（3）批准。

直属海关应当自接到材料之日起 20 个工作日内审查完毕，对符合条件的，出具批准文件，批准文件的有效期为 1 年；对不符合条件的，应当书面告知申请人理由。

（4）验收。

申请设立保税仓库的企业应当自海关出具保税仓库批准文件 1 年内向海关申请保税仓库验收，由直属海关按照《海关对保税仓库及所存货物的管理规定》第八条、第九条规定的条件进行审核验收。申请企业无正当理由逾期未申请验收或者保税仓库验收不合格的，该保税仓库的批准文件自动失效。

（5）颁证。

保税仓库验收合格后，经海关注册登记并核发《中华人民共和国海关保税仓库注册登记证书》（以下简称《保税仓库注册登记证书》），方可投入运营。

（三）保税仓库的管理

（1）海关对保税仓库实行分类管理及年审制度。

（2）保税仓库经营企业负责人和保税仓库管理人员应当熟悉海关有关法律法规，遵守海关监管规定，接受海关培训。

（3）保税仓库经营企业应当如实填写有关单证、仓库账册，真实记录并全面反映其业务活动和财务状况，编制仓库月度收、付、存情况表和年度财务会计报告，并定期以计算机电子数据和书面形式报送主管海关。

（4）保税仓库经营企业需变更企业名称、注册资本、组织形式、法定代表人等事项的，应当在变更前向直属海关提交书面报告，说明变更事项、事由和变更时间；变更后，海关按照《海关对报税仓库及所存货物的管理规定》第八条的规定对其进行重新审核。

保税仓库需变更名称、地址、仓储面积（容积）、所存货物范围和商品种类等事项的，应当经直属海关批准。

直属海关应当将保税仓库经营企业及保税仓库的变更情况报海关总署备案。

（5）保税仓库无正当理由连续 6 个月未经营保税仓储业务的，保税仓库经营企业应当向海关申请终止保税仓储业务。经营企业未申请的，海关注销其注册登记，并收回《保税仓库注册登记证书》。

保税仓库不参加年审或者年审不合格的，海关注销其注册登记，并收回《保税仓库注册登记证书》。

保税仓库因其他事由终止保税仓储业务的，由保税仓库经营企业提出书面申请，经海关审核后，交回《保税仓库注册登记证书》，并办理注销手续。

（四）保税仓库货物的进出口申报

经海关批准暂时进口或者暂时出口的货物，以及特准进口的保税货物，在货物收、发人向海关缴纳相当于税款的保证金或者提供担保后，准予暂时免纳关税。海关按货物情况，根据《海关法》及其他相关规定，再决定对该货物征税或减免税。因此，出入免税仓库的货物必须申报。

1. 货物进口

（1）保税货物在保税仓库所在地海关入境。存货人或其代理人应当填写一式三份的《进口货物报关单》，该报关单上应写明申报者有关履行法律法规规定的义务和承诺，加盖"保税仓库货物"印章并注明此货物系存入某保税仓库，除公共保税仓库外，存入保税仓库的申报均应提供担保，向海关申报；海关查验后签发并注明"存入××保税仓库"的《进口货物报关单》，该报关单的其中一份由海关留存，另两份随货交保税仓库。保税仓库经理人应于货物入库后在上述报关单上签收，一份留存，另一份交回海关存查。

（2）存货人在保税仓库所在地以外的其他口岸进口货物，应按海关对转关运输货物的规定办理转关运输手续。货物运抵后再按上述规定办理入库手续。

（3）对于保税仓库进口供自己使用的货架、办公用品、管理用具、运输车辆，搬运、起重和包装设备以及改装用的机器等，不论是有价购买的或外商无价提供的，均不作为保税货物，应按规定交纳关税和产品（增值）税或工商统一税。

2. 货物的存放

（1）货物在保税仓库中允许进行一些规定的搬运活动，但货物的搬运不能使其数量和质量发生任何变化，任何简单的加工，都必须征得海关的同意。

（2）存入保税仓库的货物可以由存货人将所有权转让给第三方，在进行货物转让时存货人要填写专门的报关单，这类报关单均应提供相应的担保。存入保税仓库的货物可以进行转仓保管，但需办理另一类保税仓库要求的手续。

（3）货物存储在保税仓库期间海关有权对货物进行各种必要的监管和清点。保税仓库应独立设置，专库专用，保税货物不得与非保税货物混合存放。保税货物在存放期间发生缺少和灭失，除不可抗力外，短少和灭失部分由保税仓库经营人承担缴纳税款的责任并由海关按照有关规定予以处理。

3. 货物的出库

无论是哪一类保税仓库，货物都应当在存放期限届满前从保税仓库中提出并按照海关规定进行申报。

（1）对于从保税仓库提出，并投入国内市场的货物应在出库之日按照货物应税项目进行纳税。其税率按货物正式进口的海关关税执行。并由存货人或其代理人向海关递交进口货物许可证件、进口货物报关单和海关需要的其他单证并交纳关税和产品（增值）税或工商统一税后，由海关签印放行，将原进口货物报关单注销。

（2）对来料加工、进料加工从备料保税仓库提取的货物，存货人应事先持批准文件、合同等有关单证向海关办理备案登记手续，并填写来料加工、进料加工专用报关单和一式三份的《保税仓库领料核准单》，一份由批准海关备存，一份由领料人留存，另一份由海关签盖放行章后交给存货人。仓库经理人凭海关签印的领料核准单交付有关货物并凭此向海关办理核销手续。

对提取用于来料加工、进料加工的进口货物，海关按来料加工、进料加工的规定进行管理并按实际加工出口情况确定免税或补税。

（3）保税货物复运出口时，存货人或其代理人应当填写一式三份的《出口货物报关单》并交验进口时由海关签印的《进口货物报关单》，向当地海关办理复运出口手续。经海关核查与实际货物相符后签印，一份留存海关，一份随货物监管运至出境地海关检验，放行货物出境，一份发还存货人或其代理人，作为保税仓库货物核销依据。

（4）某些商品（如海外到中国的展品等）临时出库，需要按海关的监管条件进行监管，并在规定的期限内归还。

（五）海关对保税仓库及货物的监管

1. 货物在保税仓储中的储存期限

保税仓储货物存储期限为 1 年。确有正当理由的，经海关同意可予以延期；除特殊情况外，延期不得超过 1 年。保税货物储存期满仍未转为进口也不复运出境的，海关可以依法对其进行变卖处理，变卖所得扣除运输、装卸和储存等费用和关税后，从变卖之日起 1 年内，经存货人申请可以返还，逾期无人申请，上缴国库。

2. 保税仓库中的货物使用规定

保税仓储货物，未经海关批准，不得擅自出售、转让、抵押、质押、留置、移作他用或者进行其他处置。

3. 保税仓库中的货物发生货损时的规定

保税仓库所存货物在储存期间发生短少，除由于不可抗力外，其短少部分应由保税仓库经营人承担交纳税款的责任，并由海关按有关规定进行处理。

4. 对保税仓库中的货物加工规定

保税仓储货物可以进行包装、分级分类、加刷唛码、分拆、拼装等简单加工，不得进行实质性加工。

5. 保税仓库中的货物进行查验的规定

保税仓库对所存的货物，应有专人负责，并于每月的前 5 天内将上月转存货物的收、付、存等情况列表报送当地海关核查。海关认为必要时，可以会同保税仓库经理人双方共同加锁。海关可以随时派员进入仓库检查货物的储存情况和有关账册，必要时可派员驻库监管。保税仓库经理人应当为海关办公提供方便条件。

6. 从保税仓库中提取货物的规定

公共保税仓库的保税货物，只能供应本关区内的加工生产企业。对经批准设立的专门储存保税仓库原料（且不能或不宜与其他货物混放），以及其他必须跨关区提取所需保税原材料的，加工贸易企业应事先向海关办理有关手续，登记备案，领取《加工贸易登记手册》，并分别从企业主管海关和保税仓库主管海关办理提货手续。

项目小结 XIANGMU XIAOJIE

通过本项目的学习，了解货物仓储的种类，仓储合同的主要内容，保税仓库的仓储对象、功能，经营保税仓库和设立保税仓库的条件。掌握仓储合同的概念、法律特征，仓储合同当事人的权利义务，仓单的主要内容以及保税货物出库入库的规定。掌握保管合同的概念、法律特征，掌握保管合同当事人的权利义务；理解仓单的法律性质，仓单转让的注意事项，以及海关对保税仓库及所存货物的监管。理解仓储合同与保管合同的联系与区别。

能力测评 NANGLI CEPING

一、判断题

1. 在仓储合同中，仓单持有人提前提取仓储物的，应当减收仓储费。　　　（　　）
2. 自营仓储公司能够提供专业化、高效、经济和准确的分销服务和配送服务。自营仓储

不同于一般的公共仓储，它是公共仓储发展的一个趋势。 （　　）

3．仓储企业通过一系列仓库内活动，如分拣、包装、流通加工等，使物品价值增加的功能，即为仓储企业的生产功能。 （　　）

4．在保管合同中，除当事人另有约定外，保管人不得将保管物转交第三人保管。

（　　）

5．甲粮油公司向乙粮库存放 5 吨大米，乙粮库未及时验收。但入库后发现该批大米不足 5 吨，此时乙粮库应及时通知甲粮油公司核实，以便分清责任。 （　　）

6．当仓储合同约定的标准与仓单上所记载的标准不一致时，一般以仓储合同约定的标准为准。 （　　）

7．保管合同原则上为实践合同、无偿合同。 （　　）

8．仓单的转让或出质，必须符合一定的法律形式。即仓单可以通过背书转让或者出质。

（　　）

9．保税仓库按照使用对象不同可分为公用型保税仓库、自用型保税仓库。 （　　）

10．保税仓储货物，未经海关批准，可以出售、转让、抵押、质押、留置、移作他用或者进行其他处置。 （　　）

二、单选题

1．设立保税仓库的注册资本最低限额为（　　）人民币。
   A．300 万元　　　　B．500 万元　　　　C．1000 万元　　　　D．5000 万元

2．经营备料保税仓库的加工贸易企业，年出口额最低为（　　）美元。
   A．300 万元　　　　B．500 万元　　　　C．1000 万元　　　　D．5000 万元

3．贾某因装修房屋，把一批古书交由朋友王某代为保管，王某将古书置于床下。一日王某楼上住户家水管被冻裂，水流至王某家，致贾某的古书严重受损。下列说法正确的是（　　）。
   A．王某具有过失，应负全部赔偿责任
   B．王某具有过失，应给予适当赔偿
   C．对王某而言属不可抗力，王某不应赔偿
   D．王某系无偿保管且无重大过失，不应赔偿

4．甲欲将一部分货物寄存在乙处，为此向吴律师咨询。根据我国《合同法》的规定，吴律师的以下意见不正确的是（　　）。
   A．甲在签订保管合同后交付货物前解除合同的，不承担违约责任
   B．甲、乙双方没有约定保管费，乙有权按交易习惯请求甲支付
   C．乙可以根据情况改变保管场所或方法
   D．在有第三人对甲寄存的货物主张权利时，除了依法对保管物采取保全或执行的以外，乙还应当履行向甲返还寄存的货物的义务

5．保税仓储货物存储期限为（　　）。确有正当理由的，经海关同意可予以延期。
   A．3 个月　　　　B．6 个月　　　　C．1 年　　　　D．2 年

6．保管合同寄存人的义务主要有（　　）。
   A．保管义务
   B．支付报酬义务
   C．按照合同约定及时交付仓储物的义务

D. 交付保管凭证的义务

7. 保管合同中，保管凭证的给付是（　　　）。

A. 保管合同的成立要件

B. 保管合同关系存在的凭证

C. 保管合同的书面形式

D. 保管合同的书面形式和保管合同关系存在的凭证

8. 仓储合同成立后，（　　　）。

A. 保管人负给付义务　　　　　　　B. 存货人负给付义务

C. 保管人和存货人均不负给付义务　　D. 保管人和存货人互负给付义务

9. 公用保税仓库的面积，最低要求为（　　　）平方米。

A. 500　　　　　　B. 600　　　　　　C. 1000　　　　　　D. 2000

10. 如果保管合同规定有返还期限，（　　　）。

A. 保管人可以在期限届满前随时返还

B. 寄存人可以在期限届满前随时要求返还

C. 保管人因阻碍事由可以提前返还

D. 保管人和寄存人均不能在期限届满前随时要求返还

三、多选题

1. （　　　）属于仓单的性质。

A. 背书证券　　　B. 不要式证券　　　C. 不记名证券

D. 换取证券　　　E. 文义证券

2. （　　　）属于保管人的权利。

A. 有权要求存货人按合同约定交付货物

B. 有权对入库货物进行验收时，要求存货人配合并提供验收资料

C. 有权提存存货人逾期未提取的货物

D. 有权对变质或有损坏的货物进行处置

E. 有权要求客户按约定支付仓储费和其他费用

3. （　　　），当事人可以解除仓储合同。

A. 因不可抗力使不能实现合同目的的

B. 当事人一方迟延履行主要债务（义务），经催告后在合理期限内仍未履行的

C. 在履行期限届满之前，当事人一方明确表示或者以自己的行为表明不履行主要债务（义务）的

D. 当事人一方迟延履行债务（义务）或者有其他违约行为致使不能实现合同目的的

E. 法律规定的其他情形

4. 保税仓库按照使用对象不同可分为（　　　）。

A. 公用型保税仓库　　　　　　　　B. 自用型保税仓库

C. 专用型保税仓库　　　　　　　　D. 备料保税仓库

E. 危险品保税仓库

5. 下列货物中，经过海关批准后可以存入保税仓库的是（　　　）。

A. 加工贸易进口货物

B. 转口货物

C. 供维修外国产品所进口寄售的零配件

D. 外商暂存货物

E. 未办结海关手续的一般贸易货物

四、表述题

1. 简述仓储合同的特征。

2. 简述仓储合同与一般保管合同的联系和区别。

3. 简述仓单的内容。

五、案例分析题

1. 某市金属材料公司与某建筑公司签订买卖螺纹钢合同，其中约定：由金属材料公司卖给建筑公司上海宝钢产螺纹钢 5 万吨，总价款 5000 万元；建筑公司于同年 5 月 20 日前支付价款 4000 万元；货款进金属材料公司账户后，金属材料公司将储存于某物资仓库的宝钢产螺纹钢 5 万吨的仓单交付给建筑公司，由建筑公司持单到该物资仓库提货；自收到仓单后的 10 日内，由建筑公司向金属材料公司付清余款。

同年 5 月 18 日，建筑公司依约向金属材料公司支付货款 4000 万元，并于次日进到金属材料公司的账户。但金属材料公司要求建筑公司再付货款 500 万元，因双方未能协商一致，金属材料公司拒绝向建筑公司交付 5 万吨螺纹钢的仓单。建筑公司遂向法院提起诉讼，请求判决金属材料公司立即交付储存于物资仓库的 5 万吨上海宝钢产螺纹钢仓单，并承担逾期交付仓单的违约责任。

问题：

金属材料公司应否立即向建筑公司交付仓单？

2. 某储运公司与某食品加工厂签订了食品原料仓储合同，约定由储运公司储存食品加工厂的生产原料。在合同履行期间食品厂发现从仓库提取的原材料有变质现象，致使食品厂生产原料供应不上，影响了生产。经查，仓库的通风设备发生故障，因不能按时通风导致食品原料变质。

问题：

（1）储运公司提供的仓储属于哪种类型的仓储？为什么？

（2）造成的损失由谁承担？为什么？

（3）请界定责任承担方赔偿损失的范围。

项目四

>>> 装卸搬运及配送法律规范

知识体系

项目四	装卸搬运及配送法律规范	本项目首先介绍装卸搬运的概念、特点及相关法律体系，然后重点介绍港站货物作业合同的内容、当事人的权利义务内容，道路、铁路、集装箱装卸搬运的相关法律规定，最后介绍配送的概念、分类及配送合同的内容和当事人的权利义务内容
第一节	装卸搬运及装卸搬运法概述	装卸与搬运密不可分，两者是伴随在一起发生的。我国没有单独的装卸搬运方面的法规，调整这一部分的法规广泛分布在与规范装卸搬运有关活动的法律法规中
第二节	道路、铁路搬运装卸法律规范	本节主要介绍道路和铁路搬运装卸作业的注意事项，以及相关法律规范中有关搬运装卸作业的内容
第三节	集装箱搬运装卸的特殊规定	本节主要介绍集装箱搬运装卸中不同当事人的权利义务，以及在《集装箱汽车运输管理规则》、《铁路集装箱运输管理规则》、《国内水路集装货物运输规则》中有关集装箱装卸搬运的法律规定
第四节	港站货物作业合同	本节首先介绍港站货物作业合同的概念、特征，然后重点介绍港站货物作业合同的订立、内容、作业委托人和港站经营人的权利义务以及索赔与诉讼
第五节	配送及配送法概述	本节主要介绍配送的概念、特点、分类，配送中心以及配送的相关法律规定
第六节	货物配送合同	本节首先介绍了配送合同的概念、特征、类型，然后重点介绍了配送合同的内容及当事人的权利义务内容

知识目标

能够解释港站经营人、港口货物作业合同的订立；描述物流企业在装卸搬运作业中的权利和义务；识别集装箱装卸搬运作业的特殊规定。

能力目标

能够进行装卸搬运的操作；具有按规定进行装卸搬运的能力；了解物流企业在港口、铁路、公路装卸搬运作业中的权利和义务。

素质目标

遵守有关货物装卸搬运的法律规范，使装卸搬运作业规范化；能够运用相关法律知识妥善解决装卸搬运作业中出现的问题。

关键概念

装卸搬运　港站作业合同　配送　配送中心　配送合同

导入案例

吉祥公司（以下称用户）与顺风货物配送中心（以下称配送人）订有销售配送合同，合同约定由配送人组织进货，并按用户的要求对货物进行拣选、加工、包装、分割、组配等作业后，在指定的时间送至用户指定地点，用户支付配送费。在合同履行过程中，先后出现了以下情况：7月10日，用户检查配送货物，发现了漏送事件；9月10日，用户接收货物后第五天发现包装货物不符合合同要求，属于次品。

漏送事件应该由配送企业承担责任，配送企业有义务承担按照合同约定的时间配送货物的义务。包装货物不符合合同约定造成的损失也应该由配送企业承担责任，因为配送企业负责包装，对于由其原因引起的货损承担责任。

第一节　装卸搬运及装卸搬运法概述

一、货物装卸搬运概述

1. 装卸搬运的概念

装卸是指在同一地域范围内（如车站范围、工厂范围、工厂内部等）改变"物"的存放、支承状态的活动；搬运是指改变"物"的空间位置的活动。在实际工作中，装卸与搬运密不可分，两者是伴随在一起发生的。装卸搬运是衔接运输、保管、包装、流通加工、配送等各个物流环节必不可少的活动，从原材料供应到商品送至消费者手里，乃至废弃物回收、再生利用等整个循环过程中，装卸搬运出现的频度最多、作业技巧最复杂、科技含量最高、时间和空间移动最短，但费用比例最大。

2. 装卸搬运的特点

装卸搬运具有如下几个特点。

（1）装卸搬运是附属性、伴生性的活动。装卸搬运是物流每一项活动开始及结束时必然发生的活动，因而有时常被人忽视，有时被看作其他操作时不可缺少的组成部分。

（2）装卸搬运是支持、保障性的活动。装卸搬运的附属性不能理解成被动的，实际上，装卸搬运对其他物流活动有一定决定性。装卸搬运会影响其他物流活动的质量和速度，如装车不当，会引起运输过程中的损失；卸放不当，会引起货物转换成下一步运动的困难。

（3）装卸搬运是衔接性的活动。在任何其他物流活动互相过渡时都是以装卸搬运来衔接的，因而，装卸搬运往往成为整个物流"瓶颈"，是物流各功能之间能否形成有机联系和紧密衔接的关键，而这又是一个系统的关键。建立一个有效的物流系统，关键看这一衔接是否有效。

二、货物装卸搬运法概述

装卸搬运作为物流所提供的服务之一，是现代物流的重要组成部分。我国没有单独的装卸搬运方面的法规，调整这一部分的法规广泛分布在与规范装卸搬运有关活动的法律法规中。

1. 港站港口装卸搬运有关的法律法规

由于装卸搬运与运输仓储配送活动密切相关，受《民法通则》、《海商法》、《中华人民共和国航空法》、《合同法》、《港口货物作业规则》、《铁路货物运输管理规则》、《汽车货物运输规则》、《国内水路货物运输规则》、《水路危险物运输规则》、《危险化学品安全管理条例》等法规有关条款的约束。国际公约和国际惯例有《联合国国际贸易运输港站经营人赔偿责任公约》、《国际海协劳工组织装箱准则》、《联合国国际货物多式联运公约》。

2. 铁路装卸搬运有关的法律法规

铁路装卸搬运应遵守《中华人民共和国铁路法》（以下简称《铁路法》）中与货物作业有关的铁路装卸作业标准，《铁路货物运输管理规则》、《铁路装卸作业安全技术管理规则》、《集装箱在铁路上装卸和拴固规定》、《铁路车站集装箱货运作业标准》等的相关规定。

3. 公路装卸搬运有关的法律法规

汽车运输的货物在场站进行搬运和装卸应按《汽车货物运输规则》、《汽车危险货物运输装卸作业规程》进行。

三、港口货物作业合同概述

（一）港口货物作业合同的概念

港口货物作业合同是指港口经营人在港口对水路运输货物进行装卸、驳运、储存、装拆集装箱等作业，作业委托人支付作业费用的合同。港口经营人是指与作业委托人订立作业合同的人。作业委托人是指与港口经营人订立作业合同的人。货物接收人是指作业合同中，由作业委托人指定的从港口经营人处接收货物的人。

（二）港口货物作业合同的订立原则

（1）作业合同应当按照公平的原则订立。

（2）指令性水路运输货物的港口作业，有关当事人应当依照有关法律、行政法规规定的权利和义务订立作业合同。

（3）当事人可以根据需要订立单次作业合同和长期作业合同。

四、港口作业合同的主要内容和形式

1. 港口作业合同的主要内容

根据《港口货物作业规则》的规定，港口货物作业合同的主要内容包括以下几项。

（1）作业委托人、港口经营人和货物接收人名称。

（2）作业项目。

（3）货物名称、件数、重量、体积（长、宽、高）。

（4）作业费用及其结算方式。

（5）货物交接的地点和时间。

（6）包装方式。

（7）识别标志。

（8）船名、航次。

（9）起运港（站、点）和到达港（站、点）。

（10）违约责任。

（11）解决争议的方法。

以上的合同条款并不是每个作业合同都必须订立的条款。根据合同的规定，除合同成立所必需的条款外，缺少其他的条款并不会影响合同的效力。

2. 港口作业合同的形式

港口货物作业合同可以采用口头形式、书面形式或其他方式。虽然《港口货物作业规则》规定可以采用口头的方式订立合同，但是由于口头合同在操作上不便，在实践中应尽量避免，以防止遭受不必要的损失或者产生不必要的纠纷。

采用合同书形式订立作业合同的，自双方当事人签字或者盖章时合同成立；采用信件、数据电文等形式订立合同的，可以在合同成立之前要求签订确认书，签订确认书时合同成立；采用合同书形式订立合同，在签字或者盖章之前，当事人一方已经履行主要义务，对方接受的，该合同成立。

五、物流企业在港口装卸搬运作业中的权利和义务

1. 自行进行港口作业的物流企业应承担的义务

（1）按照作业合同的约定，根据作业货物的性质和形态，配备适合的机械、设备、工具、库场，并使之处于良好的状态。

（2）在单元滚装滚卸作业中，物流企业应当提供适合滚装运输单元候船待运的停泊场所、上下船舶和进出港的专用通道；保证作业场所的有关标志齐全、清晰，照明良好；配备符合规范的运输单元司承人员及旅客的候船场所。旅客与运输单元上下船和进出港的通道应当分开。

（3）按照合同的要求进行装卸搬运作业。

2. 物流企业委托他人进行港口装卸搬运作业时应承担的义务

（1）及时办理港口装卸搬运作业所需的各种手续，因办理各项手续和有关单证不及时、不完备或者不正确，造成港口经营人工作时间延误或其他损失的，物流企业应当承担赔偿责任。

（2）对有特殊装卸搬运要求的货物，应当与港口经营人约定货物装卸搬运的特殊方式和条件。

（3）以件为单位进行装卸搬运的货物，港口经营人验收货物时，发现货物的实际重量或者体积与物流企业申报的重量或者体积不符时，物流企业应当按照实际重量或者体积支付费用并向港口经营人支付超重等费用。

（4）对危险货物的装卸搬运作业，物流企业应当按照有关危险货物运输的规定妥善包装，制作危险品标志和标签，并将其正式名称和危害性质以及必要时应当采取的预防措施书面通知港口经营人。未按规定通知港口经营人或者通知有误的，港口经营人可以在任何时间、任何地点根据情况需要停止装卸搬运作业、销毁货物或者使之不能为害，而不承担赔偿责任。物流企业对港口经营人经营此类货物所受到的损失，应当承担赔偿责任。

作业合同约定港口经营人从第三方接受货物进行装卸搬运作业的，物流企业应当保证第三方按照作业合同的约定交付货物。

第二节　道路、铁路搬运装卸法律规范

一、道路搬运装卸作业概述

在道路运输业务中，可在货物运输合同中约定货物搬运装卸由承运人或托运人承担。承运人或托运人承担货物搬运装卸后，委托站场经营人、搬运装卸经营者进行货物搬运装卸作业的，应签订货物搬运装卸合同。

搬运装卸经营者及其工作人员的行为应符合以下要求。

（1）对车厢进行清扫，发现车辆、容器、设备不适合装货要求的，应立即通知承运人或托运人。

（2）搬运装卸作业应当轻装轻卸，堆码整齐；清点数量；防止混杂、撒漏、破损；严禁有毒、易污染物品与食品混装，危险货物与普通货物混装。

（3）对性质不相抵触的货物，可以拼装、分卸。

（4）搬运装卸过程中，发现货物包装破损，搬运装卸人员应及时通知托运人或承运人，并做好记录。

（5）搬运装卸危险货物，按交通部《汽车危险货物运输、装卸作业规程》的规定进行作业。

（6）搬运装卸作业完成后，货物需绑扎苫盖篷布的，搬运装卸人员必须将篷布苫盖严密并绑扎牢固；由承、托运人或委托站场经营人、搬运装卸人员编制有关清单，做好交接记录；并按有关规定施加封志和外贴有关标志。

货物在搬运装卸中，承运人应当认真核对装车的货物名称、重量、件数是否与运单上记载的相符，包装是否完好。包装轻度破损，托运人坚持要装车起运的，应征得承运人的同意，承托双方需做好记录并签章后，方可运输，由此而产生的损失由托运人负责。

（7）承运、托运双方应履行交接手续。包装货物采取件交件收；集装箱重箱及其他施封的货物凭封志交接；散装货物原则上要磅交磅收或采用承、托双方协商的交接方式交接。交接后双方应在有关单证上签字。

二、道路搬运装卸法律规范

道路搬运装卸法规所涉及的法规，在法律层面上包括《民法通则》、《公路法》；在部门规章的层面中包括交通部颁布的《公路货物运输合同实施细则》、《汽车货物运输规则》等一系列法规。

（一）《公路货物运输合同实施细则》中有关货物搬运装卸的规定

交通部在《公路货物运输合同实施细则》的第四章中规定了公路搬运装卸所应该遵守的规则，从规定上看公路搬运装卸与铁路搬运装卸有很多相似之处。搬运装卸作业有关的法律适用同港口搬运装卸的法律适用的原则相同。自行进行公路搬运装卸作业的物流企业和委托他人进行公路搬运装卸作业的物流企业的权利和义务是不同的。

1. 自行进行公路搬运装卸作业的物流企业的权利和义务

（1）应对车厢进行清扫，保证车辆、容器、设备适合装卸货的要求。

（2）搬运装卸作业应当轻装轻卸，堆码整齐；清点数量；防止混杂、撒漏、破损；严禁有毒、易污染物品与食品混装，危险货物与普通货物混装。

（3）对性质不相抵触的货物，可以拼装、分卸。

（4）搬运装卸危险货物，按交通部《汽车危险货物运输、装卸作业规程》的规定进行作业。

（5）搬运装卸作业完成后，货物需捆扎苫盖篷布的，搬运装卸人员必须将篷布苫盖严密并绑扎牢固，编制有关清单，做好交接记录，并按有关规定施加封志和外贴等有关标志。

（6）应当认真核对装车的货物名称、重量、件数是否与运单上记载的相符，包装是否完好。

2. 委托他人进行公路搬运装卸作业的物流企业的权利和义务

（1）及时办理检验、检疫、公安和其他货物运输及公路搬运装卸作业所需的各种手续。

（2）按照合同提供约定的货物。合同约定搬运装卸作业人从第三方接收货物进行作业的，物流企业应当保证第三方按照作业合同的约定交付货物。

（3）按照合同支付费用。

（二）《汽车货物运输规则》中有关货物搬运装卸的规定

（1）货物搬运装卸由承运人或托运人承担，可在货物运输合同中约定。

承运人或托运人承担货物搬运装卸后，委托站场经营人、搬运装卸经营者进行货物搬运装卸作业的，应签订货物搬运装卸合同。

（2）搬运装卸人员应对车厢进行清扫，发现车辆、容器、设备不适合装货要求，应立即通知承运人或托运人。

（3）搬运装卸作业应当轻装轻卸，堆码整齐；清点数量；防止混杂、撒漏、破损；严禁有毒、易污染物品与食品混装，危险货物与普通货物混装。

（4）对性质不相抵触的货物，可以拼装、分卸。

（5）搬运装卸过程中，发现货物包装破损，搬运装卸人员应及时通知托运人或承运人，并做好记录。

（6）搬运装卸危险货物，按交通部《汽车危险货物运输、装卸作业规程》的规定进行作业。

（7）搬运装卸作业完成后，货物需绑扎苫盖篷布的，搬运装卸人员必须将篷布苫盖严密并绑扎牢固；由承、托运人或委托站场经营人、搬运装卸人员编制有关清单，做好交接记录；并按有关规定施加封志和外贴有关标志。

三、铁路搬运装卸作业概述

（一）装车搬运作业的规定

根据《铁路货物运输管理规则》的规定，铁路组织装车时，车站应遵守以下规定。

1. 装车前的规定

装车前，认真检查货车的车体（包括透光检查）、车门、车窗、盖、阀是否完整良好，有无扣修通知、色票、货车洗刷回送标签或通行限制，车内是否干净、是否被毒物污染。装载食品、药品、活动物或有押运人乘坐时，还应检查车内有无恶臭异味。要认真核对待装货物品名、件数，检查标志、标签和货物状态。对集装箱还应检查箱体、箱号和封印。

2. 装车时的规定

装车时，要做到不错装、不漏装，巧装满载，防止偏载、超载、集重、亏吨、倒塌、坠落和超限。对易磨损货件应采取防磨措施，怕湿和易燃货物应采取防湿或防火措施。装车过程中，要严格按照《铁路装卸作业安全技术管理规则》的有关规定办理，对货物装载数量和质量要进行检查。

对以敞、平车装载的需要加固的货物，轻浮货物和以平车装载的成件货物，车站应制定定型装载和加固方案，按方案装车。装载散堆装货物，货物顶面应予平整。对自轮运转的货物、无包装的机械货物，车站应要求托运人将货物的活动部位予以固定，以防止脱落或侵入限界。

3. 装车后的规定

装车后，认真检查车门、车窗、盖、阀关闭状态和装载加固情况。需要填制货车装载清单的，应按规定填制。需要施封的货车，按规定施封，并用直径 3.2 毫米（10 号）的铁线将车门门鼻拧紧。需要插放货车标示牌的货车，应按规定插放。对装载货物的敞车，要检查车门插销、底开门搭扣和篷布苫盖、捆绑情况。篷布不得遮盖车号和货车标示牌。篷布绳索捆绑，不得妨碍车辆手闸和提钩杆。两篷布间的搭头应不小于 500 毫米。绳索、加固铁线的余尾长度应不超过 300 毫米。装载超限、超长、集重货物，应按批准的装载方案检查装载加固情况。对超限货物，还应对照铁路局、分局批准的装载方案，核对装车后尺寸。

（二）卸车搬运作业的规定

1. 卸车前的规定

卸车前，认真检查车辆、篷布苫盖、货物装载状态有无异状，施封是否完好。卸车时，根据货物运单清点件数，核对标记，检查货物状态。对集装箱货物应检查箱体，核对箱号和封印。严格按照《铁路装卸作业技术管理规则》及有关规定作业，合理使用货位，按规定堆码货物。发现货物有异状，要及时按章处理。

2. 卸车后的规定

卸车后，应将车辆清扫干净，关好车门、车窗、阀、盖，检查卸后货物安全距离，清理好线路，将篷布按规定折叠整齐，送到指定地点存放。对托运人自备的货车装备物品和加固材料，应妥善保管。

卸下的货物登记"卸货簿"、"集装箱到发登记簿"或具有相同内容的卸货卡片、集装箱号卡片。在货票丁联左下角记明日期，并加盖卸车日期戳。

四、铁路搬运装卸法律规范

与其他物流环节涉及的法规相同，铁路搬运装卸法规也散布在各个法规中。在法律层次上，《民法通则》、《铁路法》、《合同法》中的许多规定都适用于铁路搬运装卸。在部门规章中，铁道部颁布了《铁路货物运输管理规则》、《铁路装卸作业安全技术管理规则》。

（一）《铁路装卸作业安全技术管理规则》的相关规定

在《铁路装卸作业安全技术管理规则》的第四章专门规定了装车和卸车，在《铁路装卸作业安全技术管理规则》中规定了铁路搬运装卸中应该遵守的技术标准。除此之外还存在着各种国家标准，如《铁路装卸作业标准》等。与铁路搬运装卸作业有关的法律适用与港口搬运装卸的法律适用的原则是相同的。物流企业在铁路搬运装卸中的权利和义务和委托他人进行铁路搬运装卸作业时的权利和义务是不同的。

1. 自行进行铁路搬运装卸作业的物流企业的权利和义务

（1）装车前，应该认真检查车体（包括透光检查）、车门、车窗、盖阀是否完整良好。

（2）认真核对待装货物品名、件数，检查标志、标签和货物状态；对集装箱还应检查箱内装载情况，检查箱体、箱号和封印。

（3）装车后，认真检查车门、车窗、盖、阀关闭及拧固和装载加固情况；需要填制货车装载清单及标画示意图的，应按规定填制；需要施封的货车，按规定施封；对装载货物的敞车，要检查车门插销、底开门搭扣和篷布苫盖、捆绑情况；装载超限、超长、集重货物，应按装载加固型方案或批准的装载加固方案检查装载加固情况。

（4）货物装车或卸车，应在保证货物安全的条件下，积极组织快装、快卸，昼夜不间断地作业，以缩短货车停留时间，加速货物运输。

（5）等待装车或者从机车上卸下的货物存放在装卸场所内时，应距离货物线钢轨外侧1.5米以上，并应堆放整齐、稳固。

2. 委托他人进行铁路搬运装卸作业的物流企业的权利和义务

（1）及时办理检验、检疫、公安和其他铁路搬运装卸作业所需的各种手续。

（2）按照合同提供约定的货物。合同约定铁路搬运装卸作业人从第三方接收货物进行搬运装卸作业的，物流企业应当保证第三方按照作业合同的约定交付货物。

（3）按照合同支付相应的费用。

（二）《铁路货物运输管理规则》对货场作业及装卸车的规定

装运货物要合理使用货车，车种要适合货种，除规定必须使用和应使用棚车装运的货物外，对怕湿或易于被盗、丢失的货物，也应使用棚车装运。发生车种代用时，应按《铁路货物运输管理规则》的要求报批，批准代用的命令号码要记载在货物运单和货票"记事"栏内；装车时，应采取保证货物安全的相应措施。毒品专用车和危险品专用车不得用于装运普通货物。《铁路货物运输管理规则》对装车前、装车时、装车后、卸车前、卸车后的业务行为、注意事项做了详细的规定，为铁路货物的货场作业和装卸车提供了依据。

第三节　集装箱搬运装卸的特殊规定

一、集装箱搬运装卸概述

（一）集装箱码头搬运装卸的概念

集装箱码头搬运装卸作业是指集装箱船舶装卸以及集装箱船舶装卸作业前和所进行的一系列作业，主要包括集装箱装卸船作业、堆场作业、货运站作业。集装箱装卸船作业是指将集装箱装上、卸下船舶的作业；堆场作业是指对集装箱在堆场内进行搬运、装卸等的作业；货运站作业是指集中、分散集装箱的业务。

（二）集装箱搬运装卸的方式

集装箱在港口的搬运装卸方式按装卸工艺分为吊装和滚装两种方式。前者称为"垂直作业方式"，即岸边采用起重机用吊上吊下的方式来装（卸）船上集装箱。后者又称"水平作业方式"，即采用牵引车拖带挂车（底盘车）或叉车等流动搬运机械，直接驶入滚装船内装卸集装箱。

（1）吊装方式。

在专用集装箱码头前沿一般都配备岸边集装箱起重机械进行船舶的集装箱装卸作业。集装箱吊装方式按货场上使用的机械类型可分为跨车方式、轮胎式龙门起重机方式、轨道式龙门起重机方式和底盘车方式。

（2）滚装方式。

滚装方式是将集装箱放置在底盘车（挂车）上，由牵引车拖带挂车通过与船艏门、艉门或舷门铰接的跳板，进入船舱，牵引车与挂车脱钩卸货实现装船。或者将集装箱直接码放在船舱内，船舶到港后，采用叉车和牵引列车驶入船舱，用叉车把集装箱放在挂车上，牵引列车拖带到码头货场，或者仅用叉车通过跳板装卸集装箱。

二、物流企业在集装箱搬运装卸作业中的权利和义务

与普通港口搬运装卸相比较，物流企业在集装箱码头搬运装卸中有一些特殊的权利和义务。

（1）应使装卸机械及工具、集装箱场站设施处于良好的技术状况，确保集装箱装卸、运

输和堆放安全。

（2）物流企业在装卸过程中应做到：稳起稳落、定位放箱，不得拖拉、甩关、碰撞；起吊集装箱要使用吊具，使用吊钩起吊时，必须四角同时起吊，起吊后，每条吊索与箱顶的水平夹角应大于45度；随时关好箱门。

（3）物流企业如发现集装箱货物有碍装卸运输作业安全时，应采取必要的处置措施。

三、委托他人进行集装箱搬运装卸的物流企业承担的义务

（1）物流企业委托他人进行港口集装箱搬运装卸作业应填制"港口集装箱作业委托单"。

（2）物流企业委托他人进行港口集装箱搬运装卸作业过程中应保证货物的品名、性质、数量、重量、体积、包装、规格与委托作业单记载的相符。委托作业的集装箱货物必须符合集装箱装卸运输的要求，标志应当明显、清楚。由于申报不实给港口经营人造成损失的，物流企业应当负责赔偿。

四、物流企业在集装箱货物的装卸作业中的权利和义务

集装箱货物的装卸作业是指按照一定的工艺要求，将货物装上、卸下集装箱的作业。在集装箱码头的搬运作业过程中，有很大一部分业务都会涉及对货物的拼箱和装箱，所以集装箱货物的装卸作业是集装箱码头搬运装卸作业的重要组成部分。集装箱中的货物由装箱到拆箱，要经过运输过程。在这个过程中会产生震荡、颠簸摇晃。因此，虽然集装箱是坚固的，但内部的货物可能由于以上原因而损坏。因此，集装箱中的货物的正确积载就十分重要，对此，物流企业应继续承担相应的义务，以保证货物安全。

1. 装载货物的集装箱应具备的条件

（1）集装箱应符合国家标准化组织的标准。

（2）集装箱四柱、六面、八角完好无损。

（3）集装箱各焊接部位牢固。

（4）集装箱内部清洁、干燥、无味、无尘；集装箱不漏水、不漏光。

2. 在货物进行装箱之前应该做的检查

（1）外部检查，对集装箱进行六面查看，查看外部是否有损伤、变形、破口等异常现象，如果发现这些现象应该及时进行维修。

（2）内部检查，对集装箱的内侧进行查看，查看是否漏水、漏光，是否有污点、水迹等；箱门检查，查看箱门是否完好，是否能够270度开启。

（3）查看集装箱是否清洁。

（4）查看集装箱的附属件，检查附属件是否齐备，是否处于正常工作状态。

3. 对集装箱货物进行积载时，一般应该满足的要求

（1）集装箱内所载的货物不能超过集装箱所能承受的最大重量。

（2）根据货物的性质、体积、重量、包装强度的不同安排积载。

（3）集装箱内应当均匀分布重量；根据货物包装的强度决定堆码的层数。

（4）注意不同货物的物理及化学性能，避免发生污染和串味。

五、道路集装箱运输管理规则的相关规定

我国目前还没有专门的道路集装箱运输管理规则，但由交通部出台了《集装箱汽车运输管理规则》，该规则是依据国家有关法律、法规和《汽车货物运输规则》制定的，是为了明确承运人与托运人及其他有关方的权利、义务和责任界限，维护正常的运输秩序和运输合同当事人的合法权益。

集装箱汽车运输是指采用汽车承运装货集装箱或空箱的过程。主要运输形式有港口码头、铁路车站集装箱的集疏运输或门到门运输和公路直达集装箱运输。承运人是指从事营业性集装箱汽车运输、装卸及代办相关业务并与托运人订立运输合同的人。托运人是指委托承运人运输集装箱货物或集装箱并与承运人订立运输合同的人。收货人是指集装箱运输合同中指定提取货物的人。场站作业人是指在集装箱中转站、货运站从事集装箱、集装箱货物装卸、堆存、仓储业务的人。场站作业人可以是承运人。装拆箱作业人是指受托运人、收货人或承运人、场站作业人委托进行集装箱货物装箱、拆箱业务的人。装拆箱作业人可以是承运人、托运人或场站作业人。

《集装箱汽车运输管理规则》中的相关规定如下。

（1）托运人托运集装箱货物或集装箱，应按以下要求填写运单。

① 一张运单托运的集装箱货物或集装箱，必须是同一托运人、收货人、起运地。

② 托运拼箱货物要写明具体品名、件数、重量；托运整箱货物除要写具体品名、件数、重量外，还要写明集装箱箱型、箱号和封志号，并注明空箱提取和交还地点。

③ 易腐、易碎、易溢漏的货物、危险货物不能与普通货物及性质相互抵触的货物用一张运单托运。

④ 托运的整箱货物，应注明船名、航次、场站货位、箱位，并提交货物装箱单。

⑤ 托运人要求自理装拆集装箱或自理装卸集装箱时，经承运人确认后，在运单内注明。

⑥ 托运需经海关查验或商品检验、卫生防疫、动植物检验的集装箱时，应连同检验地点在运单中注明。

⑦ 应使用钢笔或圆珠笔填写，字迹清楚，内容准确。

⑧ 已填妥的运单，如有更改，必须在更改处签字盖章。

（2）托运集装箱货物的品名、件数、重量、集装箱箱型、箱号、封志号等，应与运单记载的内容相符。

（3）托运的普通集装箱货物中，不得夹带危险货物、易腐货物、流质货物、贵重物品、货币、有价证券等物品。

（4）按照国家有关部门规定需办理准运证明文件和检验证明文件的货物，托运人托运时应将有关文件提交承运人检查核对，如需随货同行或委托承运人向收货人代递时，应在运单中注明文件名称及份数。

（5）托运需要具备运输包装的货物，应按照国家规定的标准进行包装，对没有统一标准和要求的，应在保证运输、装卸作业安全和货物质量的原则下进行包装。

（6）托运人不自理集装箱装卸作业，要办理在港站或其他场所的集装箱装卸作业申请，并在运单中注明。

（7）托运特种集装箱货物，托运人应按以下要求，在运单中注明运输条件和特约事项。

① 托运冷藏保温集装箱，托运人应提供冷藏保温集装箱货物的装箱温度和在一定时间内的保持温度。

② 托运鲜活货物集装箱，应提供最长运输期限及途中管理、照料事宜的说明书，货物允许的最长运输期限应大于汽车运输能够达到的期限。

③ 托运危险货物集装箱，应按《汽车危险货物运输规则》办理。

六、《铁路集装箱运输管理规则》中的相关规定

（1）集装箱应固定作业场地，要求硬面平整、排水通畅，须与笨重货物分开堆放。应根据保证货物安全、便利货运作业和机械作业等条件，固定集装箱在场地的堆放方式，做到集装箱分类分区堆放。场地内的集装箱必须关闭箱门，码放整齐。

（2）集装箱装卸和搬运时，应稳起轻放，防止冲撞。5 吨以上集装箱应使用集装箱吊具，双层码放时，应对齐角件。

（3）集装箱发生破损（插破口、撞破口、箱体和箱门变形、箱门丢失）事故时，应编制集装箱破损记录，责任按下列原则划分。

① 装车站的装车工组在装车时应检查箱体外状，发现破损通知装车货运员，责任列装车站货运。

② 卸车站的卸车工组在卸车时应检查箱体外状，发现破损通知卸车货运员。除能判明属于行车事故和偷盗造成的破损外，责任列装车站装卸。卸车作业中发生的破损，责任列卸车站装卸。

③ 货场堆放的集装箱发生破损，除能判明责任的外，责任列本站货运。

④ 进站的集装箱发现破损，应向送箱人索赔。

（4）集装箱装车和卸车时，应核对箱号，检查箱体和施封情况。

中转站发现中转集装箱施封锁（环）丢失、封印内容不符、施封失效时，应在当时清点箱内货物，补封并编制货运记录；但封印站名相符号码不符时，可不清点箱内货物和补封。发现中转集装箱破损，如不危及货物安全，可继续运送；如不能继续运送，应清点和检查箱内货物，进行换装，补封并编制货运记录。

到站卸车发现集装箱施封锁（环）丢失、封印内容不符、施封失效时，应在当时清点箱内货物并编制货运记录；发现集装箱破损可能危及货物安全时，应编制货运记录并会同收货人检查箱内货物。

（5）集装箱装车，应填制货车装载清单或集装箱货车装载清单（格式五），记明箱号（自备集装箱应有箱主代号）和对应的施封号。在货运票据封套品名栏内盖"×吨集装箱"戳记，在货物实际重量栏内填记箱数和全车集装箱总重。

七、《国内水路集装箱货物运输规则》中的相关规定

（1）承运人装运集装箱应做到：堆码平整，上层箱的底角件对准下层箱的顶角件；不得将集装箱堆放在其他货物和物体上；不得在箱顶上堆放货物；国标 5 吨重箱堆码不得超过 3 层；集装箱应加固。

（2）由于承运人的责任造成箱体损坏、封志破坏、箱内货物损坏、短缺，应负赔偿责任，另有规定者除外。承运人如发现集装箱货物有碍运输安全时，应采取必要处置措施，由此引

起的经济损失，由责任者负责赔偿。

（3）集装箱货物运抵卸货港卸船后，承运人应在 24 小时内向收货人发出到货通知。

第四节　港站货物作业合同

一、港站货物作业合同概述

1. 港站货物作业合同的概念

港站货物作业合同是指港站经营人在港站对运输货物进行装卸、驳运、储存、装拆集装箱等作业，作业委托人支付作业费用的合同。其中利用自己所支配的港站作业设施为他方提供港站作业劳务服务的当事人为港站经营人，接受这种服务并支付价款的一方为作业委托人。

2. 港站货物作业合同特征

（1）港站货物作业合同是以劳务为标的的合同。

港站货物作业合同是以港站货物作业劳务为标的，港站经营人提供作业劳务，作业委托人支付价款为基本内容的合同。对劳务的范围，不同的规则有不同的规定，但都是与货物有关的作业。与货物无关的服务，如货代、船代等属于海运辅运；给外轮提供淡水、加油等服务则属于港口服务。

（2）港站货物作业合同是无名合同。

所谓无名合同，是指法律尚未特别规定的合同。我国《合同法》并未对港站货物作业合同做出专门的规定，在适用法律时，由《合同法》总则进行调整，或比照《合同法》分则某些有名合同的具体规定进行适用。

（3）港站货物作业合同是双务、有偿合同。

港站货物作业合同中双方互享、互负义务，主要权利与义务之间形成对价关系。

（4）港站货物作业合同是诺成合同。

港站货物作业合同当事人双方一旦对合同主要条款形成合意，合同即告成立，不需要以劳务的做出为成立要件。

（5）港站货物作业合同为不要式合同。

港站货物作业合同并不强制要求采用某种形式订立或作为生效要件。

二、港站货物作业合同的订立和内容

1. 港站货物作业合同的订立

港站货物作业合同应当按照公平的原则订立，在双方当事人就合同的主要条款达成一致时，合同即告成立。在某些情况下，会有以代理人身份出现的货代的介入，代表船方或货方与港站经营人接洽订立港站货物作业合同事宜，一般来说，作业委托人仍为船、货方而非货代。当事人可以根据需要订立单次港站货物作业合同和港站货物长期作业合同。单次港站货物作业合同是指就某一特定批次货物订立的一次作业的合同。长期港站货物作业合同是指当事人约定在某一期间内对不同批次货物而签订的合同。随着物流业的发展，物流服务商与客户联系的稳定，长期港站货物作业合同将越来越多。

2. 港站货物作业合同的内容

港站货物作业合同一般包括以下条款：①作业委托人、港站经营人和货物接收人名称；②作业项目；③货物名称、件数、重量、体积（长、宽、高）；④作业费用及其结算方式；⑤货物交接的地点和时间；⑥包装方式；⑦识别标志；⑧运输工具名称、班次；⑨起运港（站、点）（以下简称起运港）和到达港（站、点）（以下简称到达港）；⑩违约责任；⑪解决争议的方法。其中①、②、③、④、⑤等项规定，是必须记载的，其余项目出于明确当事人权利义务，为当事人利益考虑，应该记载，但如没有记载，也不会导致合同无效。

三、作业委托人的权利和义务

（一）作业委托人的权利

1. 确定收货人及要求改变收货人的权利

作业委托人有权在合同中约定收货人。港站经营人将货物交付货物接收人之前，作业委托人可以要求港站经营人将货物交给其他货物接收人，但应当赔偿港站经营人因此受到的损失。

2. 办理保价作业的权利

货物发生损坏、灭失，港站经营人应当按照货物的声明价值进行赔偿，但港站经营人证明货物的实际价值低于声明价值的，按照货物的实际价值赔偿。

（二）作业委托人的义务

1. 办理及交付与货物有关的各种单证的义务

作业委托人应当及时办理港口、海关、检验、检疫、公安和其他货物运输和作业所需的各种手续，并将已办理各项手续的单证送交港站经营人。因作业委托人办理各项手续和有关单证不及时、不完备或者不正确，造成港站经营人损失的，作业委托人应当承担赔偿责任。

2. 按合同约定交付货物的义务

作业委托人向港站经营人交付的货物的名称、件数、重量、体积、包装方式、识别标志，应当与港站货物作业合同的约定相符。作业委托人未规定交付货物、进行声明造成港站经营人损失的，应当承担赔偿责任。对于有特殊保管要求的货物，作业委托人应当与港站经营人约定货物保管的特殊方式和条件。

3. 妥善包装的义务

需要具备运输包装的作业货物，作业委托人应当保证货物的包装符合国家规定的包装标准；没有包装标准的，应当在保证作业安全和货物质量的原则下进行包装。需要随附备用包装的货物，作业委托人应当提供足够数量的备用包装。对于危险货物应该按照规定妥善包装。

4. 危险货物通知的义务

对于危险货物应该在外包装上制作危险品标志和标签，并将其正式名称和危害性质以及必要时应当采取的预防措施书面通知港站经营人。

5. 承担由于货物原因给港站经营人带来的损失的义务

在港站经营人已经按照港站货物作业合同的约定接收货物，根据作业货物的性质和状态，配备适合的机械、设备、工具、库场的情况下，因货物的性质或者携带虫害等情况，需要对库场或者货物进行检疫、洗刷、熏蒸、消毒的，应当由作业委托人或者货物接收人负责，并承担有关费用。

6. 接收货物的义务

港站货物作业合同约定港站经营人将货物交付第三方的，作业委托人应当保证第三方按照港站货物作业合同的约定接收货物。作业委托人或者货物接收人应当在约定或者规定的期限内交付或者接收货物。

7. 支付作业费用及其他费用的义务

港站货物作业合同有约定的，作业费用的支付从约定，在没有约定的情况下，作业委托人应当预付作业费用。如果作业委托人不预付作业费用的，港站经营人有权提出后履行抗辩，要求作业委托人先予履行。

四、港站经营人的权利和义务

（一）港站经营人的权利

（1）拒绝对不符合包装要求的货物作业。

（2）处置对自身安全带来影响的危险物。

作业委托人对危险物作业事项通知有误或者港站经营人明知是危险物仍然同意作业而遭受了实际危险时，可以对危险物进行合理处置，并不承担相应损失。

（3）对作业货物转栈储存或者提存。

货物接收人未按照约定期限或在合理期限内接收货物的，港站经营人应当每10天催提一次，满30天货物接收人不提取或者找不到货物接收人，港站经营人应当通知作业委托人，作业委托人在港站经营人发出通知后30天内负责处理该批货物。作业委托人未在规定期限内处理货物的，港站经营人可以将货物转栈储存或提存。

（4）对货物的留置权。

除双方另有约定外，港站经营人在未收到作业费、速遣费和为货物垫付的必要费用，也没有被提供适当担保时，可以留置相应价值的运输货物。

（二）港站经营人的义务

1. 按照港站货物作业合同的约定接收、交付货物的义务

港站经营人应当按照港站货物作业合同的约定接收货物并签发用以接收货物的收据。在交付货物时，港站经营人应当核对货物接收人单位或者身份以及经办人身份的有关证件。对收集的地脚货物，应当做到物归原主，不能确定货主的，应当按照无法交付货物处理。

2. 提供适当作业工具和场所的义务

港站经营人应当按照港站货物作业合同的约定，根据作业货物的性质和状态，配备适合的机械、设备工具、库场，并使之处于良好的状态。

单元滚装运输作业，港站经营人应当提供适合滚装运输单元候船待运的停泊场所、上下船舶和进出港的专用通道；保证作业场所的有关标识齐全、清晰，照明良好；配备符合规范的运输单元司乘人员及旅客的候船场所。旅客与运输单元上下船和进出港的通道应当分开。

3. 损害赔偿的义务

港站经营人对作业合同履行过程中货物的损坏、灭失或者迟延交付承担损害赔偿责任，但港站经营人证明货物的损坏、灭失或者迟延交付是由于下列原因造成的除外：不可抗力；货物的自然属性和潜在缺陷；货物的自然减量和合理损耗；包装不符合要求；包装完好但货物与港站经营人签发的收据记载内容不符；作业委托人申报的货物重量不准确；普通货物中夹带危险、流质、易腐货物；作业委托人、货物接收人的其他过错。

4. 港站经营人应当按照配、积载图（表）进行作业，同时船方负有向港站经营人提供配、积载图（表）的义务

船方可以在现场对配、积载提出具体要求。船方作为交货人向港站经营人交货时，还要符合下列规定：国际运输以件交接货物、集装箱货物和集装箱，船方应当通过理货机构与港站经营人交接。前款规定以外的货物和集装箱，船方可以委托理货机构与港站经营人交接。船方应当向港站经营人预报和确报船舶到港日期，提供船舶规范以及货物装、卸载的有关资料，使船舶处于适合装、卸载作业的状态，办妥有关手续。

五、索赔与诉讼

港站货物作业合同受民事法律关系调整，是平等主体之间因合同而发生的债权债务关系。它具有一般合同债务关系的共性，但又在发生地点、主体、客体等方面有自己的个性，相应地，因港站货物作业合同引起的索赔与诉讼也有其鲜明的特性。

（一）港口作业中各方当事人之间的法律关系

在货方或承运人自营码头、自己进行港口作业的情况下，双方的权利义务在运输合同中

约定，港口作业作为其中一方运输义务的一部分而不需要订立专门的港站货物作业合同，一旦其中一方当事人的权利受到侵害，发生索赔与诉讼，应根据运输合同加以解决，不与第三方港站经营人发生任何权利义务关系。

在排除了港口作业由运输合同当事人一方自营的情形下，我国货物贸易运输存在一个合同体系。处于第一层次的是货物贸易合同，它规定了买卖双方当事人的权利义务，由货物买卖合同方面的法律调整，合同中规定由当事人中的一方安排运输，订立运输合同。第二层次是运输合同，它规定了货方与承运人之间的权利义务关系，由《海商法》、《国内水路货物运输规则》以及其他一些我国加入的国际公约及国际惯例来调整。运输合同规定了由某一方负责港口作业，也即由他来签订作业合同，与港站经营人发生权利义务关系，在运输合同中承担港口作业造成损失带来的后果。最后一层是港站货物作业合同，由运输合同的一方与港站经营人订立，受《港口货物作业规则》等法律调整，规定了港站经营人与作业委托人（运输合同一方）之间的权利义务。由此可以看出，就港站经营人来说，他总与港口运输合同的一方而不与另一方发生合同债权债务关系。

在运输合同约定由货方承担货物的装卸义务的情况下，一般由货方与港站经营人订立港站货物作业合同。此时，货方与承运人之间是运输合同关系，而货方与港站经营人之间是港站货物作业合同关系，港站经营人与承运人之间则不存在合同关系。

如果运输合同规定由承运人负责订立港站货物作业合同，则货方与承运人之间还是运输合同关系，承运人与港站经营人之间的关系由港站货物作业合同调整，货方与港站经营人之间不存在合同关系。因港口经营作业造成货损或货物灭失或作业任务无法完成的，因为此时也属于承运人的责任期间，承运人可以根据港站货物作业合同向港站经营人要求违约救济。对于货方来说，可以根据运输合同的约定要求承运人承担运输合同规定的责任，因为此时的货损或货物灭失、交付迟延发生在承运人的责任期间，在某些情况下也可以以侵犯自己的财产权为由向港站经营人提起侵权之诉。

（二）港站经营人的责任期间

《1991 年联合国国际贸易运输港站经营人赔偿责任公约》规定了港站经营人的责任期间是从其接管货物之时起，至其向有权提取货物的人交付货物或将货物交由该人处理之日止。也就是货物置于港站经营人实际控制之下所有期间都属于港站经营人的责任期间。至于期间的起始点与终止点，则使用了"提取"、"交付"、"交由"等字眼，并没有做出进一步的规定。我国的《港口货物作业规则》并没有单独条文规定港站经营人的责任期间，但对货物的交接则用了"交付"、"接收"、"交接"等字眼，显然也没有如远洋货物运输中"门对门"、"仓至仓"、"越过船舷"这样的规定来得明确，这是因为港口作业方式多样，交接方式与地点、时间也就不同，有时港口作业本身就是交接过程，如装卸。运输方式也存在多样性，水路、公路、铁路都可能与港站经营人订立港站货物作业合同。这种情况下对交接地点与方式做出明确的规定显然是不明智的。

综上所述，港站经营人的责任期间是在合同中约定的时间，没有约定的，为双方认可的时间，在控制权发生转移至港站经营人时为责任期间的开始，由港站经营人转移至接货人时，为责任期间的终止。如果是水路运输货物，港站经营人与船方在船边进行交接，港站经营人对货物行使占有、作业的期间即港站经营人的责任期间。

第五节　配送及配送法概述

一、配送概述

（一）配送的概念和特点

1. 配送的概念

配送是指在经济合理区域范围内，根据用户的要求，对物品进行分拣、加工、包装、分割、组配等作业，并按时送达指定地点的物流活动。配送是一种特殊的、综合的物流活动。它几乎涵盖了所有的物流要素，并集商流、物流、信息流于一身。

配送活动的整个实施过程中将其分为"配"和"送"两个方面的活动，首先"配"是对货物进行集中、分拣和组配，其次"送"是以各种不同的方式将货物送达指定地点或用户手中。

2. 配送的特点

（1）配送是中转型送货。

配送是以客户的需求来供给的。

（2）配送活动中的运输是支线运输。

运输是配送活动中不可缺少的一个环节，但在整个运输过程中它属于"二次运输"、"支线运输"或是"末端运输"，是再次将货物运输给客户。而一般物流中的运输是干线运输。

（3）配送是一种"门到门"服务。

配送是将货物从物流节点一直送到客户的仓库、营业场所或生产线上的车间。

（4）配送是按照客户的要求分拣、配货。

配送是将"配"和"送"有机地结合起来，满足客户的不同需要。

（二）配送的类型

按照不同的标准可以将配送分成不同的类型。按配送时间、数量不同可以分为定时配送、定量配送、即时配送、定时定路线配送；按加工程度不同可分为集疏配送、加工配送；按配送商品种类及数量不同可分为少品种大批量配送、多品种小批量配送、配套成套配送；按配送组织者不同可分为配送中心配送、仓库配送、生产企业配送、商业门店配送；按经营形式不同可分为供应配送、销售配送、一体化配送、代存代供配送。

二、配送法概述

配送法律关系所指向的对象是双重的，它既包括买卖关系中的物，也包括劳务关系中的行为。它在提供保管和运输等劳务行为的过程中实现货物所有权的让渡和空间转移，期间还可能付出或占有资金的时间价值,因而配送不仅是物资流通和物资管理中的一项"系统工程",更是法律调整物资流通关系的集中体现和综合反映。

第六节　货物配送合同

一、配送合同概述

(一)配送合同的概念

配送合同是配送人根据用户需要配送商品、用户支付配送费的合同。用户是配送活动的需求者,配送人是配送活动的提供者。作为配送活动需求者,既可能是销售合同的买方,也可能是卖方,甚至可能是与卖方或买方签订了综合物流服务合同的物流企业作为配送活动的提供者的配送人,以及既可能是销售合同的卖方,也可能是独立与买卖双方的第三方物流企业。配送是配送人向用户配送商品而取得的报酬。

(二)配送合同的特征

1. 配送合同是无名合同

配送合同不是《合同法》中的有名合同,不能直接引用《合同法》中的有名的规范。它需要依据《合同法》总则的规范,并参照运输合同、仓储合同、保管合同的有关规范,通过当事人签署完整的合同来调整双方的权利和义务。

2. 配送合同是有偿合同

配送是一种产品,配送经营人需要投入相应的物化成本和劳动力才能实现产品的生产。配送经营的营利性决定了配送合同的有偿性。

3. 配送合同是诺成合同

诺成合同表示这种合同成立即可生效。当事人对配送关系达成一致意见时配送合同即告成立,合同也就生效。配送合同成立后,配送方需要为履行合同组织力量,安排人力、物力,甚至要投入较多的资源,购置设备,聘请人员,如果说合同还不能生效,显然对配送经营人极不公平,因而配送合同必须是诺成合同。

4. 配送合同是长期合同

配送活动具有相对长期性的特性,配送过程都需要持续一段时间,以便开展有计划、小批量、不间断的配送,实现配送的经济目的。如果只是一次性的送货,则成了运输关系而非配送关系。因而配送合同一般是长期合同。

二、配送合同的类型

配送合同的种类繁多，根据不同性质可以分为不同种类。根据配送物所有权的变化，可以将配送合同分为配送服务合同和销售配送合同。

1. 配送服务合同

配送服务合同指配送人接受用户的货物，予以保管，并按用户的要求对货物进行拣选、加工、包装、分割、组配作业后，最后在指定的时间送至用户指定地点，由用户支付配送服务费的合同。

这种合同是一种单纯的提供配送服务的合同，双方当事人仅对货物的一些事项规定各自的权利和义务，不涉及货物的所有权。在配送服务实施的过程中，货物的所有权不发生转移，都属于用户所有；只是发生货物位置的转移和形态的变化。

2. 销售配送合同

销售配送合同指配送人在将物品所有权转移给用户的同时为用户提供配送服务，由用户支付配送费用（包括标的物价款和配送服务费）的合同。

在配送、销售、供应一体化配送中，销售企业与购买人签订销售配送合同。销售企业出于促销的目的，在向用户出售商品的同时又向其承诺提供配送服务。在这种配送合同中，销售企业向用户收取配送费时，可能在商品的价款之外，再收取一定数额的配送服务费。

三、配送合同的内容

不管配送合同的种类如何繁多，配送合同的主要内容都是大致不变的。配送合同的内容是合同双方当事人约定明确配送人和客户权利义务关系的主要依据。其内容主要包括以下几项。

1. 合同的当事人

配送人与客户的名称或姓名、营业地或处所、联系方式等都应当在合同中加以明确。

2. 配送合同的标的

配送合同的标的就是将配送物品有计划地在确定的时间和地点交付收货人。配送合同的标的是一种行为，因而配送合同是行为合同。

3. 配送方法

配送方法也叫配送要求，是双方协商同意配送所要达到的标准，是合同标的的完整细致的表达，根据委托方的要求和配送方的能力协商确定。需要在合同中明确时间及其间隔、发货地点或送达地点、数量等配送资料。

4. 标的物

被配送的物品，可以是生产资料或生活资料，但必须是动产，有形的资产。配送物的种类、包装、单重、尺度、体积、性质等决定了配送的操作方法和难易程度，必须在合同中明确。

5. 配送费及支付条款

配送人的配送费应该弥补其开展配送业务的成本支出和获取可能得到的收益。合同中需要明确配送费的计价标准和计费方法，或者总费用，以及费用支付的方法。在合同期间因为构成价格的成本要素价格发生变化，允许对配送价格进行适当的调整。

6. 合同期限条款

对于按时间履行的合同，必须在合同中明确合同的起止时间，用明确的日期方式表达。

7. 合同变更与解除条款

配送合同都需要履行很长的时间，在这一过程中，有可能出现合同的违约现象，所以在合同中要明确指明合同的解除条件、解除程序。

8. 争议解决条款

合同发生争议时，处理方法主要是约定仲裁、仲裁机构、约定管辖的法院。

9. 合同签署

合同由双方的法定代表人签署，并加盖企业合同专用章。私人订立合同的由本人签署。合同的签署时间为合同订立的时间。

四、配送合同双方当事人的权利和义务

（一）配送人的权利和义务

1. 配送人的权利

（1）收取配送费的权利。

配送人有权要求客户支付配送费，这是配送人在合同中最主要的权利，也是订立配送合同的目的所在。

（2）要求客户提供配送货物的权利。

在配送服务合同中，客户要求配送人配送的货物都是由客户提供的，配送人有权要求客户按约定提供原始货物，如果客户没有按约定提供以至于配送人没有按期送货的，配送人无须承担责任。

（3）要求客户按时收货的权利。

配送人按约定将配送物送达地点时，客户应及时接收货物并办理货物交接手续。客户迟延接收货物造成配送人受损时，应承担赔偿责任。

（4）要求客户告知的权利。

客户应及时告知配送人配送货物的性质、是否是危险品等信息，这样配送人就可采用适当的工具和办法去处理所配送的货物。由于客户没有及时通知货物性质的，造成损失时配送

人不用承担责任。

2. 配送人的义务

（1）配送人应选择合适的配送方式。

配送人应采用合适的运输工具、搬运工具、作业工具，并根据客户的要求提出合适的配送方案，减少客户的成本，并保证配送活动过程的安全和及时。

（2）配送人应按客户的要求提供服务。

配送是把货物按客户希望并要求的形态送达指定地点。因此，配送人应保证物品的色彩、大小、形状、重量及包装等都符合客户的要求，否则，给客户造成损失的，应承担责任。

（3）配送人应提供配送单证。

配送人在送货时应向收货人提供配送单证。配送单证应一式两联，详细列明配送物品的信息，收货人签署后配送人和收货人各持一联。

（4）告知义务

配送人在履行配送活动过程中，应将物品的情况定期向客户汇报，并对可能影响客户利益的情况及时告知客户，以便及时采取适当的措施防止或减少损失的发生。

（二）客户的权利和义务

1. 客户的权利

客户的权利主要有：享有安全、及时配送服务的权利；签收配送单证的权利；对物品现状知情的权利。

2. 客户的义务

客户的主要义务有：支付配送费，及时向配送人提供所需配送的货物；及时收取配送物品；告知物品性质。

项目小结 XIANGMU　XIAOJIE

本项目首先介绍装卸搬运的概念、特点及相关法律体系，然后重点介绍港站货物作业合同的内容、当事人的权利义务内容，道路、铁路、集装箱装卸搬运的相关法律规定，最后介绍配送的概念、分类及配送合同的内容和当事人的权利义务内容。

装卸是指在同一地域范围内（如车站范围、工厂范围、工厂内部等）以改变"物"的存放、支承状态的活动；搬运是指以改变"物"的空间位置的活动。在实际工作中，装卸与搬运密不可分，两者是伴随在一起发生的。装卸搬运作为物流所提供的服务之一，是现代物流的重要组成部分。我国没有单独的装卸搬运方面的法规，调整这一部分的法规广泛分布在与规范装卸搬运有关活动的法律法规中。港站货物作业合同，是指港站经营人在港站对运输货物进行装卸、驳运、储存、装拆集装箱等作业，作业委托人支付作业费用的合同。配送合同是配送人根据用户需要配送商品、用户支付配送费的合同。用户是配送活动的需求者，配送人是配送活动的提供者。

能力测评 NANGLI CEPING

一、判断题

1. 装卸搬运是衔接运输、保管、包装、流通加工、配送等各个物流环节必不可少的活动，从原材料供应到商品送至消费者手里，乃至废弃物回收、再生利用等整个循环过程中，装卸搬运出现的频度最多、作业技巧最复杂、科技含量最高、时间和空间移动最短，但费用比例最大。 （　　）

2. 为了有效地防止和消除无效作业，应尽量减少装卸次数，提高被装卸物料的纯度，包装要适宜，缩短搬运作业的距离。 （　　）

3. 港口货物作业合同是指港口经营人在港口对水路运输货物进行装卸、驳运、储存、装拆集装箱等作业，作业委托人支付作业费用的合同。 （　　）

4. 指令性陆路运输货物的港口作业，有关当事人应当依照有关法律、行政法规规定的权利和义务订立作业合同。 （　　）

5. 与货物无关的服务，如货代、船代等属于海运辅运；给外轮提供淡水、加油等服务则属于港口服务。 （　　）

6. 港站经营人将货物交付货物接收人之前，作业委托人可以要求港站经营人将货物交给其他货物接收人，但应当赔偿港站经营人因此受到的损失。 （　　）

7. 货方与承运人之间是运输合同关系，而货方与港站经营人之间是作业合同关系，港站经营人与承运人之间则不存在合同关系。 （　　）

8. 集装箱码头装卸搬运作业是指集装箱船舶装卸以及集装箱船舶装卸作业前和所进行的一系列作业，主要包括集装箱装卸船作业、堆场作业、货运站作业。 （　　）

9. 我国目前有专门的道路集装箱运输管理规则，即《道路集装箱运输管理规则》。 （　　）

10. 配送合同是指在经济合理区域范围内，根据用户的要求，对物品进行分拣、加工、包装、分割、组配等作业，并按时送达指定地点的物流活动。配送是一种特殊的、综合的物流活动。 （　　）

二、单选题

1. 装卸、搬运的灵活性，根据物料所处的状态，即物料装卸、搬运的难易程度，可分为（　　）个级别。
   A. 2　　　　　　　B. 3　　　　　　　C. 4　　　　　　　D. 5

2. 对于包装的物料，尽可能进行（　　），实现单元化装卸搬运，可以充分利用机械进行操作。
   A. 分块处理　　　B. 散装处理　　　C. 分装处理　　　D. 集装处理

3. 利用自己所支配的港站作业设施为他方提供港站作业劳务服务的当事人为（　　）。
   A. 港站经营人　　B. 作业委托人　　C. 港口经营人　　D. 货物接收人

4. 货物接收人未按照约定期限或在合理期限内接收货物的，港站经营人应当每（　　）催提一次，满（　　）货物接收人不提取或者找不到货物接收人，港站经营人应当通知作业委托人。

    A. 30天；30天   B. 10天；10   C. 10天；6天   D. 10天；30天

5. 篷布绳索捆绑，不得妨碍车辆手闸和提钩杆。两篷布间的搭头应不小于（   ）。

    A. 100毫米   B. 500毫米   C. 300毫米   D. 200毫米

6. 等待装车或者从机车上卸下的货物存放在装卸场所内时，应距离货物线钢轨外侧（   ）以上，并应堆放整齐、稳固。

    A. 1米   B. 1.5米   C. 2米   D. 3米

7. 起吊集装箱要使用吊具，使用吊钩起吊时，必须四角同时起吊，起吊后，每条吊索与箱顶的水平夹角应大于（   ）度。

    A. 20   B. 30   C. 45   D. 90

8. （   ）以上集装箱应使用集装箱吊具，双层码放时，应对齐角件。

    A. 1吨   B. 2吨   C. 3吨   D. 5吨

9. 国标5吨重箱堆码不得超过（   ）。

    A. 一层   B. 二层   C. 3层   D. 5层

10. 集装箱货物运抵卸货港卸船后，承运人应在（   ）内向收货人发出到货通知。

    A. 24小时   B. 12小时   C. 48小时   D. 72小时

三、多选题

1. 装卸搬运具有（   ）特点。

    A. 附属性   B. 伴生性   C. 支持   D. 保障性

    E. 衔接性

2. 装卸搬运作业合理化应采取的合理化措施有（   ）。

    A. 防止和消除无效作业   B. 提高装卸搬运的灵活性

    C. 实现装卸作业的省力化   D. 提高装卸搬运作业的机械化水平

    E. 推广组合化装卸搬运

3. 港站货物作业合同具有的特征是（   ）。

    A. 以劳务为标的的合同   B. 无名合同

    C. 双务、有偿合同   D. 诺成合同

    E. 不要式合同

4. 物流企业在装卸过程中应做到（   ）。

    A. 稳起稳落   B. 定位放箱

    C. 不得拖拉、甩关、碰撞   D. 随时关好箱门

    E. 起吊集装箱要使用吊具

5. 配送的特点包括（   ）。

    A. 中转型送货   B. 支线运输

    C. "门到门"服务   D. 按照客户的要求分拣

    E. 按照客户的要求配货

四、表述题

1. 港站货物作业合同通常包括哪些条款？

2．港站经营人的权利义务有哪些？

3．配送合同双方当事人的权利义务内容有哪些？

五、案例分析题

1．原告：上海国际港务（集团）股份有限公司军工路分公司（以下简称港务公司）

被告：上海百致佳国际货物运输代理有限公司（以下简称货代公司）

原告港务公司为与被告货代公司港口作业纠纷一案诉诸法院。

原告诉称，2011 年 1 月，被告委托原告装运一批钢管。1 月 8～17 日，货物陆续进栈。货物进港后，原告发现货物并非一般钢管，应属设备类。业务人员当即告知被告，货物应按设备类货物计收码头装卸包干费。经核查，被告应支付装卸包干费 129666 元及堆存费 5155 元，合计 134821 元。同年 2 月 23 日，原告开票后，因被告原留在原告处的支票存款不足，被银行退款。虽经多次催促，被告至今尚未付款。为此，原告请求判令被告支付涉案货物港口装卸包干费等 134821 元及利息。庭审中，原告变更诉请金额为 104646 元及利息（按照中国人民银行活期存款利率，从起诉之日计算到判决生效之日）。

被告辩称，原、被告双方事先已谈妥价格，原告未有异议。原告要求被告支付的金额高于原谈妥的价格，被告有理由拒绝支付，故请求法院驳回原告的不合理要求。

根据对证据的认定分析，并结合庭审调查，法院查明事实如下。

2011 年 1 月，被告委托原告将一批货物装载于"华诚"轮（WELL FAITH）1102 航次。被告在委托时称货物为钢管，原告据此向被告报了钢管的装卸价。货物进港后，原告发现涉案货物并非一般钢管，实际货名为"热镀钢管塔"（HOT DIP GALVANISED MONOPOLE，用于 KEMANTAN KAPIT 项目）。涉案货物共计 280 件，重量为 709.365 吨，体积为 4549.65 立方米，重量和体积比为 1：6.41。货物装船后，原告于 2 月 23 日按"外贸出口设备"类货物计收装卸包干费，向被告开具了发票，发票记载的装卸包干费为 129666 元，仓储堆存费为 5155 元，合计为 134821 元。被告因不同意按设备类计收装卸包干费，故始终未支付上述费用。

开庭前，被告按涉案货物重量 710 吨、每吨装卸价 42.50 元的标准向原告支付了 30175 元装卸费。

问题：

（1）原、被告之间的港口作业合同是否成立？为什么？

（2）原告以钢管塔计收装卸包干费是否有依据？为什么？

2．长江物流服务公司（以下简称长江公司）为武汉佳佳制衣厂（以下简称佳佳制衣）的服装出口提供长期国际综合物流服务，即由长江公司进行服装包装、安排国际联运及到货配送。2005 年 6 月，长江公司对包括佳佳制衣等在内的 6 家货方提供服务，而将其同船承运，其中提单号为 WH2000601～WH2000609 的货物为佳佳服装，当载货船驶离上海港后不久与他船相撞，载货船受创严重，船舶进水，致使提单号为 WH2000601～WH2000609 号的货物遭水浸。经查，货物受损原因为船舶进水，船上集装箱封闭不严，致使货遭水浸。

问题：

佳佳制衣厂的货物损失应该由谁来承担？为什么？

项目五

> > > **流通加工及包装法律规范**

知识体系

项目五	流通加工及包装法律规范	本项目对流通加工及包装的作用进行分析，并对货物流通过程中加工及包装环节法律双方应遵守的法律规范做了介绍
第一节	流通加工及流通加工法概述	本节介绍了流通加工的类型，以及我国现有的流通加工法律法规状态及适用的对象
第二节	加工承揽合同	本节介绍了加工承揽合同，加工承揽合同的法律适用，合同的订立、内容以及相应的权利和义务
第三节	物流包装及包装法概述	本节介绍了物流包装的内涵及在物流中的作用、我国就包装相应法律规范的特点，以及所适用的场合
第四节	普通货物包装的法律规范	本节介绍了普通货物的类型、我国对于普通货物包装适用的法律规范，以及包装应遵循的原则
第五节	危险货物包装的法律规范	本节介绍了危险货物的特点、危险货物包装法律规范，以及危险货物包装的基本要求与手段
第六节	国际物流中的包装法律规范	本节介绍了国际物流中包装的特点，以及国际物流中包装所适用的法律规范

知识目标

通过本项目的学习，了解流通加工及包装过程中的法律规范；熟悉加工承揽合同、普通货物包装、危险品货物包装的法律双方应承担的权利及义务。

能力目标

能够利用相应法律规范对流通加工及包装案例进行分析，为相关物流企业解决和处理物流纠纷和争议提供帮助。

素质目标

可利用相应法律规范对流通加工及包装案例进行分析，并应用于实际，为以后承担相应业务提供知识、能力基础。

关键概念

流通加工　加工承揽合同　物流包装　普通货物　危险货物　国际物流

导入案例

阿凡提作为新疆民间历史文化中智慧人物的代表，其形象已经深入人心。乌鲁木齐市（以下简称乌市）陶耐工贸有限公司（以下简称陶耐公司）和新疆阿凡提物流有限公司（以下简称阿凡提物流）因为"阿凡提"打起了侵权纠纷官司。

自治区高级人民法院做出终审判决，阿凡提物流不存在故意或过失侵害陶耐公司商标权的主观过错，基于法律优先保护在先权原则，维持乌市中级人民法院的一审判决，驳回陶耐公司的上诉。

乌市中级人民法院一审查明，阿凡提物流于 2005 年 3 月 1 日由乌市工商行政管理局核准注册成立。陶耐公司于 2004 年 12 月 21 日向国家工商行政管理总局申请注册"阿凡提"商标，2005 年 12 月 21 日，国家工商行政管理总局商标局核准了陶耐公司"阿凡提"注册商标申请，核定服务项目包括货物贮存、包裹投递、空中运输等，注册有效期限为 2005 年 12 月 21 日～2015 年 12 月 20 日。

乌市中院基于"法律优先保护在先权"这一原则，认为阿凡提物流的企业名称权先于陶耐公司的商标专用权产生，故不存在阿凡提物流故意或过失侵害陶耐公司商标权的主观过错，以及非法侵害陶耐公司商标权的客观事实，故陶耐公司的诉讼请求没有事实依据，驳回其诉讼请求。

承办此案的法官说，该案的关键是"法律优先保护在先权"，即两个商家谁注册在先保护谁的权力。该案中涉及的企业名称和商标注册问题，较为普遍。企业名称通过企业所在地工商行政管理部门核准注册，而商标则是国家商标管理机关注册，具有全国性。一般来说，商标的保护效力应大于企业名称，但当两者产生冲突时，法院通常是保护在先权利，侧重于保护先注册登记者。为避免发生此类纠纷，企业最好能将商标和企业名称双重注册，同时合理正常使用。

第一节 流通加工及流通加工法概述

一、流通加工概述

流通加工是为了提高物流速度和物品利用率、降低生产及物流的成本，在物品进入流通领域后，按物流的需要和客户的要求进行加工活动。流通加工可以由物流业者自己完成，也可以通过签订承揽合同，将部分或整个工作外包出去，由其他企业或个人完成。在国家标准《物流术语》中，流通加工是指物品在从生产地到使用地的过程中，根据需要施加包装、分割、计量、分拣、刷标签、组装等简单作业的总称。它与生产加工最大的不同是注重物品在生产后、流通或使用前的整理，因此又称加工整理。目前，在世界许多国家和地区的物流中心或仓库经营中都大量存在流通加工业务，在日本、美国等物流发达国家则更为普遍。

流通加工是对货物或其包装进行必要加工或整理的工作，也是物流中的一项内容。尽管物流中的加工整理只是在生产原料使用前的简单加工和为了配合运输或使用需要而进行的必要整理，但就性质而言，它同样是一种加工承揽性的工作。委托此项工作的通常是货主，委托既可以是单项的，也可以包括在整项目管理协议中。我国《合同法》分则中对于加工承揽合同所做的有关规定，适用于流通中的加工整理工作。物流中的加工承揽工作主要涉及简单加工、修理、检验、其他过程前的准备等，它们由物流经营者按照客户的要求完成，收取相应报酬。加工整理与物流中的配送和包装有着较为密切的关系，因此，客户应根据最终的目的来对加工整理的工作提出要求，选择适当的加工形式。例如，包装前对商品的加工，主要是稳固、改装、品质保护（如保鲜）；而配送前的加工，主要是根据用户的要求进行初步加工，以便集中下料，或者是对货物进行分拣、配料或在出售前加标签。

目前流通加工形式很多，根据所达到的目的不同，具体类型概括有以下几种。

（1）为适应多样化需要的流通加工。

（2）为方便消费、省力的流通加工。

（3）为保护产品所进行的流通加工。

（4）为弥补生产领域加工不足的流通加工。

（5）为促进销售的流通加工。

（6）为提高加工效率的流通加工。

（7）为提高物流效率、降低物流损失的流通加工。

（8）为衔接不同运输方式、使物流更加合理的流通加工。

（9）生产-流通一体化的流通加工。

（10）为实施配送进行的流通加工。

二、流通加工法概述

流通加工法律是指与流通加工相关的法律规范的总称。关于流通加工的立法主要表现在加工承揽合同上。为了明确双方的权利、义务和责任，当事人双方应对加工承揽的标的、数量、质量要求、报酬、加工承揽方式、材料的提供、履行期限、验收标准及方法做出约定。

就我国现有的法律而言，与其他物流法律一样，目前我国没有单独的流通加工的法律，《民法通则》《合同法》及关于加工承揽合同的具体规定，可适用于流通加工。我国《合同法》有专章对承揽合同进行规定。对流通加工中的包装环节，我国颁布的单行法规或行政规章主要有《危险和化学品包装物、容器定点生产管理办法》《药品包装、标签规范细则（暂行）》《药品包装管理办法》《公路、水路危险货物包装基本要求和性能试验》《林木种子包装和标签管理办法》《铁路运输出口危险货物包装容器检验管理办法（试行）》等。

流通加工是物流过程中的一个特殊环节，与其他环节不同的是，流通加工具有生产的性质，它可能改变商品的形态，对物流的影响巨大。虽然物流过程中的物流加工与生产加工相比较较为简单，但在一些情况下仍然需要一些特殊的技能或者工具。从效率和技术的角度着想，物流企业可能将流通加工转交给有能力的专业加工人进行。在这种情况下，物流企业一方面针对物流服务合同中的需求方而言，为物流服务的提供方；另一方面，针对承揽人而言，为定做人。物流企业如果没有加工的能力，并以自身的技术和设备亲自从事加工的，则物流企业即是物流服务合同中的物流提供者，其权利和义务根据物流服务合同和相关法规予以确定。当双方当事人在物流合同中约定物流企业承担流通加工义务时，根据物流企业履行流通加工义务所采用的方式不同，物流企业会具有不同的法律地位。

第二节　加工承揽合同

在流通加工环节中，物流企业可能通过加工承揽合同履行其物流服务合同的加工义务，即物流企业通过与承揽人签订分合同的形式将其加工义务分包出去。对此，物流企业通常处在加工承揽合同中的定做人的地位。因此，作为定做人，物流企业应当了解与其有关的加工承揽合同的法律适用，合同的订立、内容以及相应的权利和义务。

一、加工承揽合同概述

（一）加工承揽合同的含义

加工承揽合同是指承揽人按照定做人的要求完成一定工作，并交付工作成果，定做人接受承揽人的工作成果并给付报酬的合同。完成工作的一方称为承揽人，接受工作成果并支付报酬的一方称为定做人。承揽人完成的工作成果称为定做物。承揽活动是人们生产、生活不可缺少的民事活动，诸如加工、定做、修理、印刷等，均与人们的生产、生活息息相关，故承揽合同是现实社会生活中广泛存在的合同类型。

（二）加工承揽合同的法律特征

1. 加工承揽合同以一定工作的完成为目的

合同的标的是承揽人的工作成果，而不是承揽人完成工作的过程本身。

2. 加工承揽合同的标的具有特定性

加工承揽合同是为了满足定做人的特殊要求而订立的，因而加工承揽合同标的的工作成果是由定做人确定的，或者是按定做人的要求来完成的。

3. 加工承揽合同中承揽人的工作具有独立性

承揽人以自己的设备、技术、劳力等完成工作任务，不受定做人的指挥管理。但是，承揽人在完成工作过程中应接受定做人必要的监督和检查。在承揽人未按约定的条件和期限进行工作，不能按时按质完成工作成果时，定做人有权解除合同，并要求赔偿损失。

4. 加工承揽合同是具有一定人身性质的合同

承揽人一般必须以自己的设备、技术、劳力等完成工作，并对工作成果承担风险责任。承揽人不得擅自将加工承揽的工作交给第三人完成，还要对完成工作中遭受意外的风险负责。

5. 加工承揽合同是诺成、双务有偿合同

加工承揽合同自双方当事人意思表示一致即告成立，故为诺成合同。加工承揽合同的双方当事人均负有一定的义务，一方的义务即是对方的权利，故为双务合同。定做人须对承揽人完成的工作成果支付报酬，故为有偿合同。

二、加工承揽合同的类型

加工承揽合同是一大类合同的总称，它的具体类型主要有加工合同、定做合同、修理合同、改造改建合同等。

（一）加工合同

加工合同是指承揽人按照定做方的具体要求，使用自己的设备、技术和劳动对定做人提

供的原材料或者半成品进行加工，并将成果交给定做人，定做人支付价款的合同。该合同的特点是由定做方提供大部分或全部的原材料，承揽方只提供辅助材料，并且仅收取加工费用。这种合同是物流中常见的合同。

（二）定做合同

定做合同是由承揽方根据定做方需要，利用自己的设备、技术、材料和劳动力，为定做方制作成品，由定做人支付报酬的合同。例如，运输企业为运输某些特殊商品而向承揽人定做专门的包装物。在定做合同中，原材料全部由承揽方提供，定做方则支付相应的价款。定做合同的价款包括加工费和原材料费用。

（三）修理合同

修理合同是指承揽人为定做人修理功能不良或缺失或外观被损坏的物品，使其恢复原状，由定做人支付报酬的加工承揽合同。在修理合同中，定做方可以提供原材料，也可以不提供原材料。在不提供原材料的情况下，定做人所支付的价款主要是原材料的价值。修理合同在物流过程中也很常见。由于物流过程中产品和包装的破损不可避免，因此修理合同履行的好坏将影响物流的效率。

三、加工承揽合同的法律适用

我国有关加工承揽合同的法律规范主要是《合同法》和 1984 年 12 月 20 日国务院发布的《加工承揽合同条例》。因此，有关加工承揽合同的争议，应首先适用《合同法》关于加工承揽合同的规定；《合同法》未规定的，在不违反法律规定的情况下，应适用《加工承揽合同条例》的有关规定。

四、加工承揽合同的主要条款

合同的内容是双方当事人关于权利义务所做的具体约定，它体现在合同的条款上。根据我国《合同法》第二百五十二条的规定，加工承揽合同包括以下内容。

（一）加工承揽合同的标的

加工承揽合同的标的是定做人和承揽人权利和义务所共同指向的对象，是加工承揽合同必须具备的条款。加工承揽标的是将加工承揽合同特定化的重要因素，在合同中应该将加工定做的物品名称和项目写清楚。加工承揽合同的标的应该具有合法性，标的不合法将导致合同无效。

（二）加工承揽标的的数量

数量，是以数字和计量单位来衡量定做物的尺寸。标的物不同，计算数量的方法不同。数量包括两个方面，即数字和计量单位。在合同中，数量条款中的数字应当清楚明确，数量的多少直接关系到双方当事人的权利义务，也与价款或酬金有密切的关系。在计量单位的使用上，应该采用国家法定的计量单位，如米、立方米、千克等。

（三）加工承揽标的的质量

质量是定做物适合一定用途、满足一定需要的特性，它不仅包括特定物本身的物理化学和工艺性能等特性，还包括形状、外观手感及色彩等。这主要是对加工承揽标的品质的要求。加工承揽合同中对于标的的质量通常由定做人提出要求。

（四）报酬条款

报酬条款应当在合同中明确约定，包括报酬的金额、货币种类、支付期限、支付方式等。

（五）履行条款

履行条款包括履行期限、履行地点、履行方式三部分。

（1）履行期限是合同当事人履行合同义务的期限。加工承揽合同的履行期限包括提供原材料、技术资料、图纸及支付定金、预付款等义务的期限。

（2）履行地点是指履行合同义务和接受对方履行的成果的地点。履行地点直接关系到履行合同的时间和费用。

（3）履行方式是指当事人采用什么样的方法履行合同规定的义务。在加工承揽合同中，履行方式指的是定做物的交付方式，如是一次交清还是分期分批履行，定做物是定做人自己取货还是由承揽人送货等。

（六）验收标准和验收方法条款

验收标准和验收方法是指对承揽方所完成的工作成果进行验收的标准和方法。验收标准用于确定工作成果是否达到定做方所规定的质量要求和技术标准。在加工承揽合同中，验收条款应该规定得具体明确。

（七）材料提供条款

加工承揽合同中的原材料既可以由承揽人提供，也可以由定做人提供。不仅原材料的提供会影响价金的确定，而且原材料的质量将会直接影响定做物的质量，从而影响合同是否得到完全履行。流通加工是在流通的过程中对货物进行加工，加工的对象是货物，所以在由物流企业进行流通加工的情况下，原材料通常是由物流需求方提供的。但是，在一定的情况下，如将货物进行分包装，包装物有可能由物流企业提供。

（八）样品条款

凭样品确定定做物的质量是加工承揽合同中的一种常见的现象。在这种情况下，定做人完成的工作成果的质量应该达到样品的水平。样品可以由定做方提供，也可以由承揽方提供。提供的样品应封存，由双方当场确认并签字，作为成果完成后的检验依据。

由于加工承揽合同的特殊性，定做方有时会向承揽人提供一定的技术资料和图纸，这可能涉及定做人不愿被他人所知的商业秘密或技术秘密。所以，在合同中规定保密条款是十分必要的。保密条款应该对保密的范围、程度、期限、违反的责任进行详细约定。

五、加工承揽合同双方当事人的权利和义务

在加工承揽合同中，双方的权利与义务是对等的，一方的权利是另一方的义务，因此，

这里只介绍当事人一方的义务。

（一）承揽人的主要义务

1. 承揽人应完成合同约定的工作任务

（1）承揽人应当以自己的设备、技术和劳力，完成工作的主要部分，但当事人另有约定的除外。所谓主要部分，首先是对定做物的质量有决定作用的工作物部分，一般来说是指工作技术要求高的部分；如果质量在工作物中不起决定做用，定做物为一般人均可完成的工作时，那么主要部分则指数量上的大部分。承揽人将其加工承揽的工作转由第三人完成的，应当就该第三人完成的工作成果向定做人负责。根据合同约定或者合同性质、交易习惯，加工承揽的工作是不得转让的，承揽人转让时，定做人可以解除合同。

（2）承揽人应按照合同约定的时间着手工作和进行工作，并于规定的期限内完成工作。承揽人因可归责于自己的事由不能按期完成工作任务的，定做人可于履行期限届满请求解除合同。

（3）承揽人应按照合同的约定按定做人要求的技术条件和质量标准完成工作。如合同对此无约定，应依国家规定的技术条件和质量标准；如无国家规定，则应当符合平常所提出的要求。非经定做人同意，承揽人不得擅自修改技术要求和质量标准。

（4）承揽人在工作期间，应当接受定做人必要的监督检验和指示，但当事人另有约定的除外。定做人监督检验时不得妨碍承揽人的正常工作。定做人中途变更设计图纸、工作要求，或者指示错误，给承揽人造成损失的，应当赔偿损失。

（5）承揽人在完成工作的过程中，如发现定做人提供的设计图纸有错误或者技术要求不合理，定做人提供的材料不符合约定，以及可能影响工作质量或者履行期限的其他情形，应当及时通知定做人。定做人接到通知后，应当及时答复并采取相应措施。定做人因怠于答复等原因造成承揽人损失的，应当赔偿损失。承揽人怠于通知造成损失的，应当由承揽人承担损失。

2. 承揽人应按合同的约定提供原材料或接受、检验、保管、使用定做方提供的原材料

（1）合同约定由承揽人提供材料的，承揽人应当按照合同约定的质量标准选用材料；没有约定质量标准的，承揽人应当选用符合定做物使用目的的材料，并接受定做方的检验。定做方未及时检验的，视为同意。

（2）用定做人提供的原材料完成工作的，承揽人应接受定做人提供的原材料并及时检验，发现不符合要求的，应当及时通知定做人调换或补交。因承揽人不及时检验而使用不合格材料的，或因承揽人怠于通知的，承揽人仍应对定做物的质量负责。

（3）承揽人应当妥善保管定做人提供的材料。定做人提供的材料在承揽人占有期间毁损、灭失的，由承揽人承担责任。

3. 交付工作成果，保证定做方顺利实现对定做物的利益

（1）承揽人应按合同约定期限交付工作成果。承揽人要求提前或延期交付工作成果的，应事先与定做人达成协议，并按协议执行。擅自提前或延迟交付的，应承担违约责任。

（2）承揽人在交付定做物时，还须交付定做物的附从物。同时，工作完成后，如果定做人提供的原材料、零配件等尚有剩余，则承揽人亦应退还给定做人。

（3）承揽人在向定做人交付工作成果时，应对定做物的质量负瑕疵担保责任，即承揽人应担保所交付的定做物符合合同所规定的质量要求。如交付的定做物不符合合同约定的质量标准，即为有瑕疵，这时定做人同意利用的，可以按质论价，减少相应的报酬；定做人不同意利用的，承揽人应负责修整、调换或重做，并承担逾期交付的责任；经过修整或调换后，仍不符合合同规定的，定做人有权拒收，可以解除合同，要求赔偿损失。但是，在法定的质量保证期限已过的情况下，承揽方可免除承担瑕疵担保责任。

（4）承揽人所交付的定做物的数量不得少于合同的规定。否则，定做人仍需要的，应当照数补齐，并承担补齐部分逾期交付的责任；对少交部分，定做人不再需要的，有权就该部分解除合同，要求赔偿损失。

（5）承揽人应按合同规定包装定做物，包装不合格的，定做人有权要求重新包装。因包装不符合合同规定造成定做物毁损灭失的，承揽人应负赔偿责任。

4. 保密义务

定做人对加工承揽工作要求保密的，承揽人应当保守秘密。承揽人未经定做人许可，不得留存复制品或者技术资料。

（二）定做人的主要义务

1. 定做人应协助承揽人完成工作任务

（1）定做人应依合同约定向承揽人提供原材料、技术材料，并完成必要的准备工作。否则，承揽人有权解除合同，要求赔偿损失；承揽人不要求解除合同的，除工作完成的日期可以顺延外，定做人还应偿付承揽人停工待料的损失。

（2）根据合同性质需要定做人协助的，定做人有协助义务。定做人不履行协助义务致使加工承揽工作不能完成的，承揽人可以解除合同。

2. 定做人应按照合同约定受领定做物

（1）定做人应按照合同约定的时间、地点受领定做物。合同规定定做人自提的，应按时提取。定做人无故拒收定做物的，应负赔偿责任；定做人超过规定期限领取定做物的，应负违约责任，并承担承揽人支付的保管、保养费。

（2）定做人在领取定做物时，应当依照合同规定进行验收。定做人应当在约定的期限内提出质量异议，超过约定的期限提出质量异议的，承揽人不承担责任。定做人和承揽人对质量异议的期限没有约定，工作成果明显不符合约定质量的，应当在工作成果交付之日起15日内提出；需经检验或者安装运转才能检验的，应当在工作成果交付之日起6个月内提出。

3. 按期支付报酬、材料费和其他费用

定做人应当按照约定期限、数额向承揽人支付报酬。定做人逾期支付报酬或费用的，承揽人有权请求定做人支付利息。定做人未按约定期限支付报酬的，承揽人对完成的工作成果享有留置权。

第三节　物流包装及包装法概述

随着社会对商品流通速度的迫切要求，良好的包装在保障物品在物流环节中的完好性发挥着十分重要的作用。但与经济发达国家相比，我国的包装法律研究明显滞后，目前尚无一部完整的包装法。加入世界贸易组织之后，我国包装产业将得到更大的发展空间，也面临着更大的挑战。

一、物流包装概述

（一）物流包装的内涵

《物流术语》规定，包装是在流通过程中为保护商品、方便储运、促进销售，按一定技术方法而采用的容器、材料及辅助物等的总称，也指为了达到上述目的而在采用容器、材料和辅助物的过程中施加一定技术方法的操作活动。

包装根据其目的可以分为商业包装和物流包装。前者主要是为了方便零售和美化商品，因此又称销售包装；后者主要是为保护商品在流通过程不受外力的作用或环境影响而损坏，同时便于运输与储存时的交接计数、堆码、搬运及合理积载，因此又称物流包装。为了生产活动和生活需求对商品进行包装，是满足商品运输、储存、销售等活动的必然要求，也是实现商品价值和使用价值的必要手段。

在社会再生产过程中，包装既是生产的终点，又是物流的起点。包装是物流过程的起点，也是保证物流活动顺利进行的重要条件，包装在整个物流活动中具有特殊的地位。作为物流的起点，包装完成之后，被包装的产品才能进行物流活动。在整个物流的过程中，包装可以发挥对产品的保护作用和方便物流的作用，最后实现销售。包装作业的合理化是商品正常流转的必要条件，包装材料、形式、方法以及外形设计都对其他物流环节产生重要影响。作为生产的终点，包装必须根据产品的性质、形状和生产工艺的要求来满足生产要求。

（二）包装在物流系统中的地位

在社会再生产过程中，包装处于生产过程的结尾和物流过程的开头，它既是生产的终点，又是物流的始点。作为物流的始点，包装完成后，产品便具有了物流的可能，在整个物流过程中，包装便可以发挥保护产品进行物流的作用，最后实现销售。因而，包装对物流有着决定性的作用。

（三）包装与物流其他环节的关系

1. 包装与运输方式的关系

一方面，运输的方式决定包装的方式和材料。如果是小批货物单独运输，则应该尽量采用坚固的包装，如木箱包装。而如果是放在集装箱中运输，则可以使用单薄的包装，如纸箱包装。另一方面，包装的方式影响运输。在通常情况下，包装方式应该根据运输方式决定，但是在特殊的情况下，也会根据包装的方式决定运输方式。如在生产过程中已经采用了精密的包装，在这种情况下，就应该采用安全、快速的运输方式。

2. 包装与仓储的关系

包装会影响仓储的效益。除极特别的情况，如砂石在露天场所堆放外，商品都被包装在包装物中存储在仓库里，因此，包装的形态及方式应该与仓储相配合。例如，方形的仓库堆放以圆柱体包装物包装的商品将会降低仓库的实际使用面积，降低效益。

3. 包装与搬运装卸方式的关系

一方面，包装影响搬运装卸方式及工具的使用。以小型包装方式包装的商品可以利用人力进行搬运装卸，而采用大型或集体包装的商品则必须使用机械进行搬运装卸。反之，装卸方式也会影响包装。如果采用机械进行搬运装卸，包装应该有足够的硬度，才能保证商品不受损害。

二、包装法概述

（一）包装法律规范的含义和特点

1. 包装法律规范的含义

包装法律法规是指一切包装有关的法律的总称，目前，我国的包装法律散见在各类相关的法律中，如《中华人民共和国专利法》（以下简称《专利法》）、《中华人民共和国商标法》（以下简称《商标法》）等。另外，出版、印刷的法律中也有与包装法有关的内容。

2. 包装法律法规的特点

（1）强制性。

强制性是指在进行包装的过程中必须按照相应法律规范要求进行，不得随意变更。包装法律法规具有这一特点是由于大部分包装法律都属于强制性法律规范，如《中华人民共和国食品卫生法》（以下简称《食品卫生法》）、《一般货物运输包装通用技术条件》、《危险货物运输包装通用技术条件》、《危险货物包装标志》等，这些标准都是强制性的，是必须遵守的技术规范。

（2）标准性。

标准性是指包装法律多体现为国家标准或行业标准。标准化是现代化生产和流通的必然要求，也是现代化科学管理的重要组成部分，我国的包装立法也体现了这一特点。中国包装业协会制定了包装标准体系，主要包括以下四大类：①包装相关标准，主要包括集装箱、托盘、运输、储存条件的有关标准；②综合基础包装标准，包括标准化工作导则、包装标志、包装术语、包装尺寸、运输包装件基本试验方法、包装技术与方法、包装管理等方面的标准；③包装专业基础标准，包括包装材料、包装容器和包装机械标准；④产品包装标准，涉及建材、机械、轻工、医疗器械、中药材、西药、邮政和军工等14大类。每一类产品中又有许多种类的具体标准。

（3）技术性。

技术性是指包装法律中包含大量以自然科学为基础而建立的技术性规范。包装具有保护物品不受损害的功能，特别是高净尖产品和医药产品，采取何种方法进行包装将对商品有重要的影响。因此，国际颁布的包装法律含有很强的技术性。

（4）分散性。

分散性是指包装法律规范以分散的形态分布于各个相关的法律规范中。我国的包装法律不仅分散于各类与包装有关的法律中，如《食品卫生法》、《商标法》，还广泛地分布于有关主管部门的通知和意见中，如铁道部颁发的一系列铁路运输包装的通知和规定等。

（二）我国包装业涉及的法规

在目前我国法规中涵盖了有关包装法规的内容：《中华人民共和国固体废物污染环境防治法》（以下简称《固定废物污染环境防治法》）、《包装资源回收利用暂行管理办法》、《中华人民共和国药品管理法》（以下简称《药品管理法》）、《中华人民共和国进出口商品检验法》（以下简称《商检法》）、《中华人民共和国清洁生产促进法》（以下简称《清洁生产促进法》）、《食品卫生法》、《铁路法》、《铁路货物运输合同实施细则》、《中华人民共和国环境保护法》（以下简称《环境保护法》）、《危险化学品包装物、容器定点生产管理办法》等。

1. 《固体废物污染环境防治法》涉及包装的内容

《固体废物污染环境防治法》于2004年12月29日修订通过，自2005年4月1日起施行。该法规定：产品和包装物的设计、制造，应当遵守国家有关清洁生产的规定。国务院标准化行政主管部门应当根据国家经济和技术条件、固体废物污染环境防治状况以及产品的技术要求，组织制定有关标准，防止过度包装造成环境污染。生产、销售、进口依法被列入强制回收目录的产品和包装物的企业，必须按照国家有关规定对该产品和包装物进行回收。国家鼓励科研、生产单位研究、生产易回收利用、易处置或者在环境中可降解的薄膜覆盖物和商品包装物。对危险废物的容器和包装物以及收集、贮存、运输、处置危险废物的设施、场所，必须设置危险废物识别标志。收集、贮存、运输、处置危险废物的场所、设施、设备和容器、包装物及其他物品转作他用时，必须经过消除污染的处理，方可使用。

2. 《包装资源回收利用暂行管理办法》涉及包装的内容

《包装资源回收利用暂行管理办法》自1999年1月1日起，随同国家标准GB/T 16716—1996《包装废弃物的处理与利用——通则》一并在全国范围内贯彻实施，是为了促进我国国民经济可持续发展和"绿色包装工程的实施，以至达到消除包装废弃物，特别是"白色污染"造成的危害而制定的。

3. 《药品管理法》涉及包装的内容

《药品管理法》自2001年12月1日起施行。在商品包装方面该法对药品包装材料和容器的选用、印刷及说明等做了明确规定。该法规定：规定有效期的药品必须在包装上注明药品的品名、规格、生产企业等；直接接触药品的包装材料和容器，必须符合药用要求，符合保障人体健康、安全的标准；药品生产企业不得使用未经批准的直接接触药品的包装材料和容器；发运中药材必须有包装，在每件包装上，必须注明品名、产地、日期、调出单位，并附有质量合格的标志；麻醉药品、精神药品、医疗用毒性药品、放射性药品、外用药品和非处方药的标签，必须印有规定的标志。

4. 《商检法》涉及包装的内容

《商检法》自 1989 年 8 月 1 日起施行。1984 年 1 月 28 日国务院发布的《中华人民共和国进出口商品检验条例》同时废止。该法中涉及商品包装的具体条款有：为出口危险货物生产包装容器的企业，必须申请商检机构进行包装容器的性能鉴定；生产出口危险货物的企业，必须申请商检机构进行包装容器的使用鉴定；对装运出口易腐烂变质食品的船舱和集装箱，承运人或者装箱单位必须在装货前申请检验。

5. 《清洁生产促进法》涉及包装的内容

《清洁生产促进法》自 2003 年 1 月 1 日起施行。该法对商品包装有详尽的规定：产品和包装物的设计，应当考虑其在生命周期中对人类健康和环境的影响，优先选择无毒、无害、易于降解或者便于回收利用的方案。企业应当对产品进行合理包装，减少包装材料的过度使用和包装性废物的产生。生产、销售被列入强制回收目录的产品和包装物的企业，必须在产品报废和包装物使用后对该产品和包装物进行回收。强制回收的产品和包装物的目录和具体回收办法，由国务院经济贸易行政主管部门制定。国家对列入强制回收目录的产品和包装物，实行有利于回收利用的经济措施；县级以上地方人民政府经济贸易行政主管部门应当定期检查强制回收产品和包装物的实施情况，并及时向社会公布检查结果。另外，对利用废物生产产品的和从废物中回收原料的，税务机关按照国家有关规定，减征或者免征增值税。

6. 《食品卫生法》涉及包装的内容

《食品卫生法》自 1995 年 10 月 30 日起施行。该法对食品容器、包装材料和食品用工具、设备的卫生，包装运输工具的卫生条件，包装标志等做了详细而明确的规定，具体规定如下：直接入口的食品应当有小包装或使用无毒、清洁的包装材料。食品容器、包装材料和食品用具、设备必须符合卫生标准和卫生管理办法规定，且必须采用符合卫生要求的原料生产。定型包装食品和食品添加剂，必须有产品说明书或者商品标志，根据不同产品分别按规定标出品名、产地、厂名、生产日期、批号、规格、主要成分、保存期限、食用方法等。进口的食品、食品容器、包装材料和食品用工具及设备，须符合国家卫生标准和卫生管理办法的规定。食品生产经营企业应当有与产品品种、数量相适应的食品原料处理、加工、包装、贮存等厂房或者场所；餐具、饮具和盛放直接入口食品的容器，使用前必须洗净、消毒；贮存、运输和装卸食品的容器包装、工具、设备和条件必须安全、无害，保持清洁，防止食品污染。食品包装标识必须清楚，容易辨识。在国内市场销售的食品，必须有中文标识。

7. 《铁路法》涉及包装的内容

该规程是以《中华人民共和国经济合同法》（以下简称《经济合同法》）、《铁路法》和《铁路货物运输合同实施细则》的基本原则为依据制定的。该规程规定：托运人托运货物，应根据货物的性质、重量、运输种类、运输距离、气候以及货车装载等条件，使用符合运输要求、便于装卸和保证货物安全的运输包装。有国家包装标准或部包装标准（行业包装标准）的，按国家标准或部标准进行包装。

8. 《环境保护法》涉及包装的内容

《环境保护法》自 1989 年 12 月 26 日起施行。该法在商品包装方面，对商品包装整个生命周期过程对环境的污染问题做了较为宏观的规定，具体条款主要有：产生环境污染和其他公害的单位，必须把环境保护工作纳入计划，建立环境保护责任制度；采取有效措施，防治在生产建设或者其他活动中产生的废气、废水、废渣、粉尘、恶臭气体、放射性物质以及噪声、振动、电磁波辐射等对环境的污染和危害；新建工业企业和现有工业企业的技术改造，应当采用资源利用率高、污染物排放量少的设备和工艺，采用经济合理的废弃物综合利用技术和污染物处理技术；食品在生产、加工、包装、运输、储存、销售过程中应防止污染。

9. 《危险化学品包装物、容器定点生产管理办法》涉及包装的内容

《危险化学品包装物、容器定点生产管理办法》自 2002 年 11 月 15 日起施行。危险化学品包装物、容器必须由取得定点证书的专业生产企业定点生产。取得定点证书的企业应当按照国家有关法规和国家、行业标准设计、生产危险化学品包装物、容器。危险化学品包装物、容器经国家质检部门认可的专业检测检验机构检测合格后方可出厂。取得定点证书的企业，应当在其生产的包装物、容器上标注危险化学品包装物、容器定点生产标志。

10. 其他有关法规涉及包装的内容

其他一些法规中也有涉及包装方面的条文，如《专利法》规定了授予专利权的专利要具备新颖性、先进性和实用性 3 个条件。专利权的发明专利、实用新型专利和外观设计专利在包装产品中大量存在。近年来与包装有关的材料技术、机械技术、容器结构、商标图案都成了专利对象。因此在包装设计时要注意不可违反《专利法》，回避纠纷；《商标法》规定商标注册人享有专用权，受法律保护。假冒他人注册商标者，除赔偿损失和罚款外，对直接责任人由司法机关追究刑事责任；《经济合同法》中有十分明确的包装条款，主要涉及购销合同、货物运输合同、仓储保管合同中的包装条款。《中华人民共和国计量法》规定了包装容器的容量、重量、计量单位及标志；《中华人民共和国标准化管理条例》对包装标准有一系列的要求，在设计包装容器、制造包装件等方面应遵守条例规定；外贸包装除了应符合《合同法》、《商标法》、《专利法》的要求外，还应符合《海商法》、保险法、涉外税法和进出口货物管制法等涉外经济法规的有关规定。

（三）物流企业在包装中的法律地位

包装是物流的一个重要环节，在物流运转的仓储、运输、搬运装卸或者流通加工环节均有可能涉及包装。因此，当物流企业承担包括包装在内的几种物流作业时，其法律地位首先应当根据物流服务合同确定，其次根据物流企业是否与他人分享合同进一步加以确定。

1. 自身进行包装活动的物流企业在物流包装中所处的法律地位

具有包装能力的物流企业是指以自身的技术和能力完成物流过程中包装环节的物流企业。此时，物流企业根据与其物流需求方签订的物流服务合同，成为物流服务合同的一方当事人。其权利和义务由物流服务合同决定，同时在包装的过程中应该遵守国家相关法规和相应的标准。

2. 自身不进行包装活动的物流企业在物流包装中所处的法律地位

如果该物流企业没有进行包装的能力或由于某种原因不亲自进行包装时，物流企业可以与其他主体，如专门的包装企业签订劳务合同。此时，物流企业同时是两个合同的当事人，对物流服务合同而言，它是受托人，按照物流合同完成委托事项；对劳务而言，它是委托人，有权要求劳务提供者按照约定时间和相应的标准完成包装事项。物流企业的权利和义务同时受到两个合同的调整和约束。

对流通加工中的包装环节，我国颁布的单行法规或行政规章主要有《危险和化学品包装物、容器定点生产管理办法》、《药品包装、标签规范细则（暂行）》、《药品包装管理办法》、《公路、水路危险货物包装基本要求和性能试验》、《林木种子包装和标签管理办法》、《铁路运输出口危险货物包装容器检验管理办法（试行）》等，可以进行参考。

第四节　普通货物包装的法律规范

一、普通货物概述

普通货物是指除危险货物、鲜活易腐的货物以外的一切货物。与危险货物相比，普通货物的危险性大大小于危险货物，因而，其对包装的要求相对较低。物流企业在对普通货物进行包装时，有国家强制性的包装标准时，应当按照该标准；在没有强制性规定时，应从适于仓储、运输和搬运，并适于商品的适销性的角度考虑，按照对普通货物包装的原则，妥善地进行包装。

二、普通货物包装的法律规范概述

普通货物运输当事人要在符合国家法律、法规的前提下具体约定运输包装条款。其中《一般货物运输包装通用技术条件》是国家强制性标准，是技术性、操作性极强的法律规范，它对铁路、公路、水运、航空承运的一般货物运输包装规定了总要求。《合同法》、《海商法》等法规也分别规定，运输包装不符合该标准规定的各项技术要求，运输过程中造成货损或对其他关系方的人身、财产造成损害，均由包装责任人赔偿。

三、普通货物包装中所适用的法律规范

我国没有关于包装的专门法律，但是与货物销售、运输、仓储有关的法律、行政法规、部门规章、国际公约中都包含了对包装的规定，如我国的《合同法》、《海商法》、《食品卫生法》、《水路货物运输规则》，以及《联合国国际货物销售合同公约》、《国际海运危险货物规则》等。除此之外，包装法律规范还包含各种包装标准。

四、普通货物包装应遵循的基本原则

（一）安全原则

安全原则是指物品的包装应该保证物品本身以及相关人员的安全。具体包括两个方面的安全。

1. 商品的安全

包装的第一大功能就是保护物品不受外界伤害，保证物品在物流的过程中保持原有的形态，不致损坏和散失。生产的商品最终要通过物流环节送达消费者手中，在这个过程中，商品经常会遇到一系列的威胁。例如，外力的作用，如冲击、跌落；环境的变化，如高温、潮湿；生物的入侵，如霉菌、昆虫的入侵；化学侵蚀，如海水、盐酸等的侵蚀；人为的破坏，如偷盗等。而包装则成为对抗这些危险、保护商品的一道屏障。

2. 相关人员的人身安全

一些危险的商品，如农药、液化气等，具有易燃、易爆、有毒、腐蚀、放射性等特征，如果包装的性能不符合要求或者使用不当，很可能引发事故。对于这些商品，包装除起到保护商品不受损害的作用外，还可保护与这些商品发生接触人员的人身安全，如搬运工人、售货人员等的安全。包装如果不符合要求，将会造成严重的后果。

（二）"绿色"原则

"绿色"原则是指对物品或货物的包装应符合环境保护的要求。环境保护是当今世界经济发展的主题之一，它在包装行业中也有所体现。世界上几乎所有国家用来包装食品和药品的材料，绝大多数为塑料制品。让人担忧的是在一定的环境和温度条件下，塑料中有害成分少量会溶出，并且少量地转移到食品和药物中，从而引起急性或慢性中毒，严重的甚至会致癌。而且，由于世界每年消耗的塑料制品很多，它们被使用后遭人抛弃成为垃圾，很难腐烂。因此，绿色包装的问题是一个迫切需要解决的问题。国外，已经有许多国家和地区开始行动。它们颁布法律，在包装中全面贯彻绿色包装作为包装法的基本原则之一。

（三）经济原则

经济原则是指包装应该以最小的投入得到最大的收益。包装成本是物流成本的一个重要组成部分，如月饼的包装，有的达到月饼本身成本的1～2倍，昂贵的包装费用将会降低企业的收益率。特别是我国目前仍然处于社会主义的初级阶段，生产力还不发达，奢华的包装不仅会造成社会资源的极大浪费，还会产生不良的社会影响。但是，包装过于低价或者粗糙，也会降低商品的吸引力，形成商品销售的障碍。经济原则即是在两者之间达到平衡，使包装既不会造成资源浪费，又不会影响商品的销售。

第五节 危险货物包装的法律规范

一、危险货物概述

危险货物系指具有燃烧、爆炸、腐蚀、毒害、放射性辐射等危及人类生命与财产安全的物质。危险货物对包装、积载、隔离、装卸、管理、运输条件和消防急救措施等都有特殊而严格的要求。它的安全运输与人们的生命财产安全有着密切关系。包装直接影响危险货物的安全运输，所以说，危险货物更需要严格的包装。而对危险货物包装的检验，旨在保证装有危险货物的包件能够经受得住正常运输条件所需安全程度的要求。

二、危险货物包装法律规范

按照联合国危险货物运输专家委员会于 1956 年发布的《关于危险货物运输建议书》（橘皮书）的规定；联合国下属的国际海事组织制定了《国际海运危险货物规则》；国际民航组织制定了《国际空运危险货物规则》；欧洲铁路运输中心局制定了《国际铁路运输危险货物规则》；欧洲经济委员会与国际运输委员会制定了《国际公路运输危险货物欧洲协议》等有关的危险货物包装及运输管理法规。联合国危险货物运输专家委员会定期召开专家会议就有关危险货物分类、包装及运输方面的提案进行讨论、研究并提出处理意见，对《关于危险货物运输建议书》每两年修订一次。国际民航组织规定从 1989 年 1 月 1 日起，国际海事组织规定从 1991年 1 月 1 日起，凡是用于空运和海运的危险货物的包装强制执行《关于危险货物运输建议书》第九章关于危险货物包装定义、规格、要求、代码、标记、性能检测技术标准的规定。

我国于 1985 年和 1995 年分别颁布了《海运出口危险货物包装检验管理办法（试行）》和《空运出口危险货物运输包装检验管理办法（试行）》，并按照《商检法》第十五条将出口危险货物包装质量列为强制性检验项目。我国目前对危险货物包装检验执行的标准有：SN0449.1—95《海运出口危险货物包装检验规程总则》，SN0449.2—95《海运出口危险货物包装检验规程性能检验》，SN0449.3—95《海运出口危险货物包装检验规程使用鉴定》，SN/T0370—95《空运出口危险货物包装检验规程总则》，SN/T0371—95《空运出口危险货物包装检验规程性能检验》，SN/T0372—95《空运出口危险货物包装检验规程使用鉴定》，SN0324—94《海运出口危险货物小型气体容器包装检验规程》，ZBA82003《海运出口危险货物集装袋性能检验规程》，SN0182.2—93《海运出口电石包装钢桶性能检验规程》，SN0182.1—93《海运出口电石包装钢桶使用鉴定规程》及《铁路出口危险货物包装检验规程》（总则、性能检验、使用鉴定）等十余项海运、空运及铁路运输危险货物包装检验行业标准。

三、对危险货物储存包装的基本要求

由于危险货物自身的危险性质，我国对危险货物的包装采用了不同于普通货物的特殊要求，并且这些规定和包装标准是强制性的，因此，物流企业在进行危险货物的包装时，应当严格按照我国的法律规定和标准，以避免危险货物在停放、运输、搬运装卸中出现重大事故。根据《危险货物运输包装通用技术条件》《水路危险货物运输规则》及其他相关法规的规定，我国对危险货物包装的基本要求如下。

1．包装所用的材质应与所装的危险货物的性质相适应

危险货物对不同材料的腐蚀作用要求相应的包装材质必须耐腐蚀。同属强酸，浓硫酸可用铁质容器，其他任何酸都不能用铁器盛装。因为75%以上的浓硫酸会使铁的表面氧化生成一层薄而结构致密的氧化物保护膜，阻止了浓硫酸与铁质容器的连续反应。不过不能将盛装浓硫酸的铁器敞开置放，浓硫酸会吸收空气中的水分而变稀，稀硫酸能破坏已形成的四氧化三铁，而使铁容器被腐蚀。铝可以作硝酸、醋酸的容器，但不能盛装其他酸。氢氟酸不能使用玻璃容器。总之，危险货物包装容器与所装物品直接接触的部分，不应受该物品的化学或其他作用的影响。包装与内装物直接接触部分，必要时应有内涂层或进行相应处理，以使包装材质能适应内装物的物理、化学性质，不使包装与内装物发生化学反应而形成危险产物或导致削弱包装强度。

2．包装应具有抗冲撞、震动、挤压和摩擦的作用

包装应有一定的强度。以保护包装内的货物不受损失，是一般货物的共同要求。

危险货物的包装强度，与货物的性质密切相关。压缩气体和液化气体，处于较高的压力下，使用的是耐压钢瓶，强度极大。又因各种气体的临界温度和临界压力不同，要求钢瓶耐受的压力大小也不同。我国所用的各种气体钢瓶的耐压的强度等级和钢瓶的材质、制造工艺、技术要求、检验使用、保管维修等程序和方法等均应符合《气瓶安全监察规程》的有关规定。

3．包装的封口应与所装危险货物的性质相适应

《危险化学品安全管理条例》第四十二条第二款规定："运输危险化学品的槽罐以及其他容器必须封口严密，能够承受正常运输条件下产生的内部压力和外部压力，保证危险化学品在运输中不因温度、湿度或者压力的变化而发生任何渗（洒）漏。"

危险货物包装的封口，一般来说应严密不漏。特别是挥发性强或腐蚀性强的危险货物，封口更应严密。但对有些危险货物要求封口不严密，甚至还要求设有通气孔。应如何封口，要根据所装货物的性质决定。大部分危险货物的包装应严密。必须采取非严密包装的货物大致是以下几类。

（1）油浸的纸、棉、绸、麻等及其制品。要用透笼箱包装，以保持良好的通风。

（2）碳化钙（电石）。碳化钙吸收空气中的水分即能反应产生易燃的乙炔气体。如果桶内乙炔气不能及时排出，而积聚起来，运输时滚动碰撞，桶内坚硬的碳化钙块与铁桶壁碰撞产生火星，就会点燃乙炔气发生爆炸。所以装碳化钙的铁桶应严密到不漏水、漏气，在桶内充氮气抑制乙炔的产生；或者应有排放桶内乙炔气的通气孔，同时注意通气孔应能防止桶外的水漏进桶内。否则，十分危险。

（3）双氧水（过氧化氢）。

（4）液氮。

四、危险货物运输包装的要求

（一）危险货物运输包装的含义

根据《危险货物运输包装通用技术条件》的规定，危险货物的运输包装即指运输中的危险货物的包装。除爆炸品、压缩气体、液化气体、感染性物品和放射性物品的包装外，危险货物的包装还能按其防护性能分为：Ⅰ类包装，即适用于盛装高度危险性的货物的包装；Ⅱ类包装，即适用于盛装中度危险性的货物的包装；Ⅲ类包装，即适用于盛装低度危险性的货物的包装。

（二）危险货物运输包装所适用的标准及其基本内容

危险货物运输所适用的国家标准是《危险货物运输包装通用技术条件》。该标准是由国家颁布的，它规定了危险货物运输包装的分级，运输包装的基本要求、性能测试和测试的方法，同时也规定了运输包装容器的类型和标记代号强制适用的技术标准。

该标准强制适用于盛装危险货物的运输包装，是运输生产和检验部门对危险货物运输队包装质量进行性能试验和检验的依据。

该标准不适用于以下几种情况的包装。

（1）盛装放射性物质的运输包装。

（2）盛装压缩气体和液体气体的压力容器的包装。

（3）净重超过 400 千克的包装；容积超过 450 升的包装。

（三）对危险货物运输包装的强度、材质等的要求

根据《危险货物运输包装通用技术条件》的规定，危险货物运输包装的强度及采用的材质应满足以下基本要求。

（1）危险货物运输包装应结构合理，具有一定强度，防护性能好。

（2）包装的材质、形式、规格、方法和单件质量（重量），应与所装危险货物的性质和用途相适应，并便于装卸、运输和储存。

（3）包装应该质量良好，其构造和封闭形式应能够承受正常运输条件下的各种作业风险。不因温度、湿度、压力的变化而发生任何泄漏，包装表面应该清洁，不允许黏附有害的危险物质。

（4）包装与内包装直接接触部分必要时应该有内涂层或进行防护处理。

（5）包装材质不得与内包装物发生化学反应而形成危险产物或导致削弱包装强度；内容器应该固定。如果属于易碎的，应使用与内装物性质相适应的衬垫材料或吸附材料衬垫妥实；盛装液体的容器，应能经受在正常运输条件下产生的内部压力。灌装时必须留有足够的膨胀余地，除另有规定外，应该保证在 55℃时，内装物不会完全充满容器。

（6）包装封口应该根据内包装物性质采用严密封口、液密封口或气密封口。

（7）盛装需浸湿或夹有稳定剂的物质时，其容器缝补形式应能有效地保证内装液体、水溶剂或稳定的百分比在储运期间保持在规定范围内。

（8）有降压装置的包装，排气孔设计和安装应能防止内装物泄露和外界杂质的混入。排出的气体量不得造成危险和污染环境。复合包装内容器和外包装应紧密贴合，外包装不得有

擦伤内容器的凸出物。

（9）无论是新型包装、重复使用的包装，还是修理过的包装，均应符合危险货物运输包装性能测试的要求。

第六节　国际物流中的包装法律规范

一、国际物流中包装的特点

国际物流是相对于国内物流而言的，它是国内物流的延伸和发展，同样包括运输、包装、流通加工等若干子系统。相对于国内物流的包装来说，国际物流中的包装具有以下特点。

（一）国际物流对包装强度的要求较高

国际物流的过程与国内物流相比时间长、工序多，因此在国际物流中同种运输方式往往难以完成物流的全过程，经常采取多种运输方式联运，与此同时就增加了搬运装卸的次数及存储的时间。在这种情况下，只有增加包装的强度，才能达到保护商品的作用。

（二）国际物流的标准化要求较高

这是由国际物流过程的复杂性所引起的。为了提高国际物流的效率，减少不必要的活动，国际物流过程中对包装的标准化程度越来越高，以便于商品顺利地流通。

（三）国际物流涉及的法律制度存在着差异

国际物流涉及两个或两个以上不同的国家，法律制度存在着差异，同时又存在着若干调整包装的国际公约，所以国际物流中与包装有关的法律适用更加复杂。

二、国际物流中包装所适用的法律规范

（一）国际物流参与国的国内法

国际物流是商品在不同国家的流动，所以其包装应该遵守相关国家的法律规定。这里的相关国家指的是物流过程的各个环节所涉及的国家，如运输起始地所在国、仓储地所在国、流通加工地所在国。

国际物流中的包装必须遵守参与国际物流国家的关于包装的强制法，对于任意性的法律规定及当事人可以选择适用的法律，可以由当事人自行决定。

（二）相关的国际公约

目前世界上并没有专门规定商品包装的国际公约，但是在国际贸易以及国际运输领域的

公约中包含着对商品包装的规定，如《汉堡规则》、《联合国国际货物买卖公约》等。

项目小结 XIANGMU XIAOJIE

本项目首先概述了流通加工，对流通加工法分解说明。对流通过程中物流包装作用进行分析，对于包装过程中牵涉的法律法规，尤其是普通货物包装、危险品货物包装、国际物流中的包装法律规范进行详细的分析，明确货物流通过程中加工及包装环节法律双方应承担的义务，以及各方应享受的权力。

能力测评 NANGLI CEPING

一、判断题

1．流通加工可以由物流业者自己完成，也可以通过签订承揽合同，将部分或整个工作外包出去，由其他企业或个人完成。　　　　　　　　　　　　　　　　　　　（　　）

2．合同的标的物是承揽人的工作成果，而不是承揽人完成工作的过程本身。　（　　）

3．在流通加工环节中，物流企业可能通过加工承揽合同履行其物流服务合同的加工义务，即物流企业通过与承揽人签订分合同的形式将其加工义务分包出去。　　　　　（　　）

4．加工承揽合同是为了满足定做人的特殊要求而订立的，因而加工承揽合同标的的工作成果是由定做人确定的，或者是按定做人的要求来完成的。　　　　　　　　　（　　）

5．定做合同是由承揽方根据定做方需要，利用自己的设备、技术、材料和劳动力，为定做方制作成品，由定做人支付报酬的合同。　　　　　　　　　　　　　　　　（　　）

6．加工承揽合同的标的是定做人和承揽人权利和义务所共同指向的对象，是加工承揽合同必须具备的条款。　　　　　　　　　　　　　　　　　　　　　　　　　（　　）

7．包装根据其作用可以分为商业包装和物流包装。　　　　　　　　　　　（　　）

8．包装是物流的一个重要环节，在物流运转的仓储、运输、搬运装卸或者流通加工环节均有可能涉及包装。　　　　　　　　　　　　　　　　　　　　　　　　　（　　）

9．我国有关于包装的专门法律规定。　　　　　　　　　　　　　　　　　（　　）

10．危险货物系指具有燃烧、爆炸、腐蚀、毒害、放射性辐射等危及人类生命与财产安全的物质。　　　　　　　　　　　　　　　　　　　　　　　　　　　　　　（　　）

二、单选题

1．在承揽合同中，定做人还应比照中国人民银行有关延期付款的规定向承揽人偿付违约金；以酬金计算的，每逾期一天，按酬金总额的（　　　）偿付违约金。

　　A．1%　　　　　　B．1‰　　　　　C．5‰　　　　　D．1.5%

2．在进行包装的过程中必须按照相应法律规范要求进行，不得随意变更指的是包装的（　　）。

　　A．强制性　　　　B．标准性　　　　C．技术性　　　　D．分散性

3．包装法律中包含大量以自然科学为基础而建立的技术性规范，指的是包装的（　　）。

　　A．强制性　　　　B．标准性　　　　C．技术性　　　　D．分散性

4. 配送合同不能直接引用合同法分则有名合同的规范,指的是配送合同的( )性质。

    A. 无名合同   B. 有偿合同   C. 诺成合同   D. 长期合同

5. 配送是一种服务,配送经营人需要投入相应的物化成本和劳动才能实现产品的生产,指的是配送合同的( )性质。

    A. 记名合同   B. 有偿合同   C. 诺成合同   D. 长期合同

6. 当事人对配送关系达成一致意见时配送合同就成立,合同也就生效,指的是配送合同的( )性质。

    A. 记名合同   B. 有偿合同   C. 诺成合同   D. 长期合同

7. 配送过程都需要持续一段时间,以便开始有计划、小批量、不间断的配送,以实现配送经济的目的,指的是配送合同的( )性质。

    A. 记名合同   B. 有偿合同   C. 诺成合同   D. 长期合同

8. 配送人在将物品所有权转移给用户的同时为用户提供配送服务,由用户支付配送费用(包括标的物价款和配送服务费)的合同指的是( )。

    A. 配送服务合同 B. 销售配送合同 C. 普通配送合同 D. 以上答案都不正确

9. 普通货物包装应遵循的基本原则不包括( )。

    A. 安全原则   B. "绿色"原则 C. 经济原则   D. 效率原则

10. 包装法律法规具有的特点是( )。

    A. 强制性   B. 标准性   C. 技术性   D. 统一性

三、多选题

1. ( )属于承揽合同的性质。

    A. 诺成合同   B. 不要式合同   C. 双务有偿合同

    D. 固有继续性合同   E. 一时性合同

2. ( )属于承揽合同。

    A. 加工合同   B. 定作合同   C. 雇佣合同

    D、修理合同   E. 检验合同

3. ( )属于包装法律法规具有的特点。

    A. 强制性   B. 标准性   C. 技术性

    D. 分散性   E. 艺术性

4. 以下属于配送合同的性质的有( )。

    A. 记名合同   B. 有偿合同   C. 诺成合同

    D. 无名合同   E. 长期合同

5. 除爆炸品、压缩气体、液化气体、感染性物品和放射性物品的包装外,危险货物的包装还能按其防护性能分为( )。

    A. Ⅰ类包装   B. Ⅱ类包装   C. Ⅲ类包装

    D. Ⅳ类包装   E. Ⅴ类包装

四、表述题

1. 简述承揽合同当事人双方的权利义务。

2. 简述承揽合同定做人违反承揽合同应承担的违约责任。

3．什么是配送合同？配送合同有哪些类型？

五、案例分析题

1．2005 年 3 月 18 日陈某、胡某双方约定，陈某承揽的位于浦东新区金高路 1298 弄 129 号的广告制作项目转给胡某做。胡某接受后，自己找地方、购买材料，按照陈某提供的图纸进行制作。2005 年 3 月 25 日，胡某制作完毕，之后直接送到金高路 1298 弄 129 号进行安装。安装过程中，胡某安装工具不够，向陈某借工具。陈某带人带工具赶到现场，并且帮助胡某进行安装。在安装过程中，胡某摔伤，陈某及时将胡某送至医院。后胡某要求陈某赔偿，陈某不同意，故胡某诉至法院。

问题：

（1）陈某和胡某之间是什么关系？为什么？

（2）陈某是否要给予胡某赔偿？为什么？

2．原告王某与被告恒通公司于 2012 年 7 月开始建立汽车配件模具加工承揽业务关系，由原告按被告的要求为被告加工定做汽车配件模具，但未订立合同。

2014 年 5 月 27 日，被告向原告出具欠条，载明：截至 2014 年 5 月 27 日欠王某模具开发费 97000 元；2014 年 6 月 24 日，被告向原告出具收条，载明收到价款为 11000 元的模具；2014 年 10 月 8 日，被告向原告出具收据，载明收到价款为 36000 元的模具；2015 年 5 月 31 日，被告向原告出具收据，载明收到价款为 50000 元的模具；2015 年 6 月 16 日，被告向原告出具收据，载明收到价款为 12000 元的模具；2015 年 6 月 24 日，被告向原告出具收据，载明收到价款为 5000 元的模具。以上 6 笔合计，被告欠原告模具货款 211000 元。之后，经原告多次向被告催要货款，被告资金困难未能偿还。故原告诉至法院。

问题：

（1）此合同是否成立？为什么？

（2）被告是否应偿还货款？为什么？

项目六

> > > 国际货运代理法律规范

知识体系

项目六	国际货运代理法律规范	本项目首先介绍国际货运代理的概念、业务范围及法律体系，然后重点介绍国际货运代理企业的业务范围、应遵守的行为规范，货运代理企业作为独立经营人和代理人的民事法律地位，企业的设立、变更与终止的条件和程序，国际货运代理合同的内容及双方当事人的权利义务内容等
第一节	国际货运代理与国际货运代理法概述	本节主要介绍国际货运代理的概念、性质、业务范围，以及调整国际货运代理企业关系、规范国际货运代理行为的法律制度
第二节	国际货运代理企业的业务范围和行为规范	本节首先介绍国际货运代理企业的概念、性质、作用等，然后重点介绍国际货运代理企业的业务范围和应遵守的行为规范
第三节	国际货运代理企业的设立、变更和终止	本节主要介绍国内投资国际货运代理企业和外商投资国际货运代理企业的设立、变更、终止的条件及审批程序等
第四节	国际货运代理企业民事法律地位	本节主要介绍国际货运代理企业作为独立经营人和代理人的法律地位的内容及确定因素
第五节	国际货运代理合同	本节首先介绍国际货运代理合同的概念、特征、内容，然后重点介绍国际货运代理合同双方当事人的权利、义务、责任

知识目标

掌握国际货运代理企业的概念、业务范围、行为规范，国际货运代理合同的内容；熟悉国际货运代理企业的设立、变更和终止的条件和程序；理解国际货运代理企业民事法律地位。

能力目标

能够明确描述国际货运代理企业的各项业务；能够表述国际货运代理企业的民事法律地位，国际货运代理合同当事人的权利义务内容；学会根据我国国际货运代理企业的法律依据分析处理具体案例。

素质目标

加强法律观念，搞清国际货运代理业务中的法律关系；遵守国际货运代理相关法律规范，提高国际货运代理相关人员的素质；能够利用法律保护国际货运代理人在业务中的合法权益。

关键概念

国际货运代理　国际货运代理业　国际货运代理人　国际货运代理企业　国际货运代理合同

导入案例

2014年10月A物流公司与B商贸公司签订了《沿海内贸货物托运委托书》。双方对相关事项进行了约定，但并未约定货物运抵目的地的具体时限。委托书签订后，A物流公司为B商贸公司办理了货物托运手续，把货物配送上集装箱运输公司的名义所属轮船，并按约定为B商贸公司代签了《水路集装箱货物运单》，代垫了该委托书项下的运杂费。但B商贸公司主张：A物流公司没有按期将B商贸公司的货物运到B商贸公司客户手上，给自己造成损失，故不应支付A物流公司垫付的运杂费。

问题：

B商贸公司的主张是否成立？为什么？

第一节　国际货运代理与国际货运代理法概述

一、国际货运代理概述

随着国际贸易、运输方式的发展，国际货物运输代理应运而生，成为国际贸易中不可缺少的重要组成部分。

（一）国际货运代理的概念

国际货运代理的定义，由于各国情况不同，货运代理职能有所差异，且各方对货运代理从不同角度进行定义，故至今仍没有一个在国际范围内被普遍接受的定义。

"国际货运代理"一词具有两种含义：其一是指国际货运代理业；其二是指国际货运代理人。

1. 国际货运代理业

《国际货运代理业示范法》将货运代理服务定义为："各类与运输、拼装、积载、管理、包装或分拨相关的服务，以及相关的辅助和咨询服务，包括但不限于海关和财政业务、官方的货物申报、货物保险、取得有关货物的单证及支付相关费用等。"

根据1995年6月29日国务院批准的《中华人民共和国国际货物运输代理管理规定》第二条的规定，国际货物运输代理业是指接受进出口货物收货人、发货人的委托，以委托人的名义或者以自己的名义，为委托人办理国际货物运输及相关业务并收取服务报酬的行业。

2. 国际货运代理人

《国际货运代理业示范法》将货运代理人定义为："与客户达成货运代理协议的人"，即向客户提供各类与货物的国际运输、拼装、积载、管理、包装或分拨相关的服务，以及相关辅助和咨询服务的人。

联合国亚太经合组织的解释是："国际货运代理代表其客户取得运输，而本人并不起承运人的作用"。

在我国，国际货运代理人是指接受进出口收货人、发货人或承运人的委托，以委托人的名义或者以自己的名义，为委托人办理国际货物运输及相关业务并收取服务报酬的企业。商务部于2004年1月1日制定的《中华人民共和国国际货物运输代理业管理规定实施细则》中规定，国际货物运输代理企业（以下简称国际货运代理企业）可以作为进出口货物收货人、发货人的代理人，也可以作为独立经营人，从事国际货运代理业务。申请设立国际货运代理企业可由企业法人、自然人或其他经济组织组成。与进出口贸易或国际货物运输有关并拥有稳定货源的企业法人应当为大股东，且应在国际货运代理企业中控股。企业法人以外的股东不得在国际货运代理企业中控股。这些规定扩大了国际货运代理业务申请人的范围。

（二）国际货运代理的性质

与概念相对应，对于国际货运代理的性质，也可以从国际货运代理业和国际货运代理人两个角度来解释。

1. 国际货运代理业的性质

国际货运代理业是一个相对年轻的行业，在社会产业结构中属于第三产业，性质属于服务行业。

2. 国际货运代理人的性质

国际货运代理人本质上属于货物运输关系的代理人，是联系发货人、收货人和承运人的货物运输中介人，既代表货方，保护货方的利益，又协调承运人进行承运工作。也就是说，在以发货人和收货人为一方，承运人为另一方的两者之间起着桥梁作用。

（三）国际货运代理的业务范围

国际货运代理所服务或发生关系的对象众多，主要有货主、船公司、航空公司、海关、商检等港口服务机构，根据其服务对象的不同，可将国际货运代理业务范围划分为以下几类。

1. 为发货人（出口商）服务

国际货运代理人接受发货人委托或以运输经营人的身份承揽货物运输业务后，交付货物之前主要承担以下职能：为发货人安排合理的运输方式、运输路线，选择合适的承运人或实际承运人；为客户提供仓储、分拨服务或向客户提供这方面的合理意见；为货运投保运输险；安排拼装箱业务；安排货物在装运港的运输，办理海关和有关单证手续并将货物交给承运人；代为支付运费、关税、其他税收等；代为从承运人处收取提单或签发本公司的提单；自行或通过代理监督货物的运输过程，并将情况通知托运人。

2. 为收货人（进口商）服务

国际货运代理人要向收货人报告货物动态；接收和审核所有与运输有关的单据；提货和付运费；安排报关和付税及其他费用；安排运输过程中的存仓；向收货人交付已结关的货物；协助收货人储存或分拨货物，如有合同约定，还将对货物进行检验等。

3. 为承运人服务

无论国际货运代理人是以代理的身份还是以无船承运人或物流经营人的身份出现，在没有自有运输设备的情况下，不可避免地要和承运人发生关系。在海运过程中，国际货运代理人与作为船方代理人的船代不同，但在很多情况下其与海运承运人保持良好稳定的业务关系并在一定程度上为承运人服务。在航空运输的过程中，国际货运代理人主要从事拼箱业务，为航空公司揽货，并在此基础上收取差价或提取佣金。

4．为海关服务

在国际货运代理人为当事人办理货物清关手续的时候，其实也是在为海关服务。在许多国家，货运代理人已取得相应的许可，办理海关手续，并对海关负责，负责在法定的单证中申报货物确切的金额、数量和品名，以确保政府的利益。

5．与港口经营人联系

国际货运代理人在完成作业的过程中，一般都会与港口经营企业发生联系，委托这些企业办理仓储、港口装卸等作业，由于货运代理人与这些企业基本上是长期的业务关系，所以还要确保港口经营企业的利益。

二、国际货运代理法概述

对国际货运代理企业进行行政管理和经济调整的法律规范主要有《中华人民共和国国际货物运输代理业管理规定》、《中华人民共和国国际货物运输代理业管理规定实施细则》、《外国投资国际货物运输代理企业管理规定》、《中华人民共和国国际货物运输代理业管理规定实施细则》（试行）和《外商投资国际货物运输代理企业管理办法》、《关于台湾海峡两岸间货物运输代理业管理办法》、《中华人民共和国国际海运条例》和《中华人民共和国国际海运条例实施细则》。

国际货运代理作业过程中平等经济主体的法律关系没有专门单行法律规范加以规定，而是由我国法律体系中一些相关的规定来调整的。调整国际货运代理的法律主要有《民法通则》和《合同法》。除此以外，国际货运代理过程中的民商事法律关系还由一些特定行业法律法规中专门对货代进行规定的条款来调整。这些法律法规主要有《海商法》、《海事诉讼特别程序法》及其司法解释、《民用航空法》和《中国民用航空货物国际运输规则》的有关规定及其他相关规定，如《国际集装箱多式联运管理规则》和《铁路运输管理规则》等。

相关国际立法主要有《FIATA 国际货运代理业示范法》及其他国际公约和惯例，如 1980年《联合国国际货物多式联运公约》、《多式联运单证规则》、《统一航空运输某些规则的公约》等，在运输方面对国际货运代理有所涉及，或者对作为契约承运人的国际货运代理人直接进行调整。

第二节　国际货运代理企业的业务范围和行为规范

一、国际货运代理企业概述

（一）国际货运代理企业的概念

我国商务部 2004 年 1 月 1 日发布并实施的《中华人民共和国国际货运代理业管理规定实

施细则》规定，国际货运代理企业可以作为进出口货物收货人、发货人的代理人，也可作为独立经营人从事国际货运代理业务。国际货运代理企业作为代理人从事国际货运代理业务，是指国际货运代理企业接受进出货物收货人、发货人或其代理人的委托，以委托人或自己的名义办理有关业务，来收取代理费或佣金的行为。国际货运代理企业作为独立经营人从事国际货运代理业务，是指国际货运代理企业接受进出货物收货人、发货人或其代理人的委托，签发运输单证，履行运输合同并收取运费和服务费的行为。

根据我国法律规定，目前我国国际货运代理企业的一方股东必须是进出口贸易企业、国际运输企业或国际货运代理企业，并且持有多数股权，尚不允许私人和个体工商户直接投资或全部由其他企业设立国际货运代理企业，也不允许外商独资设立国际货运代理企业。因此，我国的国际货运代理企业的类型除国有国际货运代理企业如中国对外贸易运输总公司、中国租船公司等外，还有股份制和中外合资的国际货运代理公司。

（二）国际货运代理企业的性质和作用

1. 国际货运代理企业的性质

国际货运代理企业本质上属于货物运输关系人的代理人，是联系发货人、收货人和承运人的货物运输中介人。虽然国际货运代理企业有时也以独立经营人身份从事货物的仓储、短途运输，甚至以缔约承运人身份出具运单、提单，但这只不过是为了适应市场竞争需要，满足某些客户的特殊需求而拓展了服务范围的结果，并不影响其作为运输代理人的本质特征。

2. 国际货运代理企业的作用

国际货运代理企业在促进本国和世界经济发展的过程中起着重要的作用。具体来讲，国际货运代理企业的作用主要有组织协调、开拓控制、降低成本、资金融通、中间人作用、咨询顾问作用、提供专业化服务、提供特殊服务等作用。

二、国际货运代理企业的业务范围

根据《中华人民共和国国际货物运输代理企业管理规定》《中华人民共和国国际货物运输代理企业管理规定实施细则》《外商投资国际货物运输代理企业管理规定》和《外商投资国际货物运输代理企业管理办法》等的有关规定，国际货运代理企业作为代理人或独立经营人的业务范围如下。

（1）揽货、订舱（含租船、包机、包舱）、托运、仓储、包装。

（2）货物的监装、监卸，集装箱的拆箱、分拨、中转，以及相关的短途运输服务。

（3）报关、报检、报验、保险。

（4）缮制签发有关单证、交付运费、结算及交付杂费。

（5）国际展品、私人物品及过境货物运输代理。

（6）国际多式联运、集运（含集装箱拼箱）。

（7）国际快递（不含私人信函）。

（8）咨询及其他国际货运代理业务。

但是，这些并不是每个国际货运代理企业都具有的经营范围。

在工商部门登记的经营范围前提下，国际货运代理企业根据服务对象、服务方式、服务类别等的不同，业务范围也有所区别。

（一）作为货主的代理人提供货代服务

1. 作为出口货物发货人的代理人的业务范围

（1）为货主提供车次、船期、航班、运价信息和出口货物的报关、报检、报验、装运港、中转港、目的港的装卸、运输规定等相关信息。

（2）根据发货人的货物运输要求以及自己的专业知识和经验，为货主选择运输路线、运输方式和适当的承运人，安排货物运输、转运，争取优惠运价，确认运费及其他费用。

（3）接受并审核发货人提供的货物运输资料、单证，提醒发货人准备货物进出口地所属国家或地区要求的运输资料及相关单证。

（4）代为填写、缮制有关货物运输单据，为办理出口报关、报检、报验等手续做好准备。

（5）向选定的承运人提供揽货、订舱。

（6）提取货物，将货物交付承运人或其他代理人。

（7）办理出运货物的包装、仓储、称重、计量、检尺、标记、刷唛、进站、进港、进场手续。

（8）办理出运货物的装箱、拼箱、理货、监装事宜。

（9）办理货物的运输保险手续。

（10）查询、掌握货物装载情况及运输工具离开车站、港口、机场的时间，及时向委托人报告货物出运信息。

（11）向承运人或其代理人领取运单、提单及其他收货凭证，及时交给发货人或按其指示处理。

（12）向承运人、承运人的代理人、其他有关各方、各有关当局交付、结算运费、杂费、税金、政府规费等款项。

（13）联系承运人或其在货物起运地、目的地的代理人，掌握运输情况，监管运输过程，及时向发货人通报有关信息。

（14）记录货物的残损、短缺、灭失情况，收集有关证据，协助发货人向有关责任方、保险公司索赔。

（15）发货人委托办理的其他事项。

2. 作为进口货物收货人的代理人的业务范围

（1）随时查询、及时掌握货物动态和运抵目的地的信息，并及时通报给收货人。

（2）接收和审核收货人提供的所有与运输有关的单据，协助其准备提货文件，办妥相关手续，做好提货、截获准备。

（3）向承运人、承运人的代理人及其他有关各方支付运费、杂费等。

（4）办理报关、纳税、结关、报检、报验手续，并支付税金及其他费用。

（5）办理货物的提取、接收、拆箱、监卸、查验等手续。

（6）安排运输过程中的存仓、转运、短倒、分拨等事宜。

（7）安排货物从卸货地到收货人处或其指定处所的短途运输。

（8）向收货人交付已结关的货物及有关单据。

（9）记录货物的残损、短缺、灭失情况，收集有关证据，协助收货人向有关责任方、保险公司索赔。

（10）收货人委托的其他事项。

（二）作为承运人的代理人提供货物运输代理服务

1. 作为出口货物承运人的代理人的业务范围

（1）回复托运人关于陆运车辆班次，海运船舶船期，空运飞机航班、运价、运输条件等相关事宜的查询。

（2）承揽货物，组织货载，接受托运人的包车、租船、包机、订车、订舱要求，与之洽谈、预订车辆、船舶、飞机、舱位，签订运输合同。

（3）填写、缮制货物入仓、进站、进港、进场单据或集装箱、集装器放行单，安排货物入仓、进站、进港、进场或装箱。

（4）协助承运人或车站、码头、机场进行车辆、船舶、飞机配载，装车、装船、装机。

（5）审核车站、码头、场站汇总的货物清单，缮制货物出口运单、提单等单证，并向海关申报集装箱、集装器、货物情况。

（6）向航次租船的船舶承租人签发滞期或速遣通知。

（7）向托运人签发运单、提单，收取运费、杂费。

（8）办理货物、集装箱的中转手续。

（9）汇总出口货物运输单据，审核有关费用、费收，办理支付、结算手续。

（10）向委托人转交货物运输文件、资料，报告出口货载、用箱、费用、费收情况。

（11）向货物的目的地车站、港口、机场承运人代理传递货物运输文件、资料、传递运输信息。

（12）承运人委托的其他事项。

2. 作为进口货物承运人的代理人的业务范围

（1）取得、整理、审核进口货物运输单据。

（2）向收货人或通知人传达货物到站、到港、运抵信息，通知其提货。

（3）填写、缮制进口货物运输单据，办理集装箱、集装器、货物进口申报手续。

（4）通知、协助车站、港口、机场安排卸货作业。

（5）安排集装箱的拆箱，货物的转运、查验、交接。

（6）收取运费、杂费及其他相关费用，办理放货手续。

（7）汇总进口货物运输单据，审核有关费用、税收，办理支付、结算手续。

（8）承运人委托的其他事项。

（三）作为独立经营人提供有关服务

1. 作为缔约承运人、多式联运经营人、无船承运人的业务范围

（1）根据运输合同规定，在货物的起运地或其他地点与托运人或其代理人办理货物的交

接手续，签发收货凭证、提单、运单。

（2）作为货物运输服务的当事人确定运输方式、运输路线，与实际承运人、分包承运人签订货物运输合同。

（3）作为货物运输服务的当事人安排货物交付船舶运输经营人、航空运输经营人或者其他分包承运人运输，跟踪监管货物运输过程。

（4）必要时，对装载货物的集装箱进行保险，对货物的运输投保承运人责任险。

（5）通知在货物转运地的代理人，与分包承运人进行联系，申办货物的过境、换装、转运手续，办理相关事宜。

（6）作为货物运输服务的当事人及时向发货人、收货人或其代理人告知货物位置、状况等信息。

（7）在货主提出要求时，安排货物的中途停运。

（8）从实际承运人处办理提货并交付收货人。

（9）向货主或其代理人收取、结算运费、杂费。

（10）办理货物的索赔、理赔手续。

（11）办理其他相关事宜。

2. 作为仓储保管人的业务范围

（1）清点货物数量，检查货物包装和标志等工作，办理货物交接手续。

（2）代为验收货物，发现入库货物与约定不符，及时通知存货人。

（3）根据验收结果，办理货物入库手续，向存货人填发仓单。

（4）根据货物的性质、特点、保管要求，对货物进行分区、分类按货位编号，合理存放、堆码、苫垫。

（5）妥善保管货物，编制保管账卡，定期或根据临时需要进行盘点，做好盘点记录，及时保养、维护。

（6）根据货主要求，对货物重新包装或者对零星货物的组配或者对成批货物分装。

（7）制订出库计划，审核货主填制的提货单或调拨单等出库凭证，登入保管账卡。

（8）配货、包装、刷唛，集中到理货场所等待运输。

（9）安排提货，复核货物出库凭证，向货主或承运人交付货物，核销储存货量。

（10）收取仓储费。

3. 作为咨询服务人的业务范围

（1）向客户提供有关法律、法规、规章、惯例和有关运输规定的信息。

（2）对货物的运输的路线、方式、方案提供意见和建议。

（3）对货物装载运输方式、方法提供意见和建议。

（4）提供有关货物进出口手续的相关咨询。

（5）提供货物的运输单证和银行要求等咨询。

（6）提供货物的运输保险方面的咨询。

（7）对货物的理赔、索赔提出意见和建议。

（8）客户提出咨询的其他事项。

三、国际货运代理企业的行为规范

（一）货物运输代理业务行为规范

国际货运代理企业在货物运输代理业务中应遵守以下行为规范。

（1）国际货运代理企业应当按照对外经济贸易合作部颁发的国际货物运输代理企业批准证书和工商行政管理机关颁发的营业执照列明的经营范围和经营地域从事经营活动。

（2）国际货运代理企业应当使用国际货运代理企业批准证书记载的企业名称和企业编号从事国际货运代理业务。

（3）国际货运代理企业使用的国际货运代理提单实行登记编号制度，并禁止出借提单。

（4）国际货运代理企业从事国际货运代理业务，必须使用税务机关核准的发票。同货主结算运杂费，必须出具正式发票。

（5）国际货运代理企业应当遵循安全、迅速、准确、节省、方便的经营方针，为进出口货物的收货人、发货人提供服务。

（6）国际货运代理企业应当向行业主管部门报送业务统计，并对统计数字的真实性负责。业务统计的编报办法由商务部另行规定。

（7）国际货运代理企业可以使用中国国际货运代理协会参照国际惯例制定的国际货运代理标准交易条款，也可以自行制定交易条款，但是必须经商务部批准后，才能使用。国际货运代理企业之间还可以相互委托办理全部或部分国际货运代理业务。

（8）国际货运代理企业不得将规定范围内的注册资本挪作他用，不得出借、出租或转让批准证书和国际货物运输代理业务单证；不得直接转让或变相转让国际货运代理经营权；不得允许其他单位、个人以该国际货运代理企业或其营业部的名义从事国际货运代理业务；不得与不具有国际货运代理业务经营权的单位订立任何协议而使之可以单独或与之共同经营国际货运代理业务，收取代理费、佣金或者获得其他利益；不得接受非法货运代理提供的货物，不得为非法货运代理代办订舱；不得以发布虚假广告、分享佣金、退返回扣或其他不正当竞争手段从事经营活动。

（二）无船承运业务行为规范

国际货运代理企业在无船承运业务中应遵守以下行为规范。

（1）在中国境内经营无船承运业务，应当在中国境内依法设立企业法人，并以该企业法人的名义向国务院交通主管部门办理提单登记，交纳保证金，取得《无船承运业务经营资格登记证》。

（2）无船承运业务经营者应当依法在交通部指定的商业银行开设的无船承运业务经营者专门账户上交存保证金，保证金利息按照中国人民银行公布的活期存款利率计息。

（3）无船承运业务经营者的运价，应当按照规定的格式向国务院交通主管部门备案。

（4）在中国境内没有经营性分支机构的境外无船承运业务经营者，应当委托在当地具有无船承运业务经营资格的经营者代理签发提单业务。

（5）在中国委托代理人提供进出中国港口国际货物运输服务的外国无船承运业务经营者，应当在中国境内委托一个联络机构，负责代表该外国企业与中国政府有关部门就《中华人民共和国国际海运条例》及其实施细则规定的有关管理及法律事宜进行联络。

（6）经营无船承运业务，不得有下列行为：①以低于正常、合理水平的运价提供服务，妨碍公平竞争；②在会计账簿之外暗中给予托运人回扣，承揽货物；③滥用优势地位，以歧视性价格或者其他限制性条件给交易对方造成损害；④其他损害交易对方或者国际海上运输市场秩序的行为。

（三）其他代理行为规范

国际货运代理企业在航空货物运输销售代理业务、航空快递业务、多式联运业务、代理报关业务、代理出入境检验检疫报验业务中也要遵守一定的行为规范，规范的具体内容略有不同。

第三节　国际货运代理企业的设立、变更和终止

一、国际货运代理企业的设立

（一）国内投资国际货运代理企业的设立

1．设立条件

（1）主体条件。

国际货运代理企业的股东可以是企业法人、自然人或其他经济组织。与进出口贸易或国际货物运输有关，并拥有稳定货源的企业法人应当为大股东，且应在国际货运代理企业中控股。企业法人以外的股东不得在国际货运代理企业中控股。

承运人以及其他可能对国际货运代理行业构成不公平竞争的企业不得申请经营国际货运代理业务。禁止具有行政垄断职能的单位申请投资经营国际货运代理业务。

（2）组织形式。

国际货运代理企业应当依据取得中华人民共和国企业法人资格。企业组织形式为有限责任公司或股份有限公司。禁止具有行政垄断职能的单位申请投资经营国际货运代理业务。承运人以及其他可能对国际货运代理行业构成不公平竞争的企业不得申请经营国际货运代理业务。

（3）营业条件。

设立国际货物运输代理企业，根据其行业特点，应当具备下列条件。

① 有至少5名从事国际货运代理业务3年以上的业务人员，其资格由业务人员原所在企业证明，或者取得商务部颁发的国际货运代理资格证书。

② 有固定的营业场所，自有房屋、场地须提供产权证明；租赁房屋、场地须提供租赁契约。

③ 有必要的营业设施，包括一定数量的电话、传真、计算机、短途运输工具、装卸设备、包装设备等。

④ 有稳定的进出口货源市场，是指在本地区进出口货物运量较大，货运代理行业具备进一步发展的条件和潜力，并且申报企业可以揽收到足够的货源。

（4）注册资本条件。

国际货运代理企业的注册资本不得低于法定最低限额。其中经营海上国际货运代理业务的，注册资本最低限额为 500 万元人民币；经营航空国际货运代理业务的，注册资本最低限额为 300 万元人民币；经营陆路国际货运代理业务或者国际快递业务的，注册资本最低限额为 200 万元人民币。经营两项以上业务的，注册资本最低限额为其中最高一项的限额。国际货运代理企业每申请设立一个从事国际货运代理业务的分支机构，应当相应增加注册资本 50 万元人民币。

2．审批程序

申请设立国际货运代理企业的，申请人应当向地方商务主管部门提出申请，并报送相关文件如申请书、可行性研究报告、企业章程（或草案）、资信证明（会计师事务所出具的各方投资者的验资报告）等。

地方商务主管部门对申请项目进行审核后，应当在收到申请设立货运代理企业的申请书和其他文件之日起 45 天内提出意见，并将初审意见（包括建议批准的经营范围、经营地域、投资者出资比例等）及全部申请文件转报商务部审批。

（二）外商投资国际货运代理企业的设立

外商投资国际货运代理企业是指以境外的投资者以中外合资、中外合作及外商独资形式设立的接受进出口货物收、发货人的委托，以委托人的名义或者以自己的名义，为委托人办理国际货物运输及相关业务并收取服务报酬的外商投资企业。申请设立外商投资国际货运代理企业应符合我国外商投资企业法、国际货物运输代理业管理规定、外商投资国际货物运输代理企业管理办法的相关规定。

1．设立条件

设立外商投资国际货运代理企业，投资者应具备的条件是中国合营者至少有一家是从事国际货运代理业务 1 年以上的国际货运代理企业或获得进出口经营权 1 年以上的企业，或者是从事相关的交通运输或仓储业务 1 年以上的企业，且符合上述条件的中方合营者在中方为第一大股东；外国合营者至少有一家是经营国际货运代理业务 3 年以上的企业，且符合上述条件的外方合营者在外方为第一大股东；中外合营者在申请之日前 3 年内没有过违反行业规定的行为；不属于码头、港口、机场等可能对货运代理行业带来不公平竞争行为的企业；拟在中国投资设立第二家国际货运代理企业的同一个外国合营者，其在中国境内投资设立的第一家国际货运代理企业经营已满 2 年。

另外，申请设立国际货运代理企业的外国投资者，除必须具备国家有关外商投资企业的法律、法规所规定的条件外，还应符合两个条件，即申请设立外商投资国际货运代理企业的中外投资者必须是从事国际货物运输组织工作相关的企业；投资者必须有 3 年以上的营运历史，有与申办业务相适应的经营管理人员及专业人员，有较稳定的货源，有一定数量的货代网点。

设立外商投资国际货运代理企业的注册资本最低限额为 100 万美元；具有至少 5 名从事国际货运代理业务 3 年以上的业务人员；有固定的营业场所；有必要的通信、运输、装卸、包装等营业设施等。需要注意的是，根据我国加入世界贸易组织时所做的承诺，自我国加入世界贸易组织之时起 3 年内，外商投资国际货物运输代理企业的注册资本不得低于 100 万美元。但在中国加入世界贸易组织后 4 年内，即在 2005 年 12 月 11 日以前在这方面给予外商投资国际货运代理企业国民待遇，使其最低注册资本与全部由国内投资者开办的国际货运代理企业最低注册资本相一致。

外国投资者申请设立国际货运代理企业的最长经营期限不超过 20 年。

2. 审批程序

申请设立外商投资国际货运代理企业的，申请人按国家现行的有关外商投资企业的法律、法规所规定的程序，向省级商务主管部门呈报申请书及其他有关文件进行初审。需提供的文件有：申请书；可行性研究报告；合同、章程；董事会成员及主要管理人员名单及简历；工商部门出具的企业名称预核准通知书；投资者所在国或地区的法律证明文件及资信证明文件；主要投资方的资质证明；企业营业场所证明；审批机关要求提供的其他文件。

省级商务主管部门自收到全部申报文件 30 日内做出批准或不予批准的决定，经批准的颁发《外商投资企业批准证书》和《国际货物运输代理企业批准证书》。超过省级商务主管部门审批权限的，省级商务主管部门应在对报送文件进行初审后，自收到全部申请文件之日起 15 日内上报商务部。商务部应收到全部申报文件 60 日内做出批准或不予批准的决定，经审查批准的颁发《外商投资企业批准证书》和《国际货物运输代理企业批准证书》。最后投资者持两项证书向工商管理部门办理登记注册手续。

二、国际货运代理企业的变更

国际货运代理企业成立以后，可以根据国家有关法律、法规规定和企业实际情况，变更企业名称、企业类型、股权关系、注册资本、经营范围、经营地域、通信地址或营业场所、法定代表人、隶属部门等项目，须报商务部审批或备案。

（一）变更条件

企业成立并经营国际货运代理业务 1 年后，可申请扩大经营范围或经营地域。地方商务主管部门经过审查后，按规定的程序向商务部报批。

企业成立并经营国际货运代理业务 1 年后，在形成一定经营规模的条件下，可申请设立子公司或分支机构，并由该企业持其所在地方商务主管部门的意见（国务院部门在京直属企业持商务部的征求意见函），向拟设立子公司或分支机构的地方商务主管部门（不含计划单列市）进行申报，后者按《中华人民共和国国际货物运输代理业管理规定实施细则》第十四条的规定向商务部报批。子公司或分支机构的经营范围不得超出其母公司或总公司。

国际货运代理企业设立非营业性的办事机构，必须报该办机构所在地行业主管部门备案并接受管理。

对于其他项目的变更条件，未做具体规定。

（二）变更项目应提交的文件

申请变更国际货运代理企业应当提交相关文件，如申请扩大经营范围、经营地域及设立子公司、分支机构，应当提交原国际货运代理业务批复（影印件）、批准证书（影印件）、营业执照（影印件）、国际货运代理企业申请表 2（附表 2，设立子公司的为附表 1）、经营情况报告（含网络建设情况）、子公司法定代表人或分支机构负责人简历、上一年度年审登记表等；变更股权关系，应当提交变更股权关系申请书、股权转让协议正本、新股东基本情况简介、加盖当地工商行政管理机关印章的新股东《企业法人营业执照》影印件、新股东从事进出口贸易或货物运输相关业务的政府批准文件或许可证书、新股东资产负债表正本、转股前的企业章程正本、企业验资报告原件以及企业章程正本等。

（三）变更程序

国际货运代理企业变更不同的项目需要遵循不同的程序。

（1）国际货运代理企业变更企业名称、企业类型、股权关系、经营范围、经营地域以及注册资源减少，必须报商务部审批，并换领批准证书。

（2）如果变更通信地址或营业场所、法定代表人、隶属部门以及注册资本增加等，在报商务部备案后，直接换领批准证书。

（3）国际货运代理企业应当持批准证书向工商、海关部门办理注册登记手续。任何未取得批准证书的单位，不得在工商营业执照上使用"国际货运代理业务"或与其意思相同或相近的字样。

对不涉及股权变更的国际货运代理企业名称变更，变更后的名称经当地工商行政管理部门核准后，凭公司董事会决议、工商行政管理部门出具的《企业名称变更核准通知书》、修改后的公司章程和原《中华人民共和国国际货物运输代理企业批准证书》等文件直接到商务部办理领取新的《中华人民共和国国际货物运输代理企业批准证书》，并及时到商务部委托符合条件的地方商务主管部门办理本地区国际货运代理企业的备案手续。

三、国际货运代理企业的终止

国际货运代理企业的终止即企业的消亡，通常有：营业期限届满或者其他解散事由出现；企业出现合并或者分立需要解散；依法被吊销营业执照、责令关闭或者被撤销；依法被宣告破产或其他原因而发生终止；股东会或董事会决定停业、解散或清算；企业停产或者停业在一年以上的，视同歇业，企业经过歇业登记后即发生企业终止的法律事实。

（一）终止的审批程序

国际货运代理企业终止营业的，应当依照《中华人民共和国国际货物运输代理业管理规定》第九条规定的设立申请批准程序，报告所在地的地方商务主管部门或者商务部，并缴销批准证书。

（二）终止后的解散和清算

国际货运代理企业终止以后，应按照《公司法》、《中外合资经营企业法》、《中外合作经营企业法》、《外商独资企业法》及其相关法律法规、规章制度中关于企业终止后解散和清算的规定办理解散和清算手续。

第四节 国际货运代理企业民事法律地位

一、国际货运代理企业民事法律地位概述

（一）国际货运代理企业具有两种民事法律地位

国际货运代理企业既可以作为进出口货物的收货人、发货人的代理人从事国际货运代理业务，也可以作为独立经营人从事国际货运代理业务。国际货运代理企业作为代理人可以向货主收取代理费，并可以从承运人处取得佣金，但是不得以任何形式与货主分享佣金。国际货运代理企业作为独立经营人，应当依照有关运价成本向货主收取费用，但是不得从实际承运人处取得佣金。

国际货运代理企业在这两种情况下具有不同的法律地位，两者的法律地位不同，所承担的法律责任也不相同。传统意义上的国际货运代理企业开展的业务是纯代理性质的业务，主要负责代发货人订舱、保管货物和安排货物运输等业务，并代他们支付运费、海关税等，然后收取一定比例的代理手续费，而因货物的运送、保管以及为发货人提供服务所引起的一切费用，均由发货人承担，就国际货运代理企业法律地位而言，其通常仅对代理业务范围内的企业及雇员的过失承担责任。国际货运代理企业作为独立经营人在为客户提供服务时，是以本人的名义承担责任的独立合同人，要为因履行合同而雇佣的承运人、分运代理的作为行为和不作为行为负责，因此通常情况下，承担无限责任的独立经营人相比只承担有限责任的代理人，所承担的责任风险要大得多。

（二）国际货运代理企业民事法律地位的确定

实践中，各国法院通常按照适用于国际货运代理企业相应业务活动的法律规定，结合案件实际情况来确定国际货运代理企业在具体案件中的民事法律地位。根据我国司法实践，人民法院在处理国际货运代理业务纠纷，确定国际货运代理企业的法律地位时，应综合考虑多种因素。

1. 业务活动中使用的名义

我国法院在司法实践中通常按照《民事通则》和《合同法》有关委托代理的一般规定确定国际货运代理企业的法律地位。国际货运代理企业以自己的名义为他人利益行事时享有代理人的法律地位，但仍限于国际货运代理企业声明了其代理人的身份，披露了其与委托人关系的情况。而国际货运代理企业以自己的名义行事时，被认为具有当事人的法律地位。

2. 具体的业务运作方式

通常，国际货运代理企业将根据客户要求办理的业务实际情况，分别采取以下几种不同

的具体运作方式。

（1）以发货人的名义托运货物，直接交给承运人运输，取得承运人或其代理人签发的运输单据。

（2）以承运人的名义承揽货物，代理承运人签发运输单据或提供承运人签发的运输单据。

（3）以自己的名义承揽货物，签发全程运输单据，通过自己的雇员、运输工具完成部分运输业务，其余部分分包给其他承运人完成。

（4）以自己的名义承揽货物，向发货人签发运输单据，全部运输任务转委托其他承运人完成。

（5）以自己的名义承揽货物，向发货人签发运输分单，集中发货人托运的货物，以自己的名义转交实际承运人运输。

在第（1）种和第（2）种情况下，一般认为国际货运代理企业分别是发货人、承运人的代理人。在第（3）～（5）种情况下，对于发货人来讲，国际货运代理企业是缔约承运人；对于其他承运人来讲，国际货运代理企业分别是发包人、委托人和托运人，分别根据适用于相应业务关系的法律、法规享受当事人的权利，承担当事人的义务和责任。

3. 签发运输单据的方式

运输单据对运输合同具有证明作用，国际货运代理企业以自己的名义签发运输单据，并在承运人一栏中签上自己的名称，一旦货主接受了这种运输单据，在没有相反证据的情况下，应认定货主与国际货运代理企业的运输合同关系的存在，此时，国际货运代理企业所承担的应该是承运人责任。

如果国际货运代理企业以发货人或收货人代理人的名义在运输单据上签字，或以承运人代理人的名义签发运输单据，国际货运代理企业将分别被视为发货人、收货人或承运人的代理人，享有代理人的权利，承担代理人的义务和责任。这种情况下即使国际货运代理企业签发了运输单据，也不能视为承运人。

4. 合同约定的内容

国际货运代理企业与客户签订的有关合同、协议，是双方行使权利、履行义务、承担责任的依据，也是双方发生争议时，法院或仲裁机关确定双方法律地位的重要依据。一般来讲，在有关合同、协议规定国际货运代理企业接受客户委托，代为安排货物的运输、仓储事宜，仅对因自己的过错给客户造成的损失承担责任的情况下，国际货运代理企业将被视为代理人。在有关合同、协议规定国际货运代理企业接受客户委托，负责货物的运输、仓储，并对货物的损坏、灭失或迟延交付承担责任的情况下，国际货运代理企业将被视为当事人（承运人或仓储保管人）。

5. 国际货运代理企业的行为

在一些情况下，合同约定的内容与国际货运代理企业的实际行为不一致，或者没有在合同中明确国际货运代理企业的法律地位，通过合同条款也难以辩明。此时应充分考虑国际货运代理企业的行为。国际货运代理企业一旦参与到货运过程中，则会被视为运输的当事人。因此，当国际货运代理企业占有货物（包括仓储、包装），或是使用自己的交通工具（包括车辆、集装箱），或是对不同货主的货物的集运，都可能造成将国际货运代理企业认定为承运人的结果，承担运输中货损货差以及延迟交货的责任，而不论提单上的规定如何。

当国际货运代理企业提供的服务超出一般意义上的货物运输，跨行业地向客户提供一种综合服务，则需要依据国际货运代理企业所从事的具体服务内容来分别断定其法律地位。

6. 收取报酬的性质及构成

国际货运代理企业从货主手中取得的报酬包括两种形式：代理费用或佣金、利润。实践中，某些国际货运代理企业出于某种考虑，与客户订立合同时将代垫费用和代理费用或佣金用包干费用概括。如果国际货运代理企业所收取的费用是以代理费用或佣金的形式出现的，则应认定其为代理人。这时的国际货运代理企业是根据委托合同取得报酬，对于报酬请求权的取得、丧失均适用委托制度的规定。如果证据表明收取包干费用这一事实属于国际货运代理企业的利润来源，即利润来自货主与承运人之间获取的运费差价，则国际货运代理企业视为具有承运人的法律地位。

7. 行业惯例和交易习惯

国际货运代理企业在业务经营过程中，常常根据货主的委托，以自己的名义向承运人租船、订舱，或者以自己的名义接受货主的订舱要求，确认货物出运的时间、运输航班、航次，当货主不能按照约定的时间、地点、数量提供拟出运的货物，支付运费，或者承运人不能按时运输货物，甚至甩货时，有些国家习惯上要求由国际货运代理企业先承担当事人的责任，赔偿对方当事人的损失，再向责任方追偿。特别是在货主要求国际货运代理企业在合理时间内提供承运人的身份，证明货主与承运人之间合同关系的单据，国际货运代理企业不能提供的情况下，国际货运代理企业往往被判定具有当事人的地位。在国际货运代理企业以承运人代理人身份签发运输单据，而又不能提供承运人名称地址或其与承运人之间委托代理关系的证据情况下，我国法院也有许多判决国际货运代理企业承担当事人责任的案例。

在确定国际货运代理企业的法律地位时，要考虑当地国际货运代理企业与客户的交易习惯。如果按照国际货运代理企业与对方当事人先前的交易可以确定国际货运代理企业的法律地位，其后同样的交易应按照以往的交易习惯，结合其他情况综合判定国际货运代理企业的法律地位。

二、国际货运代理企业作为独立经营人的法律地位

国际货运代理企业作为独立经营人从事国际货运代理业务，是指国际货运代理企业接受进出口货物收货人、发货人或其代理人的委托，以承运人、仓储保管人、加工承揽人等当事人身份签发运输、仓储单据，履行运输、仓储、包装等合同，收取运费、仓储费、包装费及其他服务费用的行为。

（一）国际货运代理企业作为承运人的权利

1. 国际货运代理企业作为承运人的权利

国际货运代理企业作为承运人时，享有下列基本权利。

（1）核查货物、文件权。

托运人办理货物运输，应当向承运人准确表明收货人的名称或者姓名，货物的名称、性质、重量、数量，收货地点等有关运输的必要情况。货物运输需要办理审批、检验手续的，

还应向承运人提交办完有关手续的文件。

（2）拒绝运输权。

托运人应当按照运输合同约定的方式包装货物。运输合同没有约定包装方式或约定不够明确的，双方当事人应当通过协议加以补充。双方当事人不能达成补充协议的，应当按照通用的方式包装。没有通用包装方式的，应当采取足以保护货物的包装方式。托运人违反上述规定的，承运人有权拒绝运输。

（3）收取运费、杂费权。

托运人或收货人应当支付运费，收货人还应当支付逾期提货时的货物保管费等费用。与此相应，承运人有权向托运人或收货人收取运费，向收货人收取货物保管费等费用。但是，当货物在运输过程中因不可抗力灭失时，承运人尚未收取运费的，不得要求支付运费；已经收取运费的，托运人可以要求返还。

（4）取得赔偿权。

在承运人将货物交付收货人之前，托运人可以要求承运人中止运输、返还货物、变更到达地或者将货物交给其他收货人，但应当赔偿承运人因此受到的损失。

（5）货物留置权。

除非有关当事人另有约定，在托运人或收货人不支付运费、保管费及其他运输费用的情况下，承运人有权留置相应的运输货物。运输货物是指承运人已经运送到目的地的货物，而不是指运送前或运送中的货物。而且，承运人留置的货物的价值应当与托运人或收货人没有支付的费用金额大体相当。

（6）货物提存权。

在承运人无法得知收货人的姓名或名称，或者收货人没有正当理由拒绝领取货物或拒绝按照规定支付运费、杂费的情况下，经承运人征求托运人关于货物处理的意见，托运人未在合理的期限内给予指示或给予的指示无法实际执行，承运人有权向公证机关提出提存申请，将货物交付公证机关指定的保管人保管。

2. 国际货运代理企业作为承运人的义务

作为承运人的国际货运代理企业，应当履行下列基本义务。

（1）按时安全运送义务。

承运人有按时运送和安全运送两项义务。承运人应当在运输合同约定的运输起始、终止时间区间将货物运送到合同约定的地点。运输合同没有约定运输期间的，应当按照运输方式、运输习惯在合理期间内，将货物运送到合同约定的地点。否则，将要承担迟延运送的违约责任。同时，承运人还应当妥善保管、照料其所运送的货物，防止货物毁损、短少、灭失，安全运抵约定的地点。

（2）运输路线注意义务。

承运人应当按照约定的或通常的运输路线将货物运输到约定地点。运输合同约定了具体运输路线的，承运人应当按照约定的运输路线将货物运输到约定的地点。运输合同没有约定具体运输路线的，承运人也应当按照一般情况下大多数承运人在相同的起运地和目的地之间运送相同或类似的货物所走的运输路线，将货物运输到约定的地点。

（3）到货通知义务。

货物运输到达后，承运人知道收货人的，应当及时通知收货人，收货人应当及时提货。

（4）保管货物义务。

在收货人提取货物以前，承运人有妥善保管货物的义务。法律、法规、规章或运输合同规定了免费保管期限的，在该期限内应当免费保管。过了免费保管期后，收货人仍然没有提取货物的，亦应在合理期限内妥善保管货物，但承运人有权向收货人收取逾期提货保管费用。

3. 国际货运代理企业作为承运人的责任

作为承运人的国际货运代理企业违反运输合同规定时，应当承担下列民事责任。

（1）迟延运输责任。

承运人没有在运输合同约定的期间或者在运输合同未做规定的情况下，没有在合理期间内将货物运到运输合同约定的地点，构成迟延运输，承运人应当赔偿因此而给托运人、收货人造成的经济损失。

（2）货物赔偿责任。

承运人应当对运输过程中货物的损毁、灭失承担损害赔偿责任。但是，在承运人能够证明货物的损毁、灭失是因不可抗力、货物本身的自然性质或合理损耗及托运人、收货人的过错造成的情况下，不承担损害赔偿责任。

（3）承运人间的连带责任。

两个以上承运人以同一运输方式联运的，与托运人订立合同的承运人应当对全程运输承担责任。损失发生在某一运输区段的，与托运人订立合同的承运人和该区段的承运人承担连带责任。托运人、收货人有权要求其中一个或数个承运人承担部分或全部责任。对外承担了赔偿责任的承运人，可以向损失发生区段的承运人追偿。如果不能证明损失发生的区段，则各承运人共同承担连带责任。与托运人订立合同的承运人承担责任后，可以根据承运人之间的内部协议，向其他承运人追偿。

（二）国际货运代理企业作为仓储保管人的权利、义务和责任

1. 国际货运代理企业作为仓储保管人的权利

国际货运代理企业作为仓储保管人享有以下权利。

（1）取得仓储费用和其他必要费用的权利。

保管人的专业仓库经营人身份，决定了保管人储存存货人交付的仓储物，有权请求存货人支付报酬和其他相关费用。

（2）仓储物的拒收权。

存货人对易燃、易爆、易渗漏、有毒等危险货物以及易腐、超限等特殊货物，必须在合同中注明，并向保管方提供必要的保管、运输技术资料；如果存货人没有履行说明或者提供有关资料的义务，保管人既可以拒绝收取存货人交付的危险物品或者易变质物品，也可以先收下危险物品或者易变质物品，然后采取相应措施以避免损失的发生，由此而增加的费用，则由存货人承担。

（3）仓储物的提存权。

仓储物储存期间届满，存货人或者仓单持有人没有提取仓储物的，保管人可以催告其在合理期限内提取；经催告存货人或者仓单持有人仍不在催告的合理期限内提货的，保管人有权提存仓储物。

（4）仓储物的留置权。

除非当事人另有约定，在存货人没有按照约定支付保管费及其他费用情况下，保管人对

保管物享有留置权。

2. 国际货运代理企业作为仓储保管人的义务

国际货运代理企业作为仓储保管人应当履行以下义务。

（1）验收仓储物的义务。

在一般情况下，保管人的验收项目包括仓储物的品种、规格、数量、外包装状况以及无须开箱拆捆直观可见可辨的质量情况。保管人应在合同约定的期限内，通过实物验收或抽样验收方法，对仓储物进行验收。经保管人验收发现仓储物与约定不符合的，应当及时通知存货人。

（2）填发仓单义务。

存货人交付仓储物的，保管人有给付仓单，并在仓单上签字或者盖章的义务。仓单代表着仓储物的所有权。存货人向存货人保管人交付仓储物，保管人应向其填发仓单，并在向仓单持有人交付仓储物，收回仓单。

（3）同意检查、取样义务。

存货人或者仓单持有人要求检查仓储物或者提取样品的，保管人有义务满足存货人或者仓单持有人的要求，并应当协助存货人或者仓单持有人检查仓储物或者提取仓储物样品。

（4）异状通知义务。

保管人在保管期间发现仓储物存在变质或者其他损坏情况的，应当及时通知存货人或者仓单持有人，使存货人或者仓单持有人及时了解、知悉仓储物的情况，以便其及时采取处理措施或发出处理指示，避免情况恶化，损失扩大。

3. 国际货运代理企业作为仓储保管人的责任

保管人应当按照仓储合同的要求，以善良管理人的注意履行保管义务。如果在仓储物储存期间，因保管人保管不善造成仓储物毁损、灭失，保管人应当承担损害赔偿责任，赔偿因此而给存货人或仓单持有人造成的经济损失。但是，在下列情况下，保管人不承担损害赔偿责任。

（1）因仓储物的性质、包装不符合约定造成仓储物变质、损坏。仓储物的性质或包装由存货人负责。

（2）因超过有效储存期造成仓储物变质、损坏。

（3）因不可抗力造成仓储物毁损、灭失。

三、国际货运代理企业作为代理人的法律地位

当国际货运代理企业以纯粹代理人身份出现时，应适用我国《民法通则》以及《合同法》有关代理的相关规定，明确国际货运代理的法律地位，据此确定国际货运代理的权利义务和所应承担的责任。

（一）国际货运代理企业的权利

1. 签订合同的权利

国际货运代理企业有权依据委托合同以自己的名义或以委托人的名义签订合同，而无须

通知委托人，如有权自主选择货物运输的承运人、方式和路线；有权自主选择货物是否装集装箱，是否装载在甲板上；有权自主按照货物存储、装卸、拆包、转运或其他方式处理货物；有权根据客户指示或公司认为必须做出的其他安排。但委托合同另有规定的，遵照其约定。

2. 要求委托人提交待运货物和相关运输单证、文件资料的权利

国际货运代理企业为了完成委托人委托处理的事项，有权要求委托人按照委托合同约定的时间、地点、货物种类、品名、数量、包装等提交待运货物，在海关、进出口商品检验、出入境检疫、银行、保险等部门和国际货运代理合同约定的时间、地点、种类、数量提供办理货物进出口运输及其他相关事宜所需的单证、文件、资料，提供完整、准确的有关信息和资料。

3. 根据委托合同取得报酬的权利

只要国际货运代理企业认真履行了委托人的委托，无论委托人是否能从国际货运代理企业的行为中获利，委托人都负有报酬给付的义务。

4. 要求委托人偿还其因履行代理义务而支出的费用的权利

国际货运代理企业有权要求委托人补偿其在实施代理权限范围之内的行为时垫付的所有费用，并有权就其遭受的全部损失或承担的损害赔偿责任向委托人追偿。

（二）国际货运代理企业的义务

1. 按照委托人指示办理委托事务的义务

国际货运代理企业应当遵循诚实信用原则，在委托权限范围内按照委托人的指示和要求办理委托事务，不得违背、曲解和擅自变更委托的指示和要求，不得超越委托人委托的权限和范围。

2. 亲自办理委托事务的义务

委托人基于对国际货运代理企业的信任，将自己的事物委托给国际货运代理企业办理，因此国际货运代理企业应当利用自己的人力资源、设备设施亲自办理委托事务，非经委托人同意，不得转委托给其他单位或个人办理。因为业务需要在过境其他国家铁路或口岸交接等需要转委托时，需经过委托人同意。

3. 诚实认真办理委托事务的义务

国际货运代理企业应当尽善良管理人所应具有的注意程度，以自己的能力和经验认真负责地完成委托人所委托的事务，确保委托人利益的实现。如果其由于不遵守委托人的指示而使委托人遭受损失时，须承担赔偿损失的责任。

4. 报告委托事务的进行和完成的义务

国际货运代理企业在办理委托事务的过程中，根据委托人的请求或认为有必要时，应及时向委托人报告委托事务处理之进展情况、存在的问题和可能的结果，并征得委托人的指示，更好地维护委托人的利益。委托事务处理完毕或委托代理合同终止时，应当向委托人全面报

告委托事务的办理经过和结果，或提交必要的书面材料和证明文件。

5. 将办理委托事务而取得的各种利益及时转移给委托人的义务

国际货运代理企业应当将其按照委托代理合同约定处理委托事务所产生的结果，包括在处理委托事务的过程中取得的财产，包括金钱、物品、收益、权利、利益、单息，有关文件、资料、单证、信息全部转交给委托人。如果委托人为处理委托事务而预付给代理人所使用的费用，在完成委托事务时仍有剩余的，代理人应一并退还委托人。

（三）国际货运代理企业的民事法律责任

国际货运代理企业作为代理人接受委托人的委托授权，依法代理事项所产生的法律责任的后果应当由委托人承担。国际货运代理企业需承担发生无权代理或者其他违反代理法律规定时所产生的法律责任。

国际货运代理企业没有代理权、超越代理权或者代理权终止后，仍然以委托人的代理人身份行事，只有经过委托人事后追认，才对委托人发生效力，由委托人承担责任。如果未经委托人事后追认，对委托人不发生效力，由国际货运代理企业自己承担责任。如果第三人知道国际货运代理企业没有代理权、超越代理权或者代理权已经终止，仍然与其实施民事行为，并给委托人造成损害的，第三人还要与国际货运代理企业一起负连带责任。国际货运代理企业与第三人恶意串通，损害委托人利益的，应当由该国际货运代理企业和第三人向委托人承担连带责任。国际货运代理企业知道委托人委托办理的事项违法，为了自身利益，仍然进行代理活动，或者委托人知道国际货运代理企业的行为违法又不表示反对的，由委托人和受托国际货运代理企业负连带责任。国际货运代理企业未经委托人同意，又没有法定的事由，擅自将委托人委托的事项转委托他人代理的，应当对其转委托的行为向委托人承担责任。

第五节　国际货运代理合同

一、国际货运代理合同概述

（一）国际货运代理合同的概念

国际货运代理合同是指国际货运代理企业接受货物收货人、发货人、承运人或其代理人的委托，以委托人的名义或自己的名义办理国际货物运输业务及其他相关业务，并收取服务报酬的合同。

（二）国际货运代理合同的特征

国际货运代理合同具有以下法律特征。

（1）国际货运代理合同的缔结以委托人和代理人的相互信赖为基础，以自愿为前提，当委托人将自己的事务托付给代理人，代理人做出允诺才达成合意，自代理人允诺之时，合同即告成立。

除特殊情况外，受托人必须亲自完成委托事务，未经委托人同意，不得将受托事务转托他人；否则，转委托人将承担由此而产生的不利于委托人的法律后果。

（2）国际货运代理合同的代理人必须以委托人的名义，在委托权限内处理委托事务，其行为与委托人本人所实施的行为具有相等的法律效力，即与第三人发生的民事法律关系的后果直接由委托人承担。

（3）国际货运代理合同的标的是处理事务的行为，只强调以处理事务为目的，而不以完成事务且有成果为要求。

（4）国际货运代理合同具有有偿性，法人之间根据法律规定和合同的约定，委托人应向代理人支付报酬，属于有偿双务合同。

二、国际货运代理合同的内容

为便于代理人在委托权限内处理委托事务，有利于国际货运代理合同的正确履行，国际货运代理合同应包括以下主要条款。

（1）主体条款。委托人和代理人必须具体、明确。即合同当事人条款必须明确。

（2）委托事务条款。国际货运代理合同的主要目的是委托别人办理某一特定事务，所以关于委托事务的具体事项、委托权限、范围及委托代理的有效期限，都要具体、明确地列入合同。

（3）权利义务条款。对于双方有偿的国际货运代理合同来讲，权利义务条款是必不可少的，这样有利于当事人履行义务，发生了纠纷也比较容易解决。

（4）代理报酬条款。委托事务的费用、报酬和收益，双方应在合同中予以明确，应将双方协商一致的报酬计算方法、所需费用金额、支付时间、结算方式一一列入合同中。对可能带来收益的委托事务，双方还应在合同中明确收益的归属及交付办法。在一般情况下，代理人除收取约定的代理费外，对受托办理的事务所取得的收益，不再享有权利，应全部归委托人所有。

（5）合同履行条款。该条款应注明履行期限、履行地点以及履行方式。

（6）赔偿责任条款。在国际货运代理合同中，应针对可预见的损失情形，订立过错责任与无过错责任条款及相应的损失估价、赔偿方法。

（7）连带责任条款。如果国际货运代理合同的一方当事人在两个以上，则这一方的当事人为连带责任人，共同对另一方当事人在委托权限内的行为所产生的法律后果负连带责任。对此，应在国际货运代理合同中载明。

（8）适用法律条款。国际货运代理合同具有一定的涉外因素，根据我国有关法律规定，具有涉外因素的国际货运代理合同的当事人可以在合同中规定适用于合同的效力、合同的解释及解决合同争议的法律。关于合同所使用的法律，可以适用中国法律，也可以适用与该合同有某种联系的其他国家或地区的法律。

（9）合同争议的解决条款。该条款是关于合同争议的解决方式、解决机构、解决地点等的规定。合同争议的解决方式通常有协商、协调、仲裁和诉讼4种方式，但仲裁和诉讼两种解决争议的方式不能同时选用。

三、国际货运代理合同双方当事人的权利、义务和责任

（一）国际货运代理人的权利、义务和责任

1. 国际货运代理人的权利

（1）自主行事的权利。

国际货运代理人在与客户之间没有相反书面约定的情况下，有权就一些事项自己或代表客户签订合同，无须通知客户，如选择货物运输的承运人、方式和路线；选择货物是否装集装箱、是否装载在甲板上；进行货物储存、装卸、拆包、转运或其他方式处理货物；根据客户指示或国际货运代理认为必须做出的其他安排。

（2）遇到不可抗力终止履行的权利。

国际货运代理人在履行义务的过程中，遇到不可抗力，使履行义务不可能，可以终止履行义务。不可抗力是指当事人自身能力不能抗拒也无法预防的客观情况或事故。不可抗力可以是自然原因酿成的，也可以是人为的、社会因素引起的。前者如地震、水灾、旱灾等，后者如战争、政府禁令、罢工等。

（3）提存货物和处理的权利。

如货方没有在国际货运代理人通知的时间和地点接收货物，国际货运代理人有权将货物的全部或部分储存起来，全部风险和费用由货方负责。

在一些情况下，国际货运代理有权利但没有义务销售或处置全部或部分货物：当全部货物无法按照指示交付，国际货运代理按约定已经提前 21 天向货方发出了书面通知的情况；货物已经腐烂变质，或即将腐烂变质，或已经造成或将要造成他人的财产损失的。

2. 国际货运代理人的义务和责任

国际货运代理人的义务和责任指货运代理作为代理人、承运人及作为其他服务提供者时应承担的义务和责任。

（1）国际货运代理人作为代理人的义务与责任。

当国际货运代理作为托运人的代理人，为托运人办理运输业务时，其应承担谨慎处理义务。如果国际货运代理在提供货运代理服务时，未能恪尽职守采取合理措施，则须承担相应的责任。国际货运代理只有在有证据证明其已经履行了合理谨慎地处理货物的义务的情况下，才能免于承担责任。

国际货运代理作为代理人时，对第三人的行为和疏忽所造成的损失不承担责任，包括但不限于承运人、仓库保管员、港口装卸公司、铁路局、卡车公司等，除非货运代理在选择、指示及监督第三人时未恪尽职守。

（2）国际货运代理人作为承运人的义务与责任。

国际货运代理作为承运人所承担的责任，包括其直接使用自己的运输工具进行运输时作为承运人承担责任，以及在签发提单或订立运输合同的情况下，作为契约承运人承担责任。此时，国际货运代理将根据《海商法》对契约承运人义务的规定承担责任。

但如果客户接收了由其他人而不是国际货运代理签发的运输单证，并且在合理的时间内没有提出国际货运代理必须承担承运人的责任，则国际货运代理将不承担此责任。

（3）国际货运代理人作为提供其他服务的当事人的义务与责任。

根据《FIATA 国际货运代理业示范法》的规定，国际货运代理从事与货物运输相关的其他服务时，诸如但不仅限于货物的积载、处置、包装、分拣及相关的辅助服务，将承担当事人的责任。这种作为当事人的情形包括该服务是由国际货运代理本人使用其自己的设施或由其雇员（履行辅助人）所完成的，或者国际货运代理对承担承运人的责任做出了明示或默示的承诺。

（二）客户的责任

（1）当发生不可预测的情况，国际货运代理人为维护货方的利益所做的行为所产生的费用和额外支出，应由客户承担。

（2）客户不能用向国际货运代理人支付的本票业务的对价，也即到期应缴纳的款项抵消任何索赔、反索赔或债务所产生的款项。

（3）国际货运代理人有权在法律允许的范围内对客户的货物和有关物权单证进行留置，并以合理的方式行使权利。我国法律明文规定的留置权人包括承运人和仓储经营人，作为代理人的国际货运代理人的这项权利不是很明确，但国际货运代理作为契约承运人时，是能够行使这项权利的。

（4）在国际货运代理人掌管货物后，客户应担保货物一般性质及商标、尺码、重量、数量、类别的准确性，如有可能，应说明货物的危险性质，无论是其提供的还是以其名义提供的。

（5）除应由国际货运代理人承担的责任外，客户还应承担国际货运代理在履行合同中所产生的所有责任。除有约定外，客户一般还应承担国际货运代理人在共同海损方面的责任，并且应提供国际货运代理人就此所要求的保证金。

（6）客户应对其提供的资料或指示不准确或不完整而导致的损失、费用、支出，以及官方的税收向国际货运代理负责；或当客户及代表客户利益的任何人的行为所造成的，或因货物导致的人身伤亡、财产损失、环境损害或其他任何类型的损失时，客户应承担国际货运代理由此遭受的索赔。

项目小结 XIANGMU XIAOJIE

本项目首先介绍了国际货运代理的概念、业务范围及法律体系，然后重点介绍了国际货运代理企业及国际货运代理合同等内容。

国际货运代理企业可以作为进出口货物收货人、发货人的代理人，也可作为独立经营人从事国际货代业务。国际货运代理企业根据服务对象、服务方式、服务类别等的不同，业务范围及其所遵守的行为规范也有所不同。作为国内投资货运代理企业和外商投资货运代理企业在设立、变更、终止的条件和程序上是不同的。国际货运代理企业具有独立经营人和代理人两种不同的民事法律地位，具体内容是不同的，其法律地位的确定也要结合考虑各种因素。国际货运代理合同是指国际货运代理企业接受货物收货人、发货人、承运人或其代理人的委托，以委托人的名义或自己的名义办理国际货物运输业务及其他相关业务，并收取服务报酬的合同。在该合同中，国际货运代理人和客户具有各自的权利义务内容。

能力测评 NANGLI CEPING

一、判断题

1. "国际货运代理"一词具有两种含义：其一是指国际货运代理业，其二是指国际货运代理人。（　　）

2. 我国国际货物运输代理企业的一方股东可以是进出口贸易企业、国际运输企业或国际货物运输代理企业，也可以是私人、个体工商户和外商投资企业。（　　）

3. 国际货物运输代理企业可以作为进出口货物收货人、发货人的代理人，也可以作为独立经营人，从事国际货运代理业务。（　　）

4. 国际货代企业的股东可以是企业法人、自然人或其他经济组织，而且都可以作为大股东。（　　）

5. 国际货运代理业是一个相对年轻的行业，在社会产业结构中属于第三产业，性质属于服务行业。（　　）

6. 国际货运代理企业应当依据取得中华人民共和国企业法人资格。企业组织形式为有限责任公司或股份有限公司。（　　）

7. 国际货运代理企业作为独立经营人和代理人具有相同的法律地位，所承担的法律责任也相同。（　　）

8. 两个以上承运人以同一运输方式联运的，与托运人订立合同的承运人应当对全程运输承担责任。损失发生在某一运输区段的，由该区段的承运人承担责任。（　　）

9. 因仓储物的性质、包装不符合约定造成仓储物变质、损坏，由存货人负责。（　　）

10. 如果委托人为处理委托事务而预付给代理人所使用的费用，在完成委托事务时仍有剩余的，代理人不必退还委托人。（　　）

二、单选题

1. 设立国际货物运输代理企业，要有至少（　　）名从事国际货运代理业务3年以上的业务人员，其资格由业务人员原所在企业证明，或者取得商务部颁发的国际货运代理资格证书。

A. 2　　　　　B. 3　　　　　C. 4　　　　　D. 5

2. 国际货运代理企业的注册资本不得低于法定最低限额，其中经营海上国际货物运输代理业务的，注册资本最低限额为（　　）元人民币。

A. 50万　　　B. 200万　　　C. 300万　　　D. 500万

3. 国际货运代理企业每申请设立一个从事国际货物运输代理业务的分支机构，应当相应增加注册资本（　　）元人民币。

A. 50万　　　B. 200万　　　C. 300万　　　D. 500万

4. 国际货运代理企业申请人逾期不办理领证手续或者自领取批准证书之日起超过（　　）无正当理由未开始营业的，商务部应撤销其国际货运代理业务经营资格。

A. 30天　　　B. 60天　　　C. 90天　　　D. 180天

5. 设立外商投资国际货运代理企业的注册资本最低限额为（　　）美元。

A. 50 万　　　　B. 100 万　　　　C. 200 万　　　　D. 300 万

6. 企业成立并经营国际货运代理业务（　　）后，可申请扩大经营范围或经营地域。

A. 半年　　　　B. 一年　　　　C. 18 个月　　　　D. 两年

7. 企业停产或者停业在（　　）以上的，视同歇业，企业经过歇业登记后即发生企业终止的法律事实。

A. 3 个月　　　　B. 半年　　　　C. 一年　　　　D. 3 年

8. 国际货运代理企业作为仓储管理人的权利有（　　）。

A. 核查货物权　　B. 核查文件权　　C. 取得赔偿权　　D. 货物留置权

9. 下列属于产品质量法中的产品的有（　　）。

A. 农产品　　　　B. 矿产品　　　　C. 电力　　　　D. 建设工程

10. 采购人与中标、成交供应商应当在中标、成交通知书发出之日起（　　）内，按照采购文件确定的事项签订政府采购合同。

A. 30 日　　　　B. 15 日　　　　C. 7 日　　　　D. 3 日

三、多选题

1. 按国际货运代理协会联合会的介绍，国际货运代理的作用在于（　　）。

A. 运用专门知识，以最安全、最迅速、最经济的方式组织运输

B. 在世界各贸易中心建立客户网和自己的分支机构，以控制全部运输过程

C. 在运费、包装、单证、结关、领事要求及金融等方面向企业提供咨询

D. 把小批量的货物集中为成组货物，使客户从中受益

E. 影响新的运输方式创新和新的运输路线的开发

2. 国际货运代理的业务范围包括（　　）。

A. 为发货人（出口商）服务　　　　B. 为收货人（进口商）服务

C. 为承运人服务　　　　　　　　　D. 为海关服务

E. 与港口经营人联系

3. 国际货运代理企业的作用包括（　　）。

A. 组织协调　　B. 开拓控制　　C. 咨询顾问

D. 提供专业化服务　　E. 降低成本

4. 国际货运代理合同的特征有（　　）。

A. 有偿合同　　B. 双务合同　　C. 单务合同

D. 无偿合同　　E. 不要式合同

5. 国际货运代理企业的业务范围包括（　　）。

A. 揽货、订舱（含租船、包机、包舱）、托运、仓储、包装

B. 报关、报检、报验、保险

C. 缮制签发有关单证、交付运费、结算及交付杂费

D. 国际展品、私人物品及过境货物运输代理

E. 国际多式联运、集运（含集装箱拼箱）

四、表述题

1. 简述国内投资国际货运代理企业的设立条件。

2. 确定国际货运代理企业法律地位的影响因素有哪些？

3. 简述国际货运代理合同双方当事人的权利和义务。

五、案例分析题

1. 天津港 A 国际货运公司（以下简称天津 A 公司），受天津 B 运输公司（以下简称天津 B 公司）委托，由天津 A 公司以自己的名义，通过大连港 C 国际货运公司（以下简称大连 C 公司）向日本一家机械生产企业购买一套大型机械装卸设备。因为天津 B 公司知道大连 C 公司曾经向该日本该企业购买过该套设备，天津 A 公司与大连 C 公司有业务往来关系，所以天津 B 公司专门委托天津 A 公司为其办理该事宜，并由天津 A 公司负责将该设备运抵天津 B 公司。合同订立以后，大连 C 公司专门派人赴日本商谈购买该设备一事。后来，在合同履行过程中，天津 B 公司决策层经过反复研究，认为本公司目前经营规模不大，又缺乏专门掌握该设备的技术人员，结合本公司的其他情况，最后决定不再购买该套设备，并把该决定告知了天津 A 公司。由于天津 B 公司的毁约，使得该合同不能继续履行。

问题：

（1）在合同不能履行的情况下，天津 A 公司应当履行什么义务？为什么？

（2）大连 C 公司因此受到遭受的损失向谁请求赔偿？为什么？

2. 安徽 A 贸易公司将一批外贸商品出卖给荷兰 D 公司，并委托上海一家货运代理 B 公司办理该批货物的海运出口（上海洋山港至荷兰鹿特丹港）。B 公司接受委托后，向 A 公司签发了一份自己公司的提单，提单载明收货人为荷兰 D 公司。随后，B 公司又以自己的名义向某船公司 C 订舱。货物在洋山港装船后，C 公司签发了一份海运提单给 B 公司，提单上记载的收、发货人均为 B 公司。在海上运输过程中，由于船员的过失，导致该批外贸商品受潮，损失金额达 5000 美元。D 公司在收货时发现了货物损失，随即向 A 公司索赔，遭 A 公司拒绝。

问题：

（1）本案涉及的当事人 A、B、C、D 之间存在哪几项合同关系？

（2）根据其实际行为，本案中 B 公司相对于 A 和 C，分别是什么身份？

（3）对于本案中货物损失，收货人 D 可以向谁索赔？依据分别是什么？

项目七

>>> **货物海关监管法律规范**

知识体系

项目七	货物海关监管法律规范	本项目首先介绍海关立法的法律体系和海关管理的相关规定，然后重点介绍我国口岸管理、海关监管、进出口通关的相关法律规定及其进出口商品检验的法律规定，商检机构对进出口商品的监督管理
第一节	海关及其海关立法概述	本节主要介绍海关立法法律体系和海关管理的相关规定
第二节	我国口岸管理相关规定	本节主要介绍口岸的概念、分类及我国口岸管理的相关规定
第三节	通关及其通关相关法规	本节主要介绍海关监管、进出口通关的相关法律法规，收、发货人和报关代理人的权利义务内容等
第四节	商检法规	本节首先介绍进出口商品的检验与检疫的重要性，然后重点介绍进出口商品检验的法律规定及商检机构对进出口商品的监督管理
第五节	口岸通关方面的国际公约	本节介绍了与口岸通关方面的国际公约

知识目标

掌握海关、口岸、通关、进出境物品、进出口商品的检验和免检等相关概念；理解并能描述进出境运输工具、进出境货物通关和进出口商品的检验的相关规定；了解海关主要法规体系的分类；了解海关管理基本规定；识记一般物品和进出境物品、一般运输工具和进出境运输工具，进出境物品的各种检验方式。

能力目标

能按进出口货物通关基本程序进行操作；具有办理进出口报关和进行进出口商品的检验的能力；能查阅和运用通关和商检法律知识，分析通关和商检案例，解决在实际工作中遇到的问题。

素质目标

掌握海关、通关、商品检验的基础知识，并能运用所学知识解决实际问题，增强操作能力、分析能力；养成良好的职业习惯，工作中增加责任心，有意识地培养自己一丝不苟的工作作风。

关键概念

海关　口岸　通关　进口商品检验　出口商品检验

导入案例

2013年7月10日买方A卖方B双方在履行买卖六角螺栓合同过程中，买方A认为，卖方交货品质存在严重缺陷，便通告卖方拟聘请国际检验机构，并建议选择劳合社在希腊的代理机构对到货进行检测。在卖方B未表示同意的情况下，买方A于2013年9月26日擅自聘请劳合社在比雷埃夫斯港的检测机构进行检测。卖方B认为该项检测报告是无效的，不能作为认定货物品质的依据。因此，买卖双方产生争议。买方A遂向中国经济贸易仲裁委员会提请仲裁。仲裁庭在查阅双方提供的资料并经开庭审理后，认为申请人单方面对货物进行检验，不符合双方合同的规定，其检测报告不能作为认定货物品的合法依据。

问题：

请分析中国经济贸易仲裁委员会仲裁庭对该案做出的裁决。

第一节　海关及其海关立法概述

一、海关概述

1. 海关的概念

海关是国家主权的象征，体现着国家的权力和意志。《中华人民共和国海关法》（以下简称《海关法》）第二条规定："中华人民共和国海关是国家的进出关境监督管理机关。海关依照本法和其他有关法律、行政法规，监管进出境的运输工具、货物；行李物品、邮递物品和其他物品；征收关税和其他税费；查缉走私；并编制海关统计和办理其他海关业务。"明确表述了中国海关的性质与任务。

2. 海关的设立

根据《海关法》第三条的规定，国务院设立海关总署，统一管理全国海关。设立的原则：①海关机构层级关系一般为海关总署、直属海关、隶属海关三级，垂直设立；②海关隶属关系不受行政区划的限制；③设关原则与行政区划分无必然的联系。海关的隶属关系如下：①海关事务属于中央事权；②采取垂直领导体制；③海关依法独立行使职权。

二、海关立法概述

1951 年 4 月 18 日中央人民政府公布了《中华人民共和国暂行海关法》。这是新中国正式的海关监管法规。1987 年 1 月 22 日第六届全国人民代表大会常务委员会第十九次会议通过《海关法》，《中华人民共和国暂行海关法》废止。2000 年 7 月 8 日第九届全国人民代表大会常务委员会第十六次会议又对《海关法》进行了修正。

以《海关法》为基础，我国海关又陆续制定颁布了《中华人民共和国海关法行政处罚实施细则》、《中华人民共和国进出口关税条例》（以下简称《进出口关税条件》）、《中华人民共和国知识产权海关保护条例》、《中华人民共和国海关稽查条例》、《中华人民共和国海关进出口税则》（以下简称《海关进出口税则》）、《中华人民共和国海关对代理报关企业的管理规定》、《中华人民共和国海关对专业报关企业的管理规定》、《中华人民共和国海关对报关员的管理规定》（以下简称《海关对报关员的管理规定》）、《报关员资格全国统一考试暂行规定》等法规，建立起了较完善的海关法规体系。

三、海关管理基本规定

（一）进出关境监管机关

海关是我国的进出关境（以下简称进出境）监督管理机关。海关依照《海关法》和其他有关法律、行政法规，监管进出境的运输工具、货物、行李物品、邮递物品和其他物品（以下简称进出境运输工具、货物、物品），征收关税和其他税、费，查缉走私，并编制海关统计和办理其他海关业务。

国务院设立海关总署，统一管理全国海关。国家在对外开放的口岸和海关监管业务集中的地点设立海关。海关的隶属关系，不受行政区划的限制。海关依法独立行使职权，向海关总署负责。

我国在海关总署设立专门侦查走私犯罪的公安机构，配备专职缉私警察，负责对其管辖的走私犯罪案件的侦查、拘留、执行逮捕、预审。

（二）海关的职权

依据《海关法》第四条的规定，海关在履行职务时可行使下列 13 项权力。

1. 检查权

海关检查权的行使是指检查进出境运输工具，包括火车、航空器、船舶、汽车等，以及在海关监管区和海关附近沿海地区，检查有走私嫌疑的运输工具和有藏匿走私货物、物品嫌疑的场所，检查有走私嫌疑的人的身体。

2. 查验权

海关查验权的行使是指在以不违法为前提的条件下，查验进出境货物、物品。

3. 查阅权

海关查阅权的行使包括查阅进出境人员证件，以及查阅与进出境运输工具、货物、物品有关的合同、发票、账册、单据、记录、文件、业务函电、录音录像制品或其他数据。

4. 查问权

海关查问权的行使是指查问违反《海关法》或其他有关法律、法规的嫌疑人。

5. 调查权

海关调查权的行使是指调查违反《海关法》或其他有关法律、法规的嫌疑人的行为，进而了解违法事实，以便进一步处理。

6. 复制权

海关行使复制权主要是指复制与进出境运输工具、货物、物品有关的合同、发票、账册、单据、记录、文件、业务函电、录音录像制品及其他数据。

7. 扣留权

海关行使扣留权包括扣留违反《海关法》或其他有关法律、法规的进出境运输工具、货物、物品或有牵连的合同、发票、账册、单据、记录、文件、业务函电、录音录像制品或其他数据。

8. 扣留移送权

海关扣留移送权的行使是指针对有走私嫌疑的人，经关长批准，可以扣留并移送司法机关。但扣留时间不超过 24 小时，特殊情况下可以延长至 48 小时。

9. 查缉权

海关查缉权的行使是指当进出境运输工具或个人违抗海关监管逃逸的，海关可以连续追至海关监管区和海关附近沿海沿边规定地区以外，将其带回处理。

10. 佩戴和使用武器权

海关戴戴和使用武器权的行使是指海关为履行职责，可以配备武器，海关工作人员佩戴和使用武器的规则，依据海关总署、公安部发布的"海关工作人员使用武器和警械的规定"。

11. 质押权

海关行使质押权包括：针对已先放行的货物责令担保人缴纳税款；针对尚未放行的货物，将货物变卖抵缴税款；通知银行直接在担保人或纳税义务人的存款内扣缴税款。

12. 处理权

海关行使处理权包括：对走私货物、物品及违法所得予以没收；对走私行为和违反海关监管规定行为的当事人处以罚款；对纳税争议、走私及其他违法行为不服从处罚的做出复议决定。

13. 强制执行权

海关行使强制执行权包括：对收货人或货物所有人声明放弃的进口货物，由海关提取变卖处理；对逾期未办手续的进境货物，由海关提取变卖处理；进口货物的收货人自运输工具申报进境之日起超过 3 个月未向海关申报的，由海关提取变卖处理。

（三）进出境运输工具的监管

所谓进出境运输工具，是指用以载运人员、货物、物品进出境的各种船舶、车辆、航空器和驮畜。运输工具出入境应承担如下义务。

1. 申报义务

进出境运输工具到达或者驶离设立海关的地点时，运输工具负责人应当向海关如实申报，交验单证，并接受海关监管和检查。

2. 通知义务

进出境船舶、火车、航空器到达和驶离时间、停留地点、停留期间、更换地点以及装卸货物或物品时间，运输工具负责人或者有关交通运输部门应当事先通知海关。

3．接受监管的义务

运输工具装卸进出境货物、物品或者上下进出境旅客，应当接受海关监管。货物、物品装卸完毕，运输工具负责人应当向海关递交反映实际装卸情况的交接单据和记录。上下进出境运输工具的人员携带物品的，应当向海关如实申报，并接受海关检查。

4．办理海关手续并缴税的义务

进境的境外运输工具和出境的境内运输工具，未向海关办理手续并缴纳关税的，不得转让或者移作他用。

（四）进出境货物的监管

1．进出境货物的所有人的权利和义务

（1）进出境货物接受监管的期间。

进口货物自进境起到办结海关手续止，出口货物自向海关申报起到出境止，过境、转运和通运货物自进境起到出境止，应当接受海关监管。

（2）如实申报义务。

进口货物的收货人、出口货物的发货人应当向海关如实申报，交验进出口许可证件和有关单证。国家限制进出口的货物，没有进出口许可证件的，不予放行，具体处理办法由国务院规定。

（3）申报前检验的权利。

进口货物的收货人经海关同意，可以在申报前查看货物或者提取货样。需要依法检疫的货物，应当在检疫合格后提取货样。

（4）配合海关检验的义务和申请免检的权利。

进出口货物应当接受海关查验。海关查验货物时，进口货物的收货人、出口货物的发货人应当到场，并负责搬移货物，开拆和重封货物的包装。海关认为必要时，可以径行开验、复验或者提取货样。经收、发货人申请，海关总署批准，其进出口货物可以免验。

（5）缴税义务。

除海关特准的外，进出口货物在收、发货人缴清税款或者提供担保后，由海关签印放行。

2．几类特殊进出口货物的处理

（1）暂时进出口货物。

经海关批准暂时进口或者暂时出口的货物，应当在6个月内复运出境或者复运进境；在特殊情况下，经海关同意，可以延期。

（2）保税货物。

经营保税货物的储存、加工、装配、展示、运输、寄售业务和经营免税商店，应当符合海关监管要求，经海关批准，并办理注册手续。

保税货物的转让、转移以及进出保税场所，应当向海关办理有关手续，接受海关监管和查验。

（3）加工贸易货物。

企业从事加工贸易，应当持有关批准文件和加工贸易合同到海关备案，加工贸易制成品单位耗料量由海关按照有关规定核定。

　　加工贸易制成品应当在规定的期限内复出口。其中使用的进口料件，属于国家规定准予保税的，应当向海关办理核销手续；属于先征收税款的，依法向海关办理退税手续。

　　加工贸易保税进口料件或者制成品因故转为内销的，海关凭准予内销的批准文件，对保税的进口料件依法征税；属于国家对进口有限制性规定的，还应当向海关提交进口许可证件。

　　（4）保税区和保税区货物。

　　经国务院批准在中华人民共和国境内设立的保税区等海关特殊监管区域，由海关按照国家有关规定实施监管。

（五）进出境物品

1. 个人物品

　　个人携带进出境的行李物品、邮寄进出境的物品，应当以自用、合理数量为限，并接受海关监管。进出境物品的所有人应当向海关如实申报，并接受海关查验。海关加施的封志，任何人不得擅自开启或者损毁。

2. 邮袋

　　进出境邮袋的装卸、转运和过境，应当接受海关监管。邮政企业应当向海关递交邮件路单。邮政企业应当将开拆及封发国际邮袋的时间事先通知海关，海关应当按时派人员到场监管查验。邮运进出境的物品，经海关查验放行后，有关经营单位方可进行投递或者交付。

3. 免税物品

　　经海关登记准予暂时免税进境或者暂时免税出境的物品，应当由本人复带出境或者复带进境。

（六）关税

1. 纳税货物和纳税义务人

　　准许进出口的货物、进出境物品，由海关依法征收关税。进口货物的收货人、出口货物的发货人、进出境物品的所有人，都是关税的纳税义务人。

2. 完税价格

　　进出口货物的完税价格，由海关以该货物的成交价格为基础审查确定。成交价格不能确定时，完税价格由海关依法估定。

　　进口货物的完税价格包括货物的货价、货物运抵中华人民共和国境内输入地点起卸前的运输及其相关费用、保险费；出口货物的完税价格包括货物的货价、货物运至中华人民共和国境内输出地点装载前的运输及其相关费用、保险费，但是其中包含的出口关税税额，应当予以扣除。进出境物品的完税价格，由海关依法确定。

3. 纳税义务人的义务

　　进出口货物的纳税义务人，应当自海关填发税款缴款书之日起 15 日内缴纳税款；逾期缴纳的，由海关征收滞纳金。纳税义务人、担保人超过 3 个月仍未缴纳的，经直属海关关长或者其授权的隶属海关关长批准，海关可以采取下列强制措施。

（1）书面通知纳税义务人开户银行或者其他金融机构从其存款中扣缴税款。

（2）将应税货物依法变卖，以变卖所得抵缴税款。

（3）扣留并依法变卖其价值相当于应纳税款的货物或者其他财产，以变卖所得抵缴税款。

海关采取强制措施时，对前面所列纳税义务人、担保人未缴纳的滞纳金同时强制执行。进出境物品的纳税义务人，应当在物品放行前缴纳税款。

（七）海关事务担保

在确定货物的商品归类、估价和提供有效报关单证或者办结其他海关手续前，收、发货人要求放行货物的，海关应当在其提供与其依法应当履行的法律义务相适应的担保后放行。法律、行政法规规定可以免除担保的除外。国家对进出境货物、物品有限制性规定，应当提供许可证件而不能提供的，以及法律、行政法规规定不得担保的其他情形，海关不得办理担保放行。具有履行海关事务担保能力的法人、其他组织或者公民，可以成为担保人。法律规定不得为担保人的除外。

（八）《海关法》对违反法律规定的处罚

《海关法》明确了对走私罪和走私行为等犯罪活动的制裁。同时还规定，对企事业单位、国家机关、社会团体犯走私罪的，除依法追究主管人员和直接责任人员的刑事责任外，亦针对普通走私行为和其他违反海关监管规定的处罚。

第二节　我国口岸管理相关规定

一、口岸概述

1. 口岸的概念

口岸是指供人员、货物和交通工具出入国境的港口、机场、车站、通道等。

2. 口岸的分类

口岸分为一类口岸和二类口岸。一类口岸是指由国务院批准开放的口岸（包括中央管理的口岸和由省、自治区、直辖市管理的部分口岸）；二类口岸是指由省级人民政府批准开放并管理的口岸。

二、我国口岸管理相关规定

为了加强口岸管理工作，口岸所在地的省（区）、市人民政府应由一名主管副省长（副主席、副市长）直接领导口岸管理工作，使口岸管理工作逐步正规化、制度化、规范化、现代化，以适应国民经济发展和日益增长的对外贸易、科技交流及人员往来的需要。

1. 地方口岸管理职责

根据国务院《地方口岸管理机构职责范围暂行规定》，地方口岸管理委员会、口岸办公室的职责范围如下。

（1）地方口岸管理委员会、口岸办公室使口岸所在地的省（区）、市人民政府直接领导的口岸管理机构，负责管理和协调处理本地区的海、陆、空口岸工作。

（2）负责贯彻执行党中央、国务院有关口岸工作的方针、政策和规定，并根据本地区口岸的具体情况制定实施细则。

（3）主持平衡所管辖口岸的外贸运输计划，检查和贯彻执行经中央平衡下达的运输计划，并加强预报、预测工作。

（4）组织口岸的集疏运工作。组织有关方面前的经济协议。组织路、港、贸的协作配合，加强车、传、货的衔接，加速车船周转和货物集散，保证口岸畅通。

（5）督促检查口岸检查检验单位，按各自的职责和规定，对出入境人员、交通工具、货物和行李物品进行监督管理以及检查、检验、检疫等工作。

（6）负责协调处理口岸各单位（包括外贸运输、船货代理、装卸理货、仓储转运、检查检验、公证鉴定、对外索赔、供应服务、接待宣传等有关单位）之间的矛盾，具有仲裁职能。

（7）负责组织口岸各单位对职工进行涉外政策、纪律和加强治安的宣传教育，并会同有关部门重大涉外问题和严重违反纪律的情况进行检查，提出处理意见。

（8）检查督促本地区的口岸规划、建设和技术改造配套工作的组织实施，并促使其同步进行。

（9）按国家关于口岸开放的各项政策和规定，负责一、二类口岸开放或关闭的审查、报批工作，并负责组织落实有关具体事宜。

（10）开展调查研究，总结交流经验，向上级有关部门反映口岸工作出现的重大矛盾和问题，并提出解决意见。

（11）承办上级领导部门交办的其他事项。

（12）本规定适用于一类口岸所在省、市的口岸管理委员会或口岸办公室。二类口岸管理机构的职责范围，可根据当地口岸的具体情况由省（自治区、直辖市）人民政府做出规定。

2. 口岸开放的规定

（1）层次和管辖。

一类口岸：由有关部（局）或港口、码头、车站、机场和通道所在地的省级人民政府会商大军区后，报请国务院批准，同时抄送国务院口岸领导小组、总参谋部和有关主管部门。

二类口岸：由口岸所在地的人民政府征得当地大军区和海军的同意，并会商口岸检查检验等有关单位后，报请省级人民政府批准。批文同时送国务院口岸领导小组和有关主管部门备案。

（2）报批条件和要求材料。

① 对口岸开放进行的可行性研究报告，以及口岸的基本条件、近 3 年客货运量、经济效益和发展前景的资料。

② 根据客货运输任务提出的有关检查检验单位、口岸办公室、中国银行等机构设置和人员编制方案。

③ 检查检验场地和办公、生活设施等规划，以及投资预算和资金来源。

第三节　通关及其通关相关法规

一、通关概述

通关是指进出境运输工具的负责人、货物的收发人及其代理人、进出境物品的所有人向海关申请办理进出口手续，海关对其呈交的单证和申请进出境的货物、运输工具和物品依法进行审核、查验、征缴税费、批准进口或者出口的全过程。

二、海关监管的相关法律法规

（一）行政法律

海关是国家的进出境监督管理机关，担负着代表国家执行监督管理进出境运输工具、货物和物品的任务。而监督管理职能的行使，最根本的依据就是《海关法》和其他相关法律法规。目前，在我国尚无一部海关监管法典。但《海关法》规定了海关组织与活动的指导思想、原则，海关工作人员的任务，海关监管工作的基本原则以及违法责任等，为海关监管提供了法律依据。在其他一些法中，也涉及关于海关货运监管法规的内容，如《药品管理法》、《中华人民共和国文物保护法》、《食品卫生法》、《固体废物污染环境防治法》、《商检法》、《中华人民共和国进出境动植物检疫法》（以下简称《进出境动植物检疫法》）、《中华人民共和国枪支管理法》等。

（二）行政法规和规章

行政法规和规章在海关货运监管法规中数量最多，内容最广，是海关监管法规的最主要的表现形式。与海关监管相关的行政法规和规章主要有《海关关于进出口货物申请担保的管理办法》、《海关关于对外加工装配业务的管理规定》、《中华人民共和国海关对中国籍旅客进出境行李物品的管理规定》、《边民互市贸易管理办法》、《报关员资格全国统一考试暂行规定》、《关于汽车产业政策》、《特定产品目录》、《废物进口环境保护管理暂行规定》等。

（三）最高人民法院所做的有关行政法律的司法解释

全国人民代表大会《关于加强法律解释工作的会议》中规定："凡属于法院审判工作中具体应用法律、法令的问题，由最高人民法院进行解释。"最高人民法院发布的有关海关监管问题的司法解释，具有法律效力因而也是行政法的一种表现形式。

（四）国际条约

目前，我国加入与海关货运监管相关的条约主要有《1972 年集装箱关务公约》、《商品名称及编码协调制度的国际公约》、《关于货物暂准进口的 ATA 单证册海关公约》、《伊斯坦公约》、

《关于货物实行国际转动或过境运输的海关公约》《濒危野生动植物物种国际贸易公约》《国际纺织品贸易协议》《经修正的便利国际海上运输公约》(IIVIO)、《关于设立海关合作理事会的公约》《关于简化和协调海关业务制度的国际公约》及其附约中的《关于保税仓库的附约》和《关于暂准进口货物按原状复出口附约》。

三、海关的性质和任务

1. 海关的性质

海关是国家的监督管理机关，代表国家依法独立行使监督管理权，是国家上层建筑的组成部分，海关的权力来自国家。海关对外维护国家的主权和利益，对内体现的是国家的、全社会的整体利益。

海关实施监督管理的范围是进出关境的活动。海关进行监督管理的对象是所有进出关境的运输工具、货物、物品。

海关是行政执法部门。海关通过法律赋予的权力，对在特定范围内的社会经济活动进行监督管理，并对违法行为依法施行行政处罚，以保证这些社会经济活动按照国家的法律规范进行。

海关执法的依据是《海关法》和其他有关法律、行政法规。

2. 海关的任务

根据《海关法》第二条的规定，海关依据《海关法》和其他有关法律、行政法规的规定承担以下任务：①监管进出境的运输工具、货物、行李物品、邮递物品和其他物品；②征收关税和其他税、费；③查缉走私；④编制海关统计；⑤办理其他海关业务。

四、法律对报关的相关规定

《海关法》第九条规定："进出口货物，除另有规定者外，由海关准予注册的报关企业或者有权经营进出口业务的企业负责办理报关纳税手续。上述企业的报关员应当经海关考核认可。进出境物品的所有人可以自行办理报关纳税手续，也可以委托他人办理报关纳税手续。接受委托办理报关手续的代理人，应当遵守本法对其委托人的各项规定。"

同时，《中华人民共和国海关对报关单位和报关员的管理规定》和《海关对报关员的管理规定》，明确指出报关管理制度改革方向是报关专业化、社会化和网络化，支持和鼓励发展报关企业，要逐步形成以专业报关、代理报关和自理报关三结合的报关制度；明确了报关企业或者有权经营进出口业务的企业必须由海关批准注册登记后才能具有向海关办理报关纳税手续的资格。并将报关单位分为代理报关单位和自理报关单位两类。

五、进出口通关的相关法律规定

（一）法律对进出境运输工具通关的相关规定

1. 运输工具必须经设立海关的地点通过

运输工具必须通过设立海关的地点，或虽未设立海关，但经国务院或者国务院授权的机关批准的地点进出境。《海关法》第八条规定：进出境运输工具、货物、物品，必须通过设立海关的地点进境或者出境。在特殊情况下，需要经过未设立海关的地点临时进境或者出境的，必须经国务院或者国务院授权的机关批准，并依照《海关法》的规定办理海关手续。

2. 运输工具相关事项事先通知海关的规定

进出境的船舶、火车和航空器等运输工具的承运人或者有关当事人（交通运输部门）应当将其到达或驶离的时间事先通知海关。《海关法》第十六条规定，到达和驶离时间、停留地点、停留期间、更换地点以及装卸货物、物品时间，都应当事先通知海关。

3. 运输工具严格按照规定的路线行进的规定

进境的运输工具在进境以后向海关申报以前，出境的运输工具在办结海关手续以后出境以前，严格按照交通主管部门规定的路线行进。当交通主管部门没有规定时，则按海关指定的路线行进。

4. 承运人向海关如实申报、交验单证的义务

根据《海关法》第十四条的规定，进出境运输工具到达或驶离设立海关的地点时，运输工具负责人应当向海关如实申报，交验单证。《海关法》第十七条规定：货物、物品装卸完毕并接受海关监督和检查运输工具负责人应当向海关递交反映实际装卸情况的交接单据和记录，上下进出境运输工具的人员携带物品的，应当向海关如实申报，并接受海关检查。

5. 承运人接受海关对运输工具检查和监管的义务

如上所述的在如实申报、交验单证后，均应当接受海关的监管和检查。根据《海关法》第十八条的规定，海关检查进出境运输工具时，运输工具负责人应当到场，并根据海关要求开启舱室、房间、车门，有走私嫌疑的，还应当开拆某些运输工具的部位和搬移货物、物品。海关根据工作需要，可以派员随运输工具执行职务，运输工具负责人应当提供方便。

6. 进出境运输工具经营范围变化时承运人的义务

当进出境的船舶和航空器业务经营范围发生变化，如改营境内运输业务时，其承运人应向海关报告并经海关同意。对于改营境内运输业务的运输工具，承运人应将原来营运所需在境外装载或携入的物品或备件、燃料等向海关办结海关手续。对于兼营境内运输业务的进出境运输工具，其承运人应按海关监管要求的条件从事业务。

7. 进出境运输工具改变载体性质时承运人的义务

当作为载体进境的境外运输工具或出境的境内运输工具，要改变其载体的性质，作为货物或物品转让或移作他用时，其承运人必须先向海关办理作为载体的结关手续，再向海关办理作为货物或物品进口或出口的海关手续并缴纳关税，才能解除海关监管。根据《海关法》第十九条的规定，未向海关办理手续并缴纳关税，不得转让或者移作他用。

8. 对某些特定船舶承运人规定的义务

《海关法》第二十一条规定：对于沿海航行的客货轮船、在沿海直至公海捕鱼的渔船和在领海、公海从事石油勘探和采集、科学考察、运输给养、海上执法等等种船舶，因其工作性

质关系，和同在海上作业的外国籍或港台地区船舶无法隔离时，为严密海关监管，《海关法》规定了上述船舶的承运人，未经海关同意，不得载运或者换取、买卖、转让进出境货物、物品。

9. 因不可抗力事件而派生的承运人的义务

根据《海关法》第二十二条的规定，船舶和航空器在运输过程中，因台风、海啸等自然因素或机械故障等不可抗力事件的发生，为避免人身和财产遭受更大危害，被迫在我国关境内未设立海关的地方停泊、降落或者抛掷、起卸货物物品时，承运人负有立即向附近海关报告、接受海关监管的义务。

（二）法律对进出境货物通关的相关规定

1. 对进出口货物通关基本程序的规定

进出口货物的通关可分为 4 个环节：报关—查验—征税—放行；加工贸易进出口货物，经海关批准的减免税或缓期缴纳进出口税费的进出口货物，以及其他在放行后一定期限内仍需接受海关监管的货物的通关，可以划分为 5 个基本环节：报关—查验—征税—放行—结关。

（1）报关。

报关是指进出口货物的收、发货人或者他们的代理人在进出口货物时，在海关规定的期限内，以书面或者电子数据交换（EDI）方式向海关报告其进出口货物的情况，并随附有关货运和商业单据，申请海关审查放行，并对所报告内容的真实、准确性承担法律责任的行为。

（2）查验。

查验是指海关依法对申报人所申报的进出口货物进行实际的核对和检查，确定其单、证、货是否相符，有无违法，可否合法进出，并为下一通关程序准备条件。《海关法》第二十八条规定，进出口货物，除经收发货人申请，海关总署特准可以免验的以外，都应当接受海关的查验。

由海关对已接受申报的出入境货物和运载工具以已审核的申报单证为依据在海关监管场所对货物进行实际检查，确认申报的单证与货物相符。并将查验结果作为征税、统计及后续管理的依据。

（3）征税。

根据《海关法》和《进出口关税条例》的有关规定，进出口货物除国家另有规定外，均应征收关税。并由海关依照《进出口关税条例》和《进出口税则》征收（或减免）进出口关税。

（4）放行。

放行是指海关对出入境货物、运输工具等经过审单、查验等环节，在有关单证上签章放行，以示海关同意货物卸载入境或装运出境。经海关核实单证无误，单货相符无误，海关即签证放行。《海关法》第二十九条规定，除海关特准之外，进出口货物在收发货人缴清税款或提供担保后，由海关签印放行。

（5）结关。

结关是指经口岸放行后仍需继续实施后续管理的货物，海关在规定的期限内进行核查，对需要补证、补税的货物做出处理，直至完全结束海关监管程序。

2. 法律关于进出境货物通关的相关规定

（1）对收、发货人的规定。

① 进口货物自进境起到办结海关手续止，出口货物自向海关申报起到出境止，过境、转

运和通运货物自进境起到出境止，应当接受海关监管。

② 进口货物的收货人、出口货物的发货人应当向海关如实申报，交验进出口许可证和有关单证。国家限制进出口的货物，没有进出口许可证的不予放行，具体处理办法由国务院规定。

③ 进口货物的收货人应当自运输工具申报进境之日起 14 日内，出口货物的发货人除海关特准的外应当在装货的 24 小时以前，向海关申报。进口货物的收货人超过前款规定期限未向海关申报的，由海关征收滞报金。

（2）对货物查验的规定。

进出口货物应当接受海关查验。海关查验货物时进口货物的收货人、出口货物的发货人应当到场，并负责搬移货物、开拆和重封货物的包装。海关认为必要时可以自行开验、复验或者提取货样。

（3）对未按要求申报的处理。

进口货物的收货人自运输工具申报进境之日起超过 3 个月未向海关申报的，其进口货物由海关提取变卖处理。所得价款在扣除运输、装卸、储存等费用和税款后，尚有余款的，自货物变卖之日起 1 年内，经收货人申请予以返还，逾期无人申请的上缴国库。确属误卸或者溢卸的进境货物经海关审定，由原运输工具负责人或者货物的收发货人自该运输工具卸货之日起 3 个月内办理退运或者进口手续；必要时经海关批准可以延期 3 个月。逾期未办手续的，由海关按前款规定处理。货物不宜长期保存的，海关可以根据实际情况提前处理。

（4）对暂时进出口、过境转运通运及经营保税业务货物的规定。

经海关批准暂时进口或者暂时出口的货物，应当在 6 个月内复运出境或者复运进境；在特殊情况下，经海关同意，可以延期。

过境、转运和通运货物，运输工具负责人应当向进境地海关如实申报，并应当在规定期限内运输出境。海关认为必要时，可以查验过境、转运和通运货物。

经营保税货物的储存、加工、装配、寄售业务，需经海关批准，并办理注册手续。

（5）对办理海关手续的规定。

进口货物应当由收货人在货物的进境地海关办理海关手续，出口货物应当由发货人在货物的出境地海关办理海关手续。经收发货人申请海关同意，进口货物的收货人可以在设有海关的指运地、出口货物的发货人可以在设有海关的启运地办理海关手续；海关的指运地、出口货物的发货人可以在设有海关的起运地办理海关手续。上述货物的转关运输，应当符合海关监管要求，必要时海关可以派员押运。

经电缆、管道或者其他特殊方式输送进出境的货物，经营单位应当定期向指定的海关申报和办理海关手续。

（6）对海关监管货物的规定。

海关监管货物未经海关许可，任何单位和个人不得开拆、提取、交付、发运、调换、改装、抵押、转让或者更换标记。海关加施的封志任何人不得擅自开启或者损毁。存放海关监管货物的仓库、场所的经理人应当按照海关规定，办理收存、交付手续。在海关监管区外存放海关监管货物，应当经海关同意，并接受海关监管。

（三）法律对进出境物品通关的相关规定

1. 对进出境物品的界定

进出境物品是指与贸易性货物和运输工具相区别而言，物品系供个人自用或馈赠性质，而非买卖经商之物，国际海关公约对个人物品也规定"不包括进出口商业性物品"。

进出境非贸易性物品以进出渠道区分为进出境人员的行李物品和国际邮递物品，通常称作"行邮物品"，如按物品所涉及的有关人和物品进出境的目的、用途等区分，主要有以下8类：①进出境旅客的行李物品；②进出境运输工具服务人员的行李物品；③经常进出境人员携带的自用物品；④外商企业、机构来往人员的自用物品；⑤外商企业、机构公用物品及我国驻外机构内调物品；⑥进出境个人邮递物品；⑦进出境印刷品；⑧进出境礼品。

2．对进出境物品通关的规定

（1）个人携带进出境的行李物品、邮寄进出境的物品，应以自用、合理数量为限，并接受海关监管。

（2）邮政企业应当将开拆及封发国际邮袋的时间事先通知海关，海关应当按时派员到场监管查验。

（3）经海关登记准予暂时免税进境或者暂时免税出境的物品，应当由本人复带出境或者复带进境。过境人员未经海关批准，不得将其所带物品留在境内。

（4）进出境物品所有人声明放弃的物品、在海关规定期限内未办理海关手续或者无人认领的物品，以及无法投递又无法退回的进境邮递物品，由海关提取变卖处理；所得价款在扣除运输、装卸、储存等费用后，上缴国库。

六、收发货人和报关代理人的义务和权利的规定

海关的主要职责是管理货物、物品和运输工具。《海关法》规定了进出境货物通关时，行政管理相对人（收发货人和报关代理人）必须承担的义务，以配合海关更好地行使自己的管理职权。同时《海关法》也规定了行政管理相对人的相应权利。

（一）收、发货人和报关代理人的义务

1．在法定期限内如实报关的义务

货物进出境时，收、发货人或其报关代理人负有在法定期限内如实向海关申报的义务。法定期限是自运输工具申报进境之日起14日内。出口货物的发货人除海关特准的外应当在货物运抵海关监管区后，装货的24小时以前，向海关申报。超过了法定报关期限，应视为不履行法定义务而要承担支付滞报金或不予按时出口的法律后果。

2．交验法定单证的义务

进出境货物的收、发货人或其报关代理人在向海关呈交报关单的同时，还应根据货物的性质及所适用的通关程序，负有交验法定单证义务，以佐证其在报关单上所做的声明。报关单证包括报关单和其他与报关单相对应的单证如提单、合同、发票、装箱单、舱单等，以及海关要求提供的其他单证，如知识产权状况证明等。

3．配合查验的义务

当海关决定查验某货物时，收、发货人或其报关代理人必须接受，不得以任何借口或理由拒绝被查验，而且在查验时，收、发货人或报关代理人均应到场，并负责搬移货物、开拆

和重封货物的包装，为海关的查验提供方便。

4. 缴纳税款或提供担保的义务

缴纳税款是收、发货人的法定义务，进出口货物除法定免税、零税或海关批准免税的外，收、发货人或报关代理人负有缴纳应缴税款或提供担保的义务。根据《海关法》第二十九条的规定，除海关特准的外，缴纳税款或提供担保后，由海关签印放行。

5. 享受特定减免关税进境货物的收货人的义务

经海关批准享受特定减免关税进境的货物，《海关法》为其收货人设定负有将货物用于特定地区、特定企业和特定用途的义务。根据《海关法》第五十七条的规定，特定地区、特定企业和特定用途的进出口货物，可以减免税，未经海关核准应补缴税款，不得移作他用。否则，要承担违反《海关法》的法律责任。因此，这一条既是权利又是义务。

6. 不得侵犯海关监管货物的义务

海关监管货物是指进境后至结关前的进口货物；申报出口起至出境的出口货物；过境、转运、通运货物；以及暂时进出口货物、保税货物和其他尚未办结海关手续的进出境货物。根据《海关法》第三十七条的规定，上述各类海关监管货物不受侵犯。所谓不受侵犯，是指货物的收、发货人，报关代理人，以及其他任何单位和个人，未经海关许可，不得以任何借口或理由，采用直接或间接的方式对海关监管货物做出开拆、提取、交付、发运、调换、改装、抵押、质押、留置、转让或更换标记移作他用的行为。海关监管货物不可侵犯，还包括当人民法院判决、裁定或有关行政执法部门决定处理海关监管货物时，应责令当事人将海关监管货物办结海关手续后作为国内民事财产予以处理。

（二）发货人和报关代理人的权利

收、发货人和报关代理人在通关法律关系中享有《海关法》和其他法律、行政法规赋予的权利，这些权利主要有以下几项。

1. 提取货样的权利

根据《海关法》第二十七条的规定，进口货物的收货人经海关同意，有权在申报前查看货物或提取货样。如货物属于依法检疫的范围，则应在检疫合格后提取货样，避免未检疫的货物流入社会造成危害。

2. 对确属误卸、溢卸货物，有申请退运或进口的权利

根据《海关法》第三十条的规定，确属误卸或者溢卸的进境货物，经海关审定，由原运输工具负责人或者货物的收发货人自运输工具卸货之日起 3 个月内，办理退运或者进口手续；必要时，经海关批准，可以延期 3 个月。逾期由海关依法变卖处理。

3. 海关执法中的侵权行为，有要求海关赔偿的权利

根据《海关法》第九十四条的规定，海关在查验进出境货物、物品时，损坏被查验的货物、物品的，应当赔偿实际损失。

4. 对海关及其工作人员实施监督和控告的权利等

　　根据《海关法》第八十条的规定，任何单位和个人均有权对海关及其工作人员的违法、违纪行为进行控告、检举。收到控告、检举的机关有权处理的，应当依法按照职责分工，及时查处。收到控告、检举的机关和负责查处的机关应当为控告人、检举人保密。

七、法律责任

　　《海关法》第八章用了 18 条规定了各种违反海关法的应承担的行政、刑事责任，其他通关相关行政法律、法规和规章对违反通关有关法律、法规和规章的行政相对人和管理机关应承担的法律责任也做了相应的规定。

第四节　商检法规

一、进出口商品的检验与检疫的重要性

　　商品检验又称货物检验，是指在国际货物买卖中，对卖方交付的货物或拟交付的合同规定的货物进行质量、规格、数量、重量、包装等方面的检验，同时还包括根据一国法律或政府法令的规定进行的卫生、安全、环境保护和劳动保护等条件的检验以及动植物病虫害检疫。

　　商品检验是国际贸易发展的产物，是买卖双方在货物交接过程中不可缺少的重要环节。它的重要性主要体现在保证买卖双方顺利履行合同，把好进口商品质量关，把好出口商品质量关。

二、商检的一般规定

　　1989 年 2 月 21 日七届全国人大常委会第六次会议通过了《中华人民共和国进出口商品检验法》（以下简称《商检法》），并于 1989 年 8 月 1 日起施行。为加强对进出境商品的检验检疫工作，保证进出境商品的质量，维护对外贸易有关各方的合法权益，促进对外贸易关系的顺利发展，九届全国人大常务委员会第二十七次会议于 2002 年 4 月 28 日通过了《关于修改〈中华人民共和国进出口商品检验法〉的决定》，修订后的《商检法》共 6 章 32 条，并自 2002 年 10 月 1 日起施行。

　　目前与我国商品检验相关的法律、法规和规章主要有《商检法》及与之相配套的《中华人民共和国进出口商品检验法实施条例》（以下简称《商检法实施条例》），以及《产品质量法》、《进出境动植物检疫法》、《中华人民共和国国境卫生检疫法》、《食品卫生法》、《海关法》、《海商法》、《出入境检验检疫签证管理办法》、《出入境检验检疫报检规定》等。

　　与商检相关的国际公约主要有《国际海运危险货物规则》、《联合国国际货物销售合同公约》、《国际贸易术语解释通则》、《华沙-牛津规则》、《跟单信用证统一惯例》等。

1. 商检的主管机关

《商检法》第二、第三条规定：国务院设立进出口商品检验部门（以下简称国家商检部门），主管全国进出口商品检验工作。国家商检部门设在各地的进出口商品检验机构（以下简称商检机构）管理所辖地区的进出口商品检验工作。商检机构和经国家商检部门许可的检验机构，依法对进出口商品实施检验。

2. 商检机构的主要任务

（1）对进出口商品和检验项目实施强制性的法定检验。
（2）对法定检验商品和法定检验范围以外的进出口商品实施监督管理。
（3）凭对外贸易关系人的申请各项进出口商品鉴定业务。

3. 商检的依据和主要内容

《商检法》第四条规定："进出口商品检验应当根据保护人类健康和安全、保护动物或者植物的生命和健康、保护环境、防止欺诈行为、维护国家安全的原则，由国家商检部门制定、调整必须实施检验的进出口商品目录（以下简称目录）并公布实施。"《商检法》第五条规定："列入目录的进出口商品，由商检机构实施检验。前款规定的进口商品未经检验的，不准销售、使用；前款规定的出口商品未经检验合格的，不准出口。本条第一款规定的进出口商品，其中符合国家规定的免予检验条件的，由收货人或者发货人申请，经国家商检部门审查批准，可以免予检验。"

对于列入《出入境检验检疫机构实施检验检疫的进出口商品目录》和其他法律、行政法规规定必须经商检机构检验的进出口商品，必须依法实施检验，方可办理进出口通关手续。目前，列入目录的进出口商品共 21 类，涉及《商品名称及编码协调制度》编码 4111 个。

4. 商品免检的相关规定

经商检机构检验，质量长期稳定的或者经国家质量监督检验检疫总局认可的外国有关组织实施质量认证的商品，由进出口商品的收货人、发货人或者生产企业申请，经国家质量监督检验检疫总局审查批准，商检机构免予检验。对暂时进出口货物、非销售用的展览品、陈列品、保税仓库货物、来料加工装配进出口货物、进出口样品和礼品、免税品、免税外汇商品以及其他非贸易性物品，除另有规定外，免予法定商品检验。

符合以下条件的商品可以申请免检：在国际上获得质量奖的商品，获奖期限在 3 年以内；有关国际组织实施质量认证的，并经国家商检部门认可，经商检机构多次检验，质量比较稳定，未发生过质量事故的商品；连续 3 年出厂合格率及商检合格率为 100%，在 3 年内没有发现质量异议的出口商品；一定数量限额内的非贸易性的进出口商品，如无偿援助、国际合作、对外交流和对外承包工程所需要的物品，外交人员自用物品，出境旅客在免税商店购买的物品，进出口的展览品、礼品和样品等。

5. 进出口商品的合格评定及标准

《商检法》第六条规定："必须实施的进出口商品检验，是指确定列入目录的进出口商品是否符合国家技术规范的强制性要求的合格评定活动。合格评定程序包括：抽样、检验和检查；评估、验证和合格保证；注册、认可和批准以及各项的组合。"

《商检法》第七条规定："列入目录的进出口商品，按照国家技术规范的强制性要求进行检验；尚未制定国家技术规范的强制性要求的，应当依法及时制定，未制定之前，可以参照国家商检部门指定的国外有关标准进行检验。"

6. 进出口商品检验机构

《商检法》第八条规定："经国家商检部门许可的检验机构，可以接受对外贸易关系人或者外国检验机构的委托，办理进出口商品检验鉴定业务。"

《商检法》第九条规定："法律、行政法规规定由其他检验机构实施检验的进出口商品或者检验项目，依照有关法律、行政法规的规定办理。"

三、进口商品的检验

（一）进口商品的检验方式

1. 自行检验

自行检验简称自验，是指法定检验进口商品的收用货单位或代理接货单位，按照《商检法》的规定，进口商品到货经登记后，向检验检疫机构报检，经检验的进口商品和对外贸易合同中订明凭检验的品质、重量检验结果进行结算的进口商品，由检验检疫机构自行派人执行抽样检验或鉴定，并出具检验证单。

2. 共同检验

共同检验简称共验，是指检验检疫机构接受了对外贸易关系人对进口商品提出的检验鉴定业务后，检验检疫机构确定与有关单位双方各派检验人员共同执行检验鉴定或者由检验检疫机构与制定认可单位各承担一部分检验项目，共同完成该批商品的全部项目检验鉴定工作，由检验检疫机构最后确认检验结果，汇总对外签发检验证书，符合合同、标准规定的则签发"入境货物检验检疫情况通知单"。

3. 口岸检验

口岸检验是对经产地出入境检验检疫机构出口预检，签发出口商品检验换证的出口商品，在调运至口岸出口时，因经过长途运输，品质、包装可能变质受损，必须由口岸出入境检验检疫机构执行口岸检验。

4. 异地检验

异地检验是指如果进口报关地与使用地不一致，还需运输至指运地由目的地检疫检验机构进行检验。异地检验往往是和异地通关紧密相连的。

5. 装船前检验

《商检法》第十四条规定："对重要的进口商品和大型的成套设备，收货人应当依据对外贸易合同约定在出口国装运前进行预检验、监造或者监装，主管部门应当加强监督；检验检疫机构根据需要可以派出检验人员参加。"检验检疫机构根据需要和凭对外贸易关系人的申请派出检验人员参加检验工作，称装船前检验。

（二）进口商品检验的法律规定

1. 对检验地点的规定

（1）法定检验的进口商品到货后，收货人必须向卸货口岸或者到达站的商检机构办理登记。对列入目录的进口商品，商检机构在报关单上加盖"已接受登记"的印章，海关凭报关单上加盖的印章验放。

（2）对外贸易合同或者运输合同约定进口商品检验地点的，在约定的地点进行检验；未约定检验地点的，在卸货口岸、到达站或者商检机构指定的地点进行检验。

（3）大宗散装商品、易腐烂变质商品，以及卸货时发现残损或者数量、重量短缺的商品，必须在卸货口岸或者到达站进行检验。

（4）需要结合安装调试进行检验的成套设备、机电仪器产品，以及在口岸开件检验后难以恢复包装的商品，可以在收货人所在地进行检验。

2. 法定检验进口商品报验及检验结果的处理

（1）法定检验的及对外贸易合同约定由商检机构检验的进口商品办理登记后，收货人必须在规定的检验地点和期限内，持合同、发票、装箱单、提单等必要的证单，向商检机构报验，由商检机构实施或者组织实施检验；未报经检验的，不准销售，不准使用法定检验以外的进口商品。

（2）商检机构对已报验的进口商品，应当在索赔期限内检验完毕，检验合格的，出具检验情况通知单；检验不合格或者对外贸易合同约定由商检机构出具检验结果的，签发检验证书。

（3）商检机构检验或者抽查检验不合格，并已对外索赔的进口商品，不需要换货或者退货的，收货人应当对退货的进口商品妥善保管，在索赔结案前不得动用。

3. 法定检验外的进口商品检验及检验结果的处理

（1）法定检验以外的进口商品，对外贸易合同没有约定由商检机构检验的，收货人应当按照合同的约定进行验收。商检机构可以督促收货人验收并进行抽查检验。验收不合格需要凭商检机构检验证书索赔的，收货人应当及时向所在地商检机构申请检验出证。

（2）进口商品在口岸卸货时发现残损或者数量、重量短缺需要索赔的，收货人应当及时向口岸商检机构申请检验出证。卸货单位对残损部分应当分别卸货和存放。

四、出口商品的检验

（一）出口商品的检验方式

1. 出口检验

出口检验是指检验检疫机构对准备装运出口的商品按照有关标准、贸易合同或信用证等规定进行检验。检验检疫机构接受出口商品的申请人申请检验以后，按照约定的时间，到货物堆存地点进行抽样、检验，检验完毕后出具证单。

2. 预先检验

出口预验是出入境检验检疫机构为了方便对外贸易，根据需要和可能，对某些经常出口的商品同意接受预先检验，简称预验。需采取预先检验的情形有：出口商品尚未对外成交；或虽已成交、已签订了出口贸易合同，但尚未接到信用证；不能确定装运数量、运输工具，要暂缓出口的商品；出入境检验检疫机构应申请人要求预先进行的检验。

3. 自行检验

自行检验又称自验，是商检机构对出口商品的自行检验。即商检机构接受对外贸易关系人提出的对出口商品进行品质、规格、数量、重量、安全、卫生、包装的检验、鉴定申请后，由商检机构自行派出检验人员进行抽样和检验鉴定并出具检验证书。

商检机构在对出口商品进行自验工作时要根据申请人对出口商品所申请的项目，派人在货物存放地点进行抽样。抽样后按照合同或标准进行检验鉴定，最后签发鉴定的有关单证。

4. 共同检验

共同检验又称共验，是指商检机构接受对外贸易关系人提出的对出口商品进行品质、数量、规格、重量、安全、卫生、包装的检验鉴定申请后，与其授权检验鉴定单位，各派检验人员共同执行抽样和检验、鉴定，共同完成该批商品的全部项目的检验鉴定工作，并出具检验鉴定证单。

5. 抽查检验

抽查检验又称抽验，是出口商品在生产、经营单位检验合格的基础上，由商检机构派人对出口商品按一定的比例进行检验。当生产经营单位的检验结果与商检机构检验结果相符时，商检机构可承认其检验结果。

（二）出口商品检验的相关法律规定

（1）对出口商品报验、检验及验放的规定。

对于必须经商检机构检验的出口商品，发货人应当在商检机构规定的地点和期限内，持合同等必要的单证向商检机构报验。对已报验的出口商品，商检机构应当在不延误装运的期限内检验完毕，检验合格的，按照规定签发检验证书、放行单或者在报送单上加盖印章。对列入目录的出口商品，海关凭商检机构签发的检验证书、放行单或者在报关单上加盖的印章验放。

产地检验的出口商品，需要在口岸换证出口的，由产地商检机构按照规定签发检验换凭证。发货人应当在规定的期限内持检验换证凭证和必要的证单向口岸商检机构报请查验。经查验合格的，由口岸商检机构换发检验证书、放行单或者在报关单上加盖印章。

（2）对已验放出口商品的规定。

经商检机构检验合格发给检验证书或者放行单的出口商品，发货人应当在检验证书或者放行单签发之日起 60 天内报运出口，鲜活类出口商品应当在规定的期限内报运出口。逾期报运出口的，发货人必须重新向商检机构报验。

（3）对生产出口危险货物容器企业的规定。

生产危险货物出口包装容器的企业，必须向商检机构申请包装容器的性能鉴定。包装容器经商检机构鉴定合格并取得性能鉴定证书的，方可用于包装危险货物。

生产出口危险货物的企业，必须向商检机构申请危险货物包装容器的使用鉴定。危险货物包装容器经商检机构鉴定合格并取得使用鉴定证书的，方可包装危险货物出口。

（4）对装运出口特殊货物的运载工具的规定。

对装运出口易腐烂变质的食品、冷冻品的船舱、集装箱等运载工具，承运人、装箱单位或者其代理人必须在装运前向商检机构申请清洁、卫生、冷藏、密固等适载检验；经检验合格并取得证书的，方可装运。

（5）出口商品经商检机构检验、口岸查验或者抽查检验不合格的，不准出口。

五、商检机构对进出口商品的监督管理

商检机构对进出口商品的监督管理，主要是对进出口商品的质量、数量、重量、包装以及安全、卫生等进行监督检查，以生产加工部门、外贸经营部门、收货和用货部门、仓储运输部门以及商检机构的检验部门的检验组织、检验人员、检验设备、检验制度、检验标准、检验方法和检验结果等进行监督检查，以及其他与进出口商品检验有关的工作进行监督检查，督促有关部门做好进出口商品的检验工作，这是商检机构贯彻商检和组织社会力量检验相结合的一种必要措施。

（1）商检机构对出口商品的生产、经营单位或进口商品的收用货部门、储运部门以及其指定认可的检验机构的商品检验工作进行监督检查，检查的内容如下。

① 对其检验的进出口商品进行抽样检验。

② 对其检验的组织机构、检验人员和设备、检验制度、检验标准、检验方法进行监督检查。

③ 对其他与进出口商品检验有关的工作进行监督检查。

商检机构对必须经商检机构检验的进出口商品以外的进出口商品，可以抽查检验。出口商品经抽查检验不合格的，不准出口；进口商品经抽查检验发现不符合合同品质条款或法律、法规规定的，对外提出索赔或视情况处理。

（2）商检机构根据检验工作的需要，可向列入目录的某些特殊出口商品的生产企业派出检验人员，参与监督出口商品出厂前的质量检验工作。

（3）国家质量监督检验检疫总局根据需要同外国有关机构签订进出口商品质量认证协议。商检机构根据协议或者接受外国有关机构的委托进行进出口商品及其生产企业颁发认证证书，准许在认证合格的进出口商品上使用进出口商品质量认证标志。

（4）国家根据需要，对重要的进出口商品及其生产企业实行质量许可制度，对涉及安全、卫生等重要的进出口商品及其生产企业实施进口安全质量许可制度和出口质量许可制度。

（5）商检机构对检验合格的进出口商品加施商检标志。

（6）进出口商品的报验人对商检机构做出的检验结果有异议的，可在收到检验结果之日起 15 日内向做出检验结果的商检机构或其上级商检机构申请复验；受理复验的商检机构应自收到复验申请之日起 45 日内做出检验结论。报验人对复验结论仍有异议的，可自收到复验结论之日起 15 天内向国家商检局申请复验；国家商检局应在 60 日内做出复验结论。国家商检局的复验结论为终局结论。

（7）商检机构和其指定的检验机构以及经国家商检部门批准的其他检验机构，可以接受对外贸易关系人或者外国检验机构的委托，办理进出口商品鉴定业务，签发鉴定证书。对外

贸易关系人委托商检机构办理鉴定业务，应当提供合同、信用证以及有关的其他证单。

进出口商品鉴定业务的范围包括：进出口商品的质量、数量、重量、包装鉴定，海损鉴定，集装箱检验；进口商品的残损鉴定；出口商品的装运技术条件鉴定、货载衡量、产地证明、价值证明以及其他业务。

六、相关的法律责任

《商检法》第五章用了 7 条规定了各种违反《商检法》的情形，《商检法实施条例》第五章则用了 15 条规定了各种违反《商检法实施条例》的情形，其他商检相关行政法律、法规规章对违反商检有关法律法规和规章的行政相对人和管理机关应承担的法律责任也做了相应的规定。

第五节　口岸通关方面的国际公约

一、《关于设立海关合作理事会的公约》

国际海关组织的前身是海关合作理事会。1947 年 9 月 12 日，欧洲经济合作委员会的 13 个成员国决定成立工作组，以便建立一个或多个以关贸总协议为基础的欧洲海关同盟。第二年，该工作组应荷兰、比利时、卢森堡三国要求在布鲁塞尔成立了两个委员会，即经济委员会和海关委员会。海关委员会后来发展成为海关合作理事会。

1950 年 12 月 15 日《关于设立海关合作理事会的公约》在比利时的布鲁塞尔正式签署，理事会宣告成立。

经过 45 年的历史变迁，海关合作理事会由一个最初以欧洲为中心的、以研究海关业务技术问题为宗旨的海关研究小组，逐步发展成为以促进国际贸易为根本任务的全球性的国际海关组织。1994 年，该组织正式更名为世界海关组织（World Customs Organization，WCO）。现共有成员 130 多个。我国政府于 1983 年 7 月正式加入《关于设立海关合作理事会的公约》，并成为海关合作理事会的成员国。

根据该公约的规定，世界海关组织的主要任务如下。

（1）研究与海关事务有关的所有合作问题。

（2）审议与海关制度相关的技术及经济因素，以便向成员提供高度协调统一和切实可行的方法与步骤。

（3）草拟公约及公约的修正案，并建议有关成员国政府采纳公约或修正案。

（4）为确保所通过的协议在解释和实施方面的统一提出建议书，并根据公约履行公约可能赋予的其他职能。

（5）对有关公约的解释与执行所产生的争议提出解决建议。

（6）及时通报海关规章及手续的信息。

（7）就公约管辖的海关事务向有关政府提供咨询及信息，并就此提出建议。

（8）在职责范围内与其他政府间组织开展合作。

世界海关组织的主要业务包括海关技术、税则归类和估价，设有 3 个司，通过专业技术委员会开展工作。

1998 年 1 月 1 日，世界海关组织秘书处进行了机构改组，原来的 3 个司并为两个司，更名为关税及贸易事务司和守法便利司。突出了海关将严格依法行政，为国际贸易提供最大程度便利的宗旨。

二、《商品名称及编码协调制度的国际公约》

《商品名称及编码协调制度的国际公约》简称《协调制度公约》，是以建立一套新的既可满足海关税则统计需要，又可包括国际运输及生产部门等要求的国际商品分类制度为目的的公约。由海关合作理事会和美国、加拿大等大约 60 个国家、关贸总协定、联合国统计局、国际标准化组织、国际商会、国际航运协会等 20 多个国际组织共同参加，耗时 13 年才告完成的。该公约将《商品名称及编码协调制度》（简称《协调制度》或 HS 编码）作为其附件。该编码是当今最完整、系统、科学、多用途的国际贸易商品分类目录，可供海关监督、征税、统计，以及国际贸易管理、信息、运输等多方面共同使用。此前国际上曾经盛行两个商品分类目录，给国际贸易带来诸多不便。

《商品名称及编码协调制度的国际公约》于 1983 年制定并在海关合作理事会大会上通过，1988 年 1 月 1 日正式生效。内容包括前言和 20 个条文。公约每 4 年修订 1 次，世界上已有 150 多个国家使用 HS，全球贸易总量 90%以上的货物都是以 HS 分类的。该公约规定缔约国不承担关税税率方面的任何义务，发达国家保证全部采用《商品名称及编码协调制度》的品目和子目及其编码，以及归类总规则和类、章、子目的注释，不得做任何增添或删改。但可在子目项下增加更具体的细目。发展中国家可全部采用 5 位数级子目或 6 位数级子目。

我国海关也顺利完成了 HS 编码的翻译及目录转换，经国务院批准，于 1992 年 1 月 1 日起在货物监管、征税、统计工作中全面实施 HS 编码。1992 年 6 月 23 日，中国政府在海关合作理事会年会上宣布中国正式加入《商品名称及编码协调制度的国际公约》，该公约自 1993 年 1 月 1 日起对中国生效。

三、《关于货物暂准进口的 ATA 报关单证册海关公约》

《关于货物暂准进口的 ATA 报关单证册海关公约》又称《ATA 报关公约》或《ATA 公约》。该公约是在海关合作理事会和关税及贸易总协定缔约各方主持下并经与联合国教科文组织协商后制定的。1961 年 12 月 6 日签署于布鲁塞尔，1961 年正式生效。该公约的基本宗旨是：对暂时免税进口货物实行共同制度，为国际贸易及文化活动提供便利，并使缔约各方的海关制度得到高度的协调一致。

ATA 通关单证册又称 ATA 通关证，是指用于为暂准进口货物报关的单证，事实上，是一种国际上统一的暂准进口货物报关单证。它通过国际担保形式，来达到简化海关手续，便利暂准进口货物的通关，以提高各国海关工作效率的目的。

目前，实施 ATA 通关证制度的已有欧盟、美国、日本、加拿大、澳大利亚、新加坡、印度、波兰、匈牙利等 62 个国家和地区。我国于 1992 年加入《关于货物暂准进口的 ATA 报关单证册海关公约》。

ATA 通关证制度的核心内容是实行国际联合担保。这种担保是通过国际商会国际局（IBCC）组织管理的国际担保连环系统（又称 ATA/IBCC 连环担保系统）进行的。ATA/IBCC 系统由各国海关当局核准的国家商会组织共同组成，负责签发本国申请的 ATA 通关证，并对 ATA 通关证下的货物应付的关税及其他税费向 IBCC 履行全面担保义务。

《关于货物暂准进口的 ATA 报关单证册海关公约》目前已被《伊斯坦布尔公约》收入作为其附约 A。

四、《伊斯坦布尔公约》

随着国际科学技术合作和文化交流的发展，暂时携运某种货物和样品进出关境日益普遍。各国海关应对此类暂时进口货物提供通关上的便利。

为了在国际间对暂准进口采用一种统一的管理规则，保证海关手续的高度简化和协调，海关合作理事会针对以前制定的有关暂准进口公约存在分散性的问题，于 1990 年 6 月 26 日在伊斯坦布尔组织谈判签署了《伊斯坦布尔公约》，又称《暂准进口公约》。我国于 1992 年加入该公约。

《伊斯坦布尔公约》统一了对暂准进口制度的定义。所谓暂准进口，是指一种海关业务制度，按照该项制度，某些货物（包括运输工具）在运入关境时，可以有条件地免纳进口税及国内税等，并免受经济性质的进口禁止和限制；此项货物（包括运输工具）必须为特定的目的进口，并且必须在特定的期限内，除因在使用中正常损耗者外，按原状复出口。

《伊斯坦布尔公约》共有 13 个附约，包括了暂准进口制度下的全部货物范围。

1. 列入暂准进口的货物范围

（1）展览会、交易会、大型会议或类似展出用货物。

（2）专业器材（包括广播、电视、电影、出版、文艺演出、安装调试、维修、测量勘探、考古等所需器材、设备）。

（3）与商业活动有关的样品、包装物料、集装箱、托盘等。

（4）与制造、加工业务有关的货物（包括印板、模子、模型、图纸、检测仪器、工具等）。

（5）教育、科学、文化用品（包括音像设备、音像资料、模型、仪器、装置等）。

（6）旅客个人物品和体育用品（包括旅客个人自用的衣物、音像器材和体育运动器材、服装等）。

（7）旅游宣传广告材料（包括到国外访问、参加各类会议用于演示的图片、绘画、书刊、音像资料、模型、工艺品等）。

（8）边境贸易货物（指边境地区居民为进行贸易、制造、加工、修理等活动所需暂时进口货物）。

（9）人道主义或慈善目的进口的货物（包括救灾物资以及医疗设备、器材等）。

（10）动物（包括比赛、驯养、娱乐、试验及边境地区放牧的动物等）。

（11）暂时减免进口税货物（包括进口后临时使用的工程设备以及其他暂时进口货物）。

2. 列入暂准进口的运输工具种类

《伊斯坦布尔公约》列入暂准进口的运输工具包括以下 5 类。

（1）营业用或自用公路运输工具。

（2）铁路运输工具。

（3）空运、海运及内河运输工具。

（4）维修已获暂准进口运输工具的备件及设备。

（5）暂准进口运输工具的正常油箱所存油料及正常使用所需的润滑油。

《伊斯坦布尔公约》规定，每一缔约方应允许本公约附约中规定的货物（包括运输工具）暂准进口，并将有关海关手续简化，为暂准进口货物提供最大的便利。但该公约规定给予的最大便利并不妨碍各国基于公共道德、公共安全、卫生保健、动植物保护、知识产权等方面的考虑而采取的必要限制。

五、《关于货物实行国际转运或过境运输的海关公约》

《关于货物实行国际转运或过境运输的海关公约》即《关于加速国际货运的海关公约》，简称《ITI公约》。该公约是在联合国欧洲经济委员会、联合国贸发会议、国际航空运输协会、国际商会和国际海事委员会等国际组织的合作和支持下制定的，1971年6月7日签订于布鲁塞尔。本公约由前言、62个条文和4个附件组成。其基本宗旨是：给予国际货运便利，保证国际运输直达，促进国际贸易。

符合该公约规定条件的货物，将采用ITI申报单通关。在起运地海关或沿途所经过的各海关，均免缴进口各税、国内税或保证金；在沿途所经各地海关，除特种装载货物外，均按惯例免受海关查验，免办缔约各方超出本公约规定的其他转运货物手续。有关运输单位不必事先获得国内海关批准。

海关封志和固定物必须符合本公约的最低要求，当在一缔约方境内加封的海关封志和固定物为另一缔约方承认时，应给予与本国封志和固定物同样的法律保护。

经批准成立的联合担保协会应向所在国海关当局保证，凭其签发的联合担保凭证，按照国际转运制度在该国境内承运的货物，如有违反规定的行为发生，由该协会负责支付进口各税。该协会应与上述欠税人共同并各自单独负责偿付这些税款。

缔约方海关当局有责任协助另一缔约方调查违约规定或有嫌疑的违法行为。

六、《1972年集装箱关务公约》

《1972年集装箱关务公约》又称《1972年集装箱海关公约》，或《关于用于国际运输业务的集装箱管理公约》。该公约是由联合国和政府间海事咨询组织（即现在的国际海事组织）共同制定的，于1972年11月11日～12月2日在日内瓦召开的国际集装箱运输会议上通过，并于1975年12月6日正式生效。该公约由前言、28个条文、7个附件以及签字议定书组成。

《1972年集装箱关务公约》的基本宗旨是：简化并协调各国海关对集装箱国际运输的管理手续，以推进国际运输集装箱化的进程。根据该公约，每一缔约国都应准许集装箱暂时进口；暂准进口的集装箱如符合该公约规定的要求，在进口和复出口时可免交有关海关单据及提供担保，而且应允许在一定条件下从事顺道的国内运输。经缔约国检验符合该公约有关要求的集装箱，可获准从事海关加封运输，并享受有关便利和优惠。

《1972年集装箱关务公约》还明确规定了进口各税、暂准进口、集装箱、集装箱的标志等术语的定义以及应具备的条件。

为加强中国海关与国际海关之间的协作，方便中国集装箱在国外的顺利通关，促进国内集装箱生产和发展，增加我国集装箱的登记费用，我国于 1986 年加入了该公约。

七、《在国际公路车辆运输手册担保下进行国际货物运输的报关公约》

《在国际公路车辆运输手册担保下进行国际货物运输的报关公约》又称《根据 TIR 手册进行国际货物运输的有关关税协定》、《国际公路车辆运输规则》（又译为《国际公路车辆运输公约》或《TIR 公约》）。该公约由联合国欧洲经济委员会制定，并于 1960 年 1 月生效，曾于 1975 年和 1991 年经过修改。

该公约正文包括 6 章 51 条，附件有 9 个。根据该公约的规定，对集装箱的公路运输承运人，如持有 TIR 手册，允许使用经过海关加封的车辆，或使用由公路运输车辆积载的经过加封的集装箱，在中途不换装的情况下，由发运地到达目的地，中途可免于检查、免于支付关税和提供押金。这种 TIR 手册是由有关国家政府批准的运输团体发给，这些团体大都是参加国际公路联合会的成员，它们必须保证监督所属运输企业遵守海关法规和其他规则。此外，该公约对公路运输车辆或集装箱应具备的条件，担保团体的责任、责任期间、责任范围和责任限额，担保手册的使用要求等内容也进行了详细的规定。

八、《关于为防止、调查和惩处违犯海关法罪实行行政互助的国际公约》

《关于为防止、调查和惩处违犯海关法罪实行行政互助的国际公约》又称《关于预防、调查和制止违反海关法罪的行政互助的国际公约》，简称《内罗毕公约》，由海关合作理事会制定，于 1977 年 6 月 9 日在肯尼亚首都内罗毕召开的理事会年会上通过，1980 年 5 月 21 日正式生效。由前言、正文 23 个条款和 11 个附约组成。该公约的基本宗旨是，实行各国海关间的合作，更有效地制止违反海关法的犯罪行为。

根据该公约，为防止、调查和惩处各种违反《海关法》的犯罪，各缔约国应相互提供协助。但协助不包括逮捕人犯，或追征关税、国内税、规费、罚金或其他费用。

九、《关于简化和协调海关业务制度的国际公约》及其附约

《关于简化和协调海关业务制度的国际公约》又称《京都公约》，于 1973 年 5 月 18 日在日本京都举行的海关合作理事会第 41/42 届年会上通过，1974 年 9 月 25 日正式生效。我国于 1988 年加入该公约和若干附约。

《关于简化和协调海关业务制度的国际公约》由前言、19 个条文、19 条评注和 30 个附约组成。该公约的基本宗旨是：制定具有国际统一性的标准化和建议性条款，促使海关业务制度达到高度简化和协调，并推动国际贸易的发展和促进国际交流。

《关于简化和协调海关业务制度的国际公约》制定的标准和建议性条款，对缔约国没有直接约束力。各缔约国可依照该公约的有关条款，结合其国内的具体情况自行制定海关法规。

《关于简化和协调海关业务制度的国际公约》只规定最低限度的便利，缔约国可以给予比该公约规定的更大便利。

《关于简化和协调海关业务制度的国际公约附约》共 7 个部分，包括 30 个附约，与主约共同构成完整的《关于简化和协调海关业务制度的国际公约》。1 个附约的内容涉及 1 个特定

的海关业务，相当于 1 个单独公约。30 个附约几乎涵盖了海关业务的所有领域。

第 1 部分有 4 个附约：《呈交货物申报单前的海关手续的附约》、《货物报关前暂时存栈的附约》、《适用于商业运输工具的海关便利的附约》，以及《运输工具备用物料的海关待遇的附约》。

第 2 部分有 3 个附约：《货物结关内销的附约》、《申报内销货物免征进口关税的附约》和《货物按原状复进口的附约》。

第 3 部分只有 1 个附约：《关于完全出口货物的附约》。

第 4 部分共有 3 个附约：《原产地规则的附约》、《原产地证书的附约》和《原产地证书监管的附约》。

第 5 部分共有 8 个附约：《海关转关运输的附约》、《货物转装运输工具的附约》、《海关仓库（保税仓库）的附约》、《关于退税制的附约》、《暂准进口货物按原状复出口的附约》、《货物暂准进口在国内加工的附约》、《货物免税替换的附约》，以及《货物暂准出口加工的附约》。

第 6 部分共有 7 个附约：《自由区的附约》、《货物进口加工内销的附约》、《向旅客提供海关便利的附约》、《邮运物品的海关手续的附约》、《急运货物的附约》、《溢征进口各税的退还的附约》和《沿海运输货物的附约》。

第 7 部分共有 2 个附约：《海关当局提供业务资料的附约》和《海关当局和第三方之间相互关系的附约》。

目前中国政府已加入的附约有《关于保税仓库的附约》和《关于暂准进口货物按原状复出口附约》。

十、《关于实施 1994 年关税与贸易总协定第 7 条的协议》

《关于实施 1994 年关税与贸易总协定第 7 条的协议》又称《关于执行关税和贸易总协议第 7 条的协议》，简称《关于海关估价制度详细规定的国际协议》或《关贸总协议新估价公约》或《海关估价协议》。1979 年 4 月 12 日于日内瓦签订。1981 年 1 月 1 日正式生效。该协议的基本宗旨是：通过建立一个以"实付或应付价格"为基础的共同国际估价制度，来达到公正、统一、符合商业做法并摒弃武断和臆想价格的海关估价。

海关估价规则是本协议的核心部分。规定采用进口货物的实付或应付价格作为估价的主要依据。考虑到发展中国家实施新估价法规的具体困难，允许发展中国家可以推迟适用本协议，时间最长不超过 5 年；在适用本协议的 3 年内，可对某些条款持保留意见；发达国家有义务向发展中国家提供援助。

该协议确定了担保金制度。不管任何原因，进口商延误了海关完税价格的审定，只要向海关提供足以偿付进口税款的保证金，便可要求海关放行货物。待海关确定完税价格以后再正式办理结关付税手续。

该协议还规定了任何进口税的纳税人均有上诉的权利。最初的上诉可以向海关当局提出，最终上诉应向法院提出。

项目小结 XIANGMU XIAOJIE

本项目旨在使学生掌握和了解海关是国家的进出关境监督管理机关；海关依照本法和其他有关法律、行政法规，监管进出境的运输工具、货物、行李物品、邮递物品和其他物品，征收关税和其他税费，查缉走私，并编制海关统计和办理其他海关业务；《海关法》规定的 8 项制度。

口岸是指供人员、货物和交通工具出入国境的港口、机场、车站、通道等。口岸分为一类口岸和二类口岸。规范口岸活动的法规是国务院的《地方口岸管理机构职责范围暂行规定》和《国务院关于口岸开放的若干规定》。

通关是指进出境运输工具的负责人、货物的收发人及其代理人、进出境物品的所有人向海关申请办理进出口手续，海关对其呈交的单证和申请进出境的货物、运输工具和物品依法进行审核、查验、征缴税费、批准进口或者出口的全过程。

商品检验是指在进出口贸易中，对卖方所交付货物的质量、重量、数量和包装等进行检验和鉴定，以确定其是否符合合同规定；有时还对装载技术条件、卫生、疫情、运输途中发生的残损、短缺以及安全等方面进行检验和鉴定，以明确事故起因及责任归属；还包括根据一国的法律或行政法规对某些进出口货物进行质量、数量、包装、卫生、安全等方面的强制性检验检疫。在进出口贸易中，商品的检验工作一般由专业的检验机构负责办理。国家质量监督检验检疫总局是我国负责商品检验检疫的最高行政执法机关。其职责有 3 项：法定检验检疫；办理鉴定业务；实施监督管理。

能力测评 NANGLI CEPING

一、判断题

1. 海关在查验进出境货物、物品时，损坏被查验的货物、物品的，不需要赔偿实际损失。（　　）

2. 运输工具必须通过设立海关的地点，或虽未设立海关，但经国务院或者国务院授权的机关批准的地点进出境。（　　）

3. 海关检查进出境运输工具时，运输工具负责人可以不到场。（　　）

4. 目前我国的口岸分为一类口岸和二类口岸两类口岸。（　　）

5. 进出口货物收发货人及其代理人向海关申报，一般情况下应当先使用纸质报关单通关，再用电子数据报关单的形式。（　　）

6. 《海关法》明确规定：海关依法独立行使职权，向海关总署负责。（　　）

7. 进出口货物的通关可分为 4 个环节：报关—查验—征税—结关。（　　）

8. 法定检验的进口商品到货后，收货人必须向卸货口岸或者到达站的商检机构办理登记。（　　）

9. 报关人指的是向海关报关并承担由此而引起的经济、法律责任的法人或自然人。（　　）

10. 商检机构检验或者抽查检验不合格，并已对外索赔的进口商品，不需要换货或者退货的，收货人可根据需要动用。（　　）

二、单选题

1. 进口货物的收、发货人应当自运输工具申报进境之日起（　　）内如实向海关申报。

A. 5 日　　　　　B. 10 日　　　　　C. 14 日　　　　　D. 7 日

2. 出口货物的发货人除海关特准的外应当在货物运抵海关监管区后，装货的（　　　）以前，向海关申报。

    A. 12 小时　　　　　B. 24 小时　　　　　C. 48 小时　　　　　D. 6 小时

3. 进口货物的收货人自运输工具申报进境之日起超过（　　　）未向海关申报的，其进口货物由海关提取变卖处理。

    A. 5 天　　　　　　B. 30 天　　　　　　C. 3 个月　　　　　D. 半年

4. 若使买方在目的港对所收货物无权提出异议，商品检验应（　　　）。

    A. 以离岸品质、离岸重量为准　　　　　B. 以到岸品质、到岸重量为准

    C. 以离岸品质、到岸数量为准　　　　　D. 以到岸品质、离岸数量为准

5. 在国际货物销售合同的商品检验条款中，关于检验时间与地点，目前使用最多的是（　　　）。

    A. 在出口国检验

    B. 在进口国检验

    C. 在出口国检验，在进口国复验

    D. 出口国检验，进口国复检，再到第三国检验

6. "离岸数量、到岸品质" 多用于（　　　）。

    A. 小批量零星交易　　　　　　　B. 大宗商品交易

    C. 卖方承担责任较小交易　　　　D. 货物的品质、数量相对稳定的交易

7. 我国出口冻禽、冻兔、皮张、毛类、猪鬃、肠衣等货物时，需提供（　　　）。

    A. 品质检验证书　　　　　　　　B. 重量检验证书

    C. 价值检验证书　　　　　　　　D. 兽医检验证书

    E. 残损检验证书

8. 运输工具报关的主要内容是（　　　）。

    A. 提交单证　　　B. 进出境申报　　　C. 填制报关单　　　D. 都不是

9. 对进出境物品监管的基本原则是（　　　）。

    A. 合法原则　　　B. 不限制原则　　　C. 充分合理原则　　D. 自用合理数量原则

10. （　　　）是海关 4 项基本任务的基础所在。

    A. 监管　　　　　B. 征税　　　　　　C. 缉私　　　　　D. 海关统计

三、多选题

1. 下列选项中不符合《海关法》有关出口货物报关期限规定的是（　　　）。

    A. 在装货的 24 小时以前报关

    B. 在装货前的 24 小时内报关

    C. 在货物运抵口岸后的 24 小时内报关

    D. 在装货完毕后的 24 小时内报关

2. 符合以下条件的商品可以申请免检（　　　）。

    A. 在国际上获得质量奖的商品，获奖期限在 3 年以内

    B. 有关国际组织实施质量认证的，并经国家商检部门认可，经商检机构多次检验，质量比较稳定，未发生过质量事故的商品

    C. 连续 3 年出厂合格率及商检合格率为 100%，在 3 年内没有发现质量异议的出口商品

D. 一定数量限额内的非贸易性的进出口商品，如无偿援助、国际合作、对外交流和对外承包工程所需要的物品

E. 外交人员自用物品，出境旅客在免税商店购买的物品，进出口的展览品、礼品和样品等

3. 进口商品的检验方式有（　　　）。

A. 自行检验　　　B. 共同检验　　　C. 口岸检验

D. 异地检验　　　E. 装船前检验

4. 下列关于进出境物品监管的规定中，正确的表述是（　　　）。

A. 个人携带进出境的行李物品，应当以自用、合理数量为限，并接受海关监管

B. 个人携带超过自用合理数量并侵犯受中华人民共和国法律、行政法规保护的知识产权的进出境行李物品，视为侵权物品，由海关依法查处

C. 携带国家禁止进出境的物品进出境，在海关进行人身检查前主动申报的，海关将免予处罚

D. 携带超过自用合理数量物品进出境，不如实向海关申报的，可责令补税或将有关物品退运，可并处物品等值以下罚款

5. 按照《海关法》的规定，中华人民共和国设立海关的地点为（　　　）。

A. 对外开放口岸　　　　　　　　B. 海关监管业务集中的地点

C. 边境　　　　　　　　　　　　D. 沿海城市

四、表述题

1. 简述海关的性质和任务。

2. 简述收、发货人和报关代理人的义务。

3. 法律对进出境运输工具通关相关规定。

五、案例分析题

1. 日本 A 公司出售一批电视机给我国香港 B 公司，B 公司又把这批电视机转口售给泰国 C 公司。在日本货物到达香港时，B 公司已发现货物质量有问题，但 B 公司将这批货物转船直接运往泰国。泰国公司收到货物后，经检验，发现货物有严重的缺陷，要求退货。于是 B 公司转向 A 公司提出索赔，但遭日方 A 公司拒绝。

问题：

日方有无权利拒绝？为什么？

2. 进口方委托银行开出的信用证上规定：卖方须提交"商品净重检验证书"。进口商在收到货物后，发现除质量不符外，卖方仅提供"重量单"。买方立即委托开证行向议付行提出拒付，但货款已经押出。事后，议付行向开证行催付货款，并解释卖方所附的重量单即为净重检验证书。

问题：

（1）"重量单"与"商品净重检验证书"一样吗？

（2）开证行能否拒付货款给议付行？

项目八

▶▶▶ **物资采购法律规范**

知识体系

项目八	物资采购法律规范	本项目首先介绍物资采购的概念和分类、物资采购的法律体系，然后重点介绍物资采购合同即买卖合同的内容、双方当事人的权利和义务、标的物所有权转移与风险转移的界限等，政府采购方式的特点、程序、当事人、合同管理等内容，以及产品标准、产品质量与产品责任等重要问题
第一节	物资采购及物资采购法概述	本节主要介绍物资采购的概念、分类，物资采购的法律制度
第二节	政府采购相关法律问题	本节主要介绍政府采购的概念、原则、当事人，重点讲解政府采购的方式、程序以及有关政府采购合同的管理
第三节	买卖合同	本节主要介绍买卖合同的概念、特征、内容、签订，重点讲解双方当事人的权利和义务内容，标的物所有权转移和风险责任承担
第四节	产品质量相关法规	本节主要介绍产品质量法的概念、原则、作用、调整对象，重点讲解产品、产品标准、产品质量、经营者的产品质量责任与义务等

知识目标

能够解释买卖合同、标的物、采购人、供应商、采购代理机构、产品、产品标准、产品质量等相关概念；能够描述买卖合同、政府采购的特点，会分析合同当事人的权利和义务内容；能够识别一般合同和买卖合同、一般采购和政府采购。

能力目标

能够进行买卖合同的订立、履约及进行政府采购的操作；具有解决买卖合同及政府采购合同纠纷，进行产品质量的损害赔偿与纠纷处理的能力；能查阅和运用相关的物资采购法律知识，分析相关案例，解决在实际工作中遇到的问题。

素质目标

在进行物资采购活动中能够遵守相关法律规定，遵守职业道德；能够通过合法途径维护己方在采购过程中的正当合法权益。

关键概念

买卖合同　标的物　所有权　政府采购　产品质量

导入案例

佳永外贸进出口公司与科通地毯制品有限公司商定订立一份地毯买卖合同，佳永外贸进出口公司将两份自己起草的合同加盖公章寄给科通地毯制品有限公司。佳永外贸进出口公司是在 A 地签字、盖章的，要求科通地毯制品有限公司在合同书上加盖公章后，将其中的一份寄还给佳永外贸进出口公司，并要求科通地毯制品有限公司将合同书寄至 B 地。科通地毯制品有限公司于 2014 年 1 月 4 日收到该两份合同书，1 月 5 日在上面盖章，1 月 6 日将其中一份寄至 B 地。1 月 10 日，佳永外贸进出口公司在 B 地收到寄回的一份合同书。合同中没有规定履行地，只是约定由科通地毯制品有限公司代为办理托运手续。3 月 5 日，科通地毯制品有限公司按照约定，将约定的地毯在其厂所在地办了汽车托运手续，并通知了佳永外贸进出口公司。佳永外贸进出口公司提出异议，认为应该采取铁路托运而不是汽运。科通地毯制品有限公司与佳永外贸进出口公司订立合同时并没有做出明确的要求，而且采取汽运对佳永外贸进出口公司更加有利。托运地毯的汽车在快进入 A 市时遭遇百年罕见的台风，发生车祸，车上的地毯损毁 60%。

问题：

（1）如果双方在合同中约定，发生纠纷由合同成立地法院管辖，则合同的成立地在什么地方？

（2）双方对合同的履行方式发生争议，则该如何解决？

（3）佳永外贸进出口公司以货物发生损毁，科通地毯制品有限公司违约为由，拒绝支付货款，请问它的理由能否成立？为什么？

（4）如果科通地毯制品有限公司与汽运公司签订的是运费到付合同，约定由佳永外贸进出口公司在提取货物时支付，则事故发生后，汽运公司能否要求佳永外贸进出口公司支付运费？为什么？

第一节　物资采购及物资采购法概述

一、物资采购概述

采购活动是人类经济活动的基本环节，无论是生产领域还是流通领域，都离不开采购活动。生产领域离开采购活动，企业就无法获得生产所需要的原材料、零部件和其他辅助材料，就无法组织生产；流通领域没有采购活动，就无货可售，流通即告终止；其他部门，如科学、教育、文化、卫生、体育及一切社会部门的运行的物资支持，同样都离不开采购活动。采购在整个经济和社会生活中，起着十分重要的作用。

（一）物资采购的概念

所谓物资采购，就是为保障企业物资供应，对采购活动进行计划、组织、协调和控制的活动，保证采购计划的完成。它不但面向全体采购人员，而且面向企业组织其他人员（进行有关采购的协调配合工作），其任务是调动整个企业的资源，满足企业的物资供应，确保企业经营战略目标的实现。

物资采购不同于购买。购买通常是指需求的主体，用自身的劳动收益，通过货币交换，获取衣、食、住、行、用等生活资料。采购是指需求的主体从众多的备选客体中，有选择地通过合同方式有偿取得所需要的物资。其包含两层含义：一是"采"，就是要选择；二是"购"，就是通过商品交易的手段，将选中的对象的所有权，从其所有者手中转移到自己手中。

（二）物资采购的分类

依据不同的划分标准可以对采购进行不同的分类。

（1）按采购的主体不同可以将采购分为企业采购、政府采购、事业单位采购、军队采购和其他社会团体采购。企业采购和政府采购占采购总额的绝大部分，对社会经济生活影响巨大。

（2）按采购的权限不同可以将采购分为集中采购和分散采购。集中采购是指采购主体的采购部门全权负责企业的采购工作。分散采购是指按照需要，由采购主体设立的部门自行组织采购，以满足生产经营的需要。

（3）按采购物资的形态不同可以将采购分为有形商品的采购、无形商品的采购和工程采购。有形商品包括原材料、能源、辅助材料、零部件、半成品、成品及非生产用得低值易耗品等。无形商品主要指技术和服务。工程主要指地面上下新建、扩建、改建、修建、拆建、修缮或翻新构造物及其所属设备、自然环境的行为，包括建造房屋、兴修水利、承建交通设施、铺设下水道等项目。

（4）按采购的范围不同可以将采购分为国内采购和国外采购。国内采购是指采购主体以本币向国内供应商采购所需物资的活动。国外采购是指采购主体直接向国外厂商采购。

（5）按采购的科学化程度不同可以将采购分为传统采购和科学采购。传统采购的方式有询价采购、比价采购和议价采购。科学采购的方式有订货点采购、JIT（Just in Time，准时制）采购、MRP（Material Requirement Planning，物料需求计划）采购、供应链采购、招标采购和电子商务采购。

二、物资采购法概述

采购合同是企业（供方）与分供方，经过双方谈判协商一致同意而签订的"供需关系"的法律性文件，合同双方都应遵守和履行，并且是双方联系的共同语言基础。中华人民共和国第九届全国人民代表大会第二次会议于 1999 年 3 月 15 日通过，并于 1999 年 10 月 1 日起施行的《合同法》，为物资采购合同的制定、实施等提供了法律依据。九届全国人大常委会第二十八次会议于 2002 年 6 月 29 日通过，并于 2003 年 1 月 1 日起施行的《中华人民共和国政府采购法》，详细规定了有关政府采购的方式、程序以及合同管理等内容，为政府规范采购提供了法律依据。此外，还制定了政府各部门的政府采购管理办法、针对特殊产品的采购管理办法以及政府采购相关问题的处理办法，如工业和信息化部政府采购管理办法、政府采购供应商投诉处理办法。无论是企业采购还是政府采购，都应当保证采购商品的质量，全国人大常委会于 1993 年 2 月 22 日通过，并于 1993 年 9 月 1 日起施行，在 2000 年 7 月 8 日经过了修订的《中华人民共和国产品质量法》，详细规定了有关产品质量监督管理、产品质量责任等问题，与在产品质量上制定的其他法律规范，如《工业产品质量监督试行办法》、《工业产品质量责任条例》、《产品质量认证管理条例》等构成了产品质量法律体系。完整的物资采购法律体系，保证了物资采购活动的顺利进行。

第二节　政府采购相关法律问题

政府采购在市场经济国家已经有近 200 多年历史。1994 年某些世界贸易组织成员国签署了《政府采购协议》，当年联合国贸易法委员会通过了《货物、工程和服务采购示范法》，使西方经济发达国家的政府采购进一步向规范化国际化的方向发展,法律制度日趋完善,采购规模也越来越大。政府采购已经成为许多国家管理公共支出,调节经济运行的重要手段。

我国政府从 1995 年开始政府采购的试点工作,政府采购在我国政治经济生活中发挥的作用越来越明显。2002 年 6 月 29 日,九届全国人大常委会第二十八次会议通过了《中华人民共和国政府采购法》(以下简称《政府采购法》),并自 2003 年 1 月 1 日起施行。这部法律的诞生,对促进我国社会主义市场经济健康发展,规范政府采购行为,加强财政支出管理,促进廉政建设,发挥政府采购在社会经济发展中的作用,具有十分重大的现实意义和深远的历史意义。此外,继 2004 年 9 月 1 日《中央单位政府采购管理实施办法》施行之后,《政府采购货物和服务招标投标管理办法》、《政府采购信息公告管理办法》和《政府采购供应商投诉处理办法》也于 9 月 11 日全部推行。这四大管理办法既是《政府采购法》的重要补充,也是《政府采购法》实施一年多来的经验总结,必将进一步推动中国政府采购事业向着公开、公平、公正的方向发展。

一、政府采购概述

(一)政府采购的概念

《政府采购法》第二条给采购和政府采购下了定义。采购是指以合同方式有偿取得货物、工程和服务的行为,包括购买、租赁、委托、雇用等。政府采购是指各级国家机关、事业单位和团体组织,使用财政性资金采购依法制定的集中采购目录以内的或者采购限额标准以上的货物、工程和服务的行为。

其中,货物是指各种形态和种类的物品,包括原材料、燃料、设备、产品;工程是指建设工程,包括建筑物和构筑物的新建、改建、扩建、装修、拆除、修缮等;服务是指除货物和工程以外的其他政府采购对象。

(二)政府采购的特点

(1)采购资金的公共性。政府采购的资金来自于财政性资金,主要包括预算内资金、预算外资金以及国内外政府性贷款、赠款等。

(2)采购主体的特定性。政府采购的主体是各级国家机关、事业单位和团体组织。因此,政府采购不同于一般的商业性采购活动。

(3)采购范围的特定性。政府采购的范围只限于集中采购目录以内的或者采购限额标准以上的货物、工程和服务。

(4)采购区域的特定性。政府采购应当采购本国的货物、工程和服务。但有下列情形之一的除外:需要采购的货物、工程或者服务在中国境内无法获取或者无法以合理的商业条件获取的;为在中国境外使用而进行采购的;其他法律、行政法规另有规定的。

(5)采购程序的法定性。政府采购应当维护国家利益和社会公共利益,必须按照法定的方式进行,各种方式都有其特定的程序。

(三)政府的采购原则

政府采购应当遵循以下几项原则。

（1）公开透明原则。公开透明原则是指有关采购的法律、政策、程序和采购活动都要公开。透明度高的采购方法和采购程序具有可预测性，使投标人可以计算出他们参加采购活动的代价和风险，从而提出有竞争力的价格；公开性原则有助于防止采购机构及其上级主管做出随意或不正当的行为，从而增强投标人参与投标的信心。

（2）公平竞争原则。公平竞争是指所有参加竞争的投标人机会均等，并受到同等待遇，而且合同的授予要兼顾政府采购的社会目标的实现。政府采购的目标主要是通过促进供应商、承包商或服务提供者之间最大程度的竞争来实现的。

（3）公正原则。《政府采购法》中的公正原则主要是指采购人相对于投标人、潜在投标人的若干供应商而言，政府采购人相对于若干相对当事人而言，应当站在中公超然的立场上，对于每一位相对人都应当一视同仁，不得因其身份不同而施行差别对待。

（4）诚实信用原则。诚实信用原则要求政府采购当事人在政府采购活动中，本着诚实、守信的态度履行各自的权利和义务，讲究信誉，兑现承诺，不得散布虚假信息，不得有欺诈、串通、隐瞒等行为，不得伪造、变造、隐匿、销毁需要依法保存的文件，不得规避法律法规，不得损害第三人的利益。

二、政府采购的当事人

政府采购当事人是指在政府采购活动中享有权利和承担义务的各类主体，包括采购人、供应商和采购代理机构等。

（一）采购人

采购人是指依法进行政府采购的国家机关、事业单位和团体组织，包括各级国家权力机关、行政机关、审判机关、检察机关、政党组织、政协组织、工青妇组织以及文化教育、科研医疗、卫生体育等事业单位。

（二）供应商

供应商是指向采购人提供货物、工程或者服务的法人、其他组织或者自然人。供应商参加政府采购活动应当具备下列条件。

（1）具有独立承担民事责任的能力。

（2）具有良好的商业信誉和健全的财务会计制度。

（3）具有履行合同所必需的设备和专业技术能力。

（4）有依法缴纳税收和社会保障资金的良好记录。

（5）参加政府采购活动前3年内，在经营活动中没有重大违法记录。

（6）行政法规规定的其他条件。

采购人可以根据采购项目的特殊要求，规定供应商的特定条件，但不得以不合理的条件对供应商实行差别待遇或者歧视待遇。

考虑到采购中的实际情况，《政府采购法》规定两个以上的自然人、法人或者其他组织可以组成一个联合体，以一个供应商的身份共同参加政府采购。供应商可以以联合体的形式参与政府采购，但应向采购人提交联合协议，载明联合体各方承担的工作和义务。

（三）采购代理机构

政府采购实行集中采购与分散采购相结合，集中采购的范围由省级以上人民政府公布的集中采购目录确定。集中采购机构是法定的采购代理机构，它由设区的市、自治州以上人民政府根据本级政府采购项目组织集中采购的需要设立。集中采购机构是非营利事业法人，根据采购人的委托办理采购事宜。

三、政府采购方式

政府采购方式是政府采购主体在进行采购时所使用的方法和依据的程序。政府采购方式可以分为招标性采购和非招标性采购，招标性采购主要有公开招标和邀请招标，非招标性采购主要有竞争性谈判采购、单一来源采购、询价采购、征求建议采购等。其中，公开招标是政府采购的主要采购方式。因为每个项目的情况都不一样，具体选择何种政府采购方式应当遵循的原则是有助于公开、有效竞争和物有所值目标的实现。

（一）公开招标采购

公开招标是指采购人按照法定程序，以招标公告的方式，邀请不特定的供应商参加投标，采购人通过某种事先确定的标准从所有投标中评选出中标供应商，并与其签订政府采购合同的一种方式。这种采购方式具有通过广告进行竞争邀请、投标一次性、按事先规定的选择标准将合同授予最佳供应商、不准同供应商进行谈判等优点。但当采购环境比较复杂，采购客体价值比较小，采购情势比较急迫时，会使公开招标采购方式的使用受到限制。

公开招标必须注意做到以下几点：①采购货物、服务和工程的金额达到公开招标标准的，都必须采用公开招标方式；②采购人必须将采购信息以公告形式在指定媒体上发布；③必须面向一切潜在的对采购项目感兴趣的供应商，不得人为限定招标范围；④所有采购活动必须按照预先规定并为各方所知的程序和标准公开进行。

（二）邀请招标采购

邀请招标也称选择性招标，由采购人根据供应商或承包商的资信和业绩，选择一定数目的法人或其他组织（不能少于3家），向其发出招标邀请书，邀其参加投标竞争，从中选定中标的供应商。这种采购方式具有以下特点：一是发布信息的方式为投标邀请书；二是采购人在一定范围内邀请供应商参加投标；三是竞争范围有限，采购人只要向3家以上供应商发出邀请标书即可；四是招标时间大大缩短，招标费用也相对低一些；五是公开程度逊色于公开招标。这种方式时间耗费和金钱耗费较少，适用于某些小型采购项目及对供应商有特殊要求的采购项目。

（三）竞争性谈判采购

竞争性谈判采购是指采购人通过与多家供应商进行分别谈判后从中确定中标供应商并授予合同的一种采购方式。这种方式适用于紧急情况下的采购或涉及高科技应用产品和服务的采购，其重要性可以和竞争性招标方式相抗衡，是招标采购方式以外的首选采购方式。竞争性谈判采购方式具有两方面的特点：一是与"多个"对象谈判，具有一定的竞争性；二是分别"谈判"，可以确定采购人的特殊需要。但是，由于这种谈判方式在竞争性、透明度以及评判程序主观性等方面存在的缺陷，常常存在着很高的贿赂和利诱的危险，因此，政府采购规则对它的采用使用严格管理。

（四）单一来源采购

单一来源采购也称直接采购，即没有竞争的采购，是指采购标的虽然达到了竞争性招标采购的金额标准，但来源渠道单一，或属专利、首次制造、合同追加、原有项目的后续扩充等特殊情况，在此情况下，只能由一家供应商供货。从竞争态势上看，单一来源采购方式处于不利地位，所以对于这种采购方式的使用，世界组织乃至各国的"规则"都规定了严格的适用条件。我国《政府采购法》规定，下列情况可以采取单一采购：①只能从唯一供应商处采购的；②发生了不可预见的紧急情况不能从其他供应商处采购的；③必须保证原有采购项目的一致性或者服务配套的要求，需要继续从原供应商处添购，且添购资金总额不超过原合同采购金额 10%的。

（五）询价采购

询价采购也称货比三家，是指采购单位向国内外有关供应商（通常不少于 3 家）发出询价单，让其报价，然后在报价的基础上进行比较并确定中标供应商的一种采购方式。适用询价采购方式的项目，主要是对现货或标准规格的产品和服务的采购，或投标文件的审查需要较长时间才能完成、供应商准备投标文件需要高额费用，以及供应商资格审查条件过于复杂的采购。询价采购可以分为报价采购、订购、议价采购等方式。这种采购方式具有两方面的特点：一是通过对多个供应商报价的比较体现授予合同的竞争性；二是使用范围单一，只适用于货物采购。

（六）征求建议采购

征求建议采购是由采购机关通过发布通知的方式与少数供应商接洽，征求各方提交建议书的兴趣，并对表示兴趣的供应商发出邀请建议书。当采购对象只能从有限数目的供应商处获得，或审查和评估建议书所需时间和费用与服务价值不相称，或为确保机密，或出于国家利益的考虑，采购者可直接向供应商征求建议。

四、政府采购程序及验收

（一）采购程序

（1）货物或者服务项目采取邀请招标方式采购的，采购人应当从符合相应资格条件的供应商中，通过随机方式选择 3 家以上的供应商，并向其发出投标邀请书。

（2）货物和服务项目实行招标方式采购的，自招标文件开始发出之日起至投标人提交投标文件截止之日止，不得少于 20 日。

在招标采购中，出现下列情形之一的，应予废标。

① 符合专业条件的供应商或者对招标文件做实质响应的供应商不足 3 家的。

② 出现影响采购公正的违法、违规行为的。

③ 投标人的报价均超过了采购预算，采购人不能支付的。

④ 因重大变故，采购任务取消的。

废标后，采购人应当将废标理由通知所有投标人。废标后，除采购任务取消情形外，应当重新组织招标；需要采取其他方式采购的，应当在采购活动开始前获得设区的市、自治州以上人民政府采购监督管理部门或者政府有关部门批准。

（3）采用竞争性谈判方式采购的，应当遵循下列程序。

① 成立谈判小组。谈判小组由采购人的代表和有关专家共 3 人以上的单数组成，其中专家的人数不得少于成员总数的 2/3。

② 制定谈判文件。谈判文件应当明确谈判程序、谈判内容、合同草案的条款以及评定成交的标准等事项。

③ 确定邀请参加谈判的供应商名单。谈判小组从符合相应资格条件的供应商名单中确定不少于 3 家的供应商参加谈判，并向其提供谈判文件。

④ 谈判。谈判小组所有成员集中与单一供应商分别进行谈判。在谈判中，谈判的任何一方不得透露与谈判有关的其他供应商的技术资料、价格和其他信息。谈判文件有实质性变动的，谈判小组应当以书面形式通知所有参加谈判的供应商。

⑤ 确定成交供应商。谈判结束后，谈判小组应当要求所有参加谈判的供应商在规定时间内进行最后报价，采购人从谈判小组提出的成交候选人中根据符合采购需求、质量和服务相等且报价最低的原则确定成交供应商，并将结果通知所有参加谈判的未成交的供应商。

（4）采取单一来源方式采购的，采购人与供应商应当遵循《政府采购法》规定的原则，在保证采购项目质量和双方商定合理价格的基础上进行采购。

（5）采取询价方式采购的，应当遵循下列程序。

① 成立询价小组。询价小组由采购人的代表和有关专家共 3 人以上的单数组成，其中专家的人数不得少于成员总数的 2/3。询价小组应当对采购项目的价格构成和评定成交的标准等事项做出规定。

② 确定被询价的供应商名单。询价小组根据采购需求，从符合相应资格条件的供应商名单中确定不少于 3 家的供应商，并向其发出询价通知书让其报价。

③ 询价。询价小组要求被询价的供应商一次报出不得更改的价格。

④ 确定成交供应商。采购人根据符合采购需求、质量和服务相等且报价最低的原则确定成交供应商，并将结果通知所有被询价的未成交的供应商。

（二）对供应商履约的验收

采购人或者其委托的采购代理机构应当组织对供应商履约的验收。大型或者复杂的政府采购项目，应当邀请国家认可的质量检测机构参加验收工作。验收方成员应当在验收书上签字，并承担相应的法律责任。

五、政府采购合同

（一）政府采购合同的概念和性质

1. 政府采购合同的概念

政府采购合同是指采购人或由其委托的采购代理机构与供应商之间设立、变更、终止政府采购权利义务关系的协议，是政府采购履约和验收的依据。

2. 政府采购合同的性质

政府采购合同是采购人与中标人、成交供应商明确其在授予合同后的权利、义务与责任的书面形式的法律文本。它与其他合同的最大区别在于，政府采购合同的拟定不仅要符合《合同法》的规定，还要符合《政府采购法》的规定，政府采购合同的拟定必须要以招标文件（包括竞争性谈判文件、询价采购文件等）为蓝本，不能脱离招标文件的基本原则与范围；政府采购合同属于行政合同，是行政主体为了实现行政管理目的，而与公民、法人或其他组织就相互间的权利义务所达成的协议；政府采购合同属于双务、有偿合同，即当事人双方相互之间存在对待给付义务，且当事人一方取得权利必须支付相应代价的合同。

（二）政府采购合同的特点

（1）政府采购合同为书面合同。《政府采购法》第四十四条规定，政府采购合同应当采用书面形式。该条规定是强制性的规定。

（2）政府采购合同条款具有法定性。《政府采购法》第四十五条规定，国务院政府采购监督管理部门应当会同国务院有关部门，规定政府采购合同必须具备的条款。

（三）政府采购合同的订立和备案

（1）政府采购合同的订立。采购人与中标、成交供应商应当在中标、成交通知书发出之日起 30 日内，按照采购文件确定的事项签订政府采购合同。

中标、成交通知书对采购人和中标、成交供应商均具有法律效力。中标、成交通知书发出后，采购人改变中标、成交结果的，或者中标、成交供应商放弃中标、成交项目的，应当依法承担法律责任。

（2）政府采购合同的备案。政府采购项目的采购合同自签订之日起 7 个工作日内，采购人应当将合同副本报同级政府采购监督管理部门和有关部门备案。

（四）政府采购合同的履行

1. 履行原则

政府采购合同的当事人应本着诚实信用原则履行合同义务。诚实信用原则是指当事人在从事民事活动时，应诚实守信，以善意的方式履行其义务，不得滥用权力及规避法律和合同规定的义务。

（1）在订立合同时，不得有欺诈或其他违背诚实信用的行为。

（2）在履行合同义务时，当事人应当遵循诚实信用的原则，根据合同的性质、目的和交易习惯履行及时通知、协助、提供必要的条件、防止损失扩大、保密等义务。

（3）合同终止后，当事人也应当遵循诚实信用的原则，根据交易习惯履行通知、协助、保密等义务，称为后契约义务。

2. 政府采购合同的变更、中止和终止

政府采购合同的双方当事人不得擅自变更、中止或者终止合同。

政府采购合同履行中，采购人需追加与合同标的相同的货物、工程或者服务的，在不改

变合同其他条款的前提下，可以与供应商协商签订补充合同，但所有补充合同的采购金额不得超过原合同采购金额的10%。

政府采购合同继续履行将损害国家利益和社会公共利益的，双方当事人应当变更、中止或者终止合同。有过错的一方应当承担赔偿责任，双方都有过错的，各自承担相应的责任。

第三节　买卖合同

一、买卖合同概述

采购合同是供应商转移标的物所有权于需方，需方支付价款的合同。转移所有权的供应商为卖方，支付价款的需方为买方。采购合同俗称买卖合同，是商品交换最普遍的形式，也是典型的有偿合同。《合同法》第九章专门规定了"买卖合同"的相关内容。

（一）买卖合同的概念

买卖合同是出卖人转移标的物所有权于买受人，买受人支付价款的合同。转移所有权的一方为出卖人或卖方，支付价款而取得所有权的一方为买受人或买方。

（二）买卖合同的特征

1. 买卖合同是有偿合同

买卖合同的实质是以等价有偿方式转移标的物所有权，即卖方转移标的物所有权于买方，买方向卖方支付价款，这是买卖合同的基本特征，是其与互易、赠与等其他合同的区别所在。

2. 买卖合同是双务合同

在买卖合同中，卖方负有转移标的物所有权的义务，买方负有支付价款的义务，双方的义务有对价关系；而买方权利又是卖方义务，买方义务又是卖方权利，双方的权利和义务存在对应关系，因此买卖合同属于双务合同。

3. 买卖合同是诺成合同

买卖合同自买卖双方就关于标的物、价款等有关事项意思表达一致时即可成立，并不以标的物的实际交付为成立要件，因而是诺成合同。

4. 买卖合同是不要式合同

通常情况下，买卖合同的成立并不需要具备一定的形式，但法律另有规定的除外。

（三）买卖合同的分类

（1）一般买卖和特种买卖。特种买卖如试用买卖、凭样品买卖、拍卖、招标投标买卖等有特殊形式的买卖，除此之外无特殊方式的买卖为一般买卖。

（2）特定物买卖和种类物买卖。买卖标的物是特定物的，为特定物买卖。买卖标的物是种类物的，为种类物买卖。种类物买卖有瑕疵的，可以更换种类物。

（3）批发买卖和零售买卖。批发买卖可以是批发商将货物销售给另一批发商或者零售商，也可以是批发商或者零售商将货物批量销售给生活、生产消费者。零售买卖是指零售商将货物单个、少量销售给生活、生产消费者。

除此之外，买卖合同的分类还包括即时买卖与非即时买卖、一次性付款买卖与分期付款买卖、一次供货买卖与分期交货买卖等形式。

（四）买卖合同的内容

一份完整的买卖合同通常由首部、正文、尾部构成。买卖合同示例如下。

示例：

物 资 采 购 合 同

需方：　　中建********　　　　合同编号：　　cscec81

供方：　北京市******建材厂　　签订地点：　北京市******7号

　　　　　　　　　　　　　　　签订时间：　20**年 * 月 * 日

根据《中华人民共和国合同法》及有关法律法规的规定，遵循平等、自愿和诚实信用的原则，双方就需方****工程的陶粒砖购销事项协商一致，结合本工程的具体情况，订立以下合同条款：

第一条　标的、数量、价款等：

标的名称	牌号商标	规格型号	生产厂家	计量单位	暂定数量	单价	金额
陶粒砖		400×200×200	北京市******建材厂	M³			
陶粒砖		400×300×200	北京市******建材厂	M³			
合　计		暂定金额（人民币大写）：					

备注：以上数量为计划数量，付款以项目验收单数量作为依据，不因数量增减而调整单价。

第二条　质量标准：

2.1 供方供应的产品质量必须符合国家标准 GB/T 15229—2002。各项技术性能指标经有关检测中心检验必须符合要求。

2.2 等级要求：送样品到现场封样，强度等级达到 MU2.5 以上。

第三条　供方对质量负责的条件及期限：满足现场施工要求，在施工期间不因材料自身的原因而引起安全事故。

第四条　包装标准、包装物的供应与回收：无。

第五条　随机的必备品、配件、工具数量及供应办法：本批次陶粒砖的质量检验报告、绿色环保要求资料。

第六条　合理损耗标准及计算方法：对于运输到现场码垛过程中破损严重的陶粒砖由供货方负责拉回，不计数量。

第七条　标的物所有权自卸货时起转移，但经验收确认为不合格的，供方必须根据需方要求无条件退换。

第八条 交（提）货方式、时间、地点：

8.1 供货时间：按照需方的要求于合同签订之日起 20 天内全部送齐，对于分批送货的，时间及数量以需方电话或传真通知为准。

8.2 送货至中建********施工现场需方指定地点，并且码放整齐，双方共同验收。

第九条 运输方式及到达站（港）和费用负担：单价中包含运费、装卸费等。检验费用由需方承担，如果复试检测不合格，则此费用由供方负责。

第十条 检验标准、方法、地点及期限：

10.1 数量验收：供需双方在需方工地现场以双方代表检尺、点数方式进行数量验收；需方应保证货物随到随验。

10.2 质量验收：（1）进行数量验收的同时，进行外观质量验收（以供方提供的样品为准）。外观质量符合合同要求的方可卸车，否则不得卸车。（2）对外观质量符合合同要求的，需方及时按规定取样送有关检测中心进行检测，各项性能指标符合要求作为最终验收结论。

10.3 其他：现场现货检验，如有异议 3 日内提出，供方 24 小时内负责处理。

第十一条 成套设备的安装与调试：无。

第十二条 结算方式、时间及地点：

12.1 货物全部到现场经检验合格后，2006 年 10 月 1 日前需方支付供货款的 60% 给供方，余款在 2007 年春节前一次付清。

12.2 付款以支票的方式支付。

第十三条 担保方式（也可另立担保合同）：无。

第十四条 售后服务及质保要求：

14.1 对于在施工过程出现的技术方面问题，供方应无偿为需方提供现场的技术指导。

14.2 其他：供方对所供材料的质量必须要保证自第一次送货到最后一次送货质量一致，并且要及时满足现场收料人员的要求，此条件作为最终付款的依据。

第十五条 违约责任：

15.1 外观及检验不合格的物资，供方应在接买受人通知后 24 小时内清理出施工现场，并承担本次的检测费用，造成的一切损失由供方承担。

15.2 如供方不按期供货，由需方计算实际造成的损失，此损失全部由供方承担。

15.3 供方送货人员必须遵守需方施工现场的安全规定和需方《致供货方的信（CL-10）》有关要求，装卸车过程必须听从需方现场人员的指挥及安排，否则，一切后果与损失由供方承担。

15.4 需方没有按照合同约定支付材料款项时，按合同相应的付款时段的欠款，需方依据中国人民银行同期贷款利息向供方支付欠款额的违约金。

第十六条 合同争议的解决方式：本合同在履行过程中发生的争议，由双方当事人协商解决；也可由当地工商行政管理部门调解。协商或调解不成时，依法向需方法人所在地人民法院起诉。

第十七条 本合同解除的条件：需方付清供方全部货款后，本合同自动解除。

第十八条 本合同经供需双方企业法定代表人或委托代理人签字并加盖合同专用章后，方能生效。

第十九条 合同份数：本合同共 6 份，双方各执 3 份。

第二十条 其他约定事项：

20.1 未尽事宜，双方协商解决。

20.2 本合同未涉及的条款，双方可签订补充协议，但须经供需双方企业法定代表人或委托代理人签字并加盖合同专用章后，方能生效。

20.3 供需双方间的债权/债务不得以任何方式转让给第三方。

供方：北京市******建材厂	需方：中建********
公章：＿＿＿＿＿＿＿＿＿	公章：＿＿＿＿＿＿＿＿＿
住所：＿＿＿＿＿＿＿＿＿	住所：＿＿＿＿＿＿＿＿＿
法定代表人：＿＿＿＿＿＿	法定代表人：＿＿＿＿＿＿
电话：＿＿＿＿＿＿＿＿＿	电话：＿＿＿＿＿＿＿＿＿
委托代理人：＿＿＿＿＿＿	委托代理人：＿＿＿＿＿＿
传真：＿＿＿＿＿＿＿＿＿	传真：＿＿＿＿＿＿＿＿＿
开户银行：＿＿＿＿＿＿＿	开户银行：＿＿＿＿＿＿＿
账号：＿＿＿＿＿＿＿＿＿	账号：＿＿＿＿＿＿＿＿＿
邮政编码：＿＿＿＿＿＿＿	邮政编码：＿＿＿＿＿＿＿

二、买卖合同双方当事人的权利和义务

（一）卖方的主要义务

1. 交付标的物

标的物是指当事人双方权利义务指向的对象，即买卖合同中所指的物体或商品。标的物不同于标的，标的是指合同当事人之间存在的权利义务关系。在买卖合同中，标的是买卖关系，而标的物是所买卖的商品。标的和标的物并不是永远共存的。一个合同必须有标的，而不一定有标的物。例如，在提供劳务的合同中，标的是当事人之间的劳务关系，而没有标的物。

交付标的物是卖方的首要义务，也是买卖合同最重要的合同目的。标的物的交付可以分为现实交付和拟制交付。现实交付是指标的物交由买方实际占有，拟制交付是指将标的物的所有权证书交给买方以代替标的物的交付，如不动产所有权证书的交付、仓单的交付等。

卖方应当按照约定的时间、约定的地点、约定的数量、约定的包装方式交付标的物。标的物在出卖前就已经被买方占有的，合同生效的时间即为交付时间。

2. 转移标的物所有权

买方的最终目的是获得标的物的所有权，将标的物的所有权转移给买方是卖方的另一项主要义务，这也是买卖合同区别于其他涉及财产移转占有的合同的本质特性之一。转移标的物的所有权，是在交付标的物的基础上，实现标的物所有权的转移，使买方获得标的物所有权。

3. 标的物瑕疵担保义务

标的物瑕疵担保义务是指卖方应当担保其交付给买方的标的物符合合同约定的或者法律确定的质量标准。即卖方要保证标的物转移于买方后，不存在品质或使用价值降低，效用减弱的瑕疵。标的物欠缺约定或者法定品质的称为标的物瑕疵。卖方交付的标的物不符合质量标准的，属于对标的物瑕疵担保义务的违反，一般采取严格责任原则，卖方应当按照当事人的约定承担违约责任。买方可要求减少价款，也可要求卖方更换修理或自行修理，而费用则由卖方承担。若因标的物瑕疵使合同目的不能实现时，买方可拒绝接受或解除合同。

认定标的物瑕疵的标准，若合同有约定的，依合同约定处理；若无合同约定而有卖方提供人的标的物的样品和有关标的物的质量说明的，以样品和说明为准；如不存在上述两种依据时，若当事人事后协商标准，则依协商标准；如无协商标准，则按合同的有关标准或交易习惯确定的标准进行。若标准仍不能确定的，按国家标准、行业标准履行。

4. 权利的瑕疵担保义务

标的物权利的瑕疵担保义务是指卖方就其所移转的标的物，负有保证第三人不得向买方主张任何权利的义务。卖方交付的标的物上有权利瑕疵，不能完全转移所有权于买方的，买方有权要求减少价款或者解除合同。在买方未支付价款时，其有确切证据证明第三人可能就标的物主张权利的，买方有权中止支付相应的价款，除非卖方提供适当的担保。

5. 交付有关单证和资料的义务

卖方应当按照约定或者交易习惯向买方交付提取标的物的单证及有关的其他单证和资料。

（二）买方的主要义务

1. 支付价款

价款是买方获取标的物的所有权的对价，买方应当按照合同的约定向卖方支付价款，这也是买方的主要义务。买方应当按照合同约定的时间、地点、数额、支付方式等支付价款。对于合同约定不明确的，应按照法律规定或参照交易习惯进行确定。

2. 受领标的物

买方对于卖方交付的标的物及有关权利、凭证，负有受领义务。而对于卖方不按合同约定条件交付标的物的，如多交、提前交付、交付的标的物有瑕疵的，买方有权拒绝接受。

3. 及时检验卖方交付的标的物

买方受领标的物后，应在当事人约定或法定期限内依据通常程序尽快检查标的物。若发现应由卖方承担责任的事由时，则应妥善保管并及时通知卖方。

4. 暂时保管并应急处置拒绝受领的标的物

在特定情况下，买方对于卖方所交付的标的物，可以做出拒绝接受的意思表示，但有暂时并应急处置该标的物的义务。卖方保管并应急变卖标的物的行为必须是基于善良的动机，不得扩大卖方的损失。

因为买卖合同属于双务合同，买方的权利即是卖方的义务，卖方的权利即是买方的义务。

三、标的物所有权的转移和风险责任承担的相关规定

（一）标的物所有权的转移

依据《合同法》的规定，除法律另有规定或当事人另有约定外，买卖的标的物的所有

权自标的物交付时起转移。在一般情形下，交付标的物即可转移标的物的所有权。但对于法律有特别规定的动产和不动产，因其所有权的转移须办理特别的手续，卖方应依约定协助买方办理所有权转移的登记等有关的过户手续，并交付相关的产权证明给买方。另外，当事人可以在买卖合同中约定买方未履行支付价款或者其他义务的，标的物的所有权属于卖方。

（二）风险责任承担

所谓标的物风险责任承担，是指双方在买卖过程中发生的标的物意外毁损、灭失的风险由何方当事人承担。依据《合同法》的规定，标的物毁损、灭失的风险，在标的物交付前由卖方承担，而交付后则由买方承担，但法律另有规定或当事人另有约定的除外。

对不同的交付方式，可依照以下原则分配风险。

（1）买方自提标的物的，卖方将标的物置于约定或法定地点起，风险由买方承担。

（2）出售运输中的标的物的，自合同成立时起，风险由买方承担。

（3）对需要运输的标的物，若约定交付地或约定不明确的，自卖方将标的物交付给第一承运人起，风险由买方承担。

（4）由于买方受领延迟，则由买方自迟延时起承担标的物意外灭失风险。

（5）卖方未按照约定交付提取标的物单证以外的有关单证和资料，但已交付了标的物或提取标的物的单证的，仍发生风险负担的转移。

（6）因标的物质量不符合要求，致使不能实现合同目的的，买方可以拒绝接受标的物或者解除合同，标的物毁损、灭失的风险由卖方承担。

（7）标的物毁损、灭失的风险由买方承担的，不影响因卖方履行义务不符合约定，买方要求其承担违约责任的权利。

四、买卖合同的签订

（一）签订买卖合同的原则

（1）合同的当事人必须具备法人资格。这里的法人，是指有一定的组织机构和独立支配财产，能够独立从事商品流通活动或其他经济活动，享有权利和承担义务，依照法定程序成立的企业。

（2）合同必须合法。也就是必须遵照国家的法律、法令、方针和政策签订合同，其内容和手续应符合有关合同管理的具体条例和实施细则的规定。

（3）必须坚持平等互利、充分协商的原则签订合同。

（4）当事人应当以自己的名义签订合同。当事人委托别人代签，必须要有委托证明。

（5）买卖合同应当采用书面形式。

（二）签订买卖合同的程序

签订合同的程序是指合同当事人对合同的内容进行协商，取得一致意见，并签署书面协议的过程。一般有以下 5 个步骤。

（1）订约提议。订约提议是指当事人一方向对方提出的订立合同的要求或建议，也称要约。订约提议应提出订立合同所必须具备的主要条款和希望对方答复的期限等，以供对方考虑是否订立合同。提议人在答复期限内不得拒绝承诺。

（2）接受提议。接受提议是指被对方接受，双方对合同的主要内容表示同意，经过双方签署书面契约，合同即可成立，也称承诺。承诺不能附带实质性变更条件，否则，应认为是拒绝要约，即提出新的要约。新的要约提出后，原要约人变成接受新的要约的人，而原承诺人成了新的要约人。实践中签订合同的双方当事人，就合同的内容反复协商的过程，就是要约，新的要约，再要约，直至承诺的过程。

（3）填写合同文本。

（4）履行签约手续。

（5）报请签约机关签证，或报请公证机关公证。

有的买卖合同，法律规定还应获得主管部门的批准或工商行政管理部门的签证。对没有法律规定必须签证的合同，双方可以协商决定是否签证或公证。

第四节　产品质量相关法规

一、产品质量相关法规概述

产品质量法是指调整产品质量监督管理以及经营者对其经营的缺陷产品所致他人人身伤害或财产损失应承担的赔偿责任所产生的社会关系的法律规范的总称。对缺陷产品造成的损害，各国多以产品责任法予以规范和调整，即只规定经营者与消费者之间因缺陷产品损害而产生的损失赔偿责任。尤以美国和德国为代表。中国全国人大常委会于 1993 年 2 月 22 日通过，1993 年 9 月 1 日起施行，2000 年 7 月 8 日经过了修订的《产品质量法》，在规定产品质量监督管理等问题的同时，规定了缺陷产品损害赔偿的有关问题。狭义的产品质量法仅仅指的是《产品质量法》这部法律，而广义的产品质量法不仅包括《产品质量法》这部法律，还包括在产品质量上制定的相关法律，如《工业产品质量监督试行办法》、《工业产品质量责任条例》、《中华人民共和国产品质量认证管理条例》等。

从根本上言，房屋建筑、工程、药品、食品、化妆品、种子、烟草等出现质量问题同汽车出现质量问题一样，都应当受《产品质量法》调整，但鉴于其不同于普通产品的特点，国家分别出台了一些特别的法律、法规，如《中华人民共和国建筑法》、《食品卫生法》、《药品管理法》、《中华人民共和国种子法》、《化妆品卫生监督条例》等，作为质量法体系里的特别法规，其同《产品质量法》的共同适用将构成解决该类纠纷的法律依据。

在产品质量的规范方面，还需要与若干有关法律衔接，总的情况是协调的，有交叉并不冲突，或者说没有严重的冲突。由于产品质量涉及的范围较宽，因此与之相互衔接的法律有消费者权益保护法、标准化法、计量法、商标法、专利法、广告法等。在这些法律之间，应当注意分清各自的调整范围，依照法定的调整范围处理有关的法律事务，防止有意混淆。

二、产品质量法的作用及其所遵循的原则

（一）产品质量法的作用

产品质量法对于加强对产品质量的监督管理，提高产品质量水平，明确产品质量责任，保护消费者的合法权益，维护社会经济秩序具有重要意义：一是加强了国家对产品质量的监督管理，促使生产者、销售者保证产品质量；二是明确了产品质量责任，严厉惩治生产、销售假冒伪劣产品的违法行为；三是能够切实保护用户、消费者的合法权益，完善我国的产品质量民事赔偿制度；四是能够遏制假冒伪劣产品的生产和流通，维护正常的社会经济秩序。

（二）产品质量法的原则

产品质量立法的基本原则主要有以下几项。
（1）有限范围原则。
（2）统一立法、区别管理的原则。
（3）实行行政区域统一管理、组织协调的属地化原则。
（4）奖优罚劣原则。

三、产品质量法的调整对象及其法律关系

在我国境内从事产品生产、销售活动的企业、其他组织和个人（包括外国人）均必须遵守产品质量法。产品质量法调整的法律关系包括以下三方面。
（1）产品质量监督管理关系。即各级技术质量监督部门、工商行政管理部门在行使产品质量的监督检查管理权时与市场经营主体所发生的法律关系。
（2）产品质量责任关系。即因产品质量问题引起的消费者与生产者、销售者之间的法律关系，包括因产品缺陷导致的人身、财产损害，因而在生产者、销售者、消费者之间所产生的损害赔偿法律关系。
（3）产品质量检验、认证关系。即因中介服务所产生的中介机构与市场经营主体之间的法律关系，以及因产品质量检验和认证不实损害消费者利益而产生的法律关系。

四、产品、产品标准与产品质量

（一）产品、产品标准与产品质量的概念

1. 产品的概念

产品质量法所称产品是指经过加工、制作，用于销售的产品。根据产品质量法的规定，产品应当具备两个条件。第一，经过加工、制作。未经加工、制作的天然物品不是产品质量法所规定的产品，如矿产品、农产品。加工、制作包括工业上的和手工业上的。电力、煤气等虽然是无体物，也是工业产品，也应包括在内。第二，用于销售。因而只是为了自己使用的加工、制作品也不属于产品质量法所规定的产品。

产品质量法规定，建设工程不适用产品质量法的规定；但是，建设工程使用的建筑材料、建筑构配件和设备，属于前款规定的产品范围的，适用产品质量法的规定。

2. 产品标准的概念

产品标准是对产品结构、规格、质量和检验方法所做的技术规定。它是判断产品合格与否的主要依据，是一定时期和一定范围内具有约束力的产品技术准则和产品技术要求，是产品生产、质量检验、选购验收、使用维护和洽谈贸易的技术依据。根据《中华人民共和国标准化法》的规定，产品标准的内容主要包括以下几个方面：①产品的适用范围；②产品的品种、规格和结构形式；③产品的主要性能；④产品的试验、检验方法和验收规则；⑤产品的包装、储存和运输等方面的要求。

《产品质量法》第十二条规定，产品质量应当检验合格。所谓合格，是指产品的质量状况符合标准中规定的具体指标。我国现行的标准分为国家标准、行业标准、地方标准和经备案的企业标准。凡有国家标准、行业标准的，必须符合该标准；没有国家标准、行业标准的，允许适用其他标准，但必须符合保障人体健康及人身、财产安全的要求。同时，国家鼓励企业赶超国际先进水平。对不符合国家标准、行业标准的产品，不符合保障人体健康和人身、财产安全标准和要求的工业产品，禁止生产和销售。

3. 产品质量的概念

根据国际标准化组织颁布的标准，质量的含义是"产品或服务满足规定或潜在需要的特征的总和"。该定义中所称的"需要"往往随时间、空间的变化而变化，与科学技术的不断进步有着密切的关系。产品质量是指产品在既定的条件下，能够满足消费者的愿望和符合规定用途所具备的特征和特性的总和。它既包括产品的结构性能、纯度、物理性能以及化学成分等内在特性，又包括外观、形状、颜色、气味、包装等外在特征。这些特性包括使用性、可靠性、维修性、安全性、适应性、有效性及经济性7个方面，其中使用性、可靠性、维修性、安全性、经济性的说明如下。

（1）产品的使用性是指产品在一定条件下，实现预定目的或者规定用途的能力。任何产品都具有其特定的使用目的或者用途。

（2）产品的可靠性是指产品在规定条件和规定的时间内，完成规定功能的程度和能力。一般可用功能效率、平均寿命、失效率、平均故障时间、平均无故障工作时间等参量进行评定。

（3）产品的维修性是指产品在发生故障以后，能迅速维修恢复其功能的能力。通常采用平均修复时间等参量表示。

（4）产品的安全性是指产品在使用、储运、销售等过程中，保障人体健康和人身、财产安全免受能力。

（5）产品的经济性是指产品的设计、制造、使用等各方面所付出或所消耗成本的程度。同时，亦包含其可获得经济利益的程度，即投入与产出的效益能力。

我国《产品质量法》第二十六条对产品质量做了细化，规定产品质量应当符合下列要求：不存在危及人身、财产安全的不合理的危险，有保障人体健康和人身、财产安全的国家标准、行业标准的，应当符合该标准；具备产品应当具备的使用性能，但是对产品存在使用性能的瑕疵做出说明的除外；符合在产品或者其包装上注明采用的产品标准，符合以产品说明、实物样品等方式表明的质量状况。

（二）产品质量责任的承担

产品质量责任是指产品的生产者、销售者以及对产品质量负有直接责任的人违反产品质量法规定的产品质量义务应承担的法律后果。在下列 3 种情况下，可判定上述主体应承担产品质量责任。

1. 违反默示担保义务

默示担保义务是指法律、法规对产品质量所做的强制性要求，即使当事人之间有合同的约定，也不能免除和限制这种义务。它要求生产、销售的产品应该具有安全性和普通公众期待的使用性能。违反该义务，无论是否造成了消费者的损失，均应承担产品质量责任。

2. 违反明示担保义务

明示担保义务是指生产者、销售者以各种公开的方式，就产品质量向消费者所做的说明或者陈述。这些方式，如订立合同、体现于产品标识及说明书中、展示实物样品、做广告宣传等。一旦生产者、销售者以上述方式明确表示产品所依据和达到的质量标准，就产生了明示担保义务。如果产品质量不符合承诺的标准，必须承担相应的法律责任。

3. 产品存在缺陷

产品缺陷是指产品存在危及人身、他人财产安全的不合理的危险；产品有保障人体健康和人身、财产安全的国家标准、行业标准的，是指不符合该标准。在大部分国家的相关法律中，产品存在不合理的危险，是认定产品存在缺陷的核心标准。合理的危险是不可避免的危险，不是产品缺陷，但要如实说明，如香烟一般都含有焦油，否则便无香味，包装上应明确注明"吸烟有害健康"。我国的产品质量法不仅保留了安全性条款，还将产品标准条款引入产品缺陷领域，使产品缺陷认定在许多场合下变得更易行，亦更有利于对消费者权利的保护。

产品质量责任与产品责任是两个相关却不相同的概念。两者都是经营者违反产品质量法应承担的法律责任，但产品责任专指因产品缺陷引起的赔偿责任。

五、生产者、销售者的产品质量责任和义务

（一）生产者的产品质量责任和义务

生产者是指从事产品加工、制作活动的单位和个人。其对产品质量的责任和义务如下。

1. 生产者生产的产品应符合法定质量标准

（1）不存在危及人身、财产安全的不合理的危险，有保障人体健康和人身、财产安全的国家标准、行业标准的，应当符合该标准。

（2）具备产品应当具备的使用性能，但是，对产品存在使用性能的瑕疵做出说明的除外。

（3）符合在产品或者其包装上注明采用的产品标准，符合以产品说明、实物样品等方式表明的质量状况。

2. 产品或包装上的标识必须真实，并符合法定要求

（1）有产品质量检验合格证明。

（2）有中文标明的产品名称、生产厂厂名和厂址。

（3）根据产品的特点和使用要求，需要标明产品规格、等级、所含主要成分的名称和含量的，用中文相应予以标明；需要事先让消费者知晓的，应当在外包装上标明，或者预先向消费者提供有关资料。

（4）限期使用的产品，应当在显著位置清晰地标明生产日期和安全使用期或者失效日期。

（5）使用不当，容易造成产品本身损坏或者可能危及人身、财产安全的产品，应当有警示标志或者中文警示说明。

对于裸装的食品和其他根据产品的特点难以附加标识的裸装产品，可以不附加产品标识。

（6）易碎、易燃、易爆、有毒、有腐蚀性、有放射性等危险物品以及储运中不能倒置和其他有特殊要求的产品，其包装质量必须符合相应要求，依照国家有关规定做出警示标志或者中文警示说明，标明储运注意事项。

3. 对生产者的禁止性、限制性规定

（1）不得生产国家明令淘汰的产品。

（2）不得伪造产地，不得伪造或者冒用他人的厂名、厂址。

（3）不得伪造或者冒用认证标志、名优标志等质量标志。

（4）不得掺杂、掺假，不得以假充真、以次充好，不得以不合格产品冒充合格产品。

（二）销售者的产品质量责任和义务

1. 销售者应当遵守的制度

（1）建立并执行进货检查验收制度，验明产品合格证明和其他标识。

（2）采取措施，保持销售产品的质量。

（3）销售的产品的标识应符合产品质量法对产品标识的要求，符合进货时验收的状态，不得更改、覆盖、涂抹产品标识，以保证产品标识的真实性。

2. 对销售者的禁止性、限制性规定

（1）不得销售国家明令淘汰并停止销售的产品和失效、变质的产品。

（2）不得伪造产地，不得伪造或者冒用他人的厂名、厂址。

（3）不得伪造或者冒用认证标志等质量标志。

（4）不得掺杂、掺假，不得以假充真、以次充好，不得以不合格产品冒充合格产品。

六、损害赔偿与纠纷处理

（一）生产者、销售者的损害赔偿责任

1. 生产者应承担的损害赔偿责任

产品质量法规定，因产品存在缺陷造成人身伤害和缺陷产品以外的其他财产损害的，生

产者应承担赔偿责任。但生产者能够证明有下列情形之一的，不承担赔偿责任。

（1）未将产品投入流通的。

（2）产品投入流通时，引起损害的缺陷尚不存在的。

（3）将产品投入流通时的科学技术水平尚不能发现缺陷的存在的。

2. 销售者应承担的损害赔偿责任

产品质量法规定，售出的产品有下列情形之一的，销售者应当负责修理、更换、退货；给购买产品的消费者造成损失的，销售者应当赔偿损失。

（1）不具备产品应当具备的使用性能而事先未做说明的。

（2）不符合在产品或者其包装上注明采用的产品标准的。

（3）不符合以产品说明、实物样品等方式表明的质量状况的。

销售者依照前款规定负责修理、更换、退货、赔偿损失后，属于生产者的责任或者属于向销售者提供产品的其他销售者（以下简称供货者）的责任的，销售者有权向生产者、供货者追偿。

由于销售者的过错使产品存在缺陷，造成人身、他人财产损害的，销售者应当承担赔偿责任。但销售者如果能够证明自己没有过错，则不必承担赔偿责任。销售者不能指明缺陷产品的生产者也不能指明缺陷产品的供货者的，应当承担赔偿责任。

生产者之间、销售者之间、生产者与销售者之间订立的买卖合同、承揽合同有不同约定的，合同当事人按照合同约定执行。

（二）受害人要求赔偿的对象及范围

1. 受害人要求赔偿的对象

为便于消费者行使权利，产品质量法给予消费者起诉对象的权利，并规定了生产者选择之间的连带责任。该法规定：因产品存在缺陷造成人身、他人财产损害的，受害人可以向产品的生产者要求赔偿，也可以向产品的销售者要求赔偿。属于产品的生产者的责任，产品的销售者在赔偿后有权向产品的生产者追偿。属于产品的销售者的责任，产品的生产者赔偿后，有权向产品的销售者追偿。

2. 受害人要求赔偿的范围

（1）人身伤害的赔偿范围。因产品存在缺陷造成受害人人身伤害的，侵害人应当赔偿医疗费、治疗期间的护理费、因误工减少的收入等费用；造成残疾的，还应当支付残疾者生活自助具费、生活补助费、残疾赔偿金以及由其扶养的人所必需的生活费等费用；造成受害人死亡的，并应当支付丧葬费、死亡赔偿金以及由死者生前扶养的人所必需的生活费等费用。

（2）财产损害的赔偿范围。因产品存在缺陷造成受害人财产损失的，侵害人应当恢复原状或者折价赔偿。受害人因此遭受其他重大损失的，侵害人应当赔偿损失。

（三）诉讼时效与请求权

1. 诉讼时效

因产品缺陷造成损害要求赔偿的诉讼时效期间为 2 年，自当事人知道或者应当知道其权益受到损害时起计算。

2. 请求权

损害赔偿的请求权是指权利人的权利受到侵害时，受害人享有的要求侵害人给予赔偿损失的权利。产品质量法规定，因产品存在缺陷造成损害要求赔偿的请求权，在造成损害的缺陷产品交付最初用户、消费者满 10 年丧失；但是，尚未超过明示的安全使用期的除外。

（四）纠纷处理方式

因产品质量发生民事纠纷时，当事人可以通过协商或者调解解决。当事人不愿通过协商、调解解决或者协商、调解不成的，可以根据当事人各方的协议向仲裁机构申请仲裁；当事人各方没有达成仲裁协议或者仲裁协议无效的，可以直接向人民法院起诉。

七、违反产品质量法的法律责任

（一）产品质量责任的主体

产品质量责任的主体，就是对产品质量问题应当承担相应责任者，主要是生产者和销售者。

（二）产品质量责任的构成要件

产品质量责任的成立须具备以下几个要件。

（1）产品本身存在缺陷。一般可以将产品的质量缺陷分为 4 个类型：设计上的缺陷，即产品本身在结构、功能上的缺陷；制造上的缺陷，即产品生产或装配时工艺流程或操作规程处理不当；指示上的缺陷，即对产品的性能、使用方法未做明确说明；发展上的缺陷，即产品由于受当时科技水平限制，仍不可避免存在的缺陷。

前 3 种产品质量缺陷造成的损害应属产品质量责任，第四种缺陷造成损害的，我国产品质量法规定，不负责任。

（2）生产者与销售者提供有缺陷产品的行为，主要指提供的产品本身不符合法规、标准以及合同对质量的要求，没有履行或没有适当履行向消费者的告知义务。

（3）存在造成他人损害的事实。产品造成了他人的人身伤害、死亡和财产损失。

（4）损害事实与提供有缺陷产品的行为有因果关系，即损害是由提供有缺陷产品的行为直接造成的。

（三）法律责任

产品质量法规定，违反产品质量法应当承担民事责任、行政责任或刑事责任。民事责任主要有修理、更换、退货、赔偿损失等。承担民事责任包括承担产品的合同责任（瑕疵担保责任）和产品侵权损害赔偿责任。行政责任是由有关行政管理部门视情节轻重分别给予责令更正、责令停止生产、没收违法所得、没收违法产品、罚款、吊销营业执照等行政处罚。如果生产者、销售者的行为触犯刑法的规定，应当承担刑事责任。

项目小结 XIANGMU XIAOJIE

本项目首先介绍了物资采购的概念、分类及物资采购的法律体系，然后重点介绍了物资采购合同、《政府采购法》和产品质量法的内容。

采购合同俗称买卖合同，是商品交换最普遍的形式，是出卖人转移标的物所有权于买受人，买受人支付价款的合同。在买卖合同中应当详细规定双方当事人的权利和义务内容，以便发生纠纷时能够及时、迅速地解决。政府采购占采购总额的绝大部分，是各级国家机关、事业单位和团体组织，使用财政性资金采购依法制定的集中采购目录以内的或者采购限额标准以上的货物、工程和服务的行为。政府采购方式、程序及合同管理都应符合《政府采购法》的规定。在采购过程中，采购当事人之间难免会发生有关产品质量方面的纠纷。为了解决纠纷，可以援引买卖合同、《政府采购法》的相关规定，此外，也可以根据产品质量法的规定要求有关人员承担相应责任。

能力测评 NENGLI CEPING

一、判断题

1. 采购合同俗称买卖合同，是商品交换最普遍的形式，也是典型的有偿合同。（　　）

2. 买卖标的物是特定物的，为特定物买卖。买卖标的物是种类物的，为种类物买卖。标的物买卖有瑕疵的，无论是种类物还是特定物都可以更换。（　　）

3. 在买卖合同中，标的是买卖关系，而标的物是所买卖的商品。（　　）

4. 标的物的瑕疵担保义务是指卖方就其所移转的标的物，负有保证第三人不得向买方主张任何权利的义务。（　　）

5. 除法律另有规定或当事人另有约定外，买卖的标的物的所有权自标的物交付时起转移。（　　）

6. 两个以上的自然人、法人或者其他组织可以组成一个联合体，以一个供应商的身份共同参加政府采购。（　　）

7. 政府采购合同为书面合同，其合同条款可以由当事人任意约定。（　　）

8. 政府采购合同中约定的中标人、成交供应商的义务，都应由其自行完成，不得进行分包。（　　）

9. 因产品存在缺陷造成人身、他人财产损害的，受害人可以向产品的生产者要求赔偿，也可以向产品的销售者要求赔偿。（　　）

10. 产品质量责任与产品责任是两个相同的概念。（　　）

二、单选题

1. 对需要运输的标的物，若约定交付地或约定不明确的，自卖方将标的物交付给第一承运人起，风险由（　　）承担。

　　A. 买方　　　　　　B. 卖方　　　　　　C. 买卖双方均需　　　　D. 不一定

2. 出售运输中的标的物的，自合同成立时起，风险由（　　）承担。

A. 买方　　　　　B. 卖方　　　　　C. 买卖双方均需　　D. 不一定

3. 询价采购，也称货比三家，是指采购单位向国内外有关供应商发出询价单，让其报价，然后在报价的基础上进行比较并确定中标供应商的一种采购方式，一般供应商不少于（　　）。

　　A. 2 家　　　　　B. 3 家　　　　　C. 4 家　　　　　D. 5 家

4. 下列采购方式中，（　　）采购是政府采购的主要采购方式。

　　A. 邀请招标　　　B. 竞争性谈判　　C. 单一来源　　　D. 公开招标

5. 采用竞争性谈判方式采购的，谈判小组由采购人的代表和有关专家共 3 人以上的单数组成，其中专家的人数不得少于成员总数的（　　）。

　　A. 1/2　　　　　B. 2/3　　　　　C. 3/5　　　　　D. 1/3

6. 因产品缺陷造成损害要求赔偿的诉讼时效期间为（　　），自当事人知道或者应当知道其权益受到损害时起计算。

　　A. 半年　　　　　B. 一年　　　　　C. 18 个月　　　　D. 两年

7. 产品质量法规定，因产品存在缺陷造成损害要求赔偿的请求权，在造成损害的缺陷产品交付最初用户、消费者满（　　）丧失；但是，尚未超过明示的安全使用期的除外。

　　A. 3 个月　　　　B. 半年　　　　　C. 一年　　　　　D. 10 年

8. 下列情形，生产者要承担赔偿责任的是（　　）。

　　A. 未将产品投入流通的

　　B. 产品投入流通时，引起损害的缺陷尚不存在的

　　C. 将产品投入流通时的科学技术水平尚不能发现缺陷的存在的

　　D. 投入流通领域的产品存在缺陷造成人身伤害的

9. 下列产品属于产品质量法中的有（　　）。

　　A. 农产品　　　　B. 矿产品　　　　C. 电力　　　　　D. 建设工程

10. 采购人与中标、成交供应商应当在中标、成交通知书发出之日起（　　）内，按照采购文件确定的事项签订政府采购合同。

　　A. 30 日　　　　B. 15 日　　　　　C. 7 日　　　　　D. 3 日

三、多选题

1. 下列特点属于政府采购的特点的是（　　）。

　　A. 采购资金的公共性　　　　　　B. 采购范围的特定性

　　C. 采购主体的特定性　　　　　　D. 采购区域的特定性

　　E. 采购程序的法定性

2. 政府采购的原则有（　　）。

　　A. 公开透明原则　　　　　　　　B. 公平竞争原则

　　C. 公正原则　　　　　　　　　　D. 强制性原则

　　E. 诚实信用原则

3. 下列属于政府采购的方式的是（　　）。

　　A. 邀请招标　　B. 竞争性谈判　　C. 单一来源

　　D. 公开招标　　E. 询价采购

4. 买卖合同的特征是（　　）。

　　A. 有偿合同　　B. 双务合同　　C. 单务合同

　　D. 诺成合同　　E. 不要式合同

5. 产品质量立法的基本原则主要有（　　　　）。
A．有限范围原则　　　　　　　　　B．统一立法、区别管理的原则
C．实行行政区域统一管理、组织协调的属地化原则
D．奖优罚劣原则　　　　　　　　　E．强制性原则

四、表述题

1. 简述买卖合同当事人的权利和义务内容。
2. 简述政府采购的方式。
3. 简述产品质量法调整的法律关系。

五、案例分析题

1. 甲、乙两公司拟签订一项货物买卖合同，甲为卖方，乙为买方，标的物为 A 种货物。在签订合同时甲要求丙公司为乙付款提供保证，当乙不能付款时，由丙连带承担偿付货款的责任。考虑到两公司的货物买卖合同签订后，甲以不能全部提供合同标的物为由，与乙协商将标的物改为 B 种货物。甲、乙双方达成改变合同标的物协议，未经丙同意。甲在约定的供货时间内仍然不能提供全部 B 种货物。甲未经乙同意，与丁公司达成协议，不足部分的 B 种货物由丁向乙提供。

问题：

（1）甲、乙双方达成的改变标的物的协议是否有效？其造成的后果是什么？

（2）甲、丁两公司达成的提供货物协议是否有效？为什么？

2. 英国 A 公司从中国 B 公司进口一批冻火鸡供应圣诞节市场。合同规定中国 B 公司应当在 9 月底以前装船。但是中国 B 公司违反合同，推迟至 10 月 7 日才装船，因此 A 公司拒收货物，并主张撤销合同。同样是 A 公司从中国 C 公司进口一批普通冻肉鸡，合同规定卖方应在 9 月底以前装船。但是卖方推迟到 10 月才装船。货到英国后，A 公司同样拒绝收货并主张撤销合同，双方发生争议。事后查明，英国肉鸡市场价格在 9、10、11 月保持平稳，无大变化。

问题：

（1）A 公司能否拒收 B 公司的货物并主张撤销合同？

（2）A 公司能否拒收 C 公司的货物并主张撤销合同？

项目九

>>> 物流过程中的保险法律规范

知识体系

项目九	物流过程中的保险法律规范	本项目首先介绍保险合同和物流保险合同的概念、合同当事人的权利和义务、合同的变更、解除与终止等，然后重点介绍不同运输方式下的货物运输保险合同的责任范围、除外责任以及被保险人的义务等内容
第一节	保险合同及物流保险合同概述	本节首先介绍保险合同的概念、特征、形式，然后重点介绍物流保险合同的概念、原则、法律关系、效力、合同当事人的权利和义务内容及其合同的变更、解除与终止等
第二节	陆上货物运输保险合同	本节首先介绍陆上货物运输保险合同的概念、适用范围，然后重点介绍陆上货物运输保险合同的责任范围、除外责任以及被保险人的义务等内容
第三节	海上货物运输保险合同	本节首先介绍海上货物运输保险合同的概念、内容，然后重点介绍海上货物运输保险合同的订立、解除、转让，合同的承保范围、险别、除外责任，合同的代位求偿权和委付
第四节	航空货物运输保险合同	本节首先介绍航空货物运输保险合同的概念、适用范围，然后重点介绍航空货物运输保险合同的责任范围、除外责任以及被保险人的义务等内容
第五节	邮政快递运输保险合同	本节主要介绍邮政快递运输保险合同的概念、责任范围、除外责任及责任期间

知识目标

掌握保险合同、物流保险合同的概念及特征；熟悉海运货物保险承保的范围、我国海运货物保险的险别与除外责任；理解重要物流保险合同中被保险人的义务；了解物流保险合同的形式，了解我国物流保险的发展趋势。

能力目标

能根据货物运输实际选择合适的险别，特别是海上货物运输保险合同承保险别的选择；能够熟练确定保险金额；能够准确填制保险单；通过设置符合实际的工作任务来完成教学目标，使学生在完成任务的过程中提升自己的综合职业能力。

素质目标

通过本项目的学习，掌握物流保险合同的基础知识，并能运用这些基础知识分析物流活动的各类保险行为；培养学习能力、分析能力、归纳能力、表达能力，以及人际交往和沟通能力；养成良好的职业习惯，体会在工作中增加责任心的重要性，有意识地养成一丝不苟的工作作风。

关键概念

保险　保险合同　物流保险合同　海上货物运输保险合同　陆上货物运输保险合同　航空货物运输保险合同　邮政快递运输保险合同

导入案例

甲公司与乙航空公司办理了货物托运手续，委托乙航空公司运输总货款为 50 万元的计算机，同时投保了运输保险，保险金额为 50 万元。乙航空公司飞机降落时发生故障导致计算机全部损坏，甲公司遂向保险公司索赔，保险公司审核后，全额赔付了甲公司的损失 50 万元。

甲公司得到保险公司的赔付后，考虑损失已获补偿，就通知乙公司表明放弃对乙公司的追偿。其后，保险公司向乙公司追偿，乙公司提出甲公司已放弃对乙公司的追偿权，且自己与保险公司无任何关系，拒绝赔付。

问题：

乙公司的主张是否正确？为什么？请说明理由。

第一节　保险合同及物流保险合同概述

一、保险合同概述

随着现代物流业的兴起，第三方物流企业在为客户提供越来越便利的一体化物流服务的同时，也承担着越来越大的风险。随时可能发生货物破损、野蛮装卸、误时配送、偷盗灭失、变质串味等风险，都可能导致托运方提出索赔。面临风险的猖狂和索赔的烦恼，第三方物流企业该如何防范？是自留还是转嫁？世界各国的实践告诉我们，保险不失为一种有效的风险防范机制。保险一方面体现了分散社会资源集中运作的优势，另一方面又体现出现代社会互助精神的价值。因此，现代物流诞生伊始，保险就得到了第三方物流企业的青睐。

（一）保险的概念

保险是一种经济补偿制度，从法律角度看，它是一种补偿性契约行为，即被保险人向保险人提供一定的对价（保险费），保险人则对被保险人将来可能遭受的承保范围内的损失负赔偿责任。

《中华人民共和国保险法》（以下简称《保险法》）第二条规定："保险是指投保人根据合同约定，向保险人支付保险费，保险人对于合同约定的可能发生的事故因其所发生造成的财产损失承担赔偿保险金责任，或者当被保险人死亡、伤残、疾病或者达到合同约定的年龄、期限时承担给付保险金责任的商业保险行为。"保险是一种合同行为，在法律地位平等的基础上，投保人购买保险行为与保险人出售保险行为是双方要约与承诺的过程。当事人达成一致意见并签订合同，确立保险人与投保人之间的权利义务关系。

（二）保险法概述

保险法是调整保险人与投保人、被保险人、受益人之间的保险关系和国家对保险业进行监督管理而发生的各种社会关系的法律规范的总称。保险法有广义和狭义之分。广义的保险法包括保险公法和保险私法，保险公法是指有关保险的公法性质的法规，具体来说，是指调整国家对保险业进行监督管理关系的法规和调整社会公共保险关系的法规，主要有保险业法和社会保险法。保险私法是指调整平等主体的自然人、法人或其他经济组织之间保险关系的法规，主要指保险合同法。对物流过程中保险法律的探讨应主要集中于狭义的保险法，即民商事保险法，如对物流中物的保险关系、物流工具或设备的保险关系、物流责任保险关系的探讨等。

（三）保险合同的概念与特征

1. 保险合同的概念

保险合同是合同中的一种。我国《保险法》第十条对此界定为："保险合同是投保人与保险人约定保险权利义务关系的协议。"依照保险合同，投保人应向保险人支付约定的保险费，保险人则应在约定的保险事故发生或在约定人身保险事件（或期限届满）出现时，履行赔偿或给付保险金的义务。

2. 保险合同的特征

保险合同属双务、有偿和诺成性的合同，因而，它具有一般双务、有偿和诺成性合同的法律属性。但是，保险合同又具有自己的一些特征，具体表现为以下几个方面。

（1）保险合同是最大诚信合同。

保险合同当事人双方由于信息的不对称性，对诚信的要求很高。保险人承保与否和承保的条件，通常是根据投保人的告知来决定的，投保人的道德因素和信用状况对保险经营影响极大。此外，保险经营的复杂性和技术性使得保险人在保险关系中处于有利地位，而投保人处于不利地位。因此，长期以来逐渐形成以最大诚信作为订立保险合同必须遵守的基本原则。

（2）保险合同是保障合同。

投保人投保的目的是通过保险保障其对保险标的的经济利益。保险标的一旦发生保险事故，保险人按照保险合同规定的责任范围给予一定金额的经济赔偿或给付，即构成保险合同的保障性。同时，保险人对被保险人提供的心理上的安全感，使他们能够解除后顾之忧。

（3）保险合同是附有条件的双务合同。

在保险合同中，投保人必须向保险人交付保险费，从而享有保险人对其保险标的给予保障的权利；而保险人必须承担保险责任范围内事故所致损失的经济补偿或合同届满时的给付义务，双方的权利和义务彼此关联。一般而言，投保人或被保险人履行合同义务是无条件的，而保险人履行义务是有条件的，只有当保险标的发生保险责任范围内的损失，保险人才承担赔付义务，因此保险合同是附有条件的双务合同。

（4）保险合同是附和合同。

保险合同是附和合同，附和合同不是由缔约双方充分议商而订立的，它是由一方提出合同的主要内容，而另一方只能做"取与舍"的决定，即要么接受对方提出的条件，要么不签订合同。一般是没有商量的余地的，保险合同就是这样一种合同。

保险合同的内容一般不是由当事人双方共同协商拟定的，而是由保险人根据国际保险惯例、积累的承保和理赔经验事先拟定，印好格式条款并经监管部门审批，以供投保人选择的，投保人购买保险就表示同意保险合同条款，即使需要变更合同的某项内容，也只能采纳保险人事先准备的附加条款。

（5）保险合同是射幸合同。

射幸合同是指合同的效力在订约时不能确定的合同，即合同当事人一方履行义务有赖于偶然事件的发生。射幸合同为当事人全体或其中的一人取决于不确定的事件，对财产取得利益或遭受损失的一种相互的协议。

保险合同是一种典型的射幸合同。投保人根据保险合同支付保险费的义务是确定的，而保险人仅在保险事故发生时才承担赔偿或给付义务，即保险人的义务是否履行在保险合同订立时尚不确定，而是取决于偶然的、不确定的保险事故是否发生。

（6）保险合同是一种要式合同。

合同有要式合同与非要式合同之分。要式合同是指需要履行特定的方式才能成立的合同。例如，需要写成书面形式、需要鉴证和公证或经有关机关核准登记方能生效的（如房屋买卖等）合同，就属要式合同。非要式合同是指不需要特定方式亦可成立的合同。

在当今，大多数国家都规定保险合同必须采用书面形式。我国也是如此。我国《保险法》第十三条也规定："投保人提出保险要求，经保险人同意承保，保险合同成立。保险人应当及时向投保人签发保险单或者其他保险凭证"。事实上，由于保险合同的格式化，使得投保的基本形式表现为书面形式，保险人的承诺当然也表现为书面形式。但强调保险合同的要式性并不意味着所有保险合同须在保险单交付之后才成立。

（四）保险合同的形式

保险合同属于非即时清结合同，其有效期往往比较长且内容比较复杂，因此保险合同应当采用书面形式。在采用书面形式的基础上，保险合同的具体形式主要有以下几种。

1. 保险单

保险单是投保人与保险人之间订立的正式保险合同的书面凭证，它由保险人签发给投保人，是最基本的保险合同形式。作为保险合同的正式书面凭证，保险单都应包含声明事项、保险事项、除外事项和条件事项等重要事项。

2. 保险凭证

保险凭证是保险人签发给投保人以证明保险合同已经生效的文件，它是一种简化的保险单，与保险单具有同样的作用和效力。凡保险凭证上未列明的内容均以相应的保险单的条款为准，两者有抵触时以保险凭证上的内容为准。我国的货物运输保险、团体人寿保险和机动车辆第三者责任保险中，大量使用了保险凭证。

3. 投保单

投保单是投保人向保险人递交的书面要约，为准确迅速处理保险业务，投保单的格式和项目都由保险人设计，并以规范的形式提出。在保险人出立正式保险单后，投保单成为保险合同的组成部分。

4. 暂保单

暂保单是在正式保险单开立之前先给予投保人的一种临时保险凭证，它具有与正式保险单同等的法律效力，只是有效期较短，一般为30天，正式保险单签发后暂保单则自动失效。暂保单的内容非常简单，一般仅载明投保人与被保险人的姓名、投保险别、保险标的、保险金额、责任范围等重要事项。需要注意的是，签发暂保单并不是订立保险合同的必需程序，暂保单也不是保险合同必不可少的法律文件。

二、物流保险合同

近年来随着国内物流业的迅猛发展，物流企业向现代物流发展的过程中，面对的风险也越来越多，人们也开始意识到物流过程中保险服务的重要性，它可以最大限度地把物流企业的经营风险降到最低。把物流企业的经营风险降到最低。把物流企业的经营风险降到最低后，物流保险合同法律制度就成为物流法律制度中的一个重要内容。

（一）物流保险合同的概念

物流保险合同是投保人与保险人之间约定权利义务关系的协议。物流保险合同主要是财产保险合同。《保险法》规定，财产保险合同是以财产及其相关利益为保险标的的保险合同。相对于一般的保险合同，物流保险合同的内容较为复杂，涉及许多专门的技术问题。

（二）物流保险合同的基本原则

物流过程中的保险合同主要是财产保险合同，故应遵循财产保险合同的一般原则。

1．诚信原则

诚信原则是民商事法律关系或具体到合同关系的一个最基本的原则。而在保险合同中，对当事人双方特别是投保人的诚信要求尤其高。因为保险人是否接受投保、投保的费率的确定有时直接取决于投保人的陈述。根据我国《保险法》的规定，当事人的诚信主要有以下两个方面。

首先，保险人应当向投保人说明保险合同的条款内容，并可就保险标的或者被保险人的有关情况提出询问，投保人应当如实告知。

其次，是投保人的诚信义务，投保人必须履行告知义务。投保人故意隐瞒事实，不履行如实告知义务的，或者因过失未履行如实告知义务而又足以影响保险人决定是否同意承保或者提高保险费率的，保险人有权解除保险合同。

2．可保利益原则

如前所述，投保人必须对保险标的具有可保利益。否则，若任何对保险标的不具有可保利益的人都可投保，将使社会经济关系处于一种危险的状态，会有许多骗保等情况发生。

3．补偿责任原则

当发生了承保范围内的自然灾害或意外事故时，保险公司应按合同规定承担赔偿责任，给予被保险人以经济上的补偿。

4．因果关系原则

货物的损失必须源于承保范围之内的意外事故，两者之间必须有直接的因果关系。

（三）物流保险合同法律关系的构成要素

1．物流保险合同的主体

物流保险合同的主体，首先是指订立合同并享有权利和承担义务的保险人和投保人，通常称之为物流保险合同当事人。此外，在现代保险业中，保险合同的订立和履行需借助于保险代理人、保险经纪人及保险公估人，因此，称其为保险辅助人或保险中介人。虽然保险辅助人的作用不可忽视，但因其与保险合同无直接利害关系，即在保险合同中不享有权利，不承担义务，故不作为保险合同的主体。

（1）保险人。

根据我国《保险法》第十条第二款的规定："保险人是指与投保人订立保险合同，并按照合同约定承担赔偿或者给付保险金责任的保险公司"。

根据《保险法》的规定，保险人必须是依法设立的，经营保险业的，具有法人资格的保险公司。保险人是保险合同的一方，根据保险合同的约定来承担保险责任。

（2）投保人。

《保险法》第十条第一款规定："投保人是指与保险人订立保险合同，并按照合同约定负有支付保险费义务的人。"根据《保险法》的规定，投保人必须对保险标的具有保险利益。如投保人对保险标的不具有保险利益，则保险合同无效。这是出于防止骗保，阻止破坏社会经济关系的目的加以规定的。在物流法律关系中，作为投保人的既可能是货物所有人，也可能是对货物具有期得利益的人，也可能是物流经营人。

投保人有义务向保险人支付保险费，并具有如实告知的义务。

（3）被保险人。

《保险法》第十二条第五款规定："被保险人是指其财产或者人身受保险合同保障，享有保险金请求权的人。投保人可以为被保险人"。在物流作业过程中，被保险人主要集中于其财产受保险合同保护，享有保险金请求权的人。主要有两种情况：一是被保险人即为投保人，如一货主为其即将运输的货物投保；另一种情况为被保险人并不是投保人，但被保险的货物属于被保险人，如物流经营人根据与作业委托人订立的物流合同为合同项下的作业委托人的货物投保。

（4）受益人。

《保险法》第十八条第三款规定："受益人是指人身保险合同中由被保险人或者投保人指定的享有保险金请求权的人。投保人、被保险人可以为受益人"。即根据保险合同的规定，由被保险人指定的享有保险金请求权的人。

2. 物流保险合同的客体

保险合同的客体是保险人对被保险人保险利益的一种保证的行为和一旦保险标的发生损失的一种赔偿行为。因为当保险合同订立后，保险人就有承担一旦保险标的发生危险导致损失，进行赔偿的保证义务，当保险标的真的发生损失后，又承担实际的赔偿给付义务，前述这种保证的行为和赔偿的行为即为权利义务指向的对象。

物流保险合同的客体表现为保险合同当事人权利义务指向的对象，即保险人承诺货物发生损失时进行补偿的保证义务和货物实际损失时的赔偿义务。

国际海上货物运输保险合同是最早出现的保险合同。由于历史的原因，国际海上货物运输保险条款常用的是伦敦保险业协会制定的货物保险条款。在我国对外贸易运输中也常采用中国人民保险公司制定的海洋运输货物保险条款。

3. 物流保险合同的内容

物流保险合同的条款确定双方当事人之间权利义务，构成保险合同的内容。

保险合同应当记载的事项主要有以下几项。

（1）保险人的名称和住所。

（2）投保人、被保险人的名称和住所，以及人身保险的受益人的名称和住所。

（3）保险标的。

（4）保险责任和责任免除。

（5）保险期间和保险责任开始时间。

（6）保险价值。

（7）保险金额。

（8）保险费以及支付办法。

（9）保险金赔偿或者给付办法。

（10）违约责任和争议处理。

（11）订立合同的年、月、日。

（四）保险合同的效力

保险合同的效力是指依法成立的物流保险合同，在投保人和保险人之间产生的权利义务关系，对投保人和保险人具有法律约束力。

投保人和保险人应当依照保险合同的约定行使权利和履行义务。一般情况下，合同成立即合同生效。但保险合同的成立并不一定意味保险合同的生效。投保人与保险人意思表示一致时保险合同即告成立，即要约人受领承诺的时间，而保险合同往往是附生效条件、附生效期限的合同，保险合同的生效以投保人按照约定交付保险费，保险人按照约定的时间承担保险责任开始。

（五）物流保险合同当事人的权利和义务

1. 投保人和被保险人的主要义务

对投保人和被保险人而言，保险合同的效力主要表现为以下几个方面。

（1）投保人有交纳保险费的义务。

保险合同订立后，投保人应当按照保险合同的规定向保险人缴纳保险费。

（2）投保人和被保险人有减灾防损义务。

在发生保险事故时，投保人、被保险人等应当采取积极的措施，阻止危险事故的继续发生或蔓延，或者积极抢救正处于危险之中的被保险财产，以避免财产发生损失，或者尽可能地减少财产的损失。这不仅是投保人等依《保险法》及保险合同应尽的义务，也是对社会应尽的职责。如果在发生保险事故时，投保人等不积极施救而致损失的扩大，则保险人依保险合同的约定，可以对扩大部分的损失拒绝承担赔偿责任。

（3）投保人和被保险人有危险增加的通知义务。

危险增加的通知义务是指投保人或被保险人在出现订立保险合同时双方所未曾估计到的危险时通知保险人的行为。"危险增加"系指订立保险合同时双方当事人未曾估计到的危险发生的可能性的出现，如保险标的用途的增加或变更而致标的遭受损失的机会的增多等。

（4）投保人和被保险人有保险事故发生的通知义务。

保险事故发生后的通知义务简称"通知出险"，是指投保人或被保险人及时通知保险人发生合同约定的保险事故或保险事件的行为。法律规定投保人等应履行及时通知出险的义务是为了使保险人在危险事故发生以后及时采取施救措施，以避免事故的蔓延和减轻损失的扩大，同时也是为了使保险人在危险事故发生以后能及时搜集证据，核实损失，以确定责任及责任范围。

（5）接受保险人检查，维护保险标的安全的义务。

保险人依《保险法》及保险合同的约定，可以对保险标的的安全状况进行检查，向投保人或被保险人提出消除不安全因素和隐患的建议。投保人或被保险人对保险人的检查不得无理阻挠，对保险人提出的合理建议应当采取切实有效的整改措施。同时，投保人等还必须遵守国家有关消防、安全、生产操作、劳动保护等方面的规定，维护保险标的的安全。不能因为其财产已经办理了保险而忽视国家有关消防、安全等方面的规定。如果投保人等不履行前述义务，不遵守国家有关规定，则保险人有权要求增加保险费或者解除合同。

2. 保险人的义务

对保险人而言，保险合同的效力主要表现为以下几个方面。

（1）给付保险赔偿金或保险金。

保险赔偿金是针对财产保险而言的。财产保险是一种"损失保险"，或称"赔偿保险"。当保险财产因保险事故发生损失时，保险人依保险合同约定，按保险财产的实际损失给予赔偿，损失多少赔多少，并以不超过财产的实际损失为限。

给付保险赔偿金，这是保险人的最基本的义务，也是保险的归宿。保险人在发生约定的保险事故或者在约定的人身事件到来时，应按合同约定的条件给付保险赔偿金或者保险金。保险人给付保险赔偿金或保险金必须及时、迅速，不得无故拖延。否则因此而造成投保人、被保险人或受益人损失的，保险人负有赔偿责任，并应承担违约责任。当然，保险人给付保险赔偿金或保险金以不超过约定的保险价值或保险金额为限。

（2）支付其他合理、必要的费用。

其他合理、必要的费用系指投保人或被保险人在发生保险事故时，或者在保险事故发生以后，为了保险人的利益而支付的费用。它包括以下几项费用。

① 为防止或者减少保险标的的损失所支付的合理、必要费用，如施救费用、整理费用等。

② 为查明和确定保险事故的性质、原因和保险标的的损失程度所支付的合理、必要的费用，如为确定事故性质进行勘查、鉴定等所支出的费用等。

③ 诉讼费或者仲裁费以及其他必要、合理的费用，如责任保险的被保险人因给第三者造成损害的保险事故而被提起诉讼或仲裁所支出的诉讼费或仲裁费以及代理费等；因向负有赔偿责任的第三者进行追索而支出的诉讼或仲裁费、代理费等。

前述这些必要、合理的费用，或是为了减少保险标的的损失，或是为了确定责任原因，或是为向他人追索等，都是为了保险人的利益而支出的。由保险人来支付或补偿这些费用支出，是理所当然的，合情合理。保险人承担的这些费用在保险赔偿金以外计算，即不包括在保险人支付的保险赔偿金以内，以不超过保险合同中规定的保险金额为限。

（3）说明义务。

保险人在保险合同订立时应当对保险合同的条款如实说明。对方当事人对于保险合同内容要求说明的，应当如实解释。为保障被保险人的合法权益，《保险法》还规定，保险合同中规定有关保险人责任免责条款的，保险人在订立合同时应当向投保人说明；保险人没有明确说明的，该条款不产生效力。

（六）物流保险合同的变更

物流保险合同依法成立，即具有法律约束力，当事人双方都应当全面履行合同规定的义务，不得擅自变更保险合同。在物流保险合同订立以后，物流保险合同有效期届满之前，由于物流保险合同当事人的主观和客观情况的变化，有时也需要对已经订立的保险合同做必要的变更。世界各国保险法律一般都允许保险合同在必要的情况下得以变更，我国《保险法》也做了相同的规定。

1. 物流保险合同的变更

物流保险合同的变更是指物流保险合同存续期间，当事人根据情况变化，变更保险合同的主体和内容等。

2. 物流保险合同变更的情形

物流保险合同变更分为两种情况。

（1）保险合同主体的变更。

保险合同主体的变更是指保险合同当事人及关系人的变更。在多数情况下，发生变更的主要是投保人、被保险人或者受益人，在特别情况下，保险人也会发生变更。由于保险合同的主要形式是保险单，因此，投保人或被保险人的变更会涉及保险单的转让。保险单的转让有两种情况：第一，保险单的转让因为保险标的所有权的转让自动转让；第二，保险单的转让必须经保险人的同意方为有效。

（2）保险合同内容的变更。

保险合同内容的变更是指在保险合同主体不发生变化的情况下，其他记载事项发生变化所引起的变更。例如，因保险标的数量和价值的增减引起保险金额的增减；保险标的种类、存放地点、占用性质、航程和航期等的变更引起风险程度的变化，从而导致保险费率的调整等。

（七）物流保险合同的解除与终止

1. 物流保险合同的解除

物流保险合同的解除是指在物流保险合同存续期间，保险合同依法或者依照约定提前终止其效力。

物流保险合同成立后，投保人可以解除保险合同。物流保险合同的解除应当依据法律的规定进行。

对于保险合同的解除，法律规定了一定的限制。例如，对于货物运输保险合同和运输工具航程保险合同，保险责任开始后，合同当事人不得解除合同。

2. 物流保险合同的终止

保险合同的终止是指保险合同成立后，因法定或约定事由，合同当事人之间的权利义务关系不再继续，合同的债权债务均归于消灭。保险合同终止分为保险合同当事人行使终止权终止、自然终止和解除终止 3 种情形。

第二节　陆上货物运输保险合同

一、陆上货物运输保险合同概述

（一）陆上货物运输保险合同的概念

陆上货物运输保险合同是指保险人与投保人达成的，以陆上运输过程中的货物为保险标的，由保险人对于被保险货物因自然原因或意外事故造成的损失承担赔偿责任的协议。

（二）陆上货物运输保险合同的适用范围

陆上货物运输保险合同，按其适用范围分为国内陆上货物运输保险合同和国际陆上货物运输保险合同。其中，国内陆上货物运输保险合同适用于国内贸易所涉及的货物在国内陆路上，用火车、汽车进行的运输活动。因此可将其进一步划分为国内铁路货物运输保险合同和国内公路货物运输保险合同。在我国，国际陆上货物运输保险合同习惯上称其为陆上货物运输保险合同，而且仅仅限于使用火车、汽车进行的运输活动。

二、陆上货物运输保险合同的责任范围

陆上运输货物保险（Overland Transportation Cargo Insurance）承保以火车、汽车为主要交通工具货物运输的风险。中国人民保险公司于 1981 年 1 月 1 日修订的《陆上运输货物保险条款》规定，陆运货物保险的基本险有"陆运险"和"陆运一切险"两种，另外，还有专设的基本险"陆上运输冷藏货物保险"以及附加险"陆上运输货物战争险（火车）"。

（一）陆运险

陆运险与海洋运输货物保险条款中的"水渍险"承保的责任范围相似。保险人负责赔偿被保险货物在运输途中遭受暴风、雷电、洪水、地震等自然灾害，或由于运输工具遭受碰撞、倾覆、出轨或在驳运过程中因驳运工具遭受搁浅、触礁、沉淀、碰撞，或由于遭受隧道坍塌、崖崩、失火、爆炸等意外事故所造成的全部或部分损失。此外，对于施救、防止或减少货损的措施而支付的合理费用，保险人也负责赔偿，但以不超过此批被救货物的保险金额为限。

（二）陆运一切险

陆运一切险与海洋运输货物保险条款中的"一切险"或 ICC（A）承保的范围相似。保险人除了承保陆运险的赔偿责任外，还负责被保险货物在运输途中由于偷窃、短量、渗漏、碰损等外来原因所造成的全部或部分损失。

以上责任范围均适用于火车和汽车运输，并以此为限。

三、陆上货物运输保险合同的除外责任

陆上货物运输保险对下列损失不负赔偿责任。

（1）被保险人的故意行为或过失所造成的损失。

（2）属于发货人责任所引起的损失。

（3）在保险责任开始前，被保险货物已存在的品质不良或数量短差所造成的损失。

（4）被保险货物的自然损耗、本质缺陷、特性，以及市场跌落、运输延迟所引起的损失或费用。

（5）中国人民保险公司陆上运输货物战争险条款和货物运输罢工险条款规定的责任范围和除外责任。

四、陆上货物运输保险合同责任期间

陆上货物运输保险负"仓至仓"责任，自被保险货物运离保险单所载明的起运地仓库或储存处所开始运输时生效，包括正常运输过程中的陆上和与其有关的水上驳运在内，直至该项货物运达保险单所载目的地收款人的最后仓库或储存处所或被保险人用作分配、分派的其他储存处所为止。如未运抵上述仓库或储存处所，则以被保险货物运抵最后卸载的车站满 60 天为止。

陆上货物运输保险的索赔时效，从被保险货物在最后目的地车站全部卸离车辆后计算，最多不超过两年。

五、陆上货物运输保险被保险人的义务

被保险人应按照以下规定的应尽义务办理有关事项，如因未履行规定的义务而影响保险公司利益时，保险公司对有关损失有权拒绝赔偿。

（1）当被保险货物运抵保险单所载目的地以后，被保险人应及时提货，当发现被保险货物遭受任何损失，应立即向保险单上所载明的检验、理赔代理人申请检验。如发现被保险货物整件短少或有明显残损痕迹，应立即向承运人、受托人或有关当局索取货损货差证明，如果货损货差是由于承运人、受托人或其他有关方面的责任所造成的，应以书面方式向他们提出索赔，必要时还需取得延长时效的认证。

（2）对遭受承保责任内危险的货物，应迅速采取合理的抢救措施，防止或减少货物损失。

（3）在向保险人索赔时，必须提供下列单证：保险单正本、提单、发票、装箱单、磅码单、货损货差证明、检验报告及索赔清单。如涉及第三者责任还须提供向责任方追偿的有关函电及其他必要单证或文件。

第三节　海上货物运输保险合同

一、海上货物运输保险合同概述

（一）海上货物运输保险合同的概念

我国《海商法》第二百一十六条规定，海上保险合同是指保险人按照约定，对被保险人遭受保险事故造成保险标的的损失和产生的责任负责赔偿，而由被保险人支付保险费的合同。所称保险事故，是指保险人与被保险人约定的任何海上事故，包括与海上航行有关的发生于内河或者陆上的事故。

（二）海上货物运输保险合同的内容

海上货物运输保险合同的内容，主要包括下列各项条款：①保险人名称；②被保险人名称；③保险标的；④保险价值；⑤保险金额；⑥保险责任和除外责任；⑦保险期间；⑧保险费。

（三）保险标的

海上货物运输保险合同的保险标的有船舶、货物、船舶营运收入，包括运费、租金、旅客票款、货物预期利润、船员工资和其他报酬、对第三人的责任、由于发生保险事故可能受到损失的其他财产和产生的责任与费用。保险人可以将对前款保险标的的保险进行再保险。除合同另有约定外，原被保险人不享有再保险的利益。

（四）保险标的的保险金额

保险标的的保险价值由保险人与被保险人约定。保险人与被保险人未约定保险价值的，保险价值依照下列规定计算：①船舶的保险价值，是保险责任开始时船舶的价值，包括船壳、机器、设备的价值，以及船上燃料、物料、索具、给养、淡水的价值和保险费的总和；②货物的保险价值，是保险责任开始时货物在起运地的发票价格或者非贸易商品在起运地的实际价值以及运费和保险费的总和；③运费的保险价值，是保险责任开始时承运人应收运费总额和保险费的总和；④其他保险标的的保险价值，是保险责任开始时保险标的的实际价值和保险费的总和。

保险金额由保险人与被保险人约定。保险金额不得超过保险价值；超过保险价值的，超过部分无效。

二、海上货物运输保险合同的订立、解除和转让

（一）保险合同的订立

被保险人提出保险要求，经保险人同意承保，并就海上货物运输保险合同的条款达成协议后，合同成立。保险人应当及时向被保险人签发保险单或者其他保险单证，并在保险单或者其他保险单证中载明当事人双方约定的合同内容。

合同订立前，被保险人应当将其知道的或者在通常业务中应当知道的有关影响保险人据以确定保险费率或者确定是否同意承保的重要情况，如实告知保险人。保险人知道或者在通常业务中应当知道的情况，保险人没有询问的，被保险人无须告知。

（二）保险合同的解除

由于被保险人的故意，不履行告知义务，未将前述重要情况如实告知保险人的，保险人有权解除合同，并不退还保险费。合同解除前发生保险事故造成损失的，保险人不负赔偿责任。不是由于被保险人的故意，未将前述重要情况如实告知保险人的，保险人有权解除合同或者要求相应增加保险费。保险人解除合同的，对于合同解除前发生保险事故造成的损失，保险人应当负赔偿责任；但是，未告知或者错误告知重要情况的、对保险事故的发生有影响

的除外。

订立合同时，被保险人已经知道或者应当知道保险标的已经因发生保险事故而遭受损失的，保险人不负赔偿责任，但是有权收取保险费；保险人已经知道或者应当知道保险标的已经不可能因发生保险事故而遭受损失的，被保险人有权收回已经支付的保险费。

被保险人对同一保险标的就同一保险事故向几个保险人重复订立合同，而使该保险标的的保险金额总和超过保险标的的价值的，除合同另有约定外，被保险人可以向任何保险人提出赔偿请求。被保险人获得的赔偿金额总和不得超过保险标的的受损价值。各保险人按照其承保的保险金额同保险金额总和的比例承担赔偿责任。任何一个保险人支付的赔偿金额超过其应当承担的赔偿责任的，有权向未按照其应当承担的赔偿责任支付赔偿金额的保险人追偿。

保险责任开始前，被保险人可以要求解除合同，但是应当向保险人支付手续费，保险人应当退还保险费。

除合同另有约定外，保险责任开始后，被保险人和保险人均不得解除合同。

根据合同约定在保险责任开始后可以解除合同的，被保险人要求解除合同，保险人有权收取自保险责任开始之日起至合同解除之日止的保险费，剩余部分予以退还；保险人要求解除合同，应当将自合同解除之日起至保险期间届满之日止的保险费退还被保险人。

货物运输和船舶的航次保险，保险责任开始后，被保险人不得要求解除合同。

（三）保险合同的转让

海上货物运输保险合同可以由被保险人背书或者以其他方式转让，合同的权利、义务随之转移。合同转让时尚未支付保险费的，被保险人和合同受让人负连带支付责任。

因船舶转让而转让船舶保险合同的，应当取得保险人同意。未经保险人同意，船舶保险合同从船舶转让时起解除；船舶转让发生在航次之中的，船舶保险合同至航次终了时解除。合同解除后，保险人应当将自合同解除之日起至保险期间届满之日止的保险费退还被保险人。

被保险人在一定期间分批装运或者接受货物的，可以与保险人订立预约保险合同。预约保险合同应当由保险人签发预约保险单证加以确认。应被保险人要求，保险人应当对依据预约保险合同分批装运的货物分别签发保险单证。保险人分别签发的保险单证的内容与预约保险单证的内容不一致的，以分别签发的保险单证为准。被保险人知道经预约保险合同保险的货物已经装运或者到达的情况时，应当立即通知保险人。通知的内容包括装运货物的船名、航线、货物价值和保险金额。

三、海上货物运输保险合同承保范围

海上货物运输保险以船舶和货物作为保险标的，把船舶在营运过程中、货物在运输途中可能遭遇的危险作为其保障范围，包括海上风险、损失和费用。

（一）海上风险

海上货物运输保险承保的风险可分为两大类：海上风险和外来风险。

1. 海上风险

（1）自然灾害：与航行有关的海啸、地震、飓风、雷电等恶劣气候和自然灾害。

（2）意外事故：与航行有关的如触礁、颠覆、碰撞、失踪等意外事故。

2. 外来风险

（1）一般外来风险：由一般外来原因所造成的风险，如偷盗、破碎、雨淋、受潮、受热、发霉、串味、玷污、短量、渗漏、钩损、锈损等外来原因。

（2）特殊外来风险：由于政治、军事、国家法令、政策及行政措施等特殊外来原因所造成的风险，如战争、暴动、罢工等特殊原因造成的货物损失、灭失等。

综上所述，海上运输货物风险主要是指海上所发生的风险，但又不局限于海上所发生的风险。

（二）损失

按照国际保险市场的一般解释，保险人承担凡是与海上运输有关联的海陆连接的运输过程中发生的损害、灭失及费用等海上损失。通常按照损失程度的不同，分为全部损失和部分损失。

1. 全部损失

全部损失（Total Loss）是指运输中的整批货物或不可分割的一批货物全部损失，简称全损。按损失情况的不同，可分为实际全损和推定全损。

（1）实际全损（Actual Total Loss）：保险标的发生保险事故后灭失，或完全受损以致丧失原有的形体效用。构成实际全损的情况有以下几种。

① 保险标的完全灭失，如船舶触礁沉入海底。

② 保险标的的属性的毁灭，丧失了原有的用途和价值，如水泥经海水浸泡后变成块状。

③ 被保险人失去了保险标的的所有权，并无法挽回，如战时保险货物被敌方扣留并宣布为战利品。

④ 船舶失踪达一定时期（4个月或6个月）仍无音信。如果保险人按实际全损赔付被保险人后，失踪的船舶又找到了，被保险人应退还赔款。

（2）推定全损（Constructive Total Loss）：又称商业全损。保险标的虽然尚未达到全部灭失状态，但是完全灭失将是不可避免的，或者修复该标的或运送货物到原定目的地所耗费用将达到或超过其实际价值。如果发生了推定全损，被保险人要办理委付。

委付（Notice of Abandonment）：被保险人在获悉受损情况后，以书面或口头方式向保险人发出委付通知书，声明愿意将保险标的的一切权益，包括财产权及一切由此产生的权利与义务转让给保险人，而要求保险人按全损给予赔偿的一种行为。如果被保险人决定索赔推定全损，则应在合理的时间内及时发出委付通知。委付通知可以是书面的或是口头的，并且要有明确的委付或放弃的意图。委付通知应是无条件的，并直接呈交保险人。

2. 部分损失

部分损失是指保险标的的损失没有达到全部损失的程度的一种损失，即凡不构成全损的海损均是部分损失。部分损失按其性质可分为单独海损和共同海损。

（1）单独海损（Particular Average）。

单独海损是指保险标的的因所保风险引起的非共同海损的一种部分损失。单独海损具有以下特点。

① 必须是意外的、偶然的保险责任范围内的风险所引起的损失。

② 属于船方、货方或其他利益方单方面所遭受的损失。

③ 保险标的单独海损是否可以得到赔偿，由所属的保险条款所决定。

（2）共同海损（General Average）。

共同海损是指当船、货及其他利益方处于共同危险时，为了共同的利益而故意地采取合理的措施所引起的特殊的牺牲和额外费用。

共同海损的内容包括以下几项。

① 共同海损牺牲。例如，船舶在海上航行时遇到大风浪，为了保证航行安全，船长不得不下令抛弃一部分货物，被抛弃的货物被称为共同海损牺牲。

② 共同海损费用。例如，航船在航行中，因意外原因触礁，为了使船舶脱险，船长只好雇佣驳船将部分货物暂时卸下，或雇佣拖轮将船舶拖带脱险，期间发生的拖船的拖带费用或驳船费用及装卸费用等，都属于共同海损的费用。

③ 共同海损分摊。由于牺牲和费用等损失都是为了保全船货的共同安全而做出的，显然完全由货主来负担不公平，因此应由得到保全利益的一切船货所有者共同分摊。

（三）费用

海上风险不仅使保险标的本身遭受损失，为了避免损失的扩大，还会引起费用的支出。费用是指为了防止货物遭受承保风险造成的损失或灭失而支出的费用。由于保险单上通常都载有"诉讼与营救条款"，因此，费用都能得到保险公司补偿。海上运输货物保险和船舶保险承保的费用损失主要包括施救费用、救助费用。

1. 施救费用

施救费用是指保险标的在遭受保险责任范围内的灾害事故时，被保险人（或其代理人、雇佣人员、受让人）为了避免或减少损失，采取各种抢救与防护措施所支付的合理费用。

保险人对施救费用赔偿的条件如下。

（1）施救费用必须是合理的和必要的。

（2）施救费用必须是为防止或减少承保风险造成的损失所采取的措施而支出的费用。

（3）施救费用是指由被保险人及其代理人、雇佣人采取措施而支出的费用。

（4）施救费用的赔偿与措施是否成功无关。

2. 救助费用

救助费用是指船舶或货物遭遇海上危险事故时，对于自愿救助的第三者采取的使船舶或货物有效地避免或减少损失的救助行为所支付的酬金。

救助费用产生必须具备下列一些条件。

（1）救助必须是第三人的行为。

（2）救助必须是自愿的。

（3）救助必须有实际效果。

四、海上货物运输保险合同的险别和除外责任

海洋运输货物保险（Marine Cargo Insurance）是指保险人对于货物在运输途中因海上自然

灾害、意外事故或外来原因而导致的损失负赔偿责任的一种保险。为适应不同投保人对保险的不同要求，各国保险组织或保险公司将其承保的风险按范围的不用划分成不同的险别，并以条款的形式分别予以明确。

我国现行的海洋运输货物保险条款是中国人民保险公司的"中国保险条款"（China Insurance Clause，C.I.C）中的海洋运输货物保险条款（Ocean Marine Cargo Clauses），1981 年 1 月 1 日修订。在习惯上，我国海洋运输货物保险的险种分为基本险、附加险和专门险三类，基本险可以单独投保，而附加险不能单独投保，只有在投保某一种基本险的基础上才能加保附加险。

（一）海上货物运输保险合同的险别

海上货物运输保险合同险别分为基本险和附加险两类。

1. 基本险

基本险又称主险，分为平安险、水渍险和一切险 3 种。

（1）平安险（Free from Particular Average，F.P.A.）。

平安险原意是"单独海损不赔"，即保险人只负责赔偿保险标的发生的全损，但目前平安险的责任范围远远超出了此范围。根据我国现行海运货物保险条款，平安险规定的责任范围包括以下 8 项。

① 被保险货物在运输途中由于恶劣气候、雷电、海啸、地震、洪水等自然灾害造成整批货物的全部损失或推定全损。当被保险人要求赔付推定全损时，应将受损货物及其权利委付给保险公司。被保险货物用驳船运往或运离海轮的，每一驳船所装的货物可视为一个整批。

② 由于运输工具遭受搁浅、触礁、沉没、互撞、与流水或其他物体碰撞，以及失火、爆炸等意外事故造成货物的全部或部分损失。

③ 在运输工具已经发生搁浅、触礁、沉没、焚毁等意外事故的情况下，货物在此前后又在海上遭受恶劣气候、雷电、海啸等自然灾害所造成的部分损失。

④ 在装卸或转运时由于一件或数件整件货物落海造成的全部或部分损失。

⑤ 被保险人对遭受承保责任内危险的货物采取抢救、防止或减少货损的措施而支付的合理费用，但以不超过该批被救货物的保险金额为限。

⑥ 运输工具遭遇海难后，在避难港由于卸货所引起的损失，以及在中途港、避难港由于卸货、存仓以及运送货物所产生的特别费用。

⑦ 共同海损的牺牲、分摊和救助费用。

⑧ 运输契约订有"船舶互撞责任"条款，根据该条款规定应由货方偿还船方的损失。

（2）水渍险（With Average or With Particular Average，W.A or W.P.A.）。

水渍险原意是"负责单独海损责任"，其承担责任范围如下。

① 平安险承保的全部责任。

② 被保险货物在运输途中，由于恶劣气候、雷电、海啸、地震、洪水等自然灾害所造成的部分损失。

由此可见，水渍险包括了由于海上风险所造成的全部损失和部分损失，并不是只对货物遭受海水水渍的损失负责，也不是仅对单独海损负责。

（3）一切险（All Risks）。

一切险除了承保水渍险的所有责任之外，还包括被保险货物在运输途中由于外来原因所造成的全部损失或部分损失。即一切险是水渍险和一般附加险的总和。

虽然一切险较平安险和水渍险范围广，但保险人并非对任何风险所致的损失都负责，如货物的内在缺陷和自然损耗等一些不可避免的、必然发生的危险所致的损失，保险人均不负赔偿责任。同时，一切险的承保责任属列明风险式，被保险人有证明损失是由承保风险造成的举证责任。

2．附加险

为了满足投保人的需要，保险人在基本险条款的基础上又制定了各种附加险条款。这些附加险是基本险的扩大和补充，不能单独投保，只能在投保基本险之后才能加保。为了易于区分，我国海洋运输货物保险的附加险可以分为一般附加险、特别附加险和特殊附加险三类。

（1）一般附加险（General Additional Risks）。

一般附加险又称普通附加险，承保一般外来原因所造成的全部和部分损失。我国承保的一般附加险有以下 11 种：①偷窃、提货不着险；②淡水雨淋险；③短量险；④混杂、玷污险；⑤渗漏险；⑥碰损和破碎险；⑦串味险；⑧受潮受热险；⑨钩损险；⑩包装破裂险；⑪锈损险承保金属或金属制品一类的货物在运输过程中发生的锈损。

当投保险别为平安险或水渍险时，可加保上述 11 种一般附加险中的一种或多种险别。但如已投保了一切险，就不需要再加保一般附加险，因为保险公司对于承保一般附加险的责任已包含在一切险的责任范围内。

（2）特别附加险（Special Additional Risk）。

特别附加险所承保的风险大多与国家行政管理、政策措施、航运贸易习惯等因素有关。我国承保的特别附加险有以下 6 种：①交货不到险；②进口关税险；③舱面险；④拒收险；⑤黄曲霉毒素险；⑥出口货物到我国香港（包括九龙在内）或澳门存仓火险责任扩展条款。

（3）特殊附加险（Specific Additional Risk）。

根据我国现行海运货物保险条款的规定，海运货物战争险、战争附加费用险和海运货物罢工险是海上运输货物保险的 3 个特殊附加险。

（二）海上货物运输保险合同一般货物险的除外责任

不论是平安险、水渍险或一切险，根据我国海洋货物运输保险条款的规定，保险人对下列各项损失和费用，不负赔偿责任。

（1）被保险人的故意行为或过失所造成的损失。

（2）属于发货人所引起的损失。

（3）在保险责任开始前，被保险货物已存在的品质不良或数量短差所造成的损失。

（4）被保险货物的自然损耗、本质缺陷、特性以及市价跌落、运输延迟所引起的损失或费用。

（5）海洋运输货物战争险条款和罢工险条款规定的责任范围和除外责任。

由于上述除外责任均是基于被保险人的主观过错、商品本身的潜在缺陷以及运输途中必然发生的消耗所造成的损失，因此保险人将这些风险排除在承保范围之外。

五、海上货物运输保险合同代位求偿权和委付

（一）海上货物运输保险合同代位求偿权

代位求偿权是指因第三方的责任导致货物损失时，保险公司向被保险人支付保险赔偿金后，即取得被保险人的地位，有向第三人进行索赔的权利。这一制度的设立防止了被保险人取得保险公司赔偿后，又向负有责任的第三人取得赔偿的不当得利的情形的出现。如果保险公司取得代位求偿权，向第三人追偿的所得大于赔付给被保险人的金额，则多出部分应返还给被保险人。

（二）海上货物运输保险合同的委付

委付是指在推定全损时，被保险人把残存的货物的所有权转让给保险公司，请求取得全部保险金额。一旦被保险人做出委付的决定，保险人接受，就取得残存货物的所有权，同时也取得对第三方的代位求偿权。但委付是被保险人的单方法律行为，保险人可以接受，也可以不接受。实践中，保险人一旦接受了委付，即承认了推定全损，应承担法律上的责任，故保险人一般拒绝接受委付。

第四节　航空货物运输保险合同

一、航空货物运输保险合同概述

（一）航空货物运输保险合同的概念

航空货物运输保险合同是指保险人与投保人达成的，以飞机运载的货物为保险标的，由保险人对于被保险货物在航空运输过程中因自然原因或意外事故造成的损失承担赔偿责任的协议。

（二）航空货物运输保险合同的适用范围

航空货物运输保险合同，按其适用范围分为国内航空货物运输保险合同和国际航空货物运输保险合同。国内航空货物运输保险合同适用于在国内航线上用飞机运输的货物。航空货物运输保险合同则是用于承保在国际航线上用飞机运输货物的运输保险合同。

二、航空货物运输保险合同的责任范围

航空运输货物保险是指托运人（被保险人）将托运的货物向保险公司（保险人）投保并

支付保险费用，因航空运输中发生保险责任范围内的自然灾害或意外事故造成的货物损失，由保险公司按约定赔偿的保险。它是承保以飞机装载的航空运输货物为保险标的的一种保险，中国人民保险公司于 1981 年 1 月 1 日修订的《航空运输货物保险条款》规定，我国航空运输货物保险包括"航空运输货物险"和"航空运输一切险"两种基本险及"航空运输货物战争险"附加险条款。

航空货物运输保险分为航空运输险和航空运输一切险两种。责任范围如下。

（1）火灾、爆炸、雷电、冰雹、暴风、暴雨、洪水、海啸、地陷、崖崩。

（2）因飞机遭受碰撞、倾覆、坠落、失踪（在 3 个月以上），在危难中发生卸载以及遭受恶劣气候或其他危难事故发生抛弃行为所造成的损失。

（3）因受震动、碰撞或压力而造成破碎、弯曲、凹瘪、折断、开裂的损失。

（4）因包装破裂致使货物散失的损失。

（5）凡属液体、半流体或者需要用液体保藏的保险货物，在运输途中因受震动、碰撞或压力致使所装容器（包括封口）损坏发生渗漏而造成的损失，或用液体保藏的货物因液体渗漏而致保藏货物腐烂的损失。

（6）遭受盗窃或者提货不着的损失。

（7）在装货、卸货时和港内地面运输过程中，因遭受不可抗力的意外事故及雨淋所造成的损失。

此外，对于在发生责任范围内的灾害事故时，为防止损失扩大采取施救或保护货物的措施而交付的合理费用，保险人也负赔偿责任，但最高以不超过保险金额为限。

三、航空货物运输保险的除外责任

航空货物运输保险承保的货物于保险期限内由于下列原因造成损失的，无论是在运输途中还是存放过程中的损失，保险公司不负赔偿责任。

（1）战争、军事行动、扣押、罢工、哄抢和暴动。

（2）核反应、核子辐射和放射性污染。

（3）保险货物自然损耗，本质缺陷、特性所引起的污染、变质、损坏以及货物包装不善。

（4）在保险责任开始前，被保险货物已存在的品质不良或数量短差所造成的损失。

（5）市价跌落、运输延迟所引起的损失。

（6）属于发货人责任引起的损失。

（7）被保险人或投保人的故意行为或违法犯罪行为。

（8）其他不属于保险责任范围内的损失。

四、航空货物运输保险合同责任期间

（1）航空货物运输保险负"仓至仓"责任，自被保险货物运离保险单所载明的起运地仓库或储存处所开始运输时生效，包括正常运输过程中的运输工具在内，直至该项货物运达保险单所载明目的地收货人的最后仓库或储存处所或被保险人用作分配、分派或非正常运输的其他储存处所为止。如未运抵上述仓库或储存处所，则以被保险货物在最后卸载地卸离飞机后满 30 天为止。如在上述 30 天内被保险的货物需转送到非保险单所载明的目的地时，则以该项货物开始转运时终止。

（2）由于被保险人无法控制的运输延迟、绕道、被迫卸货、重行装载、转载或承运人运用运输契约赋予的权限所做的任何航行上的变更或终止运输契约，致使被保险货物运到非保险单所载目的地时，在被保险人及时将获知的情况通知保险人，并在必要时加缴保险费的情况下，此次保险仍继续有效，保险责任按下述规定终止。

① 被保险货物如在非保险单所载目的地出售，保险责任至交货时为止。但不论任何情况，均以被保险的货物在卸载地卸离飞机后满 30 天为止。

② 被保险货物在上述 30 天期限内继续运往保险单所载原目的地或其他目的地时，保险责任仍按前述的规定终止。

航空货物运输保险保险索赔时效，从被保险货物在最后卸载地卸离飞机后起计算，最多不超过两年。

五、航空货物运输保险被保险人的义务

被保险人应按照以下规定的应尽义务办理有关事项，如因未履行规定的义务而影响保险公司利益时，保险公司对有关损失有权拒绝赔偿。

（1）当被保险货物运抵保险单所载目的地以后，被保险人应及时提货，当发现被保险货物遭受任何损失，应立即向保险单上所载明的检验、理赔代理人申请检验，如发现被保险货物整件短少或有明显残损痕迹，应立即向承运人、受托人或有关当局索取货损货差证明。如果货损货差是由于承运人、受托人或其他有关方面的责任所造成的，应以书面方式向他们提出索赔，必要时还需取得延长时效的认证。

（2）对遭受承保责任内危险的货物，应迅速采取合理的抢救措施，防止或减少货物的损失。

（3）在向保险人索赔时，必须提供下列单证：保险单正本、提单、发票、装箱单、磅码单、货损货差证明、检验报告及索赔清单，如涉及第三者责任还须提供向责任方赔偿的有关函电及其他必要单证或文件。

第六节 邮政快递运输保险合同

一、邮政快递运输保险合同概述

邮政快递运输保险合同是指保险人与作为投保人的邮政企业、快递公司达成的，以递运的货物为保险标的，由保险人对于被保险货物在通过海、路、空方式的运输过程中因自然原因或意外事故造成所造成的损失承担赔偿责任的协议。

二、邮政快递运输保险合同的责任范围

邮包运输保险（Parcel Post Insurance）主要承保通过邮局以邮包递运的货物因邮包在运输

途中遭到自然灾害、意外事故或外来原因造成的货物损失。中国人民保险公司于1981年1月1日修订并公布了一套较为完备的《邮包保险条款》，包括"邮包险"、"邮包一切险" 两种基本险及"邮包战争险"一种附加险。本节主要讨论邮包险和邮包一切险。

（一）邮包险

邮包险承包被保险邮包在运输途中由于恶劣气候、雷电、海啸、地震、洪水、自然灾害，或由于运输工具搁浅、触礁、沉没、出轨、倾覆、坠落、失踪或由于失火和爆炸等意外事故所造成的全部或部分损失，同时，还包括被保险人对遭受承保责任内风险的货物采取抢救、防止或减少货损的措施而支付的合理费用，但不能超过该批被救货物的保险金额。

（二）邮包一切险

邮包一切险除了承保邮包险的全部责任外，还负责被保险邮包在运输途中由于外来原因所致的全部或部分损失。

三、邮政快递运输保险的除外责任

当出现下列事由时，邮政快递运输保险不负赔偿责任。
（1）被保险人的故意行为或过失所造成的损失。
（2）属于发货人责任所引起的损失。
（3）在保险责任开始前，被保险邮包已存在的品质不良或数量短差所造成的损失。
（4）被保险邮包的自然损耗、本质缺陷、特性以及市价跌落、运输延迟所引起的损失或费用。
（5）邮包战争险条款和货物运输罢工险条款规定的责任范围和除外责任。

四、邮政快递运输保险合同责任期间

邮政快递运输保险的责任自被保险邮包离开保险单所载起运地点寄件人的处所运往邮局时开始生效，直至该项邮包运达本保险单所载目的地邮局，自邮局签发到货通知书当日午夜起算满15天终止。但在此期限内邮包一经递交至收件人的处所时，保险责任即行终止。

项目小结 XIANGMU XIAOJIE

保险是指投保人根据合同约定，向保险人支付保险费，保险人对于合同约定的可能发生的事故因其发生所造成的财产损失承担赔偿保险金责任，或者当被保险人死亡、伤残、疾病或者达到合同约定的年龄、期限时承担给付保险金责任的商业保险行为。保险的特征，即保险是一种经济保障制度，是一种具有经济补偿性质的法律制度，是一种双务有偿的合同关系，保险以特定的危险为对象。

物流保险合同是投保人与保险人之间约定权利义务关系的协议。物流保险合同的形式有投保单、保险单和保险凭证。物流保险合同当事人的权利和义务包括投保人和被保险人的主要义务和保险人的义务。投保人和被保险人的主要义务有：如实告知的义务、缴纳保险费的义务、保险标的危险增加的通知义务、保险事故通知义务、善意地保护保险标的的安全。保险人的义务有：支付保险金的义务和说明义务。

我国海洋运输货物保险的险别分为基本险和附加险两大类。基本险包括平安险、水渍险、一切险 3 种。附加险可分为一般附加险和特殊附加险两种。海上保险合同由一般规定，合同的订立、解除和转让，被保险人的义务，保险人的责任，保险标的的损失和委付等部分组成。

陆上运输货物保险是货物运输保险的一种，分为陆运险和陆运一切险两种。陆上货物运输保险合同的保险责任分为国内陆上货物运输保险合同的保险责任和国际陆上货物运输保险合同的保险责任。陆上货物运输保险条款包括责任范围、除外责任、责任期间、被保险人的义务、索赔期限。

航空保险分为航空运输险和航空运输一切险两种。国内航空货物运输保险的具体条款分为总则、责任范围、除外责任、责任期间、被保险人的义务、索赔期限、被保险人义务。

邮政快递运输保险分为邮包险和邮包一切险两种。邮政快递运输保险分为总则、责任范围、除外责任、责任期间。

能力测评 NANGLI CEPING

一、判断题

1. 保险合同的特征之一就在于它是射幸合同。　　　　　　　　　　　　　（　　　）
2. 2004 年中国人民保险公司为推进我国物流发展推出的保险产品称为物流责任保险。
　　　　　　　　　　　　　　　　　　　　　　　　　　　　　　　　（　　　）
3. 邮包运输保险其基本险别有邮包险和邮包一切险。　　　　　　　　　　（　　　）
4. 海上保险业务中的意外事故，仅局限于发生在海上的意外事故。　　　　（　　　）
5. 共同海损是承保风险所直接造成的船货损失。　　　　　　　　　　　　（　　　）
6. 被保险货物由于自然灾害所造成的部分损失，在任何情况下平安险都不保。（　　　）
7. 单独海损是仅由各受损者单独负担的一种损失。　　　　　　　　　　　（　　　）
8. 一般附加险和特殊附加险可以单独投保。　　　　　　　　　　　　　　（　　　）
9. 平安险指保险人员为使货物安全到达，对所有运输途中发生风险损失均予负责。
　　　　　　　　　　　　　　　　　　　　　　　　　　　　　　　　（　　　）
10. 海洋运输货物保险合同的主体不包括国内水路运输者。　　　　　　　（　　　）

二、单选题

1. （　　　）是指合同的效力在订约时不能确定的合同，即合同当事人一方履行义务有赖于偶然事件的发生。
　　　A. 最大诚信合同　　　　　　　　　B. 保障合同
　　　C. 射幸合同　　　　　　　　　　　D. 附和合同
2. 某外贸公司出口茶叶 5 公吨，在海运途中遭受暴风雨，海水涌入舱内，致使一部分茶叶发霉变质，这种损失属于（　　　）。
　　　A. 实际全损　　　B. 推定全损　　　　C. 共同海损　　　　D. 单独海损

3.（　　）是投保人与保险人之间订立的正式保险合同的书面凭证，它由保险人签发给投保人，是最基本的保险合同形式。

  A. 保险单   B. 保险凭证   C. 投保单   D. 暂保单

4. 根据我国《海洋货物运输保险条款》的规定，承保范围最小的基本险别是（　　）。

  A. 平安险   B. 水渍险   C. 一切险   D. 罢工险

5. 保险人只对于因海损事故和自然灾害造成的货物全部损失承担赔偿责任，而不负责单独海损指的是（　　）。

  A. 一切险   B. 平安险   C. 水渍险   D. 陆上货运险

6. 战争、罢工风险属于（　　）。

  A. 自然灾害   B. 意外事故   C. 一般外来风险 D. 特殊外来风险

7. 在海运过程中，全部被保险物茶叶经水浸已不能饮用，这种海上损失属于（　　）。

  A. 实际全损   B. 推定全损   C. 共同海损   D. 单独海损

8. 在路上货物运输保险合同中，保险人对下列情形的出现应承担保险责任的是（　　）。

  A. 因火灾造成的损失

  B. 属于发货人责任所引起的损失

  C. 被保险货物的自然损耗

  D. 在保险责任开始前，被保险货物已存在品质不良

9. 下列险种中（　　）属于邮政包裹中保险中的附加险。

  A. 基本险   B. 邮包战争险   C. 邮包险   D. 邮包一切险

10. 陆上货物运输保险负"仓至仓"责任，如未运抵仓库或储存处所，则以被保险货物运抵最后卸载的车站满（　　）为止。

  A. 30 天   B. 60 天   C. 90 天   D. 120 天

三、多选题

1. 以下特征属于保险合同的法律特性的是（　　）。

  A. 最大诚信合同   B. 保障合同

  C. 附有条件的双务合同   D. 附和合同

  E. 射幸合同

2.（　　）可以作为保险合同的主体。

  A. 保险人   B. 投保人   C. 被保险人

  D. 受益人   E. 律师

3. 以下原因，可以引起保险合同的自然终止的是（　　）。

  A. 保险人撤保   B. 受益人拒绝

  C. 保险期限届满   D. 保险合同履行

  E. 保险标的灭失或被保险人死亡

4. 按照保险人承担的责任，可以将海洋货物运输分为（　　）。

  A. 水上运输险 B. 平安险   C. 水渍险

  D. 陆上货运险 E. 一切险

5. 我国的保险业务，按照不同的适用范围，将水上货物运输保险合同分为（　　）。

  A. 国内水上货物运输保险合同

  B. 国内河上货物运输保险合同

　　C. 涉外水上货物运输保险合同

　　D. 国际水上货物运输保险合同

四、表述题

1. 简述保险合同的法律特征。

2. 什么叫共同海损？什么叫单独海损？二者有何区别？

3. 根据中国人民保险公司《海洋运输货物保险条款》的规定，平安险的责任范围有哪些？

五、案例分析题

1. A市的宏达棉织有限公司（以下简称宏达公司）于2015年2月投保了仓储货物保险，保险期限为1年。同年5月10日，宏达公司与该市的光明制衣有限公司（以下简称光明公司）签订了12000米涤纶棉布的买卖合同。按照合同约定，光明公司于6月10日支付货款，并于当日到宏达公司进行验货，验货后自行安排车辆运输。当光明公司的负责人将涤纶棉布验收并装车8500米时，天色已晚，为保证质量，该负责人决定第二天上午再对余下的布匹进行验收和装车，已验收并装车的布匹暂时由宏达公司代为看管，并存放于宏达公司的仓库中。不料，在6月11日凌晨2点10分，宏达公司发生火灾，仓库内存放的包括已经光明公司验收的8500米在内的共计38000米的涤纶棉布全被烧毁。

　　事故发生后，保险公司立即赶往现场进行查勘，确认了火灾事故是由于线路短路造成的，决定对损失予以赔偿，但当了解到被保险人宏达公司与光明公司的有关12000米的涤纶棉布的买卖合同时，对38000米涤纶棉布的损失该如何赔偿，公司内部产生了分歧。

　　第一种意见：库内经光明公司验收和装车的8500米涤纶棉布不应赔偿，库内29500米涤纶棉布中有3500米也不应赔偿，因为这两部分总计12000米的涤纶棉布已经售出，被保险人对其已经没有了保险利益。

　　第二种意见：库内经光明公司验收和装车的8500米涤纶棉布已经不是保险财产，因此不应赔偿，而库内另外受损的29500米涤纶棉布均为保险财产，应该进行赔偿。

　　第三种意见：所以38000米涤纶棉布都在宏达公司的仓库内，虽然有8500米的涤纶棉布已经光明公司验收和装车，但仍由被保险人宏达公司看管，因此对于涤纶棉布的损失，保险公司都应该赔偿。

　　　　　　　　　　　　（资料来源：法律教育网.http://www.chinalawedu.com/.有改动）

问题：

法院会如何判决？为什么？你同意上述哪一种意见？为什么？

2. 某县航运公司与某县保险公司签订了一份船舶保险合同。合同约定，保险公司承保航运公司"东风号"轮船的全损险；保质期限为一年，自2010年3月10日24时到2011年3月9日24日；保险金额为30万元；保险费为3000元，分两次交纳，2010年3月20日交纳2000元，2011年1月10日交纳1000元。合同签订后，航运公司于2010年8月20日按合同约定交纳了1500元保险额，但2011年1月10日没有按期交纳另一部分保险费1000元，保险公司多次催要，航运公司迟迟未交。2011年2月5日，航运公司投保的"东风号"轮船在海上触礁沉没，航运公司认为它与保险公司签有"东风号"轮船全损险保险合同。"东风号"轮船触礁属于保险责任范围内，它有权要求保险公司支付保险金，遂于2月7日派员到保险公司交纳第二部分保险费1000元并要求保险公司赔偿"东风号"轮船沉没的损失。保险公司则坚持它与航运公司虽有保险合同，但航运公司迟迟未交第二部分保险费，乙方有权解除该保险合同，并拒收保险费，拒绝赔偿。航运公司遂于 2011 年 5 月 10 日诉至某县人民法院。

问题：

（1）本案中保险合同当事人的主要权利与义务什么？

（2）被保险人航运公司不按期缴纳保险费，保险公司是否有权单方解除保险合同？为什么？

（3）本案如何处理？

项目十

▶▶▶ **物流争议的解决途径**

知识体系

项目十	物流争议的解决途径	本项目首先叙述了物流争议的概念和特点，然后就物流争议解决的几种途径进行了介绍，同时重点对物流争议解决途径中的调解、仲裁、诉讼及其他途径进行了详细的介绍
第一节	物流争议及其解决的基本途径	本节主要介绍了物流争议的概念、特点和解决的基本途径：当事人协商、调解、仲裁、诉讼、其他途径
第二节	调解	本书主要介绍了调解的概念和类型：人民调解、法院调解、行政调解、仲裁调解以及律师调解等
第三节	诉讼	本节首先介绍了诉讼的概念，然后对诉讼法的基本原则和制度、诉讼证据、法院对物流争议的受理范围及管辖进行了具体的简述
第四节	仲裁	本书介绍了仲裁的概念、基本原则，仲裁机构和仲裁协议，仲裁程序，仲裁裁决的撤销与执行
第五节	其他	本书主要介绍了解决争议的其他途径：投诉、申诉、申请裁决和行政复议等

知识目标

掌握解决物流纠纷的途径；掌握诉讼的定义，了解诉讼能处理哪些物流方面的纠纷；掌握仲裁制度与诉讼的区别。

能力目标

能正确选择在物流活动过程中所碰到的物流纠纷和争议解决的方式；为相关物流企业解决和处理物流纠纷和争议提供帮助。

素质目标

了解和掌握解决物流纠纷的途径；做到懂法、知法、守法；能按照法律的相关要求来解决物流纠纷。

关键概念

物流争议　调解　诉讼　仲裁　行政复议

导入案例

上海某保险公司与江苏省一家物流公司签订了《配送服务合同》，合同约定物流公司受保险公司的委托完成相关快递服务，同时代保险公司收取客户所交的保险费，以及相关单证带回并在约定时间转交保险公司。该合同第 11 条关于违约责任的约定中明示为："物流公司未按合同约定将代收之保费交付保险公司，挪用、占有保险费用的按其所挪用、占有金额的 2 倍进行赔偿，并且保险公司可单方面解除合同。"该配送合同第 14 条关于争议解决方式约定为："因本合同引起或与合同有关的任何争议，均提请上海仲裁委员会按照该会仲裁规则进行仲裁。仲裁裁决是终局的，对双方均有约束力。"合同合同签订后，物流公司却不按照合同约定及时将代为收取的保险费等费用共计 20 多万元转交保险公司，保险公司多次催促无果后，决定解除双方签订的《配送服务合同》，并向上海某区人民法院提起诉讼，要求物流公司返还代收的保费并支付赔偿款。

问题：

（1）上海某区人民法院是否有管辖权？

（2）保险公司单方面解除合同后，还能否根据合同中的仲裁条款提起仲裁？

（3）假设本案仲裁委员会做出仲裁后，物流公司不执行，上海某保险公司应当如何维护自己的利益？

第一节 物流争议及其解决的基本途径

一、物流争议概述

1. 物流争议的概念

现代物流系统包括七大子系统，分别为运输、储存、配送、包装、装卸搬运、流通加工和信息处理，因而物流所涉领域甚广，既包括海上、陆上及空中运输，又包括仓储、配送、装卸搬运、流通加工、包装、物流信息、物流代理、物流保险等环节。物流参与当事人之间由于在上述物流活动过程中而引起的纠纷和争议统称为物流争议。

随着现代物流的发展，传统的海运企业、港口企业、仓储企业纷纷转型，导致服务方式由过去提供单一的运输、仓储服务，转变为提供全方位的物流服务；同时运输方式也随着集装箱运输的兴起和发展，由单纯的海运越来越多地被门到门的多式联运所取代。这些经营理念及服务方式的改变，导致争议的内容和形式上也有所改变。随着物流企业的增多，物流服务项目扩展延伸，物流经营合同的多环节、宽领域等复杂性，也引发了越来越多的物流争议。

有经济活动就必然有纠纷，不同的物流活动，就会有不同内容和形式的纠纷和争议。例如，目前越来越多的生产厂商、制造商将物流外包给专门的物流公司，由其提供长期的包装、仓储、运输以及配送服务，生产厂商与物流服务商之间就需要订立综合的物流服务合同来约定服务的期限、服务的具体内容来明确双方的权利和义务，合同的内容可能涉及包装、仓储、运输（海运、空运、铁路运输、公路运输）以及客户信息的反馈等，因而合同纠纷和争议可能出现在某个环节或多个环节上。

2. 物流争议的特点

（1）物流争议具有范围广、跨地域、跨时空、跨行业的特点，按照民事诉讼实行的专门管辖、级别管辖和地域管辖，采用诉讼方式解决物流争议容易出现因同一个合同引起的纠纷由不同地方、不同级别法院管辖的现象，导致管辖权的分散及不确定性，不利于物流争议的及时解决。

（2）物流争议具有专业性、复杂性和技术性，事实判断强于法律判断，需要专业、行业专家运用物流行业习惯、惯例加以解决，严格套用证据规则和法律规范不利于物流争议的合理解决。

（3）物流争议案件涉外因素多，即使在中国法院审理判决，判决结果在外国执行时面临严格的司法审查，往往得不到外国的承认和执行。

二、物流争议解决的基本途径

在物流过程中，由于人为、客观等方面的原因，往往使物流的目的没有达到而经常发生纠纷，出现纠纷后，用什么方式去解决、到什么地方去解决，这是物流合同的当事方不能不考虑的问题。处理好争议，有利于加快物流行业的发展，稳定物流秩序，有利于我国全面的经济建设。解决纠纷的基本途径有诉讼途径与非诉讼途径之分。

如导入案例中所提到的合同，如果在合同中没有约定争议解决的方式和地点，发生纠纷后，就只能采取诉讼的方式解决，由于不同的法院对不同的案件有不同的管辖权，如空运、仓储、公路运输等在地方人民法院解决，而海事争议须到海事法院解决，铁路运输在铁路法院解决。这就需要根据纠纷所发生的环节来选择有管辖权的法院。管辖权的不确定以及同一物流合同由不同的法院来解决，给物流合同的当事人带来不不便，不利物流争议的解决。有时由于争议的多重性质或争议所发生的环节不易确定如货损不知道发生在哪一运输环节，导致管辖权不易确定，甚至不同的法院互相推诿的情况发生。

物流争议解决的基本途径概括起来大致有以下几个：当事人协商、申请调解、申请仲裁、提起诉讼、其他途径。

第二节　调　　解

一、调解概述

调解是指双方当事人以外的第三者，以国家法律、法规和政策以及社会公德为依据，对纠纷双方进行疏导、劝说，促使他们相互谅解，进行协商，自愿达成协议，解决纠纷的活动。

二、调解的类型

在我国，调解的种类很多。因调解的主题不同，调解有人民调解、法院调解、行政调解、仲裁调解以及律师调解等。人民调解是人民调解委员会主持进行的调解；法院调解是人民法院主持进行的调解；行政调解是基层人民政府或者国家行政机关主持进行的调解；仲裁调解是仲裁机构主持进行的调解。在这几种调解中，法院调解属于诉内调解，其他都属于诉外调解。

三、调解的相关法律规定

（一）人民调解

人民调解又称诉讼外调解，是指在人民调解委员会主持下进行的调解活动。目前规范人民调解工作的法律依据主要是《中华人民共和国宪法》、《民事诉讼法》、《人民调解委员会组织条例》以及《人民调解工作若干规定》等法律法规。人民调解委员会是调解民间纠纷的群众性组织。

1. 人民调解委员会的设立形式

人民调解委员会可以采用下列形式设立。

（1）农村村民委员会、城市（社区）居民委员会设立的人民调解委员会。

（2）乡镇、街道设立的人民调解委员会。

（3）企业事业单位根据需要设立的人民调解委员会。

（4）根据需要设立的区域性、行业性的人民调解委员会。

2. 人民调解委员会应当遵守的原则

人民调解委员会调解民间纠纷，应当遵守下列原则。

（1）依据法律、法规、规章和政策进行调解，法律、法规、规章和政策没有明确规定的，依据社会主义道德进行调解。

（2）在双方当事人自愿平等的基础上进行调解。

（3）尊重当事人的诉讼权利，不得因未经调解或者调解不成而阻止当事人向人民法院起诉。

3. 纠纷当事人享有的权利

在人民调解活动中，纠纷当事人享有下列权利。

（1）自主决定接受、不接受或者终止调解。

（2）要求有关调解人员回避。

（3）不受压制强迫，表达真实意愿，提出合理要求。

（4）自愿达成调解协议。

经人民调解委员会调解解决的纠纷，有民事权利义务内容的，或者当事人要求制作书面调解协议的，应当制作书面调解协议。调解协议没有强制执行力，当事人不履行调解协议或者达成协议后又反悔的，人民调解委员会应当按照不同的情形，分别采取督促当事人履行，再次调解变更原协议内容或者撤销原协议，告知当事人请求基层人民政府处理以及就调解协议的履行、变更、撤销向人民法院起诉等处理方法。根据《最高人民法院关于审理涉及人民调解协议的民事案件的若干规定》，经人民调解委员会调解达成的、有民事权利义务内容，并由双方当事人签字或者盖章的调解协议，具有民事合同性质。当事人应当按照约定履行自己的义务，不得擅自变更或者解除调解协议。

（二）法院调解

法院调解是诉讼过程中的调解，属诉讼途径。调解生效后，当事人必须自动履行。如果一方拒绝履行，另一方有权请求人民法院强制执行。法院调解包括调解活动、调解的原则、调解的程序、调解书和调解协议的效力等，是当事人用于协商解决纠纷、结束诉讼、维护自己的合法权益、审结民事案件和经济纠纷案件的制度。诉讼中的调解是人民法院和当事人进行的诉讼行为，其调解协议经法院确认，即具有法律上的效力。《民事诉讼法》规定，人民法院审理民事案件，应遵循查明事实、分清是非、自愿与合法的原则，调解不成，应及时判决。法院调解，可以由当事人的申请开始，也可以由人民法院依职权主动开始。调解案件时，当事人应当出庭；如果当事人不出庭，可以由经过特别授权的委托代理人到场协商。调解可以由审判员一人主持，也可以由合议庭主持，并尽可能就地进行。除法律规定的特殊原因外，一般应当公开调解。在法院调解中，被邀请的单位和个人，应当协助人民法院进行调解。在审判人员的主持下，双方当事人自愿、协商达成调解协议，协议内容符合法律规定的，应予批准。调解达成协议，人民法院应当制作调解书。调解书应当写明诉讼请求、案件的事实和调解结果，由审判人员、书记员署名，加盖人民法院印章，送达双方当事人签收后，即具有法律效力。

（三）行政调解

行政调解是行政机关主持的调解，调解书由双方当事人签字和调解机关盖章后，双方自觉履行。

行政调解分为以下两种。

（1）基层人民政府，即乡、镇人民政府对一般民间纠纷的调解，这是诉讼外调解。

（2）国家行政机关依照法律规定对某些特定民事纠纷或经济纠纷或劳动纠纷等进行的调解，这些都是诉讼外调解。

（四）仲裁调解

《中华人民共和国经济合同法》规定，国内企业签订经济合同双方发生争议，可向合同管理机关申请仲裁。仲裁机构首先进行调解，调解不成再行仲裁。在涉外民商事仲裁实践中，绝大多数案件均可调解解决，不仅受到中外当事人的欢迎，也受到了国际仲裁界的重视。

第三节　诉　　讼

一、诉讼概述

（一）诉讼的概念

诉讼是人类社会制止和解决社会冲突的主要手段之一。在西方人的观念中，诉讼是指法庭处理案件与纠纷的活动过程或程序。在中国人的观念中，"诉讼"一词是由"诉"与"讼"两字组成的，"诉"为叙说、告诉、告发、控告之意，"讼"为争辩是非曲直之意，两个字连用即为向法庭告诉，在法庭上辩冤、争辩是非曲直。如果就"诉讼"一词从法律角度下定义，我们可以将其简要概括为：诉讼就是国家专门机关在诉讼参与人的参与下，依据法定的权限和程序，解决具体案件的活动。我国制定了具体的诉讼法，为当事人维护自己的合法权益提供了程序上的保障。

（二）诉讼的种类

由于诉讼要解决的案件性质不同，诉讼的内容和形式也各不相同。诉讼分为民事诉讼、行政诉讼和刑事诉讼3种。

1. 民事诉讼

民事诉讼是指人民法院在双方当事人和其他诉讼参与人的参与下，审理和解决民事纠纷案件的活动，以及由于这些活动形成的各种关系的总称。诉讼参与人是指除依照法律规定的职权进行诉讼活动的国家专门机关外，依法参与诉讼活动，并享有一定诉讼权利和承担一定诉讼义务的人。诉讼参与人一般包括原告、被告、共同诉讼人、第三人、代理人、辩护人、证人、鉴定人、勘验人和翻译人员。

2. 行政诉讼

行政诉讼是指公民、法人或其他组织认为行政机关和行政工作人员的具体行政行为侵犯了其合法利益，依法向人民法院提起诉讼，由人民法院依法做出裁判的活动。

3. 刑事诉讼

刑事诉讼是指人民法院、人民检察院和公安机关（包括国家安全机关），在当事人及其他诉讼参与人的参加下，依照法定程序，为了揭露犯罪、证实犯罪、惩罚犯罪和保障无罪的人不受刑事追究所进行的活动。

二、诉讼法的基本原则和制度

（一）诉讼法的基本原则

诉讼法的基本原则是指贯穿于整个诉讼程序之中，指导司法机关和诉讼参与人进行诉讼活动的基本准则。各类诉讼活动的性质各不相同，各种类型的诉讼法各具特点，但一些共同的原则在诉讼过程中起着普遍的指导作用，成为审判活动的基本规程与共同的制度。诉讼法的基本原则有以下几项。

（1）司法机关依法独立行使职权的原则。
（2）以事实为根据，以法律为准绳的原则。
（3）对一切公民适用法律一律平等的原则。
（4）公开审判的原则。
（5）使用本民族语言文字进行诉讼的原则。
（6）人民检察机关对诉讼活动实行法律监督的原则。

（二）诉讼制度

1. 合议制度

合议制度是指3名以上审判人员组成合议庭对案件进行审理的制度，是人民法院在审理案件活动中的组织原则。

合议制是相对于独任制而言的。独任制是指由一名审判员独立地对案件进行审理并做出裁判的制度。人民法院审理案件以实行合议制度为原则，以实行独任制度为例外。

2. 回避制度

回避制度是指审判人员和书记员、鉴定人、翻译人员等在承办案件时，如果遇到法定的情形，应自行不参加该案件的审理工作，当事人也有权申请人民法院更换上述人员的原则。回避制度是为了保证案件的公正处理而设立的一种制度，也是人民法院组织诉讼活动的原则。应当回避的人员本人没有自行回避，当事人和他们的法定代理人也没有提出回避申请的，院长或审判委员会应当决定其回避。回避的法定原因一般有以下几种情形。

（1）本案的当事人或当事人的近亲属，包括夫、妻、父、母、子、女及兄弟姐妹。

（2）与本案当事人有其他关系，可能影响案件公正审理的。其他关系主要指老同学、老战友、老同事或与当事人有其他恩怨关系的。

（3）与本案有其他利害关系，指案件的处理结果会涉及审判人员自身的利益。

司法人员自己提出回避，或当事人及其法定代理人申请回避的，应当由法定的组织或个人依法进行审查，并做出回避与否的决定。院长担任审判长时的回避，由审判委员会决定；审判人员的回避，由院长决定；其他人员的回避，由审判长决定。申请人对驳回申请的决定不服的，可以在接到决定时申请复议一次。

3. 两审终审制度

两审终审制是指一个案件经过两级法院审理就告终结的制度。我国人民法院分为基层人民法院、中级人民法院、高级人民法院和最高人民法院 4 级。两审终审是指除了最高人民法院第一审判决或裁定就是终审判决和裁定外，当事人不服一审人民法院的裁判，可以在规定期限内向上级人民法院上诉。上一级人民法院对上诉案件所做的裁判为终审裁判，当事人不得再行上诉。

三、诉讼证据

（一）诉讼证据的概念和特征

证据是指证明案件事实的一切材料和事实。在现实生活中，人们往往从两种意义上使用"证据"一词：一种是当事人向人民法院提供的或者是人民法院调查收集的但尚未经质证、认证的书证、物证、视听资料等；另一种是法院判决中用来认定事实的书证、物证等。前一种未经审核，是否符合证据的条件尚不能确定，因此，准确的名称应是证据材料。后一种才是确切意义上的证据，可以作为法院判案的根据，这部分证据也称"可定案证据"。在通常情况下，使用"证据"一词不做如此区分。"可定案证据"具备以下 3 个特征：客观性、相关性、合法性。

合法性也叫证据的许可性，即作为可定案证据的事实和材料必须合法。证据的合法性包含两层含义：①取证的程序合法，一切用违法的方法收集的材料，都不能作为定案的证据；②证据的形式合法，当法律对证据形式、证明方法有特殊要求时，必须符合法律的规定。

（二）诉讼证据的种类

1. 民事诉讼法规定的证据

（1）书证。书证是指以文字、符号、图表所记载或表示的内容、含义来证明案件事实的证据。凡是对证明案件事实有意义的具有一定思想内容的书面材料都是书证。书证是诉讼中运用得最为广泛的一种证据。

（2）物证。物证是指用来证明案件事实的物品与痕迹。物证以其形状、性质特征及存在的情形等来证明案件事实。对查明案件事实有意义的一切物品和痕迹都是物证。

实践中，勘验现场拍摄的照片，对某些难以移动或易于消失的物品，痕迹复制的模型都是对物证的固定或保全。这些模型和照片本身不是物证，但能够正确反映客观存在的事物，同样可以起到物证的作用。

（3）视听资料。视听资料是指录有声音或图像，具有再现功能的录音带、录像带、传真资料、微型胶卷、电子计算机软盘等利用科学手段制成的资料。视听资料作为证据的特点是，它能够直观地、动态地、全方位地再现案件事实，可以避免人证、书证在表述和记载案件事实时的不准确性，具有其他证据不可替代的优点，是一种新型的独立的证据形式。但同时又容易被变造或伪造，因此，在诉讼中应注意辨别视听资料的真伪。

（4）证人证言。证人是案件当事人以外直接或间接了解案件情况，依法可以出庭作证的人。证人关于他所了解的案件情况向司法机关所做的陈述就是证人证言。证人证言一般由证人出庭做口头陈述，但若有不能出庭的正当理由，可以提供书面证言。司法人员也可以要求证人书写证言。书面证言应由证人签名和盖章。

在我国，凡是知道案件情况的人都有作证的义务，一经法院传唤，就应当庭作证。知道案件情况、能够辨别是非、能够正确表述，是取得证明人资格的绝对条件。对案的同一事实，如果有几个人同时知道，他们都可以作为证人，而不能互相代替。证人是由其知道案件事实决定的。只有知道案件事实的人才能作为证人，但知道案件事实的当事人如果与案件有直接利害关系，就不能作为证人。证人是与案件没有直接利害关系而知道某一案或某些案件情况的第三人。证人永远是特定的人，他既不能由司法机关自由选择和指定，也不能由别人代替或更换。

（5）当事人陈述。当事人陈述是当事人在诉讼中向人民法院所做的关于案件事实情况的叙述。由于当事人本身是争议法律关系的主体，是直接参与者、行动者，他们对争议法律关系的内容及有关法律事实的真实情况十分清楚，如能如实陈述，对于人民法院查明案件事实极有帮助。但当事人与案件审理结果有直接的利害关系，为胜诉欲望所驱使，当事人的陈述往往夹带片面不实的成分，有意无意地强调、夸大对自己有利的事实，淡化、缩小对自己不利的事实，甚至可能向法庭做虚假的陈述，歪曲或隐瞒事实的真相。当事人陈述所具有的这两个互相冲突的特点，既使它具有一定的证据价值，又使它的证据价值受到限制。

（6）鉴定结论。鉴定结论是指鉴定人运用自己的专门知识，根据所提供的案件材料，对案件的专门性问题进行鉴别、分析后做出的结论。

待证事实是否属于专门性问题，是否有必要鉴定，应交哪一个鉴定部门鉴定，应由人民法院做出决定。鉴定部门及其指定的鉴定人有权了解鉴定所需要的材料，在必要时有权询问当事人、证人。在完成鉴定工作后，应当提出书面鉴定结论，并在鉴定书上签名、盖章。在法庭对鉴定结论进行审查时，鉴定人应按法庭通知陈述鉴定的有关情况，并如实回答当事人、法官对鉴定结论提出的询问。

（7）勘验笔录。勘验笔录是指法官为查明案件事实，对物证和现场进行勘查核对勘验情况和勘验结果制作的笔录。

2. 行政诉讼法规定的证据

行政诉讼法规定的证据种类与民事诉讼法的规定大致相同，只是增加了现场笔录，并与勘验笔录并列为第 7 种证据。

现场笔录是指行政机关对行政违法行为当场给予处罚或处理而制作的文字记载材料。现场笔录由行政执法人员制作，简要记载违法人姓名、单位、住址、违法事实和所做的处理。笔录制成后应由违法人签字，如有证人的，证人也应在笔录上签字并写明工作单位和住址。

四、法院对物流争议的受理范围及管辖

现实生活中的民事纠纷和行政争议种类繁多，范围广泛，情况复杂，不可能也无必要都由法院通过诉讼程序来解决。我国的行政机关、仲裁机构和有关的社会团体也都承担解决一定范围内民事纠纷和行政争议的任务。然而，哪些民事纠纷和行政争议由人民法院处理，哪些由其他国家机关和社会团体处理，就是诉讼中的受案范围所要解决的问题。

诉讼中所讲的受案范围，也称人民法院的主管范围，是指人民法院依照法律规定受理一定范围内的民事案件、行政案件的权限，也就是人民法院与其他国家机关、社会团体之间在解决民事纠纷和行政争议上的分工。受案范围所要解决的问题，从实质上讲，是审判权问题。凡是属于人民法院主管的民事纠纷和行政争议，只要当事人的起诉符合条件，人民法院就应当受理；否则，即使当事人起诉，人民法院也无权受理。

（一）民事诉讼的受案范围和管辖

1. 民事诉讼的受案范围

民事诉讼的受案范围是指人民法院在一定范围内对民事案件行使审判权。其范围主要包括以下几类。

（1）民法调整的财产关系和人身关系发生纠纷的案件，如财产所有权、用益物权、担保物权、债权、著作权、专利权、商标权、人格权、身份权等纠纷所发生的案件。

（2）婚姻法调整的婚姻家庭关系发生纠纷的案件。

（3）商法调整的商事关系发生纠纷的案件。

（4）经济法调整的部分经济关系发生纠纷的案件。

（5）劳动法调整的部分劳动关系发生纠纷的劳动争议案件。

（6）法律规定由法院适用民事诉讼法解决的其他案件。主要包括选举法和民事诉讼法规定的选民资格案件及民事诉讼法规定的宣告失踪案件、宣告死亡案件、认定公民无民事行为能力或限制民事行为能力案件、认定财产无主案件和企业破产案件等。

2. 民事诉讼的管辖

民事诉讼的管辖是指法院系统内部，确定各级法院之间以及同级人民法院之间，受理第一审民事案件的分工和权限。法院依法对某一民事案件进行审判的权限称为管辖权。为了便于当事人进行诉讼，便利法院行使审判权，以最大限度地实现公正审判，并权衡各级法院的职能和工作负担，以及在涉外案件中维护国家主权，我国《民事诉讼法》规定，管辖分为级别管辖、地域管辖、移送管辖和指定管辖。

（1）级别管辖。

级别管辖是指划分上下级法院之间受理第一审民事案件的分工和权限的管辖。级别管辖是在法院系统内部对各级法院的分工和权限进行的纵向的划分，它解决的是哪些一审案件应当由哪一级法院管辖的问题。

我国《民事诉讼法》对各级法院管辖的第一审民事案件做了原则性规定：基层人民法院管辖第一审民事案件，但法律另有规定的除外；中级人民法院管辖重大涉外第一审民事案件、在本辖区有重大影响的第一审民事案件，以及最高人民法院确定由中级人民法院管辖的第一审民事案件；高级人民法院管辖在本辖区有重大影响的第一审民事案件；最高法院管辖在全国有重大影响的和认为应当由自己审理的第一审民事案件。

（2）地域管辖。

地域管辖是指以地区来划分同级人民法院受理第一审民事案件的职权范围。地域管辖是横向的分工，它主要解决的是案件由同级法院中的哪一个具体法院管辖的问题。地域管辖是按照法院辖区与当事人的隶属关系、诉讼标的或法律事实的隶属关系来确定的。其中，以法院辖区与当事人的隶属关系为标准确定的管辖，适用于一般性的诉讼，称为一般地域管辖；以法院辖区与诉讼标的或法律事实的隶属关系为标准确定的管辖，适用于某些具有一定特殊性的诉讼，称为特殊地域管辖。

① 一般地域管辖。一般地域管辖贯彻"原告就被告"的原则，即民事诉讼一般由被告住所地人民法院管辖，被告住所地与经常居住地不一致的，由经常居住地人民法院管辖。但对特殊情况，法律又规定由原告住所地或经常居住地法院管辖。

② 特殊地域管辖。特殊地域管辖是以诉讼标的所在地、法律事实所在地为标准所确定的管辖。在诉讼实践中，某些具有特殊性质的案件不宜通过一般地域管辖确定受诉法院。法律规定的特殊地域管辖包括以下几种情形。

第一，因合同纠纷提起的诉讼，由被告住所地或合同履行地法院管辖。

第二，因保险合同纠纷提起的诉讼，由被告住所地或保险标的物所在地法院管辖。

第三，因票据纠纷提起的诉讼，由票据支付地或被告住所地法院管辖。

第四，因铁路、公路、水上、航空运输和联合运输合同纠纷提起的诉讼，由运输始发地、目的地或被告住所地法院管辖。

第五，因侵权行为提起的诉讼，由侵权行为地或被告住所地法院管辖。

第六，因铁路、公路、水上和航空事故请求损害赔偿提起的诉讼，由事故发生地或车辆、船舶最先到达地，航空器最先降落地或被告住所地法院管辖。

第七，因船舶碰撞或者其他海事损害事故请求损害赔偿提起的诉讼，由碰撞发生地、碰撞船舶最先到达地，加害船舶被扣留地或被告住所地法院管辖。

第八，因海难救助费用提起的诉讼，由救助地或被救助船舶最先到达地法院管辖。

第九，因共同海损提起的诉讼，由船舶最先到达地、共同海损理算地或航程终止地法院管辖。

③ 专属管辖。专属管辖是法律强制规定某类案件专属于特定法院管辖，其他法院无权、当事人也不得协议变更的管辖。与其他法定管辖相比较，专属管辖具有极强的排他性，完全排除了当事人协议变更及适用一般地域管辖和特殊地域管辖的余地。下列案件为专属管辖。

第一，因不动产纠纷提起的诉讼，由不动产所在地法院管辖。

第二，因港口作业发生纠纷提起的诉讼，由港口所在地法院管辖，港口作业纠纷中的海事、海商案件由海事法院管辖。

第三，因继承遗产纠纷提起的诉讼，由被继承人死亡时住所地或主要遗产所在地法院管辖。

（3）移送管辖和指定管辖。

在司法实践中，管辖问题纷繁复杂。民事诉讼法在规定法定管辖的同时，规定人民法院可以基于一定的事实和理由，以裁定的方式确定案件的管辖，从而更好地协同各个法院之间的分工和权限。

① 移送管辖。移送管辖是指法院受理民事案件后，发现自己对案件并无管辖权，依法将案件移送到有管辖权的法院受理。移送管辖是为法院受理案件发现错误时提供一种纠错办法，它只是案件的移送，而不涉及管辖权的转移。

移送管辖通常发生在同级法院之间，用来纠正地域管辖权的错误，但有时也发生在上下级法院之间。适用移送管辖须具备以下 3 个条件。

第一，法院已受理了案件。

第二，移送的法院对案件没有管辖权。

第三，受移送的法院对案件有管辖权。

② 指定管辖。指定管辖是指上级法院以裁定方式指定其下级法院对某一案件行使管辖权。指定管辖适用于以下 3 种情形。

第一，受移送的法院认为自己对受移送的案件无管辖权，应报请上级法院指定管辖。

第二，有管辖权的法院由于特殊原因不能行使管辖权的，由上级法院指定管辖。特殊原因包括全体法官均需回避和有管辖权的人民法院所在地发生了严重的自然灾害。

第三，法院之间因管辖权发生争议而又协商不成的，应逐级报请他们的共同上级法院指定管辖。

③ 管辖权转移。管辖权转移是指由上级法院决定或同意，将案件的管辖权由上级法院转移给下级法院，或由下级法院转移给上级法院。管辖权转移通常在直接的上下级法院之间进行，这是对级别管辖的变通和调整。管辖权转移有以下两种情形。

一是向上转移，即管辖权从下级法院转至上级法院。上级法院对下级法院管辖的第一审案件，认为由自己审理为宜，而将案件调上来自己审理，这是由上级决定而发生的管辖权转移；下级法院对其管辖的第一审案件，认为由自己审理不方便或有困难而需由上级法院审理的，报请上级法院审理，这必须经过上级法院的同意，管辖权才能发生转移。

二是向下转移，即本应由上级法院自己管辖的案件，认为交由其下级法院审理更为适宜，将案件交其下级法院作为该案的第一审法院进行审理，从而使案件的管辖权上级法院转移至下级法院。管辖权下移一方面会给规避级别管辖留下可乘之机，另一面会弱化程序保障、损害诉讼当事人的利益，我国刑事诉讼法已取消了管辖权下移的规定。

（4）管辖权异议。

管辖权异议是指当事人认为受诉法院对案件无管辖权时，向受诉法院提出的不服管辖的意见或主张。

管辖权异议的条件：第一，必须是本案当事人提出管辖权异议；第二，必须是对第一审民事案件提出管辖权异议；第三，必须是提交答辩状期间提出管辖权异议。

（二）行政诉讼的受案范围和管辖

行政诉讼是解决行政争议的重要法律制度。行政诉讼的受案范围和管辖是行政诉讼法中重要的两个方面。

1. 受案范围

行政诉讼的受案范围，又称法院的主管范围，是指法院受理并审理行政争议的范围。这一范围，从法院与行政机关的关系而言，是法院对行政机关的哪些行政行为拥有司法审查权；从公民、法人或者其他组织的角度而言，是对行政机关的哪些行政行为不服时可以向法院起诉。

我国《行政诉讼法》规定：公民、法人或者其他组织对下列具体行政行为不服提起的诉讼，人民法院应当受理。

（1）对拘留、罚款、吊销许可证和执照、责令停产停业、没收财物等行政处罚不服的。

（2）对限制人身自由或者对财产的查封、扣押、冻结等行政强制措施不服的。

（3）认为行政机关侵犯法律规定的经营自主权的，此处的"法律"包括法律、法规和行政规章。

（4）认为符合法定条件申请行政机关颁发许可证和执照，行政机关拒绝颁发或者不予答复的。

（5）申请行政机关履行保护人身权、财产权法定职责，行政机关拒绝履行或者不予答复的。

（6）认为行政机关没有依法发给或没有依法足额地发给抚恤金的。

（7）行政机关违法要求履行义务的。

（8）行政机关侵犯其他人身权、财产权的。

（9）法律规定可以提起诉讼的其他行政案件。

2. 管辖

行政诉讼管辖包括级别管辖和地域管辖两种。

（1）级别管辖。

级别管辖是指上下级人民法院受理第一审行政案件的分工和权限。级别管辖是从纵向上解决哪些第一审行政案件应由哪一级法院受理和审理的问题。

① 基层人民法院管辖除上一级人民法院管辖的第一审行政案件以外的其他第一审行政案件。

② 中级人民法院管辖三类案件：确认发明专利权的案件和海关处理的案件；对国务院各部门或者省、自治区、直辖市人民政府所做出的具体行政行为提起诉讼的案件；本辖区内重大、复杂的案件。

③ 高级人民法院管辖全国范围内重大、复杂的第一审行政案件。

④ 最高人民法院管辖全国范围内重大、复杂的第一审行政案件。

（2）地域管辖

地域管辖是指同级人民法院之间受理第一审行政案件的分工和权限。主要根据人民法院的辖区与当事人所在地或者与诉讼标的来确定地域管辖分为一般地域管辖和特殊地域管辖。

①一般地域管辖。又称普通地域管辖，是指按照最初做出具体行政行为的行政机关所在地确定的管辖。凡是未经复议而直接向人民法院起诉的；或经过复议、复议机关维持原决定，当事人不服向法院起诉的，均由最初做出具体行政行为的行政机关所在地法院管辖。

②特殊地域管辖。特殊地域管辖有以下几种情况：因不动产提起的行政诉讼，由不动产所在地人民法院管辖；经过复议，复议机关改变原具体行政行为的，由最初做出具体行政行为的行政机关所在地或者由复议机关所在地的人民法院管辖；对限制人身自由的行政强制措施不服提起的行政诉讼，由被告所在地或原告所在地法院管辖，原告可以选择两个或两个以上有管辖权的法院中的一个起诉。

五、法院裁决的执行

（1）发生法律效力的民事判决、裁定，以及刑事判决、裁定中的财产部分由第一审人民法院执行。

发生法律效力的民事判决、裁定，当事人必须履行。一方拒绝履行的，对方当事人可以向人民法院申请执行，也可以由审判员移送执行员执行。

申请执行的期限，双方或者一方当事人是公民的为一年，双方是法人或者是其他组织的为 6 个月。从法律文书规定履行期间的最后一日起计算；法律文书规定分期履行的，从规定的每次履行期间的最后一日起计算。

当事人拒绝履行发生法律效力的判决、裁定、调解书、支付令的，人民法院应向当事人发出执行通知。在执行通知指定的期间被执行人仍不履行的，应当强制执行。

（2）被告、无独立请求权的第三人经传票传唤，无正当理由拒不到庭，或者未经法庭许可中途退庭的，人民法院可以做出缺席判决。

原告经传票传唤，无正当理由拒不到庭的，或者未经法庭许可中途退庭的，可以按撤诉处理；被告反诉的，可以缺席判决。

第四节　仲　裁

一、仲裁概述

仲裁是指双方当事人对某一事件或问题发生争议时，提请第三者对争议的事实从中调停，并由第三者做出对双方当事人都具有约束力的裁决。这种解决争议的方式就称为仲裁，公民、法人和其他组织之间因经济合同发生纠纷或其他财产权益发生纠纷，可向仲裁委员会申请裁决。

实行仲裁制度，有利于当事人的团结及巩固发展双方的经济协作关系。因为由仲裁委员会解决争议，比通过法院审判解决争议更容易为双方当事人所接受，感情不易发生裂痕。另外，用仲裁方式解决经济争议，手续比较方便，程序比较简单，方法比较灵活，能够更及时解决经济纠纷。但是，不是所有的经济纠纷都可以申请仲裁。

下列纠纷不能申请仲裁。

（1）婚姻、收养、监护、扶养、继承纠纷。

（2）依法应当由行政机关处理的行政争议。

（3）劳动争议和农业集体经济组织内部的农业承包合同纠纷的仲裁，另行规定。

二、仲裁的基本原则

平等主体的公民、法人和其他组织之间发生的合同纠纷和其他财产权益纠纷，当事人应及时协商解决。协商不成时，任何一方均可向国家规定的仲裁机关申请仲裁，也可以直接向人民法院起诉。当事人采用仲裁方式解决纠纷应当遵循以下原则。

（一）自愿原则

仲裁实行自愿原则。当事人采用仲裁方式解决纠纷，应当双方自愿达成仲裁协议。没有仲裁协议，一方申请仲裁的，仲裁委员会不予受理。当事人达成仲裁协议，一方向人民法院起诉的，人民法院不予受理，但仲裁协议无效的除外。

（二）以事实为依据，以法律为准绳

仲裁机关对受理的经济纠纷案件，应当在搞清事实的基础上，公平合理地解决纠纷，以使裁决具有法律效力，从而经济活动也才能顺利地、有秩序地进行。

（三）仲裁独立原则

仲裁机关的仲裁依法独立进行，不受行政机关、社会团体和个人的干涉。当事人各方在适用法律上一律平等，而不能以权代法，徇私枉法。

（四）一裁终局

仲裁实行一裁终局的制度。裁决做出后，当事人就同一纠纷再申请仲裁或者向人民法院起诉的，仲裁委员会或者人民法院不予受理。裁决被人民法院依法裁定撤销或者不予执行的，当事人就该纠纷可以根据双方重新达成的仲裁协议申请仲裁，也可以向人民法院起诉。

仲裁委员会应当由当事人协议选定。仲裁不实行级别管辖和地域管辖。

三、仲裁机关和仲裁协议

（一）仲裁机关

目前我国对经济合同纠纷和其他财产权益纠纷的仲裁机关有仲裁委员会和仲裁协会。

1. 仲裁委员会

设立仲裁委员会，应当经省、自治区、直辖市的司法行政部门登记。仲裁委员会不按行政区划层层设立，由设立仲裁委员会的市人民政府组织有关部门和商会统一组建。

仲裁委员会应当具备下列条件。

（1）有自己的名称、住所和章程。

（2）有必要的财产。

（3）有该委员会的组成人员。

（4）有聘任的仲裁员。

仲裁委员会的章程应当依照仲裁法制定。

仲裁委员会由主任1人、副主任2～4人和委员7～11人组成。仲裁委员会的主任、副主任和委员由法律、经济贸易专家和有实际工作经验的人员担任。仲裁委员会的组成人员中，法律、经济贸易专家不得少于2/3。仲裁委员会应当从公道正派的人员中聘任仲裁员。仲裁员应当符合下列条件之一。

（1）从事仲裁工作满 8 年的。

（2）从事律师工作满 8 年的。

（3）曾任审判员满 8 年的。

（4）从事法律研究、教学工作并具有高级职称的。

（5）具有法律知识、从事经济贸易等专业工作并具有高级职称或者具有同等专业水平。

仲裁委员会独立于行政机关，与行政机关没有隶属关系。仲裁委员会之间也没有隶属关系。

2. 仲裁协会

中国仲裁协会是社会团体法人。仲裁委员会是中国仲裁协会的会员。中国仲裁协会的章程由全国会员大会制定。中国仲裁协会是仲裁委员会的自律性组织，根据章程对仲裁委员会及其组成人员、仲裁员的违纪行为进行监督。

中国仲裁协会依照我国的仲裁法和民事诉讼法的有关规定制定仲裁规则。

（二）仲裁协议

仲裁协议是指合同中订立的仲裁条款和以其他书面方式在纠纷发生前或者纠纷发生后达成的请求仲裁的协议。

1. 仲裁协议的内容

仲裁协议应当具有下列内容。

（1）请求仲裁的意思表示。

（2）仲裁事项。

（3）选定的仲裁委员会。

2. 仲裁协议的无效

有下列情形之一的，仲裁协议无效：约定的仲裁事项超出法律规定的仲裁范围的；无民事行为能力人或者限制民事行为能力人订立的仲裁协议；一方采取胁迫手段，迫使对方订立仲裁协议的。

仲裁协议对仲裁事项或者仲裁委员会没有约定或者约定不明确的，当事人可以补充协议；达不成补充协议的，仲裁协议无效。

仲裁协议独立存在，合同的变更、解除、终止或者无效，不影响仲裁协议的效力。仲裁庭有权确认合同的效力。

当事人对仲裁协议的效力有异议的，可以请求仲裁委员会做出决定或者请求人民法院做出裁定。一方请求仲裁委员会做出裁定，另一方请求人民法院做出裁定的，由人民法院裁定。当事人对仲裁协议的效力有异议，应当在仲裁庭首次开庭前提出。

四、仲裁程序

（一）申请和受理

当事人申请仲裁应当符合下列条件：仲裁协议；有具体的仲裁请求和事实理由；属于仲

裁委员会的受理范围。

当事人申请仲裁，应当向仲裁委员会递交仲裁协议、仲裁申请书及副本。仲裁申请书应当载明下列事项。

（1）当事人的姓名、性别、年龄、职业、工作单位和住所，法人或者其他组织的名称、住所和法定代表人或者主要负责人的姓名、职务。

（2）仲裁请求和所根据的事实、理由。

（3）证据和证据来源、证人姓名和住所。

申请书的内容必须明确、真实，否则会给仲裁机关的仲裁带来困难。如果当事人说了假话，提供伪证，则要负法律责任。

当事人、法定代理人可以委托律师和其他代理人进行仲裁活动。委托律师和其他代理人进行仲裁活动的，应当向仲裁委员会提交授权委托书。

仲裁委员会收到仲裁申请书之日起 5 日内，认为符合受理条件的，应当受理并通知当事人；认为不符合受理条件的，应当书面通知当事人不予受理，并说明理由。

仲裁委员会受理仲裁申请后，应当在仲裁规则规定的期限内将仲裁规则和仲裁员名册送达申请人，并将仲裁申请书副本和仲裁规则、仲裁员名册送达被申请人。被申请人收到仲裁申请书副本后，应当在仲裁规则规定的期限内将答辩书副本送达申请人。被申请人未提交答辩书的，不影响仲裁程序进行。

当事人达成仲裁协议，一方向人民法院起诉未声明有仲裁协议，人民法院受理后，另一方在首次开庭前提交仲裁协议的，人民法院应当驳回起诉，但仲裁协议无效的除外；另一方在首次开庭前未对人民法院受理该案提出异议的，视为放弃仲裁协议，人民法院应当继续审理。

申请人可以放弃或者变更仲裁请求。被申请人可以承认或者反驳仲裁请求，有权提出反请求。

在仲裁机关处理案件的过程中，一方当事人因另一方当事人的行为或者其他原因，可能使裁决不能执行或者难以执行的，可以申请财产保全，以避免造成更严重的财产损失，或者为了防止一方当事人转移、变卖财产，影响裁决的执行。当事人申请财产保全的，仲裁委员会应当将当事人的申请依照民事诉讼法的有关规定提交人民法院。

保全措施限于申请仲裁的范围或者与本案有关的财物。保全措施可以采取中止合同的履行，如果只是部分合同内容有争议，就只中止这一部分的履行，没有争议的部分应继续履行；查封和扣押货物，变卖不易保存的货物并保存价款；责令被申请人提供担保；法律允许的其他方法。申请有错误的，申请人应当赔偿被申请人因财产保全所遭受的损失。

（二）仲裁庭的组成

仲裁庭可以由 3 名仲裁员或者 1 名仲裁员组成。由 3 名仲裁员组成的，设首席仲裁员。当事人约定由 3 名仲裁员组成仲裁庭的，应当各自选定或者各自委托仲裁委员会主任指定 1 名仲裁员，第三名仲裁员由当事人共同选定或者共同委托仲裁委员会主任指定。第三名仲裁员是首席仲裁员。当事人约定由 1 名仲裁员成立仲裁庭的，应当由当事人共同选定或者共同委托仲裁委员会主任指定仲裁员。

当事人没有在仲裁规则规定的期限内约定仲裁庭的组成方式或者选定仲裁员的，由仲裁委员会主任指定。

仲裁庭组成后，仲裁委员会应当将仲裁庭的组成情况书面通知当事人。

仲裁员有下列情形之一的，必须回避，当事人也有权提出回避申请。

（1）本案当事人或者当事人、代理人的近亲属。

（2）与本案有利害关系。

（3）与本案当事人、代理人有其他关系，可能影响公正仲裁的。

（4）私自会见当事人、代理人，或者接受当事人、代理人请客送礼的。

当事人提出回避申请应当说明理由，在首次开庭前提出。回避事由在首次开庭后知道的，可以在最后一次开庭终结前提出。仲裁员是否回避，由仲裁委员会主任决定；仲裁委员会主任担任仲裁员时，由仲裁委员会集体决定。

仲裁员因回避或者其他原因不能履行职责，应当依照仲裁法的规定重新选定或者指定仲裁员。因回避而重新选定或者指定仲裁员后，当事人可以请求已进行的仲裁程序重新进行，是否准许，由仲裁庭决定；仲裁庭也可以自行决定已进行的仲裁程序是否重新进行。

仲裁员有仲裁法规定的违法行为的，如私自会见当事人、代理人或者接受当事人、代理人请客送礼的；有索贿受贿、徇私舞弊、枉法裁决行为的，应当依法承担法律责任，仲裁委员会应当将其除名。

（三）开庭、和解、调解和裁决

1. 开庭

仲裁应当开庭进行，当事人协议不开庭的，仲裁庭可以根据仲裁申请书、答辩书以及其他材料做出裁决，仲裁不公开进行。当事人协议公开的，可以公开进行，但涉及国家秘密的除外。

仲裁委员会应当在仲裁规则规定的期限内将开庭日期通知双方当事人。当事人有正当理由的，可以在仲裁规则规定的期限内请求延期开庭。是否延期，由仲裁庭决定。

申请人经书面通知，无正当理由不到庭或者未经仲裁庭许可中途退庭的，可以视为撤回仲裁申请。被申请人经书面通知，无正当理由不到庭或者未经仲裁庭许可中途退庭的，可以缺席裁决。

当事人应当对自己的主张提供证据。仲裁庭认为有必要收集的证据，可以自行收集。

仲裁庭对专门性问题认为需要鉴定的，可以交由双方当事人约定的鉴定部门鉴定，也可以由仲裁庭指定的鉴定部门鉴定。根据当事人的请求或者仲裁庭的要求，鉴定部门应当派鉴定人参加开庭，当事人经仲裁庭许可，可以向鉴定人提问。

证据应当在开庭时出示，当事人可以质证。在证据可能灭失或者以后难以取得的情况下，当事人可以申请证据保全。当事人申请证据保全的，仲裁委员会应当将当事人的申请提交证据所在地的基层人民法院。

当事人在仲裁过程中有权进行辩论。辩论终结时，首席仲裁员或者独任仲裁员应当征询当事人的最后意见。

仲裁庭应当将开庭情况记入笔录。当事人和其他仲裁参与人认为对自己陈述的记录有遗漏或者有差错的，有权申请补正。如果不予补正，应当记录该申请。笔录由仲裁员、记录人员、当事人和其他仲裁参与人签名或者盖章。

2. 和解与调解

当事人申请仲裁后，可以自行和解；达成和解协议的，可以请求仲裁庭根据和解协议做出裁决书，也可以撤回仲裁申请。当事人达成和解协议，撤回仲裁申请后反悔的，可以根据仲裁协议申请仲裁。

仲裁庭在做出裁决前，可以先行调解。当事人自愿调解的，仲裁庭应当调解，调解不成的，应当及时做出裁决。

调解达成协议的，仲裁庭应当制作调解书，或者根据协议的结果制作裁决书。调解书与裁决书具有同等法律效力。

调解书应当写明仲裁请求和当事人协议的结果。调解书由仲裁员签名，加盖仲裁委员会印章，送达双方当事人。调解书经双方当事人签收后，即发生法律效力。在调解书签收后当事人反悔的，仲裁庭应当及时做出裁决。

3. 裁决

裁决应当按照多数仲裁员的意见做出，少数仲裁员的不同意见可以记入笔录。仲裁庭不能形成多数意见时，裁决应当按照首席仲裁员的意见做出。

裁决书应当写明仲裁请求、争议事实、裁决理由、裁决结果、仲裁费用的负担和裁决日期。当事人协议不愿写明争议事实和裁决理由的，可以不写。裁决书由仲裁员签名，加盖仲裁委员会印章。对裁决持不同意见的仲裁员，可以签名也可以不签名。

仲裁庭仲裁纠纷时，其中一部分事实已经清楚，可以就该部分先行裁决。

对裁决书中的文字、计算错误或者仲裁庭已经裁决但在裁决书中遗漏的事项，仲裁庭应当补正；当事人自收到裁决书之日起 30 日内，可以请求仲裁庭补正。

裁决书自做出之日发生法律效力。

五、仲裁裁决的撤销与执行

（一）仲裁裁决的撤销

当事人提出证据证明裁决有下列情形之一的，可以向仲裁委员会所在地的中级人民法院申请撤销裁决。

（1）没有仲裁协议的。

（2）裁决的事项不属于仲裁协议的范围或者仲裁委员会无权仲裁的。

（3）仲裁庭的组成或者仲裁程序违反法定程序的。

（4）裁决所根据的证据是伪造的。

（5）对方当事人隐瞒了足以影响公正裁决的证据的。

（6）仲裁员在仲裁该案时有索贿受贿、徇私舞弊、枉法裁决行为的。

人民法院经组成合议庭审查核实裁决有上述情形之一的，应当裁定撤销。

人民法院认定该裁决违背社会公共利益的，应当裁定撤销。

当事人申请撤销裁决的，应当自收到裁决书之日起 6 个月内提出。人民法院应当在受理撤销裁决申请之日起 2 个月内做出撤销裁决或者驳回申请的裁定。

人民法院受理撤销裁决的申请后，认为可以由仲裁庭重新仲裁的，通知仲裁庭在一定期限内重新仲裁，并裁定中止撤销程序。仲裁庭拒绝重新仲裁的，人民法院应当裁定恢复撤销程序。

（二）仲裁裁决的执行

当事人应当履行裁决。一方当事人不履行的，另一方当事人可以依照民事诉讼法的有关规定向人民法院申请执行，受申请的人民法院应当执行。

被申请人提出证据证明裁决有下列情形之一的，经人民法院组成合议庭审查核实，裁定不予执行。

（1）当事人在合同中没有订有仲裁条款或者事后没有达成书面仲裁协议的。

（2）裁决的事项不属于仲裁协议的范围或者仲裁机关无权仲裁的。

（3）仲裁庭的组成或者仲裁程序违反法定程序的。

（4）认定事实的主要证据不足的。

（5）适用法律确有错误的。

（6）仲裁员在仲裁该案时有贪污受贿、徇私舞弊、枉法裁决行为的。

一方当事人申请裁决，另一方当事人申请撤销裁决的，人民法院应当裁定中止执行。

人民法院裁定撤销裁决的，应当裁定终结执行。撤销裁决的申请被裁定驳回的，人民法院应当裁定恢复执行。

法律对仲裁时效有规定的，适用该规定。法律对仲裁时效没有规定的，适用诉讼时效的规定。

第五节　其　　他

社会不能依靠法律解决所有纠纷，借助国家行政机关和其他社会团体的力量，建立一套纠纷化解机制，不但是必要的，也是可行的。除了通过调解、诉讼和仲裁以外，采取其他解决争议的途径主要是指受害人、其他有关人员，请求国家有关行政机关或其他有关单位处理、解决纠纷。主要有投诉、申诉、申请裁决、行政复议等。

一、投诉

投诉是指公民就民事、经济、行政等方面的违法、违纪问题，向主管机关、有关群众性组织或其他有关单位反映并要求处理和解决的行为。投诉的内容较多：有因产品存在假冒伪劣等质量问题，向产品质量监督管理部门、工商行政管理部门、消费者协会等部门和组织投诉，反映问题，要求处理，甚至要求赔偿的产品质量问题投诉；有因商业经营者不讲商业信誉，坑蒙消费者，向行业主管部门、工商行政管理部门、消费者协会投诉的商业信用问题投诉；有因服务质量方面存在问题，向行业主管部门、有关群众性组织或该工作人员所在单位投诉的服务质量问题投诉；有因国家行政机关及其工作人员在行政管理中违反依法办事、清正廉洁、文明礼貌、便民高效原则，而造成公民损失，向其上级主管部门、行政监察机关、党的纪律检查部门和国家工作人员所在的机关单位投诉，甚至要求赔偿的行政管理问题投诉等。

投诉可以用书面形式，也可以用口头形式。书面形式没有格式上的限制，只需要说明情况、提出要求即可。口头形式既可向有关部门当面陈述，也可以电话投诉。

二、申诉

申诉是一个范围很广的概念。当事人对已经发生法律效力的判决、裁定不服，可以向人民法院或人民检察院提出申诉。民事诉讼法已把申诉改称为申请再审，所以，可以称之为诉讼上的申诉。非诉讼上的申诉内容很多，包括对行政处罚及党纪、政纪处分不服，而向有关机关、组织、单位提出复查和裁决要求的申诉。因国家机关或国家机关工作人员的违法失职行为而受错误处罚、处分的公民，依法向有关国家机关反映情况，要求解决的申诉，是公民保护自己合法权益的重要方式与途径。

申诉具有两个特征：一是公民进行申诉的原因是由于国家机关或国家机关工作人员的违法、失职而受到错误的处罚和处分，错误处罚和处分的原因是违法与失职；二是申诉的内容是要求纠正错误的处罚、处分决定，目的是保护自己的合法权益。

申诉是法律赋予公民的一项权利，任何机关和个人都不得进行压制或打击报复。公民对国家机关进行申诉的，应向该国家机关的上级机关或同级国家监察机关提出；对国家工作人员进行申诉的，应该向国家工作人员所在的机关或同级国家监察机关提出。申诉原则上应书写并递交申诉书，但也可以用口头形式。

三、申请裁决

这里所指的裁决不是前面所讲的向仲裁委员会申请的有关合同及财产权益纠纷的裁决，而是指向行政机关申请的行政裁决。所谓的行政裁决，是指行政主体依照法律授权，对平等主体之间发生的、与行政管理活动密切相关的、特定的民事纠纷（争议）进行审查并做出裁决的具体的行政行为。

行政裁决具有以下几个特征。

（1）行政裁决的主体是法律授权的特定的行政机关，如土地管理部门对农村土地承包纠纷的裁决；公安交警部门对交通肇事的侵权纠纷的裁决；公安派出所对一般的民事纠纷的裁决等。

（2）行政裁决的对象是特定的民事纠纷。并不是所有的民事纠纷都进行行政裁决，而只能裁决那些法律规定的与行政管理事项有关的民事纠纷。

（3）行政裁决是行政主体行使行政裁判权的活动，具有法律权威性。

（4）行政裁决是一种特殊的具体行政行为。所谓特殊，一是因为行政裁判权是法律授予的，行政机关只能依法律的授予而实施，而非依宪法或组织法规定的职权主动实施；二是因为行政机关是居间裁决的公断人而非以管理者的身份出现；三是对行政裁决不服可依法申请行政复议或提起行政诉讼。

四、行政复议

行政复议是指公民、法人或者其他组织认为行政机关的具体行政行为侵犯其合法权益，按照法定的条件和程序向行政复议机关提出申请，由复议机关对引起争议的具体行政行为进行审查并裁决的制度。公民、法人或者其他组织对行政机关的具体行政行为不服时，依照法律规定，有的可以直接向人民法院提起行政诉讼；有的必须先进行行政复议，对复议决定不服才能提起行政诉讼；有的则只能申请行政复议，不能提起行政诉讼。申请行政复议是当事人保护自己合法权益的一种重要手段。

复议机关对具体行政行为进行审查，不仅要审查具体行政行为的合法性，还要审查它的合理性。这是行政复议特有的优越性。

项目小结 XIANGMU XIAOJIE

本项目首先叙述了物流争议的概念和特点，然后就物流争议解决的几种途径进行了介绍，同时重点对物流争议解决途径中的调解、仲裁、诉讼及其他途径进行了详细的介绍。

其中，物流活动参与当事人之间在物流活动过程中引起的纠纷和争议统称为物流争议。调解是指双方当事人以外的第三者，以国家法律、法规和政策以及社会公德为依据，对纠纷双方进行疏导、劝说，促使他们相互谅解，进行协商，自愿达成协议，解决纠纷的活动。诉讼是国家专门机关在诉讼参与人的参加下，依据法定的权限和程序，解决具体案件的活动。仲裁是指双方当事人对某一事件或问题发生争议时，提请第三者对争议的事实从中调停，并由第三者做出对双方当事人都具有约束力的裁决。

能力测评 NANGLI CEPING

一、判断题

1. 物流争议具有范围广、跨地域、跨时空、跨行业的特点。 （　　）

2. 调解是指双方当事人以外的第三者，以国家法律、法规和政策以及社会公德为依据，对纠纷双方进行疏导、劝说，促使他们相互谅解，进行协商，自愿达成协议，解决纠纷的活动。 （　　）

3. 法院调解属于诉外调解，其他都属于诉内调解。 （　　）

4. 诉讼分为民事诉讼、行政诉讼和刑事诉讼3种。 （　　）

5. 行政复议是指公民、法人或者其他组织认为行政机关的具体行政行为侵犯其合法权益，按照法定的条件和程序向行政复议机关提出申请，由复议机关对引起争议的具体行政行为进行审查并裁决的制度。 （　　）

6. "可定案证据"具备客观性、相关性、合法性3个特征。 （　　）

7. 地域管辖是指以地区来划分同级人民法院受理第一审民事案件的职权范围。（　　）

8. 仲裁协议，是指合同中订立的仲裁条款和以其他书面方式在纠纷发生前或者纠纷发生后达成的请求仲裁的协议。 （　　）

9. 有下列情形之一的，仲裁协议无效：约定的仲裁事项超出法律规定的仲裁范围的；无民事行为能力人或者限制民事行为能力人订立的仲裁协议；一方采取胁迫手段，迫使对方订立仲裁协议的。 （　　）

10. 仲裁庭在做出裁决前，可以先行调解。但调解书与裁决书不同，没有同等的法律效力。 （　　）

二、单选题

1. 如果在合同中没有约定争议解决的方式和地点，发生纠纷后，就只能采取（　　）方式解决。

  A. 诉讼   B. 调解   C. 仲裁   D. 其他

2. 基层人民政府或者国家行政机关主持下进行的调解属于（　　）。

  A. 人民调解 B. 法院调解 C. 行政调解 D. 仲裁调解

3. 管辖全国范围内重大、复杂的第一审行政案件是（　　）的职权。

  A. 基层人民法院 B. 中级人民法院 C. 高级人民法院 D. 最高人民法院

4. 发生法律效力的发事判决、裁定，以及刑事判决、裁定中的财产部分由第一审人民法院执行。其中，申请执行的期限，双方或者一方当事人是公民的为一年，双方是法人或者是其他组织的为（　　）。

  A. 2个月   B. 4个月   C. 6个月   D. 8个月

5. 合议制度是指（　　）名以上审判人员组成合议庭对案件进行审理的制度，是人民法院在审理案件活动中的组织原则。

  A. 2   B. 3   C. 4   D. 5

6. 仲裁委员会的组成人员中，法律、经济贸易专家不得少于（　　）。

  A. 1/2   B. 1/3   C. 2/3   D. 1/4

7. 仲裁委员会收到仲裁申请书之日起（　　）日内，认为符合受理条件的，应当受理并通知当事人；认为不符合受理条件的，应当书面通知当事人不予受理，并说明理由。

  A. 5   B. 10   C. 15   D. 20

8. 仲裁庭仲裁纠纷时，其中一部分事实已经清楚，可以就该部分先行裁决。对裁决书中的文字、计算错误或者仲裁庭已经裁决但在裁决书中遗漏的事项，仲裁庭应当补正；当事人自收到裁决书之日起（　　）日内，可以请求仲裁庭补正。

  A. 10   B. 20   C. 30   D. 40

9. 在以下调解中，属于诉内调解的是（　　）。

  A. 人民调解 B. 法院调解 C. 行政调解 D. 仲裁调解

10. 我国人民法院分为基层人民法院、中级人民法院、高级人民法院和最高人民法院4级。其中海事法院属于（　　）。

  A. 基层人民法院 B. 中级人民法院 C. 高级人民法院 D. 最高人民法院

三、多选题

1. 民事诉讼法规定的证据包括（　　）。

  A. 书证   B. 物证   C. 视听资料 D. 证人证言

  E. 当事人陈述 F. 鉴定结论

2. 当事人采用仲裁方式解决纠纷应当遵循的原则是（　　）。

  A. 自愿原则 B. 诚信原则 C. 以事实为依据，以法律为准绳

  D. 协商原则 E. 仲裁独立原则 F. 一裁终局

3. 仲裁员应当符合的条件之一是（　　）。

  A. 从事仲裁工作满8年的

  B. 从事律师工作满8年的

C. 在政府部门工作并具有高级职称的

D. 从事法律研究、教学工作并具有高级职称的

E. 具有法律知识、从事经济贸易等专业工作并具有高级职称或者具有同等专业水平的

F. 曾任审判员满 8 年的

4. 当事人提出证据证明裁决（　　　），可以向仲裁委员会所在地的中级人民法院申请撤销裁决。

A. 没有仲裁协议的

B. 裁决的事项不属于仲裁协议的范围或者仲裁委员会无权仲裁的

C. 仲裁庭的组成或者仲裁程序违反法定程序的

D. 裁决所根据的证据是伪造的

E. 对方当事人隐瞒了足以影响公正裁决的证据的

F. 仲裁员在仲裁该案时有索贿受贿、徇私舞弊、枉法裁决行为的

5. 行政裁决的特征是（　　　）。

A. 行政裁决具有法定性

B. 行政裁决的主体是法律授权的特定的行政机关

C. 行政裁决的表现形式是双方达成的协议

D. 行政裁决的对象是特定的民事纠纷

E. 行政裁决是行政主体行使行政裁判权的活动，具有法律权威性

F. 行政裁决是一种特殊的具体行政行为

四、表述题

1. 民事诉讼中关于一般地域管辖的原则规定和例外规定的范围是什么？

2. 非诉讼途径的种类有哪些？

3. 仲裁具有哪些原则？

五、案例分析题

1. 2012 年 9 月，运通物流公司（住所地为北京市大兴区）与美克公司（住所地为天津市津南区）建立运输关系，由运通公司承接美克公司交付的货运业务。2013 年 5 月 18 日，运通公司与美克公司核对账目后，双方达成支付协议，约定美克公司在 2013 年 5 月 25 日付款 5000 元，2013 年 6 月 25 日付款 10000 元，2013 年 7 月 25 日付款 20000 元，2013 年 8 月 25 日付款 30000 元，2013 年 9 月 25 日付款 50000 元，每月支付金额为最低支付额度，以财务收据为准。在该协议签订后，美克公司付清了 2013 年 7 月 25 日之前到期的 3 笔运费，但对 2013 年 8 月 25 日到期的 30000 元和 2013 年 9 月 25 日到期的 50000 元，美克公司一直没有支付，运通公司向人民法院提起诉讼，请求人民法院判令被告美克公司支付所欠运费及迟延支付的利息。美克公司在收到起诉状副本后，未提出答辩状，也未参加此案的审理。

问题：

（1）上海某区人民法院是否有管辖权？

（2）被告美克公司既未做出答辩，亦未参加庭审，法院应如何处理？

（3）如果美克公司上诉，人民法院对上诉案件的审理方式有哪些？

2. 主要办事机构在 A 县的五环物流公司与主要办事机构在 B 县的四海商贸公司于 C 县签订货物运输合同，约定：货物交付地在 D 县；若合同的履行发生争议，由原告所在地或者合同签订地的基层法院管辖。现五环物流公司起诉要求四海商贸公司支付运费。四海商贸公司辩称已将运费交给五环物流公司业务员付某。五环物流公司承认付某是本公司业务员，但认为其无权代理本公司收取运费，且付某也没有将四海商贸公司声称的运费交给本公司。四海商贸公司向法庭出示了盖有五环物流公司印章的授权委托书，证明付某有权代五环物流公司收取运费，但五环物流公司对该授权书的真实性不予认可。根据案情，法院依当事人的申请通知付某参加（参与）了诉讼。

问题：

（1）对本案享有管辖权的法院包括（　　　）。

　　A. A 县法院　　　　　　　　　　　B. B 县法院

　　C. C 县法院　　　　　　　　　　　D. D 县法院

（2）本案需要由四海商贸公司承担证明责任的事实包括（　　　）。

　　A. 四海商贸公司已经将运费交付给了五环物流公司的业务员付某

　　B. 付某是五环物流公司的业务员

　　C. 五环物流公司授权付某代理收取运费

　　D. 付某将收取的运费交到五环物流公司

（3）根据案情和法律规定，付某参加（参与）诉讼，在诉讼中所居地位是（　　　）。

　　A. 共同原告　　　　　　　　　　　B. 共同被告

　　C. 无独立请求权第三人　　　　　　D. 证人

附 录

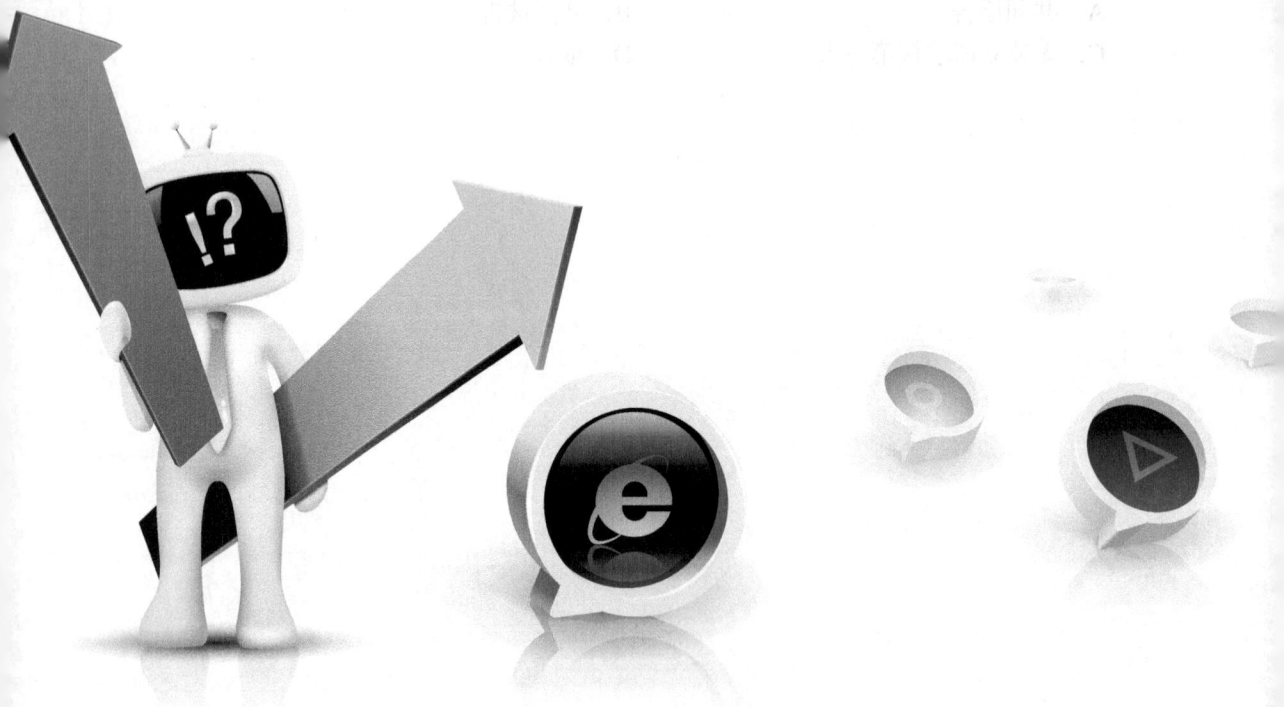

附录1　国家标准《物流术语》

标准编码：GB/T 18354—2006

归口单位：全国物流标准化技术委员会

起草单位：中国物流与采购联合会 中国物流技术协会、中国物品编码中心等

（2007年5月1日正式实施）

1　范围

本标准确定了物流活动中的物流基础术语、物流作业服务术语、物流技术与设施设备术语、物流信息术语、物流管理术语、国际物流术语及其定义。

本标准适用于物流及相关领域的信息处理和信息交换，亦适用于相关的法规、文件。

2　引用标准

下列标准所包含的条文，通过在本标准中引用而构成为本标准的条文。本标准出版时，所示版本均为有效。所有标准都会被修订，使用本标准的各方应探讨使用下列标准最新版本的可能性。

GB 8226—1987　　　公路运输术语

GB 12904—2003　　 商品条码

GB/T 1992—1985　　集装箱名词术语（neq ISO 830：1981）

GB/T 4122.1—1996　包装术语　基础

GB/T 12905—2000　 条码术语

GB/T 13562—1992　 联运术语

GB/T 14915—1994　 电子数据交换术语

GB/T 15624.1—2003　服务标准化工作指南　第一部分　总则

GB/T 16828—1997　 位置码

GB/T 16986—2003　 EAN、UCC系统应用标识符

GB/T 17271—1998　 集装箱运输术语

GB/T 18041—2000　 民用航空货物运输术语

GB/T 18127—2000　 物流单元的编制与符号标记

GB/T 18391—2000　 信息技术　数据元的规范与标准化

GB/T 18768—2002　 数码仓库应用系统规范

GB/T 18769—2003　 大宗商品电子交易规范

GB/T 19251—2003　 贸易项目的编码与符号表示导则

3　物流基础术语

3.1　物品 goods

经济活动中实体流动的物质资料，包括原材料、半成品、产成品、回收品以及废弃物等。

3.2　物流 logistics

物品从供应地向接收地的实体流动过程。根据实际需要，将运输、储存、装卸、搬运、包装、流通加工、

配送、回收、信息处理等基本功能实施有机结合。

3.3　物流活动　logistics activity

物流过程中的运输、储存、装卸、搬运、包装、流通加工、配送、回收等功能的具体运作。

3.4　物流管理　logistics management

为了以合适的物流成本达到用户满意的服务水平，对正向及反向的物流活动过程及相关信息进行的计划、组织、协调与控制。

3.5　供应链　supply chain

生产及流通过程中，为了将产品或服务交付给最终用户，由上游与下游企业共同建立的需求链状网。

3.6　供应链管理　supply chain management

对供应链涉及的全部活动进行计划、组织、协调与控制。

3.7　服务　service

满足顾客的需要，供方和顾客之间接触的活动以及供方内部活动所产生的结果。包括供方为顾客提供人员劳务活动完成的结果；供方为顾客提供通过人员对实物付出劳务活动完成的结果；供方为顾客提供实物实用活动完成的结果。

3.8　物流服务　logistics service

为满足客户需求所实施的一系列物流活动产生的结果。

3.9　一体化物流服务　integrated logistics service

根据客户需求对整体的物流项目进行规划、设计并组织实施的过程及产生的结果。

3.10　物流系统　logistics system

由两个或两个以上的物流功能单元构成的，以完成物流服务为目的的有机集合体。

3.11　第三方物流　the third party logistics

接受客户委托为其提供专项或全面的物流系统设计以及系统运营的物流服务模式。

3.12　物流设施　logistics establishment

提供物流相关功能和组织物流服务的场所。包括物流园区、物流中心、配送中心，各类运输枢纽、场站港、仓库等。

3.13　物流中心　logistics center

从事物流活动且具有完善信息网络的场所或组织（要面向快递业、运输业的称分拨中心）。应基本符合下列要求：

（1）主要面向社会提供公共物流服务；

（2）物流功能健全；

（3）集聚辐射范围大；

（4）存储、吞吐能力强，能为转运和多式联运提供物流支持；

（5）对下游配送中心客户提供物流服务。

3.14　配送中心　distribution center

从事配送业务且具有完善信息网络的场所或组织，应基本符合下列要求：

（1）主要为特定的用户服务；

（2）配送功能健全；

（3）辐射范围小；

（4）多品种、小批量、多批次、短周期；

（5）主要为末端客户提供配送服务。

3.15　物流园区　logistics park

为了实现物流设施集约化和物流运作共同化，或者出于城市物流设施空间布局合理化的目的而在城市周边等各区域，集中建设的物流设施群与众多物流业者在地域上的物理集结地。它多是由政府主导并给予政策支持的。

3.16　物流基地　logistics base

广义物流网络上的功能性基础地区，具备完成物流网络系统业务运作要求的规模性综合或专业特征物流功能。包括港口码头、机场、区域物流中心、铁路货站及交通（一级）枢纽。

3.17　物流企业　logistics enterprise

至少从事运输（含运输代理、货运快递）或仓储一种经营业务，并能够按照客户物流需求对运输、储存、装卸、包装、流通加工、配送等基本组织和管理，具有与自身业务相适应的信息管理系统，实行独立核算、独立承担民事责任的经济组织，非法人物流经济组织可比照适用。

3.18　物流作业　logistics operation

为完成特定物流活动所进行的具体操作。

3.19　物流模数　logistics modulus

物流设施与设备的尺寸基准。

3.20　物流技术　logistics technology

物流活动中所采用的自然科学与社会科学方面的理论、方法，以及设施、设备、装置与工艺的总称。

3.21　物流成本　logistics cost

物流活动中所消耗的物化劳动和活劳动的货币表现。

3.22　物流网络　logistics network

物流过程中相互联系的组织与设施的集合。

3.23　物流信息　logistics information

物流活动中各个环节生成的信息，一般随着从生产到消费的物流活动的产生而产生，与物流过程中的运输、储存、装卸、包装等各种职能有机结合在一起，是整个物流活动顺利进行所不可缺少的。

3.24　物流单证　logistics documents

物流过程中使用的单据、票据、凭证等的总称。

3.25　物流联盟　logistics alliance

两个或两个以上的经济组织为实现特定的物流目标而采取的策略安排。

3.26　物流作业流程　logistics operation process

为达到一定的物流目的而依次进行的一系列物流作业。

3.27　企业物流　internal logistics

货主企业在生产经营活动中所发生的物流活动。

3.28　供应物流　supply logistics

为下游客户提供原材料、零部件或其他物品时所发生的物流活动。

3.29　生产物流　production logistics

企业生产过程发生的涉及原材料、在制品、半成品、产成品等所进行的物流活动。

3.30　销售物流　distribution logistics

企业在出售商品过程中所发生的物流活动。

3.31　社会物流　external logistics

企业外部的物流活动的总称。

3.32　军事物流　military logistics

用于满足平时、战时军事行动物资需求的物流活动。

3.33　项目物流　project logistics

为特定项目的实施而提供物流活动的总称。

3.34　国际物流　International logistics

跨越不同国家或地区之间的物流活动。

3.35　虚拟物流　virtual logistics

为实现企业间物流资源共享和优化配置，以减少实体物流方式，所进行的基于信息技术及网络技术所进行的物流运作与管理。

3.36　精益物流　lean logistics

在物流系统优化的基础上，剔除物流过程中的无效和不增值作业，用尽量少的投入满足客户需求，实现客户的最大价值，并获得高效率、高效益的物流。

3.37　反向物流　reverse logistics

物品从供应链下游向上游的运动所引发的物流活动。也称逆向物流。

3.38　回收物流　return logistics

退货、返修物品和周转使用的包装容器等从需方返回供方或专门处理企业所引发的物流活动。

3.39　废弃物流　waste material logistics

将经济活动或人民生活中失去原有使用价值的物品，根据实际需要进行收集、分类、加工、包装、搬运、储存等，并分送到专门处理场所的物流活动。

3.40　货物运输量　freight volume

一定时期内实际完成运送过程的货物数量。

3.41　货物周转量　turnover volume of freight transport

一定时期内所运货物吨数与其运输距离的乘积，以吨公里或吨海里表示。

3.42　军事物资　military material

用于满足军事需求的物资器材及武器装备等。

3.43　军事供应链　military supply chain

围绕军队物资供应部门，从军事物资生产开始，经由筹措、运输、储备、包装、维修保养、配送等军事物资供应环节，将军事物资制造商、军事物资供应商、第三方物流企业、军队各级物资供应部门，直到部队最终用户连成一个整体的网链结构。

3.44　军事供应链管理　military supply chain management

军队物资供应部门利用现代信息技术全面规划军事物资供应过程中的商流、物流、信息流、资金流等，并对其进行计划、组织、协调与控制，是对军事供应链条上各要素，全过程的集成化管理模式。

3.45　军地物流一体化　integration of military logistics and civil logistics

通过对相对独立的军队物流系统与地方物流系统进行有效的整合和优化，实现军地物流兼容部分的高度统一、相互融合、协调发展。

3.46　战备物资储备　military repertory of combat readiness

为保障部队作战需要而预先进行的物资储存。

3.47　全资产可见性　total asset visibility

能够实时掌控军事供应链上人员、物资、装备的位置、数量和状况等信息的能力。

3.48　配送式保障　distribution-mode support

在军事物资全资产可见性的基础上，根据精确预测的部队用户需求，尽可能跳过军事供应链的某些环节，采取从军事物资供应起点直达部队用户的供应方法，通过灵活调配物流资源，在需要的时间和需要的地点将军事物资主动配送给作战部队的一种军事物资供给方式。

3.49　应急物流

针对可能出现的突发事件已做好预案，并在事件发生时能够迅速付诸实施的物流活动。

4　物流作业服务术语

4.1　托运　consignment

发货人与承运方签订货物运输合同，同时实现货物的经营活动。

4.2　承运　carriage

承运方接受发货人的委托，提供货物运输服务、并承担双方所签订的货物运输合同中指明的责任。

4.3　承运人　carrier

本人或者委托他人以本人名义与托运人订立货物运输合同的人。

4.4　运输　transportation

用运输设备将物品从一地点向另一地点运送。其中包括集货、分配、搬运、中转、装入、卸下、分散等一系列操作。

4.5　管道运输　pipeline transport

由大型钢管、泵站和加压设备等组成的运输系统完成物料输送工作的一种运输方式。

4.6　门到门服务　door to door service

承运人在托运人指定的地点接货，运抵收货人指定的地点的一种运输服务方式。

4.7　直达运输　through transportation

物品由发运地到接收地，中途不需要中转的运输。

4.8　中转运输　transfer transportation

物品由发运地到接收地的一次运送业务活动里，中途经过至少一次落地并换装的运输。

4.9　甩挂运输　drop and pull transport

用牵引车拖带挂车至目的地，将挂车甩下后，牵引另一挂车继续作业的运输。

4.10　整车运输　transportation of truck-load

根据规定批量按整车货物办理承托手续、组织运送和计费的货物运输。

4.11　零担运输　sporadic freight transportation

根据规定批量按零担货物办理承托手续、组织运送和计费的货物运输。

4.12　联合运输　combined transport

一次委托，由使用两种或者两种以上运输方式，或不同的运输企业将一批货物运送到目的地的运输。

4.13　联合费率　joint rate

运送货物时，经由两家或两家以上的运送企业分段运送的单位成本。

4.14　联合成本　joint cost

决定提供某种特定的运输服务而产生的不可避免的分段成本费用的总和。

4.15　仓储　warehousing

利用仓库及相关设施设备进行物品的入库、存贮、出库的作业。

4.16　储存　storing

保护、管理、贮藏物品。

4.17　库存　inventory

储存作为今后按预定的目的使用而处于闲置或非生产状态的物品。广义的库存还包括处于制造加工状态和运输状态的物品。

4.18　库存成本　inventory cost

为取得和维持一定规模的存货所发生的各种费用的总和，由物品购入成本、订货成本、库存持有成本（含存货资金占用成本、保险费用、仓储费用等）等构成。

4.19　保管　storage

对物品进行储存，并对其进行物理性管理的活动。

4.20　仓单　storage invoice

保管人（仓库）在与存货人签订仓储保管合同的基础上，对存货人所交付的仓储物品进行验收之后出具的物权凭证。

4.21　仓单质押融资　warehouse receipt hypothecating/depot bill pledge

业务申请人以物流企业（中介方）开出的仓单作为质押物向银行申请贷款的信贷业务，是物流企业参与下的权利质押业务。

4.22 库存商品融资 inventory financing

需要融资的企业即借方，将其拥有的动产作为担保，向资金提供企业（即贷方）出质，同时，将质物转交给具有合法保管动产资格的物流企业（中介方）进行保管，以获得贷方贷款的业务活动，是物流企业参与下的动产质押业务。

4.23 仓储费用 warehousing fee

货主委托仓库进行保管时，仓库收取货主的服务费用，包括保管和装卸等各项费用；或企业内部仓储活动所发生的保管费、装卸费以及管理费等各项费用。

4.24 订单满足率 fulfillment rate

用来衡量缺货程度及其影响的指标，用实际发货数量与订单需求数量的比率表示。

4.25 货垛 goods stack

为了便于保管和装卸、运输，按一定要求分门别类堆放在一起的一批物品。

4.26 堆码 stacking

将物品整齐、规则地摆放成货垛的作业。

4.27 配送 distribution

在经济合理区域范围内，根据客户要求，对物品进行拣选、加工、包装、分割、组配等作业，并按时送达指定地点的物流活动。

4.28 拣选 order picking

按订单或出库单的要求，从储存场所拣出物品，并码放在指定场所的作业。

4.29 分类 sorting

按照货物的种类、流向、客户类别对货物进行分组，并集中码放到指定场所或容器内的作业。

4.30 集货 goods consolidation

将分散的或小批量的物品集中起来，以便进行运输、配送的作业。

4.31 共同配送 joint distribution

由多个企业联合组织实施的配送活动。

4.32 装卸 loading and unloading

物品在指定地点以人力或机械装入运输设备或卸下。

4.33 搬运 handling carrying

在同一场所内，对物品进行水平移动为主的物流作业。

4.34 包装 package/packaging

为在流通过程中保护产品、方便储运、促进销售，按一定技术方法而采用的容器、材料及辅助物等的总体名称。也指为了达到上述目的而采用容器、材料和辅助物的过程中施加一定技术方法等的操作活动。

4.35 销售包装 sales package

又称内包装，是直接接触商品并随商品进入零售网点和消费者或用户直接见面的包装。

4.36 运输包装 transport package

以满足运输贮存要求为主要目的的包装。它具有保障产品的运输安全，方便装卸、加速交接、点验等作用。

4.37 流通加工 distribution processing

物品在从生产地到使用地的过程中，根据需要施加包装、分割、计量、分拣、刷标志、挂标签、组装等简单作业的总称。

4.38 检验 inspection

根据合同或标准，对标的物的品质、数量、包装等进行检查、验收的总称。

4.39　增值物流服务　value-added logistics service

在完成物流基本功能基础上，根据客户需求提供的各种延伸业务活动。

4.40　定制物流　customized logistics

根据用户的特定要求而为其专门设计的物流服务模式。

4.41　快递/速递/特快专递　Courier/Express/Express-delivery

承运人将文件或货物从发件人所在地通过承运人自身或代理的网络送达收件人手中的一种快速的运输服务方式。

4.42　服务质量报告　Service Quality Report（SQR）

快递公司所采用的对于快递服务质量进行考核的指标体系，主要包括时效、操作规范性等。

4.43　物流客户服务　logistics customer service

工商企业为支持其核心产品销售而向客户提供的物流服务。

4.44　物流运营服务　logistics operation service

物流企业为满足客户需求所提供的各种物流服务。

4.45　物流服务质量　logistics service quality

用精度、时间、费用、顾客满意度等来表示的物流服务的品质。

4.46　物品储备　goods reserves

为应对突发公共事件和国家宏观调控的需要，对物品进行的储存。可分为当年储备、长期储备、战略储备。

4.47　缺货率　stock-out rate

用缺货次数与客户订货次数的比率表示。

4.48　货损率　cargo damages rate

交货时损失的商品量与物流商品总量的比率。

4.49　商品完好率　rate of the goods in good condition

交货时完好的商品量与物流商品总量的比率。

4.50　基本运价　freight unit price

按照规定的车辆、道路、营运方式、货物、箱型等运输条件，所确定的旅客、货物和集装箱运输的计价基准，是运价的计价尺度。

4.51　理货　tally

在货物储存、装卸过程中，对货物的分票、计数、清理残损、签证和交接的作业。

4.52　组配　assembly

充分利用运输工具的载重量和容积并考虑运输路线合理性，采用科学的装载方法进行货物装载。

4.53　订货周期　order cycle time

从客户发出订货直到在可接受的条件下接收产品以及产品进入客户仓库的整个时间。

4.54　库存周期　inventory cycle time

在一定范围内，库存物品从入库到出库的平均时间。

5　物流技术与设施设备术语

5.1　集装化　containerization

用集装器具或采用捆扎方法，把物品组成标准规格的单元货件，以加快装卸、搬运、储存、运输等物流活动。

5.2　散装化　in bulk

用专门机械、器具进行运输、装卸的散状物品在某个物流系统范围内，不用任何包装，长期固定采用吸扬、抓斗等机械、器具进行这类物品装卸、运输、储存的作业方式。

5.3   标准箱 twenty-feet equivalent unit（TEU）

以 20 英尺集装箱作为换算单位。

5.4   集装运输 containerized transport

使用集装器具或利用捆扎方法，把裸装物品、散状物品、体积较小的成件物品，组合成为一定规格的集装单元进行的运输。

5.5   托盘运输 pallet transport

将货物以一定数量组合码放在托盘上，连盘带货一起装入运输工具运送物品的运输方式。

5.6   货物编码 goods coding

按货物分类规则以简明的文字、符号或数字表示物品的名称、类别及其他属性并进行有序排列的一种方法。

5.7   四号定位 four number location

用库房号、货架号、货架层次号和货格号表明货物储存的位置，以便查找和作业的物品定位方法。

5.8   零库存技术 zero-inventory technology

在生产与流通领域按照准时制（JIT）组织物资供应，使整个过程库存最小化的技术总称。

5.9   单元装卸 unit loading & unloading

用托盘、容器或包装物将小件或散装物品集成一定质量或体积的组合件，以便利用机械进行作业的装卸方式。

5.10   气力输送 pneumatic conveying system

以具有正压或负压的空气为载体，实现粉粒状物料在管道内流动的输送方法。

5.11   生产线输送系统 production line system

根据生产工艺的功能要求，用于完成物品在各工位之间的位移，由各类输送设备、附属装置等组成的系统。

5.12   分拣输送系统 sorting & picking system

借助机械设施与计算机管理控制系统实现存取物料的系统。

5.13   自动补货 automatic replenishment

基于现代信息技术，快捷、准确地获取客户销售点的需求信息，预测未来商品需求，并据此持续补充库存。

5.14   自动存储取货系统 automated storage & retrieval system（AS/RS）

借助机械设施与计算机管理控制系统实现存入和取出物料的系统。

5.15   托盘包装 palletizing

以托盘为承载物，将物品堆码在托盘上，通过捆扎、裹包、胶粘等方法加以固定，形成一个搬运单元，以便用机械设备搬运的包装技术。

5.16   直接换装 cross docking

物品在物流环节中，不经过中间仓库或站点，直接从一个运输工具换载到另一个运输工具的物流衔接方式。也称越库配送。

5.17   冷链 cold chain

为保持新鲜食品及冷冻食品等的品质，使其在从生产到消费的过程中，始终处于低温状态的配有专门设备设施的物流网络。

5.18   自营仓库 private warehouse

由企业或各类组织自营自管，为自身的货物提供储存服务的仓库。

5.19   公共仓库 public warehouse

面向社会提供货物储存服务，并收取费用的仓库。

5.20   自动仓库 automated warehouse

由高层货架、巷道堆垛起重机（有轨堆垛机）、入出库输送机系统、自动化控制系统、计算机仓库管理系统及其周边设备组成，可对集装单元货物实现自动化存取和控制的仓库。

5.21 立体仓库 stereoscopic warehouse

采用高层货架立体存放货物的仓库。其存、取作业要借助机械设备来完成。

5.22 交割仓库 transaction warehouse

经电子交易中心核准、委托，负责检验、保管交易商进行交易的大宗商品并提供相应担保，为电子交易提供相关物流服务的第三方业务部门。

5.23 交通枢纽 traffic hub

在一种或多种运输方式的干线交叉与衔接处，共同为办理旅客与物品中转、发送、到达所建设的多种运输设施的综合体。

5.24 集装箱货运站 container freight station（CFS）

拼箱货物拆箱、装箱、办理交接的场所。

5.25 集装箱码头 container terminal

专供停靠集装箱船、装卸集装箱用的码头。

5.26 控湿储存区 humidity controlled space

仓库内配有湿度调制设备，使内部湿度可调的库房区域。

5.27 冷藏区 chill space

仓库内温度保持在 0℃ ~ 10℃范围的区域。

5.28 冷冻区 freeze space

仓库内温度保持在 0℃以下的区域。

5.29 收货区 receiving space

到库物品入库前核对检查及进库准备的区域。

5.30 理货区 tallying space

在物品储存、装卸过程中，对物品进行分票、计数、清理残损、签证和交接的区域。

5.31 区域配送中心 regional distribution center（RDC）

以较强的辐射能力和库存准备，向省（州）际、全国乃至国际范围的用户实施配送服务的配送中心。

5.32 公路集装箱中转站 inland container depot

具有集装箱中转运输与门到门运输和集装箱货物的拆箱、装箱、仓储和接取、送达、装卸、堆存的场所。

5.33 铁路集装箱场 railway container yard

进行集装箱承运、交付、装卸、堆存、装拆箱、门到门作业，组织集装箱专列等作业的场所。

5.34 专用线 special railway line

在铁路常规经营线网以外，而又与铁路营业网相衔接的各类企业或仓库或向铁路部门租用的铁路。

5.35 基本港口 base port

通常是班轮运价计费时常用的一种术语，是指定班轮公司的船一般要定期挂靠，设备条件比较好，货载多而稳定并且不限制货量的港口。其货物一般为直达运输，无需中途转船；若船方决定中途转船则不得向船方加收转船附加费或直航附加费。

5.36 周转箱 container

用于存放物品，可重复、周转使用的器具。

5.37 叉车 fork lift truck

具有各种叉具，能够对物品进行升降和移动以及装卸作业的搬运车辆。

5.38 叉车属具 attachments of fork lift trucks

为扩大叉车对特定物品的作业而附加或替代原有货叉的装置。

5.39 托盘 pallet

用于集装、堆放、搬运和运输的放置作为单元负荷货物和制物的水平平台装置。

5.40 称量装置 load weighing devices

针对起重、运输、装卸、包装、配送以及生产过程中的物料实施重量检测的设备。

5.41 工业用门 industrial door

为保护室内清洁的环境、温度、湿度等而设置的快速启闭的门。

5.42 货架 goods shelf

用立柱、隔板或横梁等组成的立体储存物品的设施。

5.43 重力货架系统 live pallet rack system

是一种密集存储单元物品的货架系统。在货架每层的通道上，都安装有一定坡度的、带有轨道的导轨，入库的单元物品在重力的作用下，由入库端流向出库端。

5.44 移动货架系统 mobile rack system

在底部安装有行走轮使其可在地面轨道上移动的货架。

5.45 驶入货架系统 drive-in rack system

可供叉车（或带货叉的无人搬运车）驶入并存取单元托盘物品的货架。

5.46 集装袋 flexible freight bags

又称柔性集装箱，是集装单元器具的一种，配以起重机或叉车，就可以实现集装单元化运输。它适用于装运大宗散状粉粒状物料。

5.47 集装箱 container

是一种运输设备，应满足下列要求：

（1）具有足够的强度和刚度，可长期反复使用；

（2）适于一种或多种运输方式运送，途中转运时，箱内货物不需换装；

（3）具有快速装卸和搬运的装置，特别便于从一种运输方式转移到另一种运输方式；

（4）便于货物装满和卸空；

（5）具有 1 立方米及以上的容积。

集装箱这一术语不包括车辆和一般包装。

5.48 特种货物集装箱 specific cargo container

用以装运特种物品的集装箱总称。

5.49 集装单元器具 palletized unit implants

一种物料的载体，可把各式各样的物料集装成一个便于储运的基础单元。

5.50 全集装箱船 full container ship

舱内设有固定式或活动式的格栅结构，舱盖上和甲板上设置固定集装箱的系紧装置，便于集装箱作业及定位的船舶。

5.51 码垛机器人 robot palletizer

能自动识别物品，将其整齐地、自动地码（或拆）在托盘上的机器人。

5.52 起重机械 hoisting machinery

一种以间歇作业方式对物料进行起升、下降和水平移动的搬运机械。

5.53 牵引车 tow tractor

用以牵引一组无动力台车能力的搬运车辆。

5.54 升降台 lift table（LT）

能垂直升降和水平移动货物或集装器的专用设备。

5.55 输送机 conveyors

按照规定路线连续地或间歇地运送散装物料和成件物品的搬运机械。

5.56 箱式车 box car

除具备普通车的一切机械性能外，还必须具备全封闭的箱式车身和便于装卸作业的车门。

5.57　自动导引车　automatic guided vehicle（AGV）

具有自动导引装置，能够沿设定的路径行驶，在车体上具有编程和停车选择装置、安全保护装置以及各种物料移载功能的搬运车辆。

5.58　自动化元器件　element of automation

广泛应用于物流设施和物流系统自动化信息采集、传输或控制的器件。

5.59　手动液压升降平台车　scissor lift table

采用手压或脚踏为动力，通过液压驱动使载重平台作升降运动的手推平台车。

5.60　零件盒　working accessories

用于加工、装配、检测、维修等工位存放轻、小型零部件的器具。又称工位器具。

5.61　条码打印机　bar code printer

能制作一种供机器识别的光学形式符号文件的打印机，它的印刷有严格的技术要求和检测规范。

5.62　站台登车桥　dock levelers

当货车行驰平面与货场站台平面有一高度差时，为使手推车辆、叉车等快速、保持原速、顺畅地驶入车厢内，以提高装卸效率，广泛采用的装置。

6　物流信息术语

6.1　条码　bar code

由一组规则排列的条、空及其对应字符组成的标记，用以表示一定的信息。

6.2　二维码

在二维方向上都表示信息的条码符号。

6.3　物流标签

附在物流单元上表示物流单元相关信息的各种质地的标签。

6.4　商品标识代码　identification code for commodity

由全球第一商务标准化组织（GS1）规定的、用于标识商品的一组数字，包括 EAN/UCC-13、EAN/UCC-8 和 UCC-12 代码。

6.5　全国产品与服务统一代码　National Product Code（NPC）

是根据国家标准 GB 18937—2003《全国产品与服务统一代码编制规则》而制定的一个国家标准。该标准规定了全国产品与服务的使用范围、代码结构及其表现形式。

6.6　产品电子代码　Electronic Product Code（EPC）

每个物品所拥有的一个唯一标识单品的编码，是开放的、全球性的标准体系，是由一个版本号加上另外三段数据（依次为域名管理者、对象分类、序列号）组成的一组数字。

6.7　系列货运包装箱代码　serial shipping container code（SSCC）

EAN·UCC 系统中，对物流单元进行唯一标识的代码。

6.8　单个资产标识代码　global individual asset identifier（GIAI）

EAN·UCC 系统中，用于一个特定厂商的财产部分的单个实体的唯一标识的代码。

6.9　可回收资产标识代码　global returnable asset identifier（GRAI）

EAN·UCC 系统中，用于标识通常用于运输或储存货物并能重复使用的实体的代码。

6.10　标头　header

EPC 代码的一个组成部分，说明 EPC 代码的长度、类型、结构、版本。

6.11　管理者代码　EPC manager code

EPC 代码的一个组成部分，用于标识某个公司或公司实体。

6.12　对象分类代码　object class

EPC 代码的一个组成部分，用于标识某个产品类别。

6.13　产品电子代码信息服务　EPCIS

EPC 系统的一个组成部分，用户通过网络与贸易伙伴进行有关 EPC 数据的交换。

6.14　EPC 序列号　EPC serial number

EPC 代码的一个组成部分，用于唯一标识某一个具体的物品和对象。

6.15　EPC 中间件　EPC middleware

EPC 系统的组成部分，管理实时阅读的事件和信息、提供报警信息、管理 EPCIS 和公司现存的其他信息系统中用于通信的识读信息。

6.16　EPC 系统　EPC system

在计算机互联网的基础上，利用射频识别、无线数据通信等技术，构造的一个覆盖一定范围的网络系统。

6.17　对象名称解析服务　object name service（ONS）

一个系统，用于查找唯一的电子产品代码（EPC），并将计算机指向与 EPC 对应的商品信息。它类似于域名服务系统，后者是将计算机指向 Internet 上的站点。

6.18　对象分类　object class

EPC 的目标是为每一物理实体提供唯一标识，它是由一个版本号和另外三段数据（依次为域名管理者、对象分类、序列号）组成的一组数字，其中对象分类记录产品精确类型的信息。

6.19　全球位置码　global location number（GLN）

运用 EAN·UCC 系统，对法律实体、功能实体和物理实体进行唯一、准确标识的代码。

6.20　贸易项目　trade item

从原材料直至最终用户可具有预先定义特征的任意一项产品或服务，对于这些产品和服务，在供应链过程中有获取预先定义信息的需求，并且可以在任意一点进行定价、订购或开具发票。

6.21　物流单元　logistics unit

供应链管理中运输或仓储的一个包装单元。

6.22　全球贸易项目标识代码　global trade item number（GTIN）

运用全球第一商务标准化组织的 EAN·UCC 系统，在世界范围内贸易项目的唯一标识代码，其结构为14 位数字。

6.23　应用标识符　application identifier（AI）

EAN·UCC 系统中，标识数据含义与格式的字符。

6.24　物流信息编码　logistics information coding

将物流信息用一种易于被电子计算机和人识别的符号体系表示出来的过程。

6.25　自动数据采集　automatic data capture（ADC）

用于收集数据并直接将其导入计算机系统的方法。

6.26　自动识别技术　automatic identification technology

对字符、影像、条码、声音等记录数据的载体进行机器自动识别，自动地获取被识别物品的相关信息，并提供给后台的计算机处理系统来完成相关后续处理的一种技术。

6.27　条码标签　bar code tag

印有条码符号的信息载体。

6.28　条码识读器　bar code reader

识读条码符号的设备。

6.29　条码检测仪　bar code verifier

用于检测条码符号的尺寸误差和光学特性的装置。

6.30　条码系统　bar code system

由条码符号设计、制作及扫描识读组成的系统。

6.31　条码自动识别技术　bar code automatic identification technology

运用条码进行自动数据采集的技术。条码自动识别技术主要包括编码技术、符号表示技术、识读技术、生成与印制技术和应用系统设计等五大部分。

6.32　射频识别　radio frequency identification（RFID）

识读射频（RF）标签的技术。利用频谱中射频部分的电磁或者静电耦合特性，通过若干调制和编码方案与射频标签进行通信。

6.33　射频标签　RF tag

射频识别系统中存储可识别数据的电子装置，通常射频标签是安装在被识别对象上，存储被识别对象的相关信息。

6.34　射频识读器　RFID reader

射频识别系统中一种固定式或便携式自动识别与数据采集设备，射频识读器发射激励电磁波，使处于其工作范围内的一个或一组射频标签产生相应的调制信号。

6.35　射频识别系统　radio frequency identification system

一种自动识别系统和数据采集系统，包含一个或者多个识读器（询问器）以及一个或者多个转发器，其中，数据传输通过适当调制的感应或者发射电磁载波方式进行。

6.36　被动式标签　passive tag

一种不使用电池的 RFID 标签，从识读器形成的电磁场中获得能量。

6.37　半主动式标签　semi-passive tags

RFID 标签的一种，从识读器形成的电磁场中获得能量来进行通信，但需用电池来运转签微型芯片中的逻辑电路。

6.38　数据元　data element

通过定义、标识、表示以及允许值等一系列属性描述的数据单元。

6.39　报文　message

利用现代计算机技术生成、存储或者传递的信息。

6.40　实体标记语言　Physical Markup Language（PML）

在可扩展标记语言基础上发展起来的，描述所有自然物体、过程和环境的通用标准。PML 包括不变的产品信息（如物质成分），以及经常性变动的数据（动态数据）和随时间变动的数据（时序数据）。

6.41　电子数据交换　electronic data interchange（EDI）

通过电子方式，采用标准化的格式，利用计算机网络进行结构化数据的传输和交换。

6.42　电子通关　electronic clearance

对符合特定条件的报关单证，海关采用处理电子单证数据的方法，由计算机自动完成单证审核、征收税费、放行等海关作业的通关方式。

6.43　电子认证　electronic authentication

在计算机和计算机间传输的各种单据、报表、报文等。

6.44　电子报表　e-report

可以利用网络进行提交、传送、存储和管理的数字化报表。它可以在网络上随时、随地、方便、快捷地进行查询、打印和下载。

6.45　电子采购　e-procurement

也称网上采购，是指利用信息通信技术，以网络为平台，与供应商之间建立联系，并完成获得某种特定产品或服务的活动。

6.46　电子合同　e-contract

以电子记录的形式对平等主体（如自然人、法人和其他组织）间的权利与义务做出规定的协议。

6.47　电子商务　e-commerce（EC）

在 Internet 开放的网络环境下，基于 Browser/Server 的应用方式，实现消费者的网上购物（B2C），企业之间的网上交易（B2B）和在线电子支付的一种新型的交易方式。

6.48　电子支付　e-payment

也称在线支付或网上支付，是指以金融电子化网络为基础，以电子货币、商用电子化机具和各类交易卡为媒介，以计算机技术和通信技术为手段，将各种货币或资金以电子数据（二进制数据）的形式存储在银行的计算机系统中，并通过计算机网络系统以电子信息传递的形式实现流通、转拨和支付。

6.49　地理信息系统　geographical information system（GIS）

由计算机软硬件环境、地理空间数据、系统维护和使用人员四部分组成的空间信息系统。该系统可对整个或部分地球表层（包括大气层）空间中有关地理分布数据进行采集、储存、管理、运算、分析显示和描述。

6.50　全球定位系统 global positioning system（GPS）

利用导航卫星进行测时和测距，使在地球上任何地方的用户，都能测定出他们所处的方位。

6.51　智能运输系统　intelligent transportation system（ITS）

包括信息处理技术，通信技术、控制技术和电子技术等，能为许多交通问题提供解决方案的计算机管理信息系统。

6.52　货物跟踪系统　goods-tracked system

利用条码、EDI、全球卫星定位系统、地理信息系统、通信等技术，获取有关货物运输动态信息，提高运输服务质量的技术系统。

6.53　仓库管理系统　warehouse management system（WMS）

为提高仓储作业和仓储管理活动的效率，对仓库实施全面地系统化管理的计算机信息系统。

6.54　自动扫描结算系统　point of sale（POS）

利用条码自动识别技术进行扫描结算的信息系统。

6.55　电子订货系统　electronic order system（EOS）

不同组织间利用通信网络和终端设备进行订货作业与订货信息交换的体系。

6.56　计算机辅助订货系统　computer assisted ordering（CAO）

基于库存和客户需求信息，利用计算机进行自动订货管理的系统。

6.57　拉式订货系统　pull order system

在多仓库系统中，每一个仓库控制自己的需求，分别对中央物流中心下订单。

6.58　永续存货系统　perpetual inventory system

每次进出货都做详细的书面记录，且盘点时间视状况而定，以便在任何时间都有实际库存最新数据的系统。

6.59　虚拟仓库　virtual warehouse

利用计算机和网络通信技术，将地理上分散的、属于不同所有者的实体仓库进行整合，形成具有统一目标、统一任务、统一流程的暂时性物资存储与控制组织，可以实现不同状态、空间、时间的物资有效调度和统一管理。

6.60　物流信息平台

以物流公共信息平台为 LOGO 的网站所提供的电子商务和物流应用平台，包括：

（1）平台支撑环境：应用服务器、消息中间件、LDAP 服务器、CA 服务器、数据库、操作系统；

（2）基本功能：公共数据交换、权限管理、会员管理、权限管理、日志管理、信息发布与查询；

（3）高级应用支持：FTP 服务、邮件服务、信息发布与查询；

（4）应用服务平台：客户端系统、运输管理系统、仓储管理系统、配送管理系统、物流计划系统、货代系统、海关保管系统、检验检疫系统、决策支持系统、结算管理系统。

物流公共信息平台不包括上述页面中以文字、图片或其他形式所设的站外链接所指向的其他网站或网页内容。

6.61　物流信息采集

用于收集物流信息数据的方法。

6.62　物流信息交换

物流信息数据在通过各种形式在计算机系统间和各应用实体间的传输和交换。

6.63　物流信息系统　logistics information system（LIS）

由人员、计算机硬件、软件、网络通信设备及其他办公设备组成的用于物流活动的人机交互系统，其主要功能是进行物流信息的收集、存储、传输、加工整理、维护和输出，为物流管理者及其他组织管理人员提供战略、战术及运作决策的支持，以达到组织的战略竞优，提高物流运作的效率与效益。

6.64　物流信息技术　logistics information technology

运用于物流各环节中的信息技术。根据物流的功能以及特点，物流信息技术包括计算机技术、网络技术、信息分类编码技术、条码技术、射频识别技术、电子数据交换技术、全球定位系统（GPS）、地理信息系统（GIS）等。

6.65　物流信息分类　logistics information classification

根据物流管理的特点，把具有共同属性或特征的物流信息归并在一起，把不具有这种共同属性或特征的物流信息区别开来的过程。

6.66　物流系统仿真　logistics system simulation

借助计算机仿真技术，对现实物流系统建模并进行实验，得到各种动态活动及其过程的瞬间仿效记录，进而研究物流系统性能的方法。

7　物流管理术语

7.1　仓库布局　warehouse layout

在一定区域或库区内，对仓库的数量、规模、地理位置和仓库设施、道路等各要素进行科学规划和总体设计。

7.2　ABC 分类管理　ABC classification

将库存物品按品种和占用资金的多少分为特别重要的库存（A 类）、一般重要的库存（B 类）和不重要的库存（C 类）三个等级，然后针对不同等级分别进行控制。

7.3　安全库存　safety stock

用于缓冲不确定性因素（如大量突发性订货、交货期突然延期等）而准备的库存。

7.4　经常库存　cycle stock

在正常的经营环境下，企业为满足日常需要而建立的库存。

7.5　库存管理　inventory management

在保障预定供应水平的前提下，以库存物品的数量合理和周转最快为目标所进行的计划、组织、协调与控制。

7.6　库存控制　inventory control

在保障供应的前提下，使库存物品的数量合理所进行的有效管理的技术经济措施。

7.7　供应商管理库存　vendor managed inventory（VMI）

通过信息共享，由供应链的上游企业根据下游企业的销售信息和库存量，主动对下游企业的库存进行管理和控制的供应链库存管理方式。

7.8　定量订货制　fixed-quantity system（FQS）

当库存量下降到预定的最低库存数量（订货量）时，按经济订货批量为标准进行订货的一种库存管理方式。

7.9　定期订货制　fixed-interval system（FIS）

按预先确定的订货间隔期进行订货的一种库存管理方式。

7.10　经济订货批量　economic order quantity（EOQ）

通过平衡采购进货成本和保管仓储成本核算，以实现总库存成本最低的最佳订货批量。

7.11　连续补货计划　continuous replenishment program（CRP）

利用及时准确的销售时点信息确定已销售的商品数量，根据零售商或批发商的库存信息和预先规定的库存补充程序确定发货补充数量和配送时间的计划方法。

7.12　联合库存管理　joint managed inventory（JMI）

供应链成员企业共同制订库存计划，并实施库存控制的供应链库存管理方式。

7.13　前置期　lead time

从发出订货单到收到货物的时间间隔。

7.14　物流成本管理　logistics cost control

对物流活动发生的相关费用进行的计划、协调与控制。

7.15　物流绩效管理　logistics performance management

在满足客户服务要求条件下，在物流运作全过程中对物流成果与效用的产生、形成和评价所进行的计划、组织、协调与控制。

7.16　物流战略　logistics strategy

为寻求物流的可持续发展，就物流体系的发展目标以及达成目标的途径与手段而制定的长远性、全局性的规划与谋略。

7.17　物流战略管理　logistics strategy management

通过物流战略设计、战略实施、战略评价与控制等环节，调节物流资源、组织结构等最终实现物流系统宗旨和战略目标的一系列动态过程的总和。

7.18　物流质量管理　logistics quality management

通过制定科学合理的基本标准，对物流活动实施的全对象、全过程、全员参与的质量控制过程。

7.19　物流资源计划　logistics resource planning（LRP）

以物流为基本手段，打破生产与流通界限，集成制造资源计划、能力资源计划、分销需求计划以及功能计划而形成的资源优化配置方法。

7.20　供应链联盟　supply chain alliance

基于一定的市场需求，以降低总成本和提高整体效率为目标，供应链各成员企业通过信息共享，按照优势互补原则所形成的可快速重构的动态组织。

7.21　供应商关系管理　supplier relationships management（SRM）

一种致力于实现与供应商建立和维持长久、紧密伙伴关系，旨在改善企业与供应商之间关系的新型管理。

7.22　准时制　just in time（JIT）

在精确测定生产制造各工艺环节作业效率的前提下，准确地计划物料供应量和时间的生产管理模式。

7.23　准时制物流　just-in-time logistics

与 JIT 管理模式相适应的物流管理方式。

7.24　有效客户反应　efficient customer response（ECR）

以满足顾客要求和最大限度降低物流过程费用为原则，能及时做出准确反应，使提供的物品供应或服务流程最佳化的一种供应链管理策略。

7.25　快速反应　quick response（QR）

供应链成员企业之间建立战略合作伙伴关系，利用 EDI 等信息技术进行信息交换与信息共享，用高频率小数量配送方式补充商品，以实现缩短交货周期，减少库存，提高顾客服务水平和企业竞争力为目的的一种供应链管理策略。

7.26　物料需求计划　material requirements planning（MRP）

工业制造企业内的物资计划管理模式。根据产品结构各层次物品的从属和数量关系，以每个物品为计划对象，以完工日期为时间基准倒排计划，按提前期长短区别各个物品下达计划时间的先后顺序。

7.27　制造资源计划　manufacturing resource planning（MRPⅡ）

在 MRP 的基础上，增加了营销、财务和采购的功能，对企业的各种制造资源和企业生产经营各环节实行合理有效地计划、组织、控制和协调，达到既能连续均衡生产，又能最大限度地降低各种物品的库存量，进而提高企业经济效益的管理方法。

7.28 配送需求计划 distribution requirements planning（DRP）

一种既保证有效地满足市场需求，又使得物流资源配置费用最省的计划方法，是 MRP 原理与方法在物品配送中的运用。

7.29 配送资源计划 distribution resource planning（DRP Ⅱ）

一种企业内物品配送计划系统管理模式。是在 DRP 的基础上提高各环节的物流能力，达到系统优化运行的目的。

7.30 企业资源计划 enterprise resource planning（ERP）

在 MRP Ⅱ 的基础上，通过前馈的物流和反馈的信息流、资金流，把客户需求和企业内部的生产经营活动以及供应商的资源整合在一起，体现完全按用户需求进行经营管理的一种全新的管理模式。

7.31 协同计划、预测与补货 collaborative planning, forecasting and replenishment（CPFR）

应用一系列的信息处理技术和模型技术，提供覆盖整个供应链的合作过程，通过共同管理业务过程和共享信息来改善零售商和供应商之间的计划协调性，提高预测精度，最终达到提高供应链效率、减少库存和提高客户满意程度为目的的供应链库存管理策略。

7.32 服务成本定价法 cost-of-service pricing

按照提供服务所消耗的成本进行定价的方法。

7.33 服务价值定价法 value-of-service pricing

按照服务中的产品价值进行定价的方法。

7.34 业务外包 outsourcing

企业为了获得比单纯利用内部资源更多的竞争优势，将其非核心业务交由合作企业完成。

7.35 流程分析法 process analysis

每次只观察一类产品或物料，并沿整个生产过程收集数据资料，必要时跟随从原料库到成品库的全过程，编制流程图表的方法。

7.36 延迟策略 postponement strategy

供应链上顾客化活动延迟直至到订单时为止，在时间和空间上推迟顾客化活动，使产品和服务与顾客的需求实现无缝连接，从而提高企业的柔性以及顾客价值的策略。

7.37 业务流程重组 business process reengineering（BPR）

为最大限度地适应以客户、竞争、变化为特征的现代经营环境，对企业的业务流程作根本性的思考和彻底性的再设计，从而在成本、质量、服务和速度等方面取得显著改善。

7.38 物流流程重组 logistics process reengineering

从顾客需求出发，对物流管理和作业流程进行优化，通过对物流活动各要素的重新组合，重新设计企业物流系统和管理模式，提升企业效益。

7.39 有形损耗 tangible loss

物流过程中可见或可预测的物品的物理性损失、消耗。

7.40 无形损耗 intangible loss

由于科学技术进步而引起的物品贬值。

7.41 物流总成本分析 total cost analysis

识别物流活动中运输、仓储、库存和客户服务等系统变量之间的相互关系，在特定的客户服务水平下使物流总成本最小化的物流管理方法。

7.42 物流作业成本法 logistics activity-based costing

以特定物流活动成本为核算对象，通过成本动因来确认和计算作业量，进而以作业量为基础分配间接费用的物流成本管理方法。

7.43   效益悖反 trade off

一种活动的高成本，会因另一种物流活动成本的降低或效益的提高而抵消的相互作用关系。

8   国际物流术语

8.1   多式联运 multimodal transport

联运经营者受托运人、收货人或旅客的委托，为委托人实现两种以上运输方式（含两种）或两程以上（含两程）运输的衔接，以及提供相关运输物流辅助服务的活动。

8.2   国际多式联运 international multimodal transport

按照多式联运合同，以至少两种不同的运输方式，由多式联运经营人将货物从一国境内的接管地点运至另一国境内指定交付地点的货物运输。

8.3   国际航空货物运输 international airline transport

货物的出发地、约定的经停地和目的地之一不在同一国境内的货物航空运输。

8.4   国际铁路联运 international through railway transport

使用一份统一的国际铁路联运票据，由跨国铁路承运人办理两国或两国以上铁路的全程运输，并承担运输责任的一种连贯运输方式。

8.5   班轮运输 liner transport

在固定的航线上，以既定的港口顺序，按照事先公布的船期表航行的水上运输方式。

8.6   租船运输 shipping by chartering

货主或其代理人租赁其他人的船舶、将货物送达到目的地的货物运输经营方式。

8.7   大陆桥运输 land bridge transport

用横贯大陆的铁路或公路作为中间桥梁，将大陆两端的海洋运输连接起来的连贯运输方式。

8.8   保税运输 bonded transport

在海关监管下保税货物的运送活动，也称之为监管运输。

8.9   转关运输 Tran-customs transportation

进出口货物在海关监管下，从一个海关运至另一个海关办理某项海关手续的行为。

8.10   报关 customs declaration

进出境运输工具的负责人、进出境货物的所有人、进出口货物的收发货人或其代理人向海关办理运输工具、货物、物品进出境手续的全过程

8.11   报关行 customs broker

专门代办进出境报关业务的企业。

8.12   不可抗力 Force Majeure

人力不能抗拒也无法预防的事故。不可抗力事故有由自然因素引起的，如水灾、旱灾、暴雨、地震等；有由社会因素引起的，如罢工、战争、政府禁令等。

8.13   保税货物 bonded goods

特指经海关批准未办理纳税手续进境，在境内储存、加工、装配后复运出境的货物。

8.14   海关监管货物 cargo under custom's supervision

进出口货物，过境、转运、通运货物，特定减免税货物，以及暂时进出口货物、保税货物和其他尚未办结海关手续的进出境货物。

8.15   拼箱货 less than container load（LCL）

一个集装箱装入多个托运人或多个收货人的货物。

8.16   整箱货 full container load（FCL）

一个集装箱装满一个托运人同时也是一个收货人的货物。

8.17   通运货物 through goods

由境外启运，经船舶或航空器载运入境后，仍由原载运工具继续运往境外的货物。

8.18　转运货物　transit cargo

由境外启运，到我国境内设关地点换装运输工具后，不通过我国境内陆路运输，再继续运往境外的货物。

8.19　过境货物

由境外启运、通过境内的陆路运输继续运往境外的货物。

8.20　自备箱　shipper's own container

托运人购置、制造或租用的符合标准的集装箱，印有托运人的标记，由托运人负责管理、维修。

8.21　到货价格　delivered price

货物交付时点的现行市价，其中含包装费、保险费、运送费等。

8.22　出厂价　factory price

成品离开工厂时的价格，主要由生产费用、销售费用及合理利润组成，不包含运杂费。

8.23　成本加运费　cost and freight（CFR）

又称成本在内价，指卖方要负责租船订舱，支付到指定目的港的运费，但买方要自负从装运港货物越过船舷后至目的地的货损灭损风险及所增加的额外费用。

8.24　装运港船上交货　free on board（FOB）

卖方负责办理出口清关手续，将货物在指定的装运港越过船舷后，即完成了交货任务。

8.25　融通仓　financing warehouse

为卖方、买方、银行提供质押监管的仓库，其过程是：在真实贸易合同的基础上，卖方将其货物为质押物，交付银行指定仓库监管，银行向卖方先支付货款并从买方收取货款，并指定放贷。

8.26　出口退税　drawback

国家为帮助出口企业降低成本，增强出口产品在国际市场上的竞争力，鼓励出口创汇，而实行的由国内税务机关退还出口商品国内税的措施。

8.27　过境税　transit duty

对外国经过本国国境运往另一国的货物所征收的关税。

8.28　海关估价　customs ratable price

一国海关为了征收关税，根据统一的价格准则，确定某一进口（出口）货物价格的过程。

8.29　等级标签　grade labeling

在产品的包装上用以说明产品品质级别的标志。

8.30　等级费率　class rate

将全部货物划分为若干个等级，按照不同的航线分别为每一个等级制定一个基本运价的费率。归属于同一等级的货物，均按该等级的运价计收运费。

8.31　船务代理　shipping agent

船务代理机构或代理人接受船舶所有人（船公司）、船舶经营人、承租人或货主的委托，在授权范围内代表委托人（被代理人）办理与在港船舶有关的业务、提供有关的服务或进行与在港船舶有关的其他法律行为的代理行为。

8.32　国际货运代理　international freight forwarding agent

接受进出口货物收货人、发货人的委托，以委托人或自己的名义，为委托人办理国际货物运输及相关业务，并收取劳务报酬的经济组织。

8.33　航空货运代理　airfreight forwarding

以货主的委托代理人身份办理有关货物的航空运输手续的服务方式。

8.34　无船承运业务　non vessel operating common carrier business

以承运人身份接受托运人的货载，签发自己的提单或者其他运输单证，向托运人收取运费，通过国际船舶运输经营者完成国际海上货物运输，承担承运人责任的国际海上运输经营活动。

8.35　无船承运人　non-vessel operating common carrier（NVOCC）

即无船承运业务的经营主体。他不拥有运输工具，但以承运人的身份发布自己的运价，接受托运人的委托，签发自己的提单或其他运输单证，收取运费，并通过与有船承运人签订运输合同，承担承运人责任，完成国际海上货物运输经营活动的经营者。

8.36　索赔　claim for damages

承托双方中受经济损失方向责任方提出赔偿经济损失的要求。

8.37　理赔　settlement of claim

承托双方中造成经济损失的一方向对方提出的经济赔偿要求的处理。

8.38　国际货物运输保险　international transportation cargo insurance

被保险人（出口人或进口人）对国际运输的货物向保险人（保险公司）按一定金额投保一定的险别，并交纳保险费；保险人承保后，如果所保货物在运输过程中发生约定范围内的损失，应按保险单的规定给予被保险人经济上的补偿。

8.39　原产地证明　certificate of origin

出口国（地区）根据原产地规则和有关要求签发的，明确指出该证中所列货物原产于某一特定国家（地区）的书面文件。

8.40　进出口商品检验　import and export commodity inspection

出入境检验检疫机构根据保护人类健康和安全、保护动物或植物的生命和健康、保护环境、防止欺诈行为、维护国家安全的原则，依法确定进出口商品是否符合国家技术规范的强制性要求的合格评定活动。

8.41　结关　clearance

"办结海关手续"，简称"结关"，是指报关单位已经在海关办理完毕进出口货物通关所必需的所有手续，完全履行了法律规定的与进出口有关的义务，包括纳税、提交许可证件及其他单证等，进口货物可以进入国内市场自由流通，出口货物可以运出境外。

8.42　滞报金　fee for delayed declaration

进口货物的收货人或其他代理人超过海关规定的申报期限，未向海关申报，由海关依法征收的一定数额的款项。

8.43　进料加工　processing with imported materials

有关经营单位或企业用外汇进口部分原材料、零部件、元器件、包装物料、辅助材料（简称料件），加工成成品或半成品后销往国外的一种贸易方式。

8.44　来料加工　processing with supplied materials

由外商免费提供全部或部分原料、辅料、零配件、元器件、配套件和包装物料（简称料件），委托我方加工单位按外商的要求进行加工装配，成品交外商销售，我方按合同规定收取工缴费的一种贸易方式。

8.45　保税仓库　boned warehouse

经海关批准设立的专门存放保税货物及其他未办结海关手续货物的仓库。

8.46　保税工厂　bonded factory

经海关特准专为生产出口产品进行保税加工的企业。

8.47　保税区　bonded area

在境内的港口或邻近港口、国际机场等地区建立的在区内进行加工、贸易、仓储和展览由海关监管的特殊区域。

8.48　保税物流中心　bonded logistics center

由一家或多家物流企业，在一个保税场所内开展保税货物仓储、简单加工、配送、转运、检测维修和报关等的物流集结区。

8.49　A 型保税物流中心　bonded logistics center of A type

经海关批准，由中国境内企业法人经营、专门从事保税仓储物流业务的海关监管场所。

8.50　B 型保税物流中心　bonded logistics center of B type

经海关批准，由中国境内一家企业法人经营，多家企业进入并从事保税仓储物流业务的海关集中监管场所。

8.51　出口监管仓库　export supervised warehouse

经海关批准设立，对已办结海关出口手续的货物进行存储、保税物流配送、提供流通性增值服务的海关专用监管仓库。

8.52　出口加工区　export processing zone

经国务院批准，由海关监管的特殊封闭区域。加工区必须设立符合海关监管要求及隔离设施和有效的监控系统；海关在加工区内设定专门的监管机构，并依照《中华人民共和国海关对出口加工区监管的暂行办法》对进、出加工区的货物及区内相关场所实行 24 小时监管制度。

8.53　定牌包装　packing of nominated brand

买方要求在出口商品包装上使用买方指定的品牌名称或商标的做法。

8.54　中性包装　neutral packing

在出口商品及其内外包装上都不注明生产国别的包装。

8.55　海运提单　bill of lading

用以证明海上货物运输合同和货物已经由承运人接收或者装船，以及承运人保证据以交付货物的单证。

附录2　自2011年来颁布或实施的最新物流法规

附录3　最新物流与采购相关政策法规目录

参 考 文 献

[1] 王芸. 物流法律法规与实务. 2 版. 北京：电子工业出版社，2011.

[2] 张冬云. 物流法律法规概论与案例. 北京：清华大学出版社，北京交通大学出版社，2011.

[3] 郭声龙. 现代物流法规概论. 武汉：武汉理工大学出版社，2010.

[4] 王容. 物流法规与实务. 浙江：浙江大学出版社，2009.

[5] 吴红霞. 物流法律法规. 北京：电子工业出版社，2012.

[6] 赵阳. 物流法律法规. 2 版. 北京：机械工业出版社，2010.

[7] 阿不都·瓦依提，孙秋高. 物流法规. 北京：人民交通出版社，2008.

[8] 张瑜. 物流法规. 北京：对外经济贸易大学出版社，2004.

[9] 孟琪. 物流法概论. 上海：上海财经大学出版社，2004.

[10] 胡美芬，郏丙贵，阎萍. 物流法规教程. 2 版. 北京：电子工业出版社，2011.

[11] 王峰. 物流法律法规知识. 北京：北京理工大学出版社，2007.

[12] 崔建远. 合同法. 北京：中国人民大学出版社，2008.

[13] 冯媛媛. 运输实务. 北京：对外经济贸易出版社，2005.

[14] 王朝辉，李美兰，方乐. 常用交通行政执法依据. 北京：法律出版社，2005.

[15] 何丽新. 海商法. 厦门：厦门大学出版社，2004.

[16] 胡兴成. 物流法律与法规. 北京：高等教育出版社，2006.

[17] 李恒兴，鲍钰. 采购管理. 北京：北京理工大学出版社，2007.

[18] 施李华. 物流战略. 北京：对外经济贸易大学出版社，2004.

[19] 赵阳. 物流法律法规. 北京：机械工业出版社，2004.

[20] 鲁晓春，林正章. 物流管理案例与实训. 北京：北京交通大学出版社，2005.

[21] 杨振科，冯国苓. 现代物流与配送. 北京：对外经济贸易大学出版社，2005.

[22] 周艳军. 物流法律法规知识. 北京：中国物资出版社，2006.

[23] 方仲民，赵继新. 物流法律法规基础. 北京：机械工业出版社，2007.

[24] 肖旭. 物流管理基础. 北京：机械工业出版社，2008.

[25] 涂永珍. 经济法简明教程. 北京：中国经济出版社，2001.

[26] 彭国勋. 国内外包装法规的发展动向. 包装工程，2004，（1）.

[27] 罗佩华. 物流法律法规. 北京：清华大学出版社，2008.

[28] 李志文. 物流实务操作与法律. 大连：东北财经大学出版社，2003.

[29] 何辛，梁敏. 新编经济法实用教程（实训部分）. 大连：大连理工大学出版社，2009.

[30] 王利明，房绍坤，王轶. 合同法. 北京：中国人民大学出版社，2007.

[31] 王珏，谢飞. 物流法律法规. 北京：中央广播电视大学出版社，2014.

[32] 孙秋高，刘亚梅. 物流法规. 北京：大连理工大学出版社，2014.

[33] 张永杰. 交通运输法规. 北京：人民交通出版社，2004.

[34] 杨志刚，孙明，吴文. 国际货运代理实务、法规与案例. 北京：人民交通出版社，2006.

[35] 杨志刚. 国际货运物流实务、法规与案例. 北京：化学工业出版社，2003.